聂 聂卫平围棋 道场系列

聂卫平围棋教程

从2段到3段

（下册）

聂卫平◎主编

唐嘉隆　李嘉麒◎编

人民邮电出版社

北京

围棋

目 录 CONTENTS

第五章
定式布局（二）

本章继续讲解实战中常用的定式布局及其应用。应注意的是，学习时不要死记硬背，而要理解其中的意义，并应用到实战当中。

第25课 双飞燕定式应用（一）

本课讲解星位挂角双飞燕定式的变化。希望大家掌握在什么样的情况下选择这个下法，并应用到实战中。

基本图

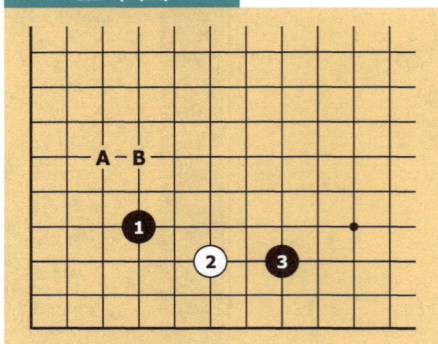

白2挂角，黑3一间低夹，之后白棋双飞燕，有A、B两种选择

图1 变化图

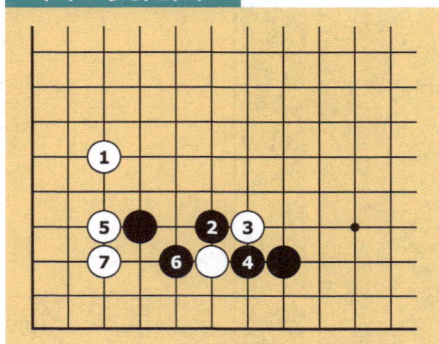

白1双飞燕是比较积极且注重上边发展的下法，黑2靠压正确，白3扳是弃子的下法，白5托角，黑6吃是本手，至白7，大致两分

图1-1 失败图

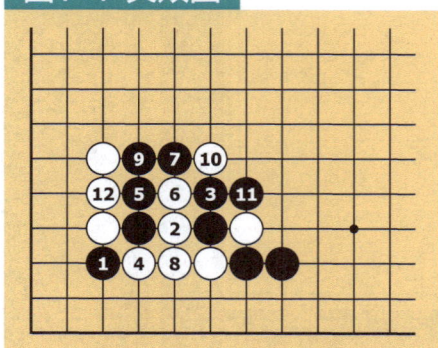

图1黑6改下黑1扳，白2打吃，白4再断吃，白6冲是要点，至白12，黑棋战斗不利，此图黑亏

图1-2 变化图

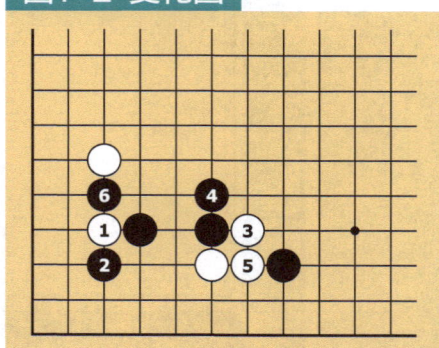

图1白3改下白1先托不好，黑2扳，白3再扳的时候，黑4可以长，至黑6，双方形成转换，白吃亏

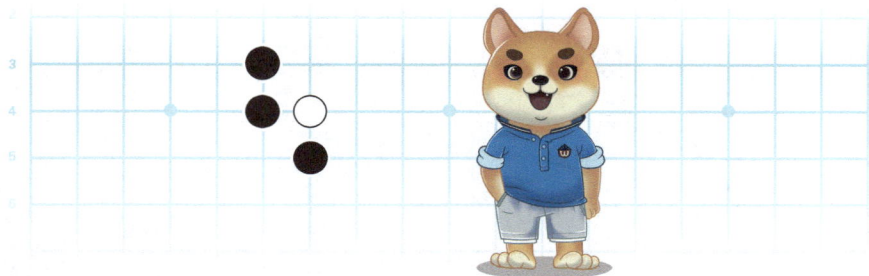

图2 失败图

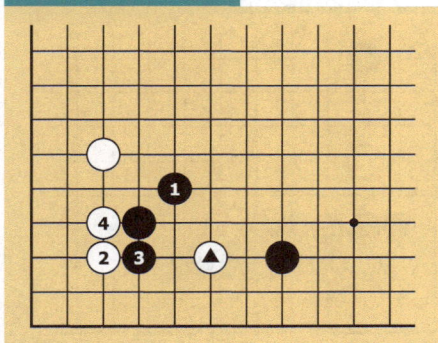

图1黑2改下黑1小尖不好，白2点角，黑3挡，白4爬过，此变化黑还没有吃掉白一子，明显吃亏

图3 变化图

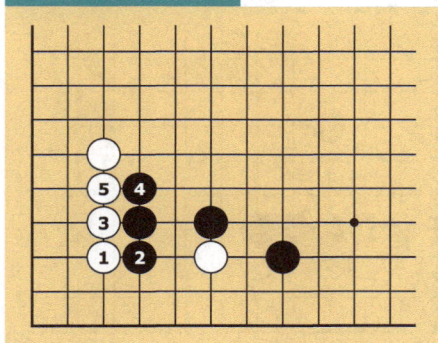

图1白3改下白1直接点角也是变化之一，黑2挡，白3爬过，黑4长是棋形要点，白5粘补断，此图两分

图3-1 变化图

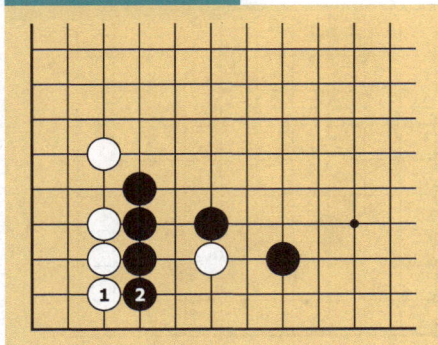

图3白5改下白1立，黑2挡，此图和图3相比，白抢得先手，但是黑棋变厚，并且将来黑棋外面有利用，各有利弊

图3-2 变化图

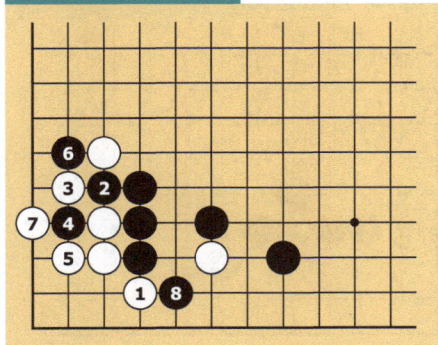

图3白5改下白1扳不好，黑2冲机敏，白3挡，黑4断是好次序，至黑8，白明显吃亏

图4 变化图

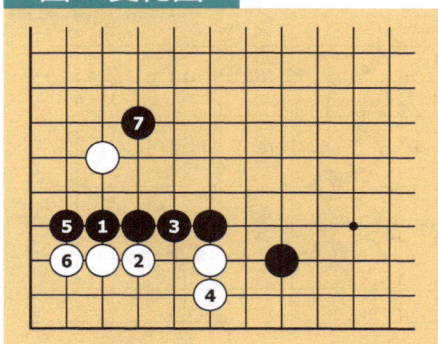

图3黑2改下黑1挡另外一边也是一种下法，白2爬，黑3单粘是好手，白4立做活，黑5立是先手便宜，至黑7，大致两分

图4-1 失败图

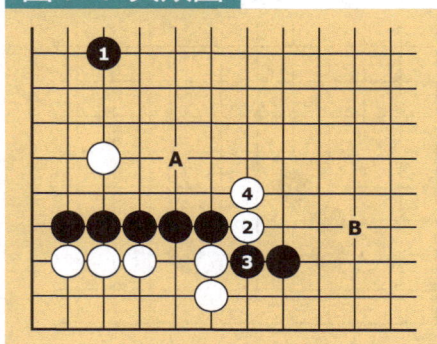

图4黑7改下黑1夹攻不好，白2扳出严厉，黑3断，白4长，将来白棋A B见合，黑战斗不利

图4-2 失败图

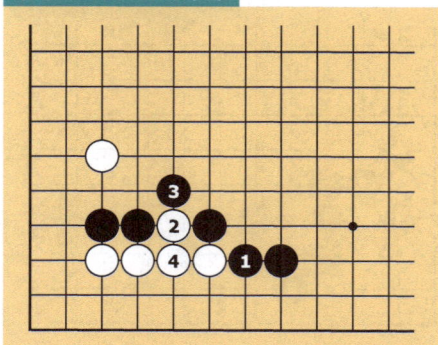

图4黑3改下黑1顶是恶手，白2挖是棋形要点，至白4，黑棋不行

图5 变化图

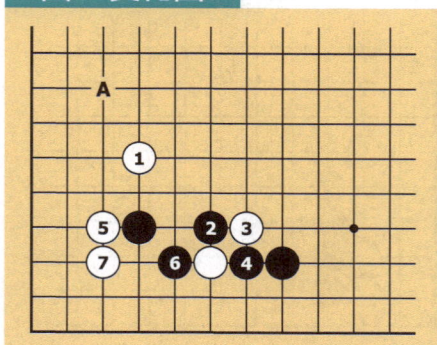

基本图改下B位白1高夹相比低位夹攻，头会高一些，利于扩张，但是将来黑棋在A位有利用，各有利弊

图6 变化图

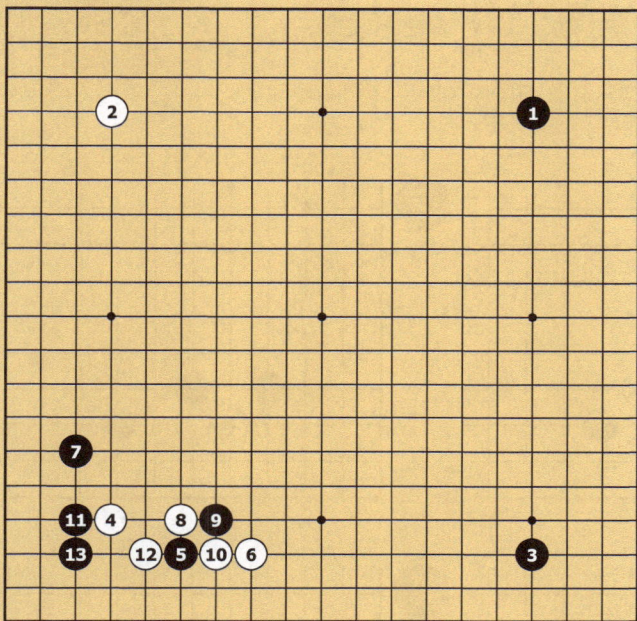

白6夹攻意图破坏黑棋右边的发展，黑7双飞燕是积极的下法，白8靠封锁，黑9扳弃子，至黑13，局部两分

图7 变化图

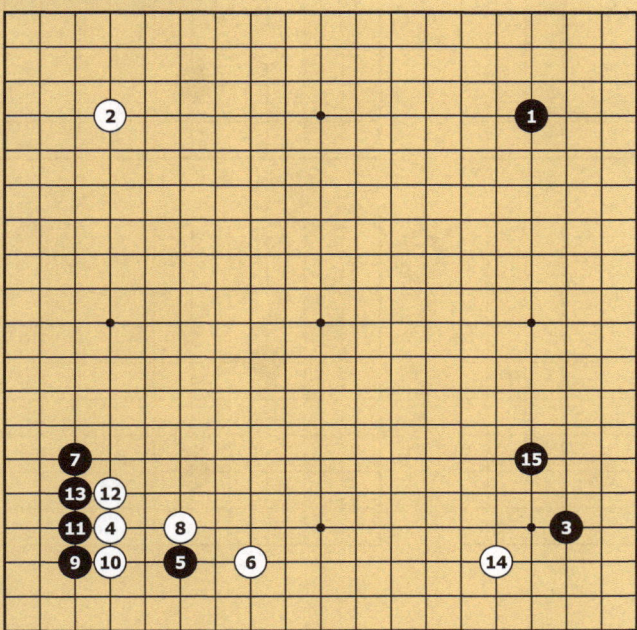

黑9点三三，白10挡注重下边的发展，黑11爬回，白12长，之后抢到先手，下方白14挂角，大致两分

双飞燕定式应用（一）练习题

黑先，请写出在此局面下双方最佳的下法（至少3手）。

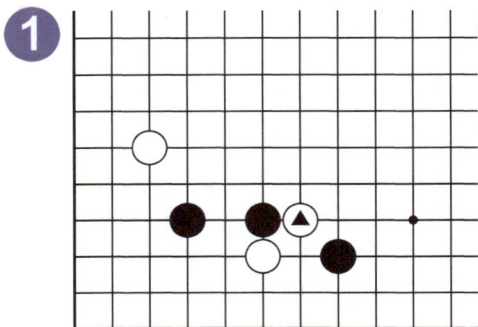

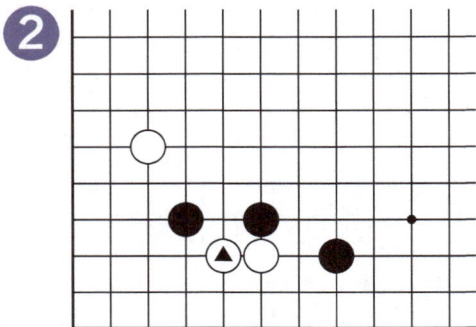

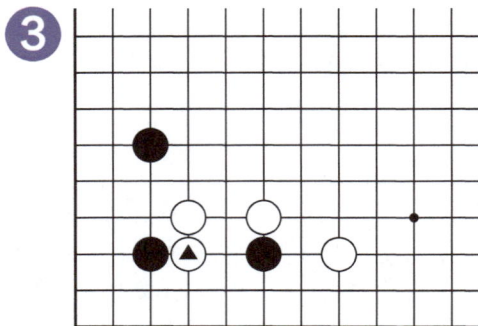

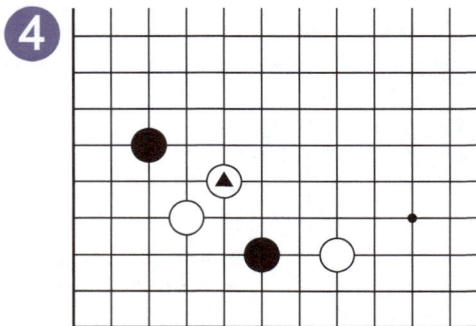

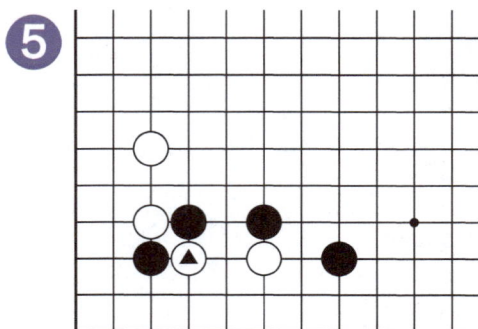

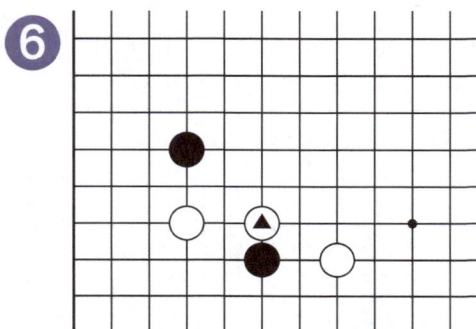

1

2

3

4

5

6

双飞燕定式应用（一）练习题

黑先，请写出在此局面下双方最佳的下法（至少3手）。

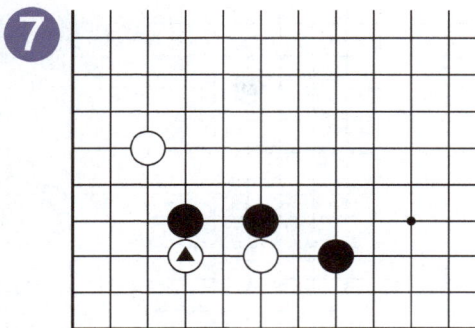

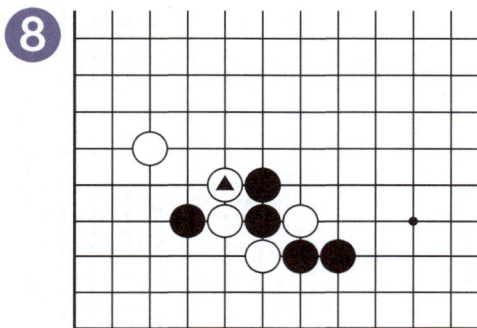

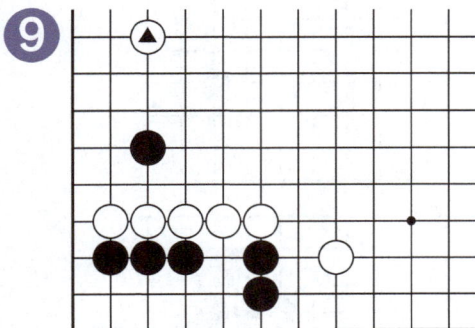

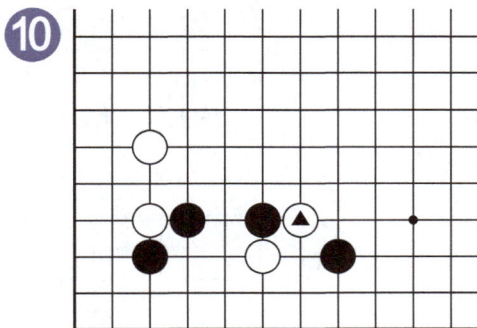

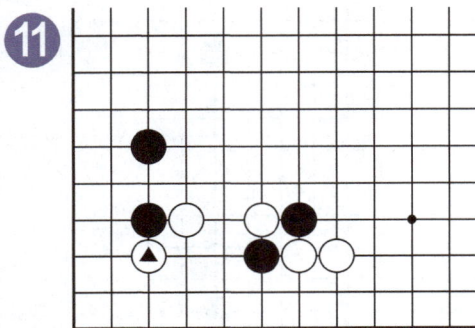

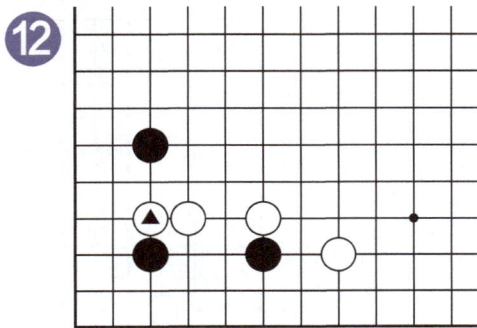

7

8

9

10

11

12

双飞燕定式应用（一）练习题

黑先，请写出在此局面下最佳的定式选择（至少5手）。

13

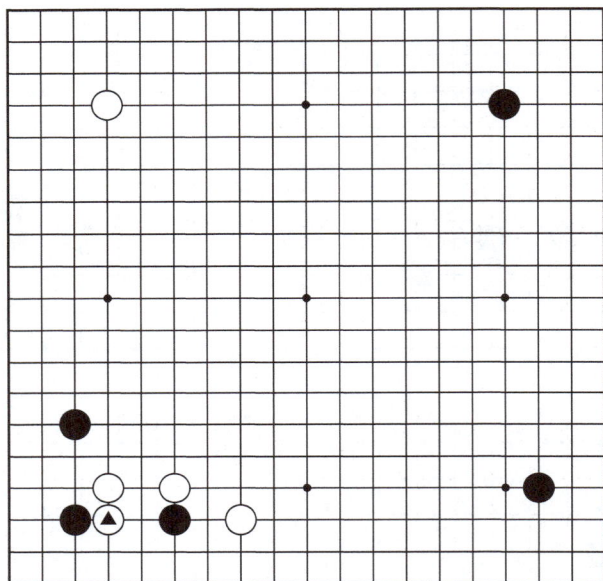

14

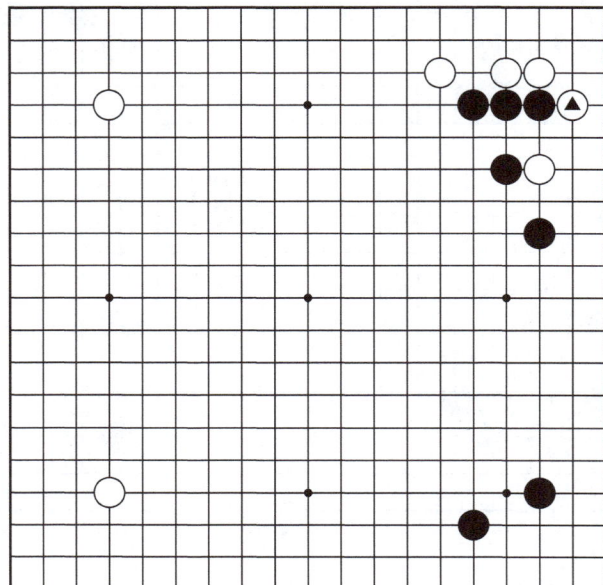

双飞燕定式应用（一）练习题

黑先，请默写出在此局面下双方最佳的下法（至少5手）。

15

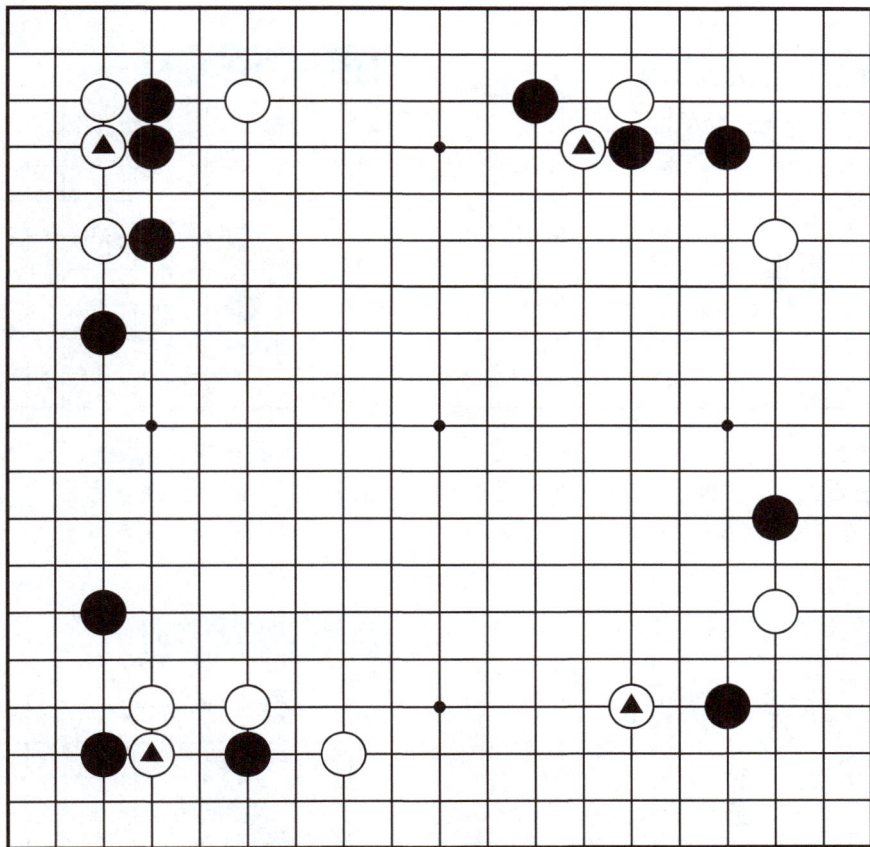

26 第26课 双飞燕定式应用（二）

基本图

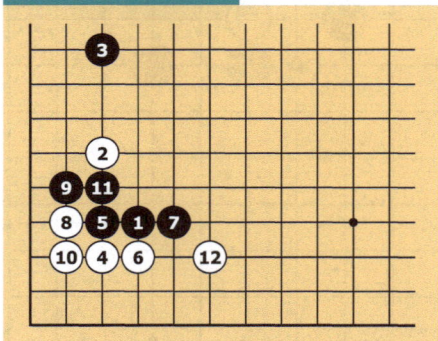

白2挂角，黑3二间低夹，白4点三三，至白12，白取实地，黑取外势，其中白4点三三，在任何夹攻的情况下都可以考虑

图1 变化图

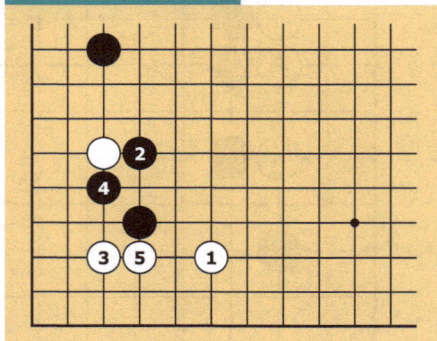

基本图白4改下白1双飞燕，黑2靠是常用的应对方法，白3直接点三三，黑4虎简单定型，至白5，大致两分

图1-1 变化图

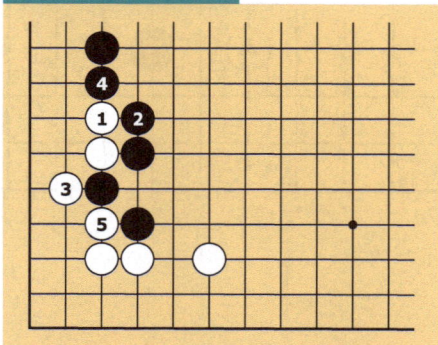

白1长是后续手段，黑2压封锁白棋，白3扳过，至白5，大致两分

图1-2 变化图

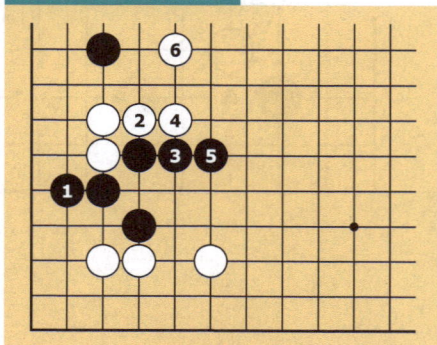

图1-1黑2改下黑1立是寻求战斗的下法，白2拐出，黑3长，至白6，双方形成激战，此图黑需要看外面配合

图2 变化图

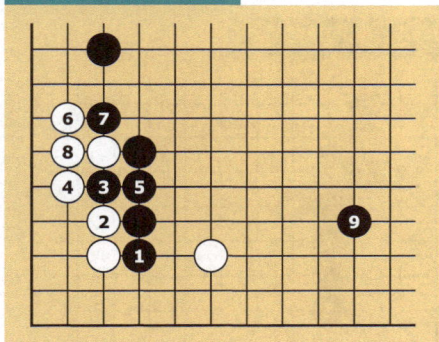

图1黑4改下黑1挡是注重右边发展的下法，白2爬过，黑3挖是形状要点，白6虎，黑7先手打吃，至黑9，白取实地，黑取外势，双方两分

图2-1 变化图

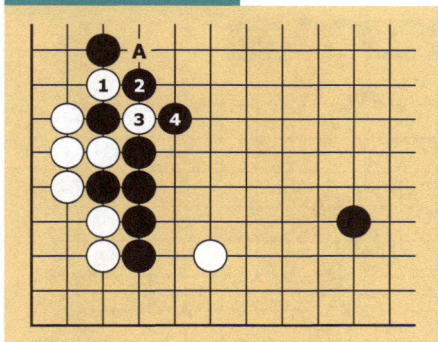

将来白1打吃，黑2挡住即可，白3提，黑4挡住即可，虽然白以后有可能在A位打吃，但是初棋无劫，黑棋暂时不担心

图2-2 失败图

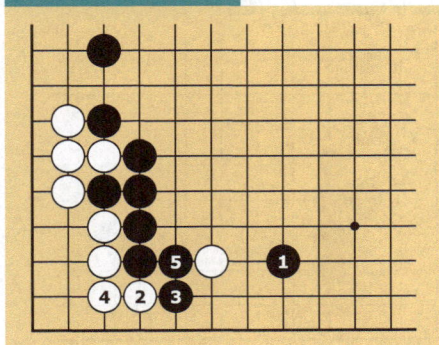

图2黑9改下黑1一间低夹不好，白2扳，至黑5，黑棋吃的太小，局部棋形效率太低，所以黑1夹攻的位置一定要远一些

图3 变化图

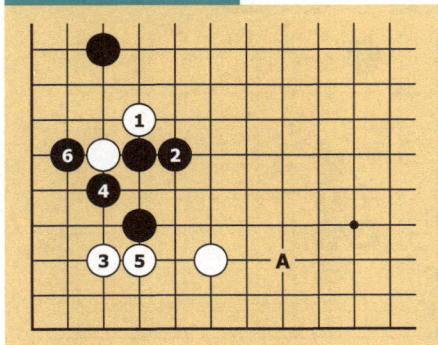

图1白3改下白1扳，黑2长，白3点三三，黑4虎，至黑6，白虽然抢到先手，但是黑外面太厚，而且将来黑A位有先手便宜，此图局部黑稍好

图4 变化图

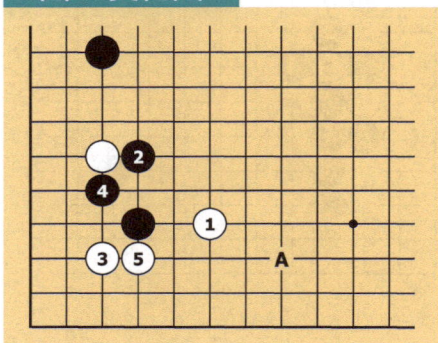

基本图白4改下白1高位反夹，黑2靠，至白5，和图1相比，白棋高位对扩张更好，但是A位黑棋有利用，各有利弊

图4-1 变化图

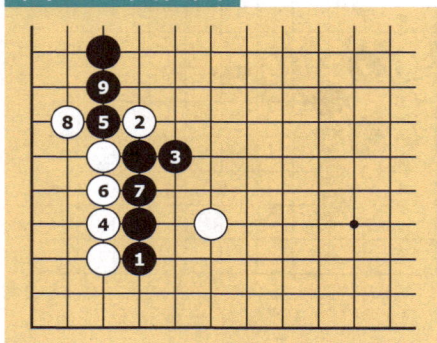

图4黑4改下黑1挡，白2扳是好手，黑3长正确，白4爬过，至黑9双方形成转换，白取实地，黑取外势

图4-2 失败图

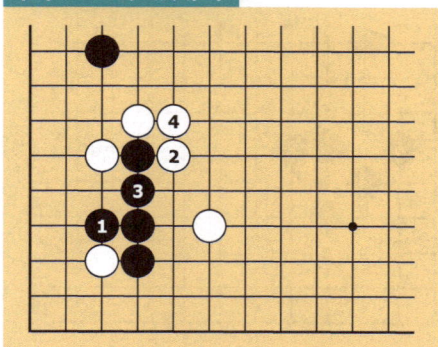

图4-1黑3改下黑1拐反击不好，白2打吃，黑3粘，至白4，黑被封锁在角部，明显吃亏

图4-3 变化图

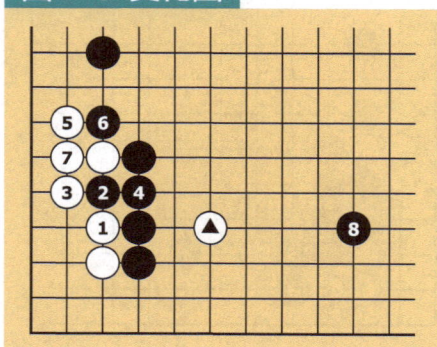

图4-1白2改下白1爬过不好，黑2挖，以下双方是必然，至黑8，和图2很相似，但是白▲这颗子位置不如低位，此图白稍亏

图5 变化图

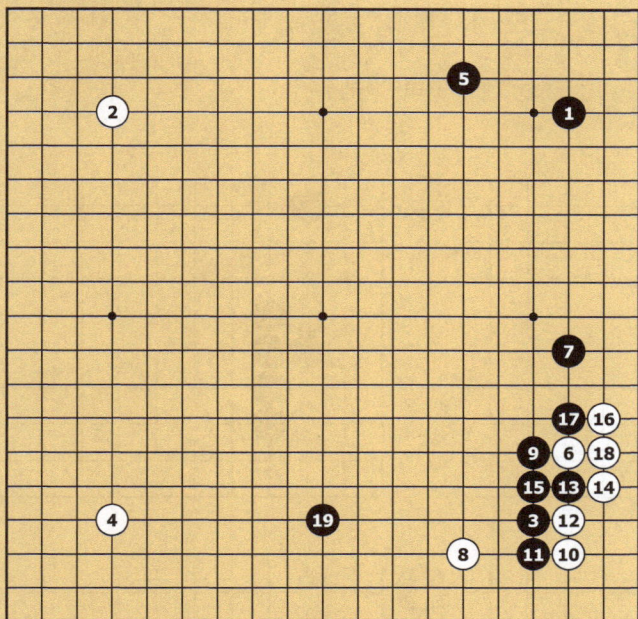

黑7二间低夹配合右上大飞角刚好，白8双飞燕，黑9靠压，白10点三三进角，黑11挡外面，至黑19，双方形成转换，大致两分

图6 变化图

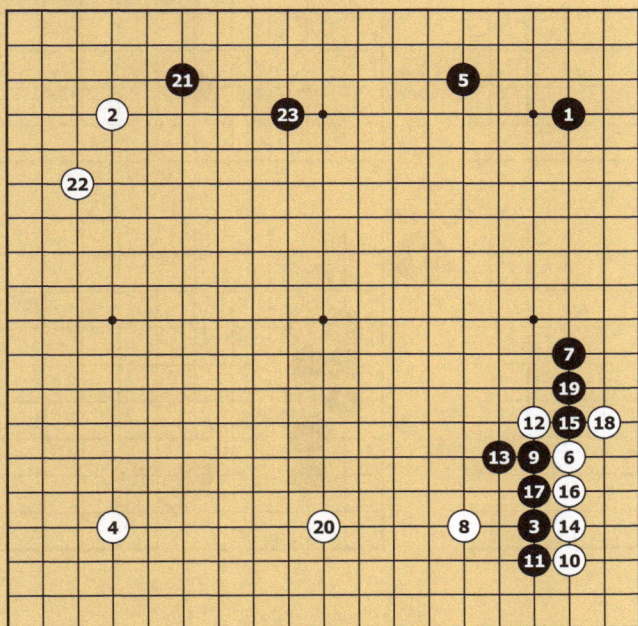

白8高位反夹，黑9靠压，白12扳是好次序，黑13长正确，白14爬过，至黑19局部告一段落，将来白20拆边，黑21挂角，形成黑围大模样、白取实地的格局

双飞燕定式应用（二）练习题

黑先，请写出在此局面下双方最佳的下法（至少3手）。

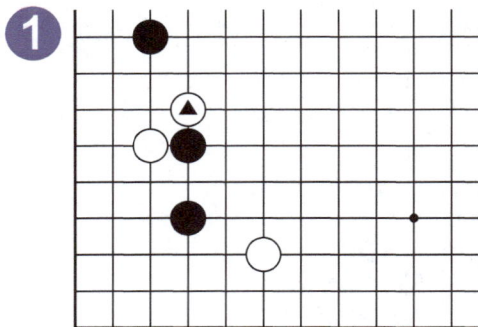

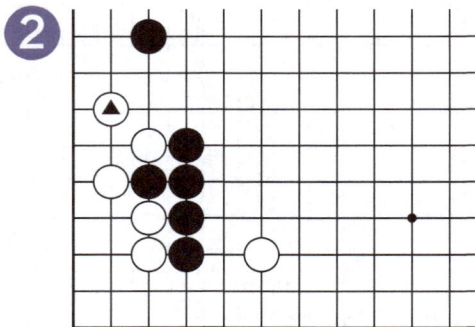

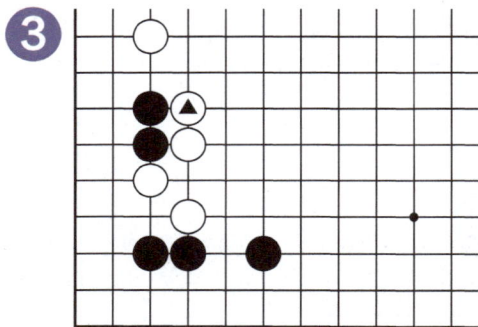

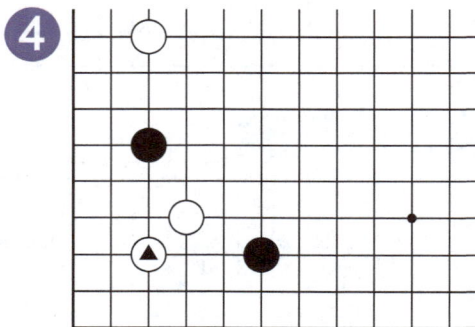

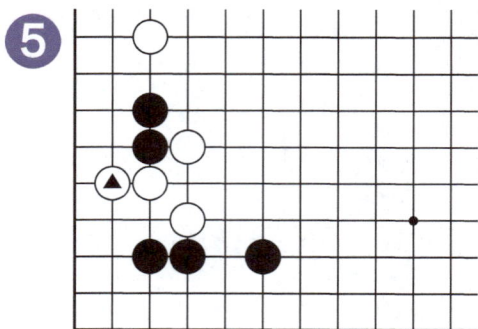

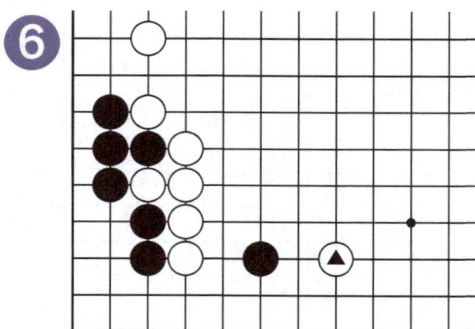

1

2

3

4

5

6

双飞燕定式应用（二）练习题

黑先，请写出在此局面下双方最佳的下法（至少3手）。

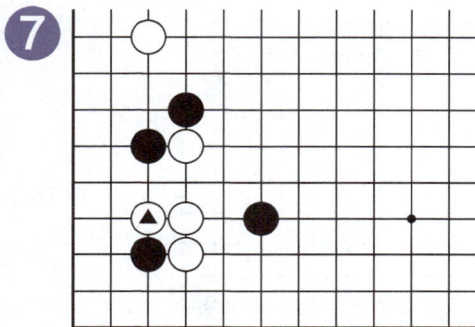

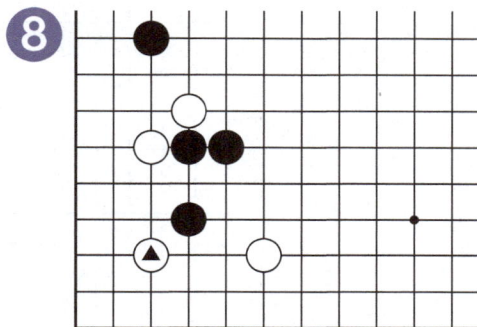

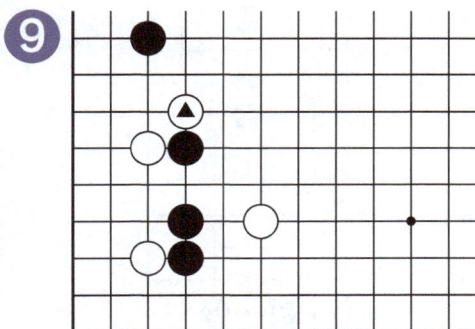

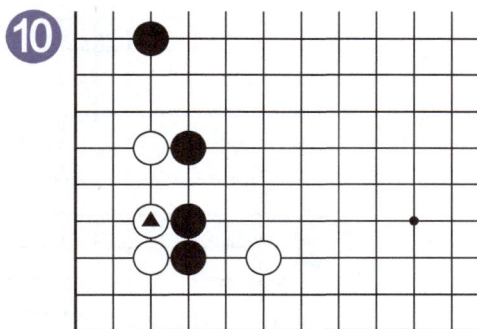

7

8

9

10

11

12

双飞燕定式应用（二）练习题

黑先，请写出在此局面下最佳的定式选择（至少5手）。

⑬

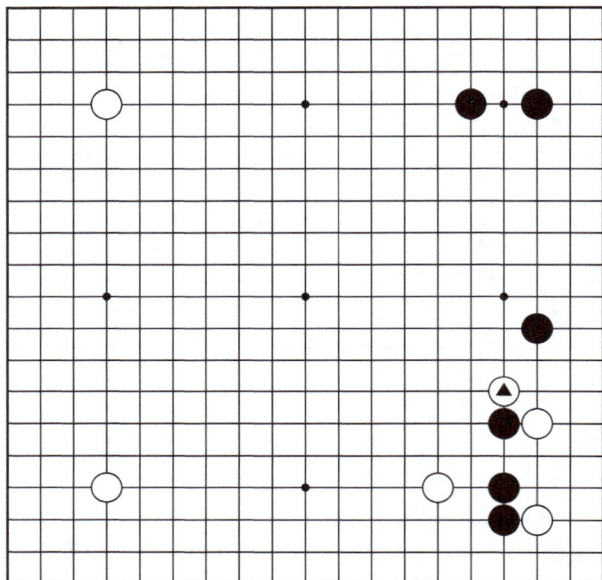

⑭

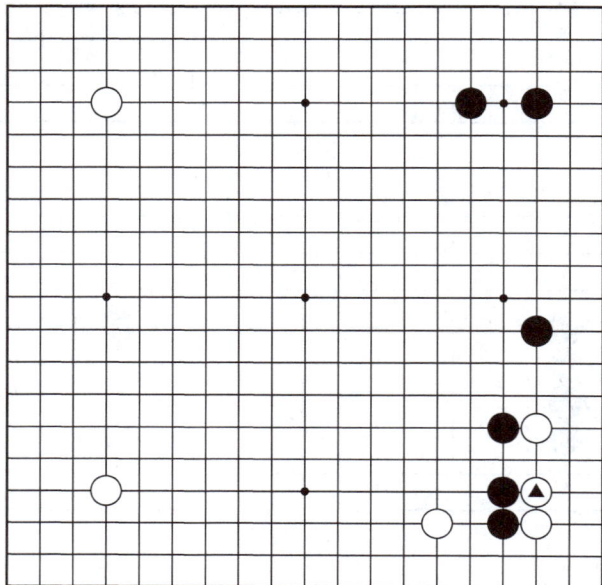

双飞燕定式应用（二）练习题

黑先，请默写出在此局面下双方最佳的下法（至少5手）。

15

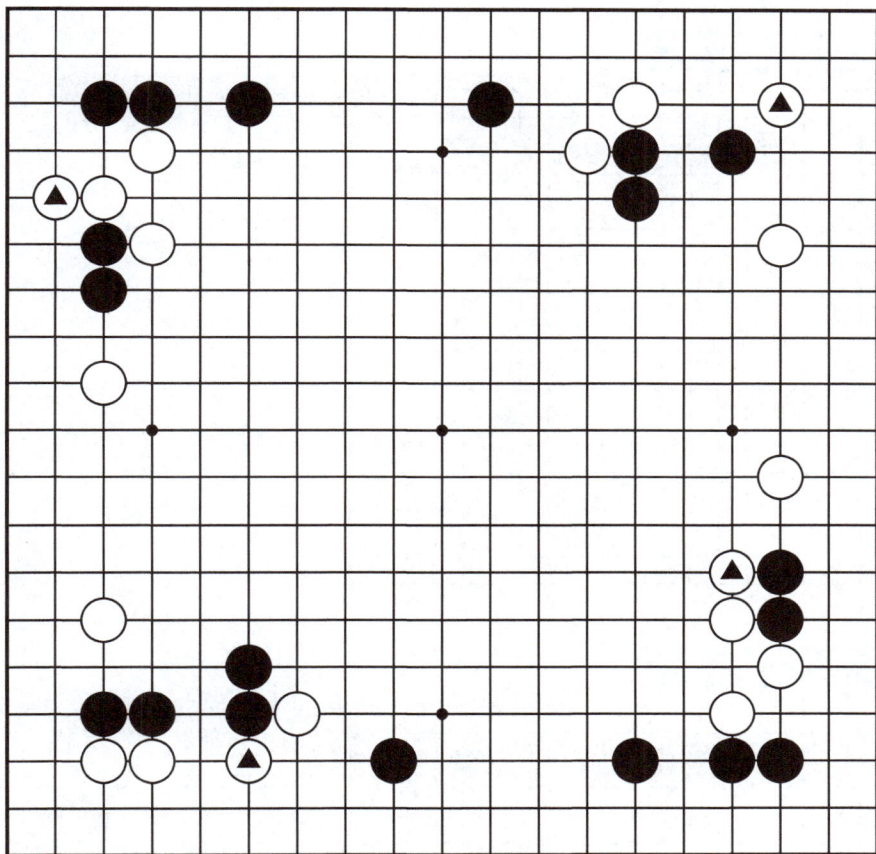

27 第27课 星无忧角布局常型（一）

本课主要讲解星无忧角布局的常型。希望大家掌握这个布局的特点，结合双飞燕定式，能够更好地去应用。

基本图

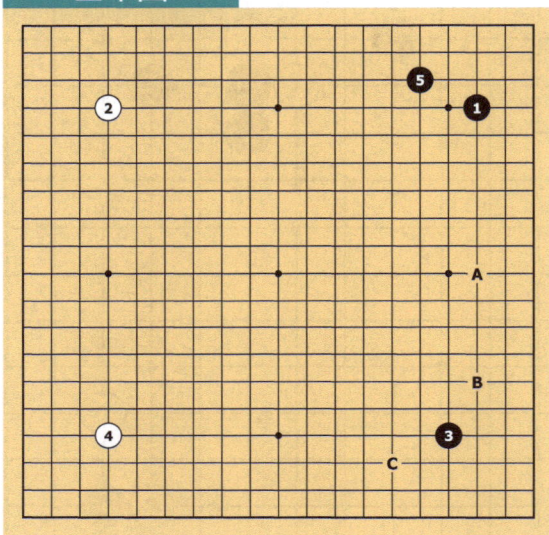

黑开局使用星无忧角布局，之后白棋有A、B和C共3种常见下法

图1 变化图

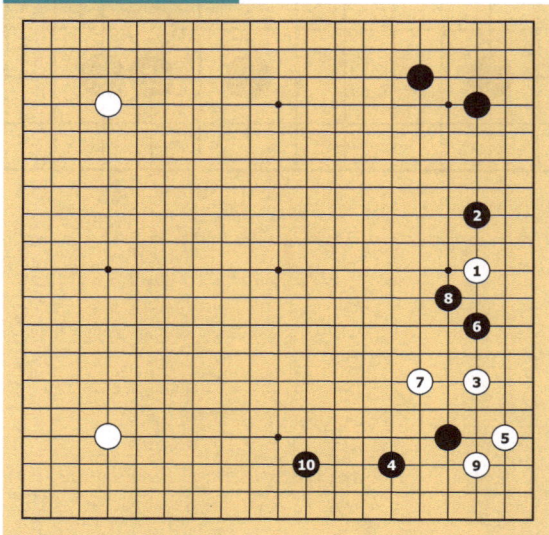

白1分投是比较稳健的下法，黑2逼住白棋，白3拆三挂角，黑4小飞守角，黑6打入想分断白棋，至黑10，大致两分，此变化在"黑贴5目半"时代颇为流行

图1-1 失败图

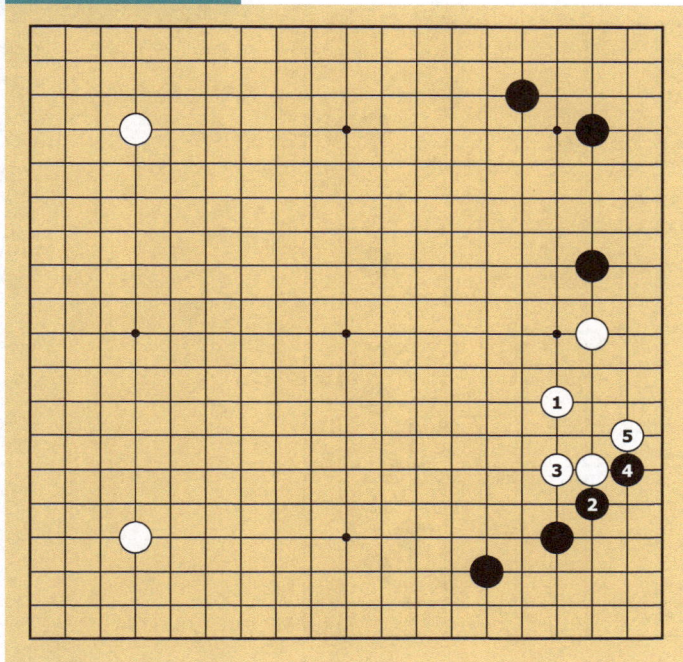

图1白5改下白1直接小飞有些缓，黑2尖顶，白3长，黑4扳，然后脱先，此变化白棋局部效率太低，有些重复，白稍亏

图1-2 变化图

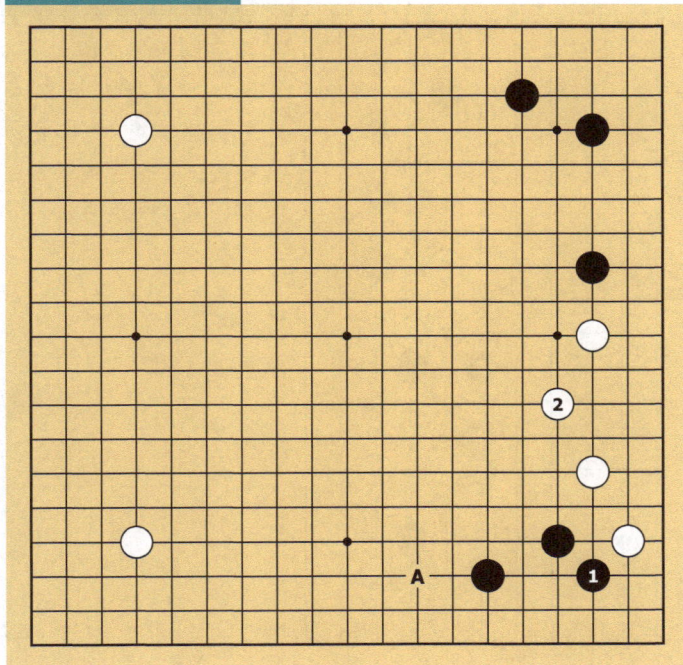

图1黑6改下黑1尖三三，白2飞回，此图白棋效率很高，而且很厚实，将来还有A位攻击黑棋的好点，这个变化白稍好

聂卫平围棋教程（从2段到3段）

图1-3 失败图

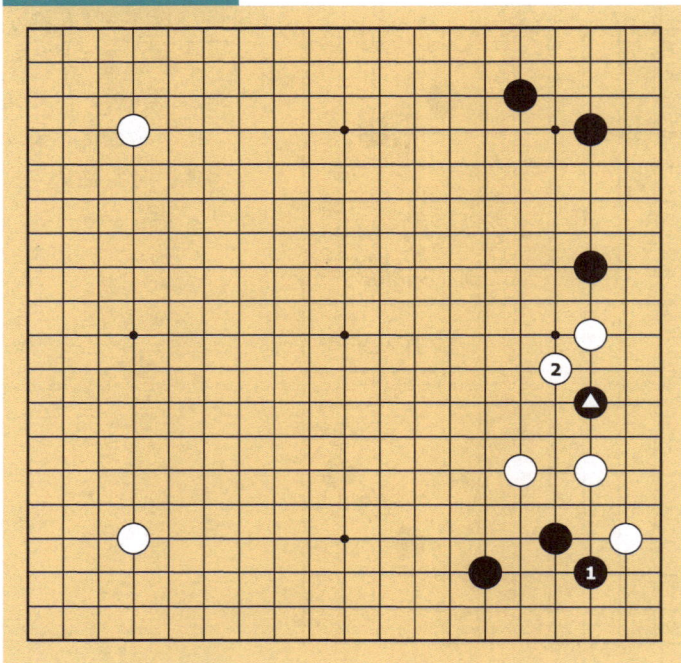

图1黑8改下黑1尖三三
不好，白2小尖，将来
黑（▲）这颗子跑不掉，此
图黑稍亏

图2 变化图

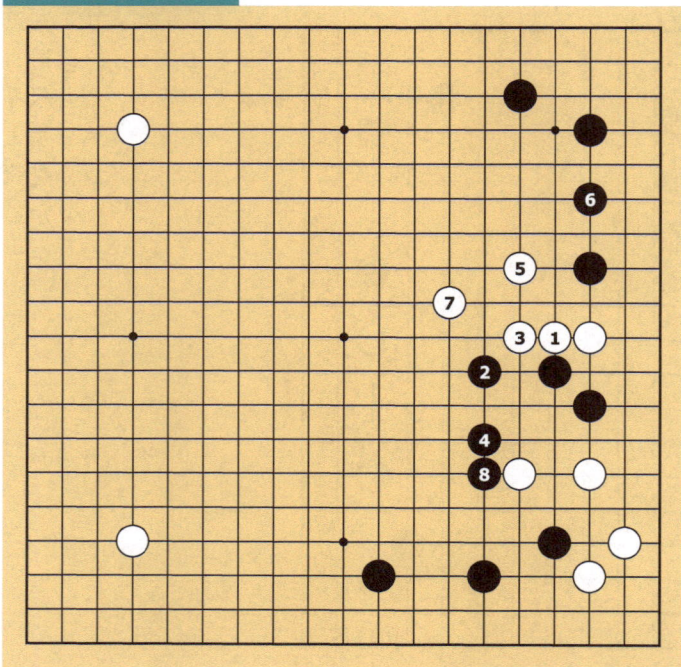

白1贴出是将来后续手
段，黑2跳正确，白3
长，黑4跳高效率补
断，至黑8，白棋成功
出头，黑棋封锁下方白
棋，双方大致两分

210

图3 变化图

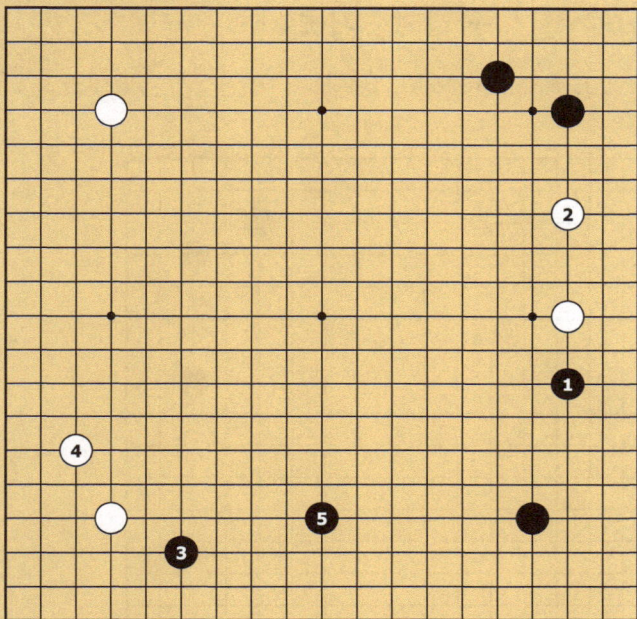

图1黑2改下黑1逼另外一边是注重下方发展的下法，白2拆二，黑3挂角，至黑5，黑棋在下方构成模样，也是一种变化

图4 变化图

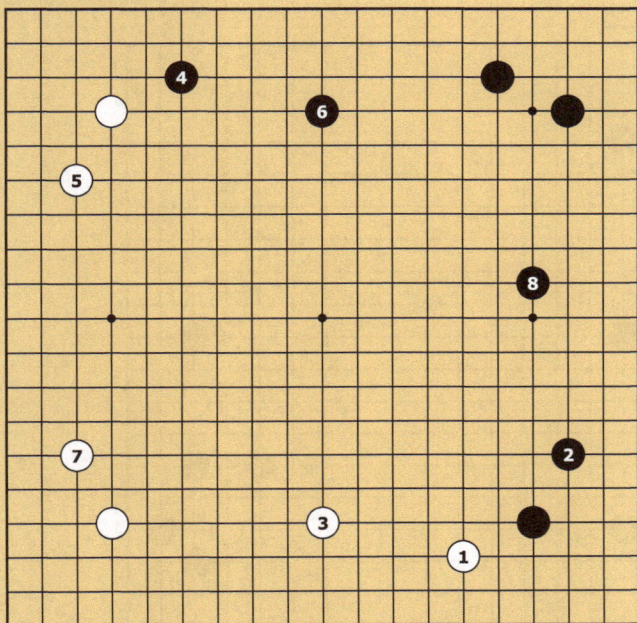

白1外侧挂角，黑2小飞简单应对，白3拆回，黑4上方挂角扩张模样，至黑8，双方形成互围大模样的格局

星无忧角布局常型（一）练习题

黑先，请写出在此局面下双方最佳的下法（至少3手）。

1

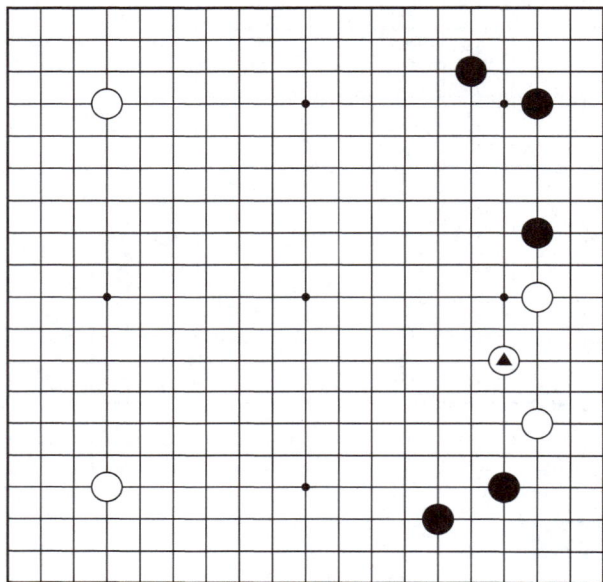

2

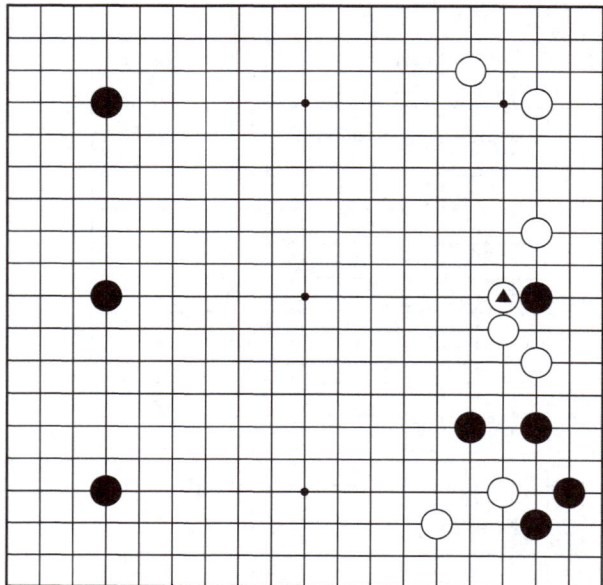

星无忧角布局常型（一）练习题

黑先，请写出在此局面下双方最佳的下法（至少3手）。

3

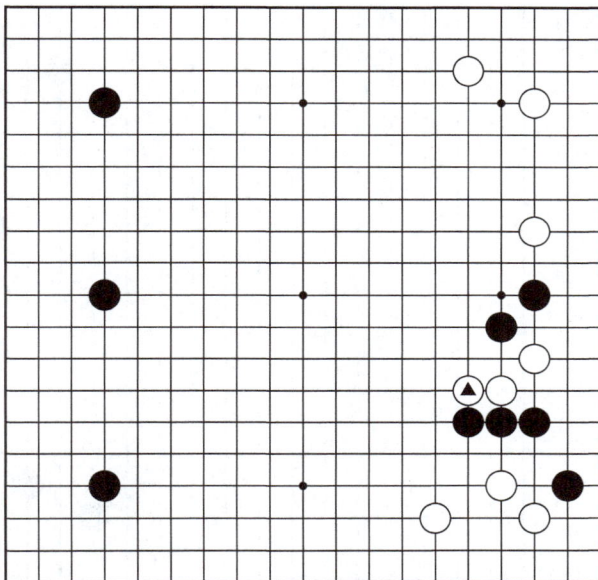

4

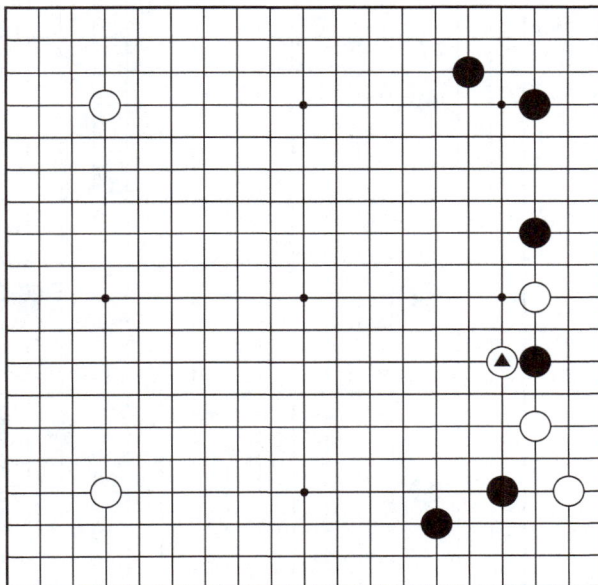

星无忧角布局常型（一）练习题

黑先，请写出在此局面下双方最佳的下法（至少3手）。

5

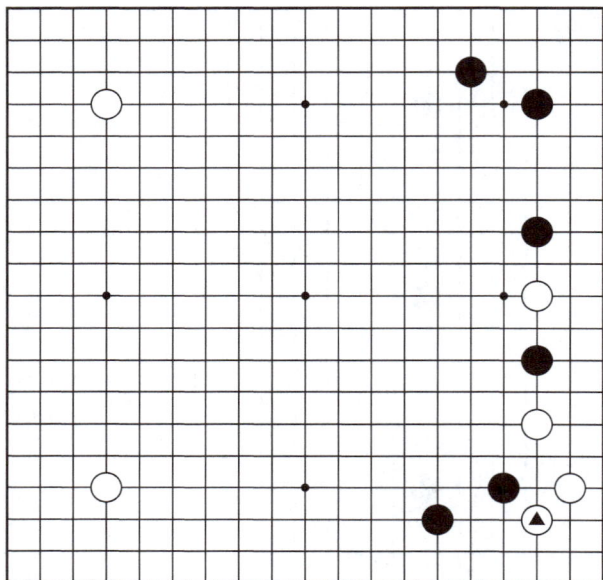

6

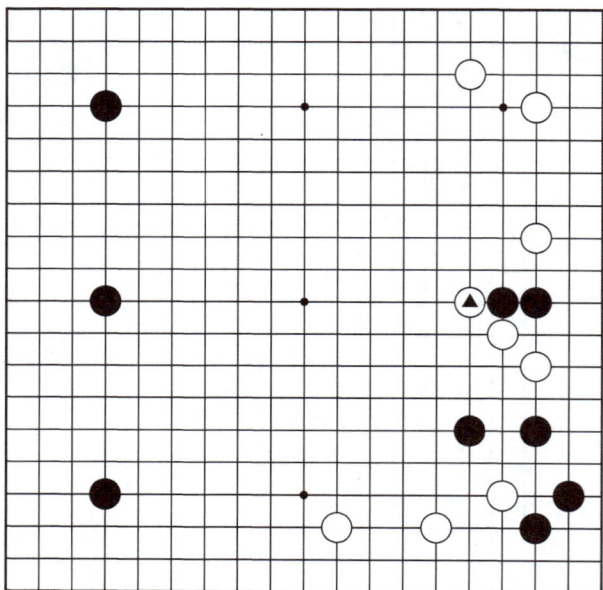

星无忧角布局常型（一）练习题

黑先，请写出在此局面下双方最佳的下法（至少3手）。

7

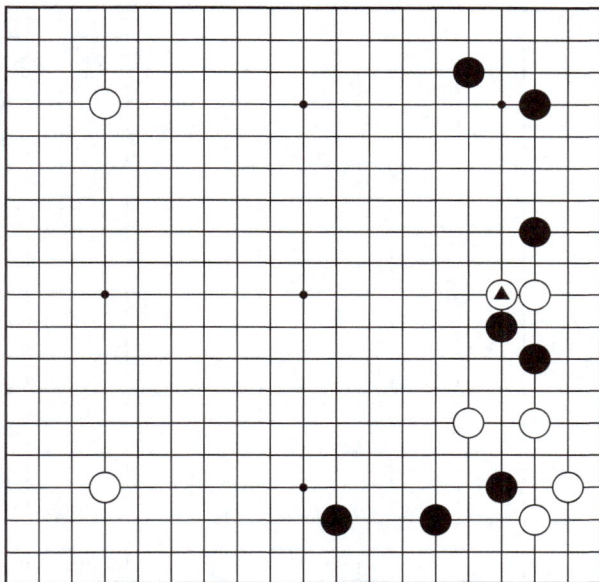

8

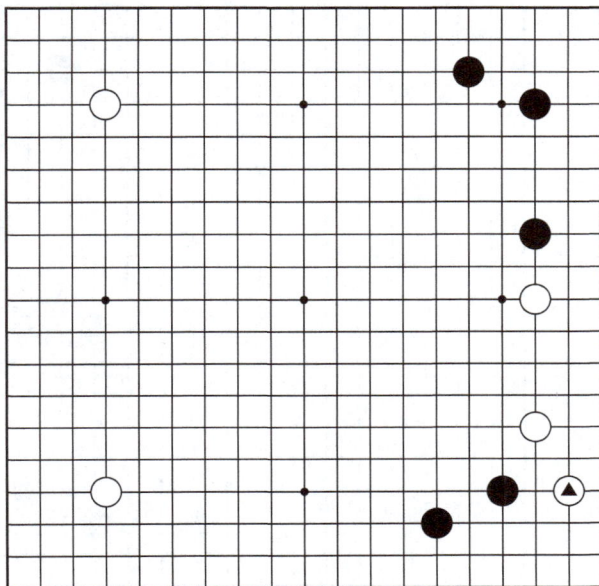

星无忧角布局常型（一）练习题

黑先，请写出在此局面下双方最佳的下法（至少3手）。

9

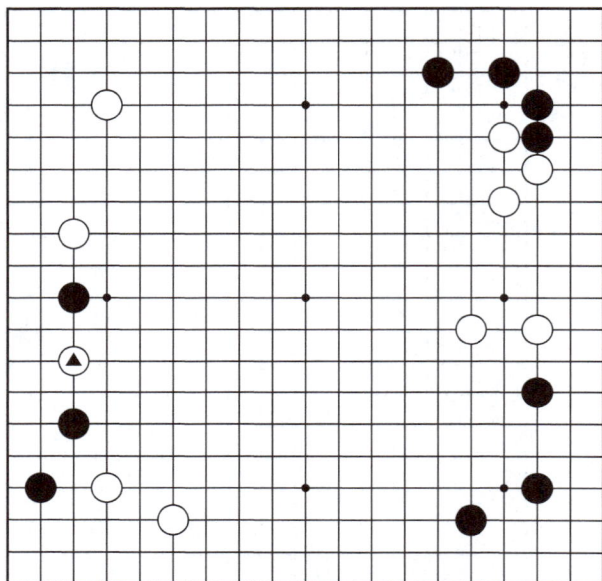

10

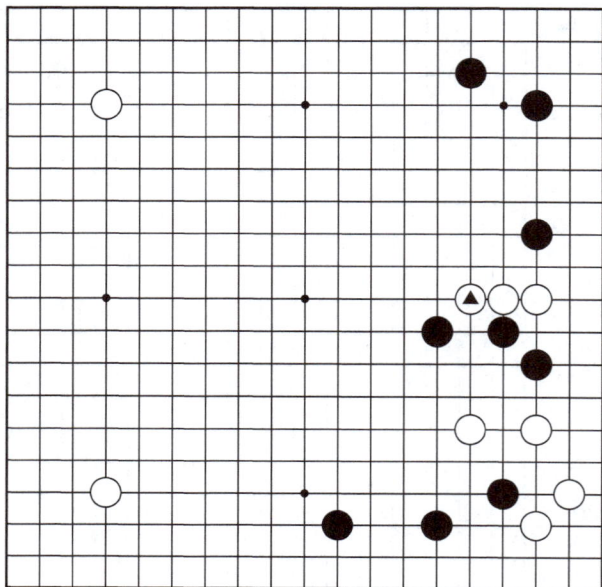

28 第28课 星无忧角布局常型（二）

本课主要讲解星无忧角布局中白棋直接挂角的下法。希望大家能够掌握每一种变化的特点，结合之前学习过的定式，选择正确的下法。

基本图

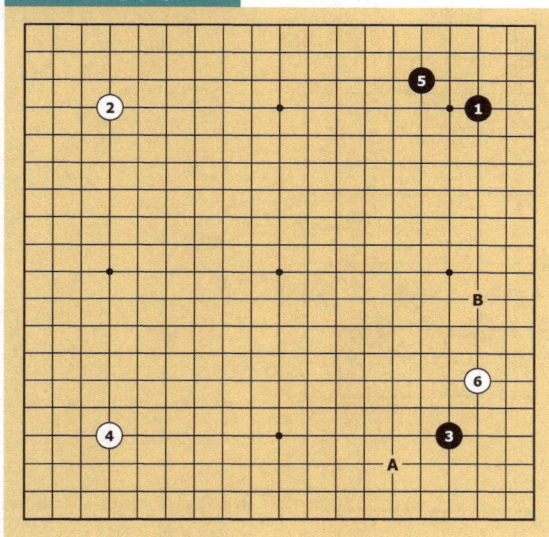

白6直接挂角是比较积极的下法，之后黑棋有A和B共2种常见下法

图1 变化图

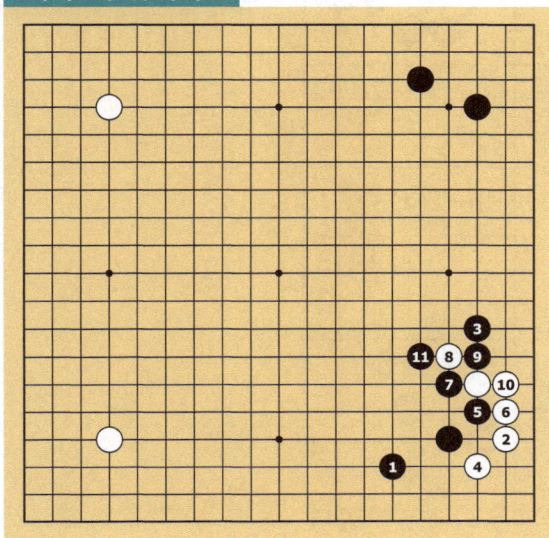

黑1小飞守角，白2小飞进角，黑3夹攻方向正确，白4尖三三，黑5尖封锁白棋，至黑11，白取实地，黑取外势，大致两分

图1-1 失败图

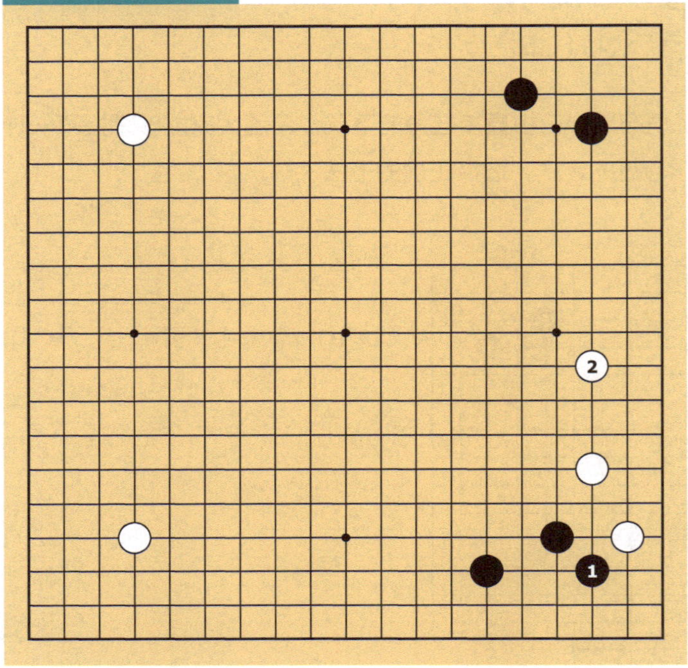

图1黑3改下黑1尖三三，白2拆二，此变化虽然黑棋局部不吃亏，但是黑边上模样被白棋破坏，配合不好，黑稍差

图1-2 变化图

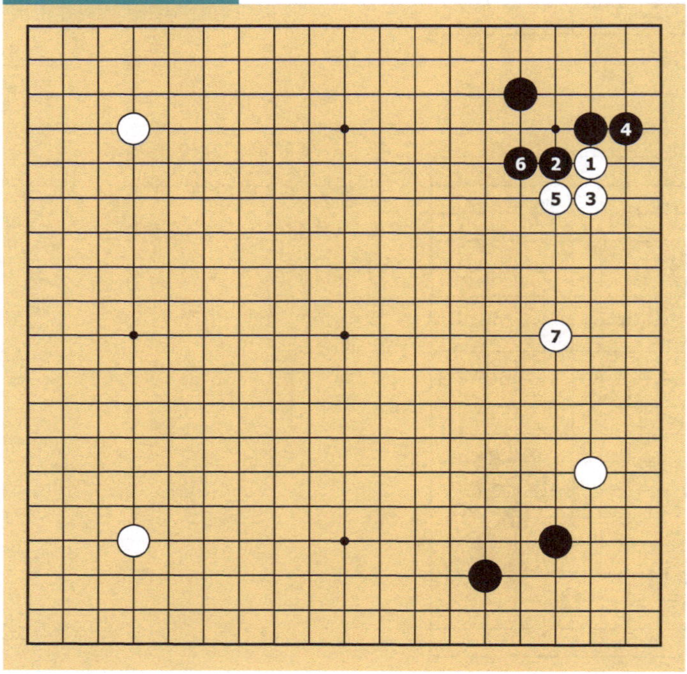

图1白2改下白1靠是比较积极的下法，意在快速打散黑棋模样，黑2扳，白3退，黑4立守角，至白7，大致两分

图2 变化图

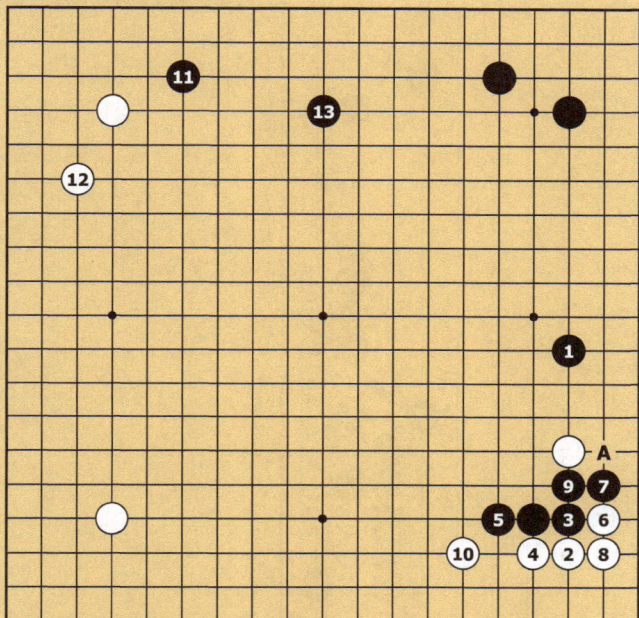

黑1二间低夹配合上方无忧角，白2点三三简明，其中黑9也可以考虑在A位爬，至黑13，形成黑围大模样、白取实地的格局

图3 变化图

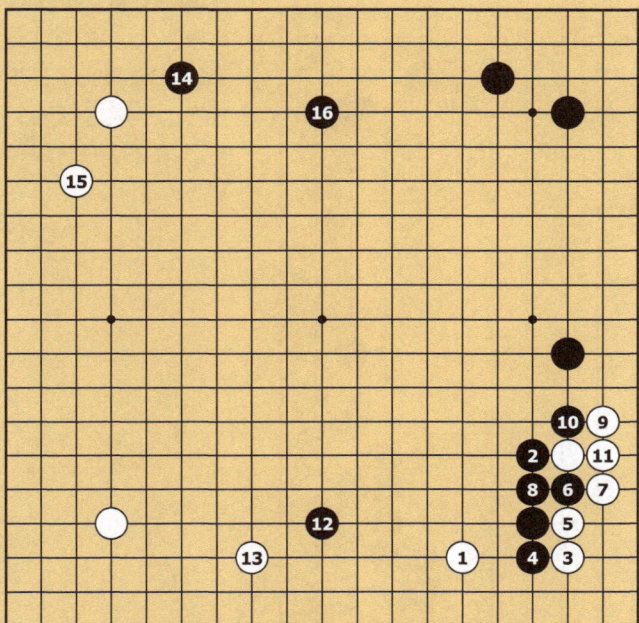

图2白2改下白1双飞燕，黑2靠压，白3点三三是取地的下法，黑6挖是棋形要点，黑12三间高夹位置不错，至黑16，黑取外势，白取实地

图4 失败图

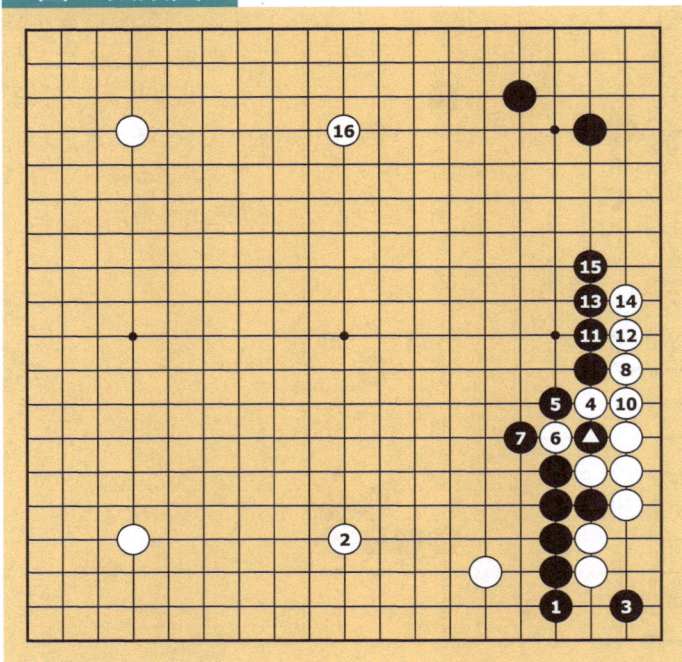

图3黑12改下黑1立不好，白2拆边，黑3跳，白4打吃，以下是双方必然的下法，至白16，虽然下方白棋活得很惨，但是白棋上下两边都有子限制黑棋发展，黑稍亏

9 = ▲

图5 失败图

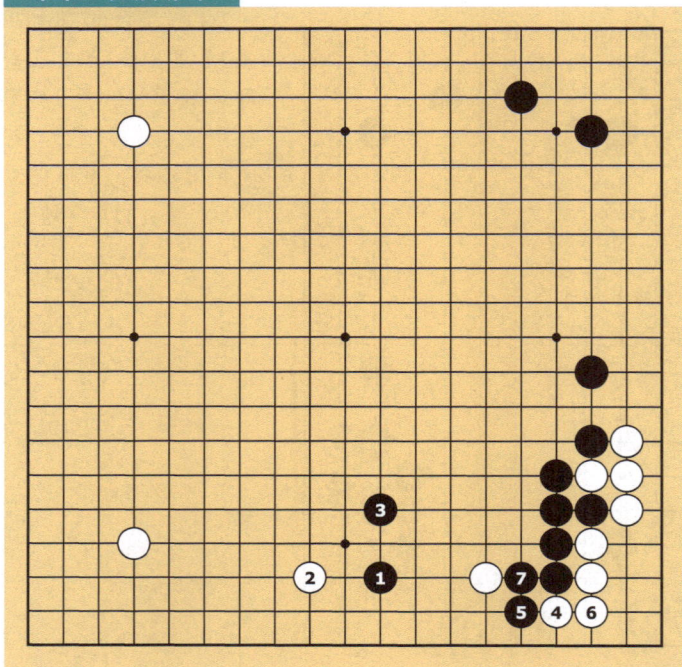

图3黑12改下黑1二间低夹太近，白2逼住是好手，黑3跳防止白棋压缩黑棋，白4先手扳粘，至黑7，黑下方子力有些重复，黑稍亏

星无忧角布局常型（二）练习题

黑先，请写出在此局面下双方最佳的下法（至少3手）。

①

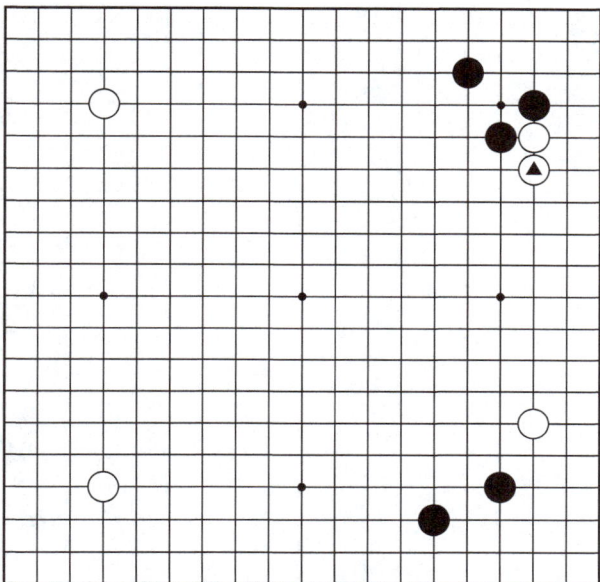

②

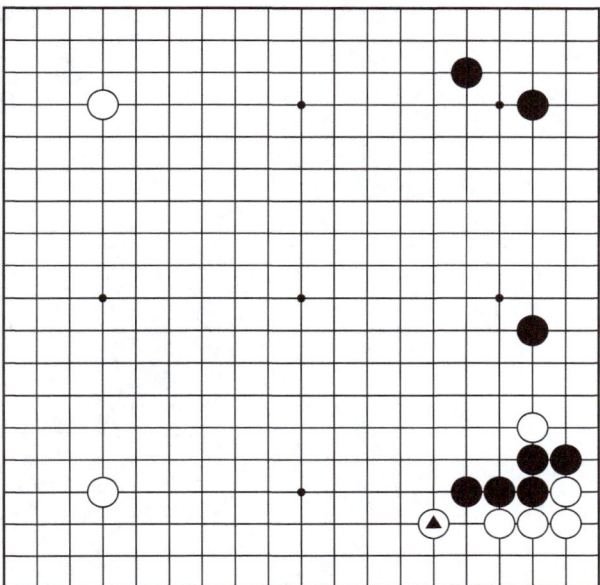

星无忧角布局常型（二）练习题

黑先，请写出在此局面下双方最佳的下法（至少3手）。

3

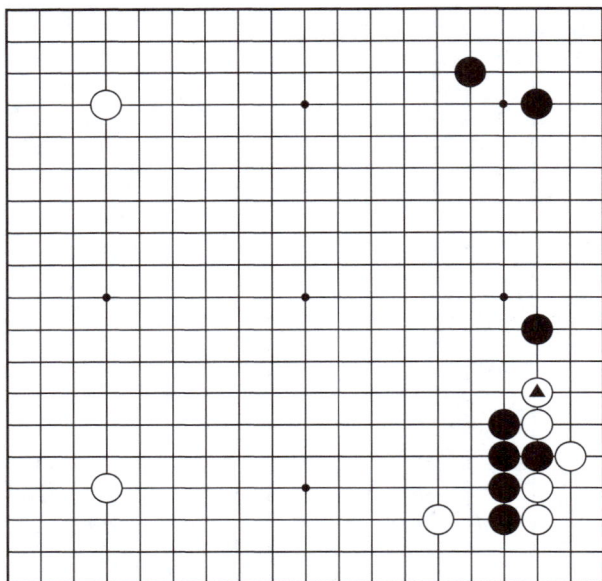

4

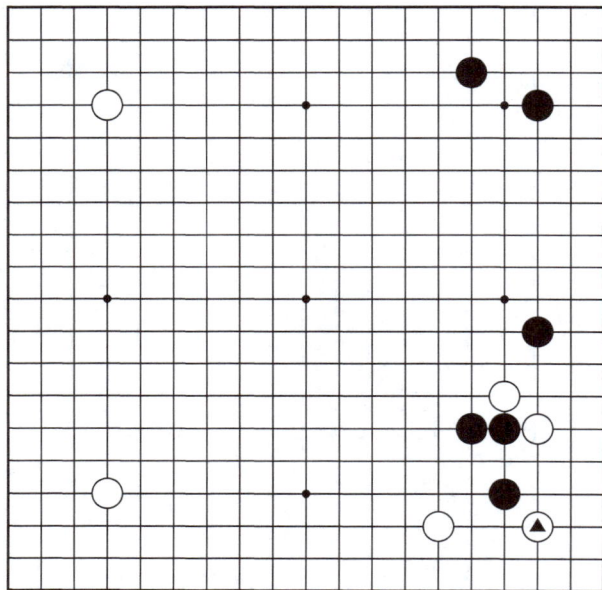

星无忧角布局常型（二）练习题

黑先，请写出在此局面下双方最佳的下法（至少3手）。

5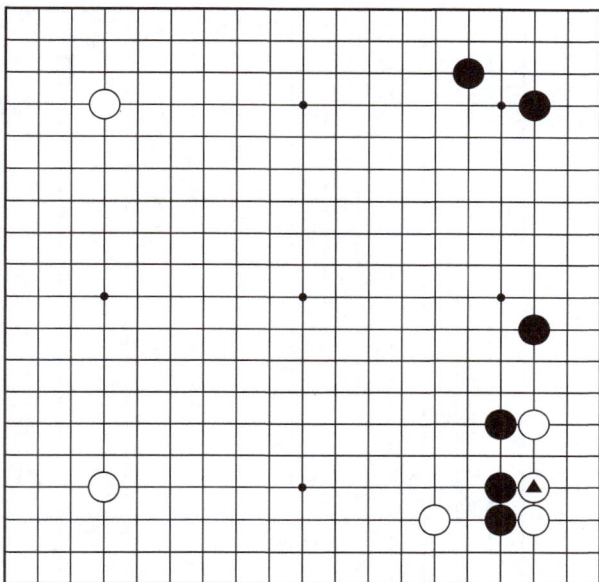

6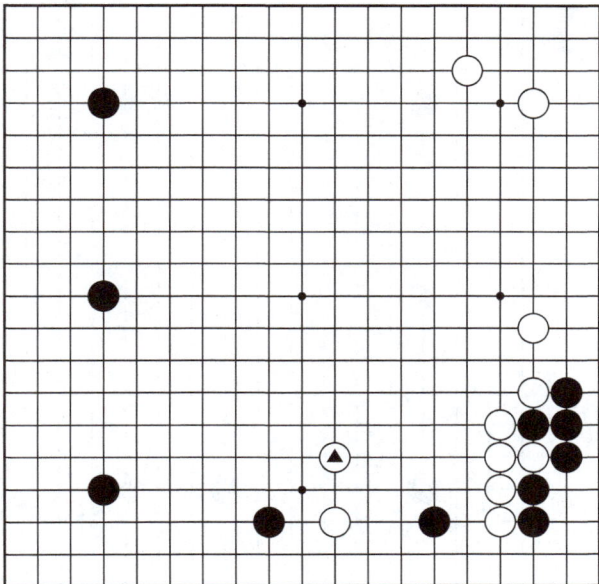

星无忧角布局常型（二）练习题

黑先，请写出在此局面下双方最佳的下法（至少3手）。

7

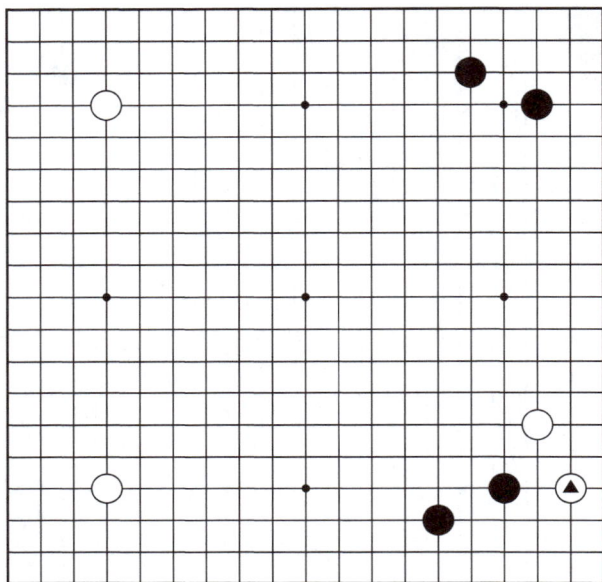

8

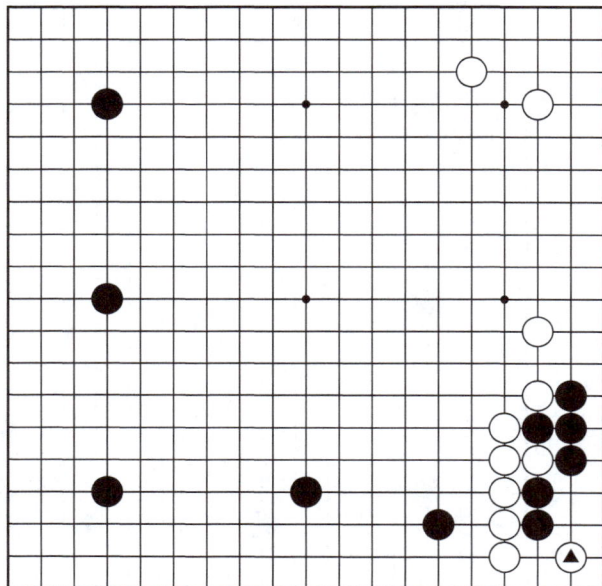

星无忧角布局常型（二）练习题

黑先，请写出在此局面下双方最佳的下法（至少3手）。

9

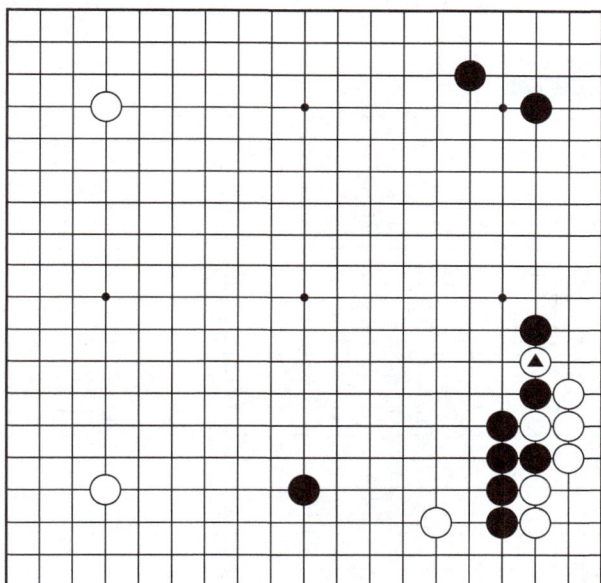

10

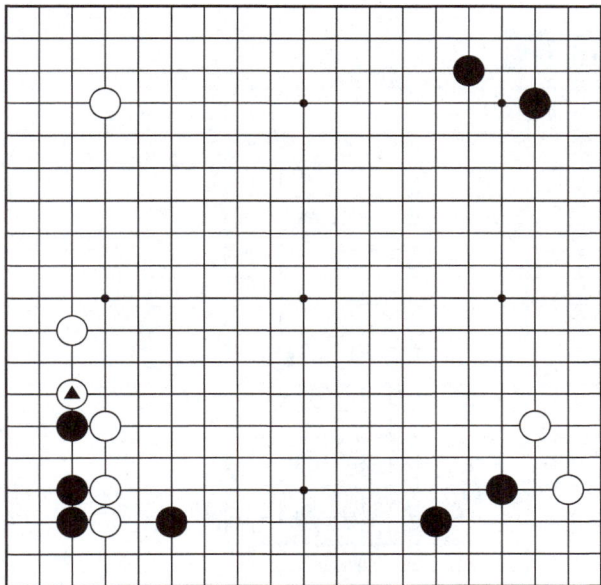

29 第29课 中国流布局常型（一）

本课介绍中国流布局的常型。与三连星布局相比，中国流布局兼顾外势与实地，依照不同的局面，可以灵活选择。希望大家通过学习，可以应用到实战中。

基本图

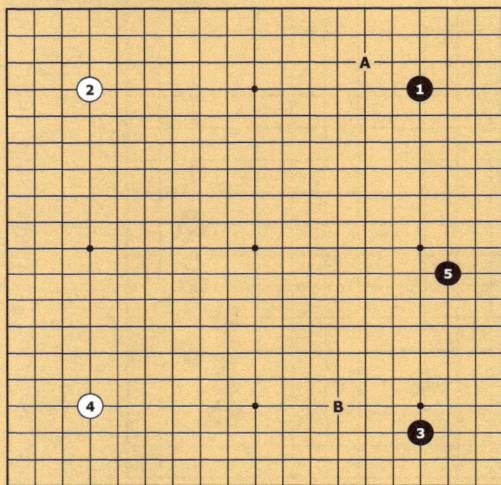

黑1、黑3、黑5这样的开局下法简称"中国流布局"。此下法在20世纪60年代初由中国棋手陈祖德老师发扬光大，后来经过各时代棋手不断研究探索，至今还深受大家的喜爱，接下来白棋有A和B两种常见下法

图1 变化图

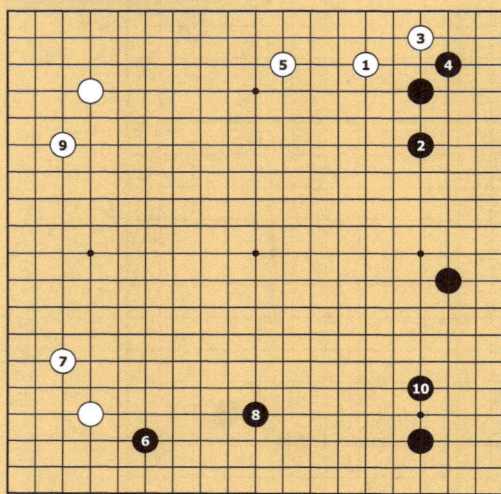

白1挂星位，黑2单关守角正确，白3小飞，黑4尖三三，之后黑6挂角，至黑10，形成双方互围大模样的格局

图1-1 变化图

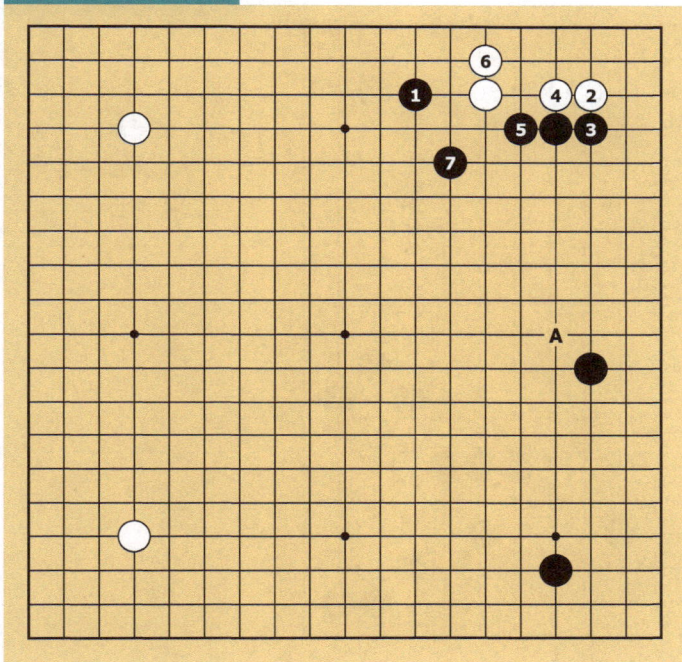

图1黑2改下黑1夹攻不好，白2点三三，至黑7，虽然黑棋外围有模样，但是边上黑棋配合不好，以后白棋有A位尖冲限制黑棋模样的好手，此图黑稍差

图2 变化图

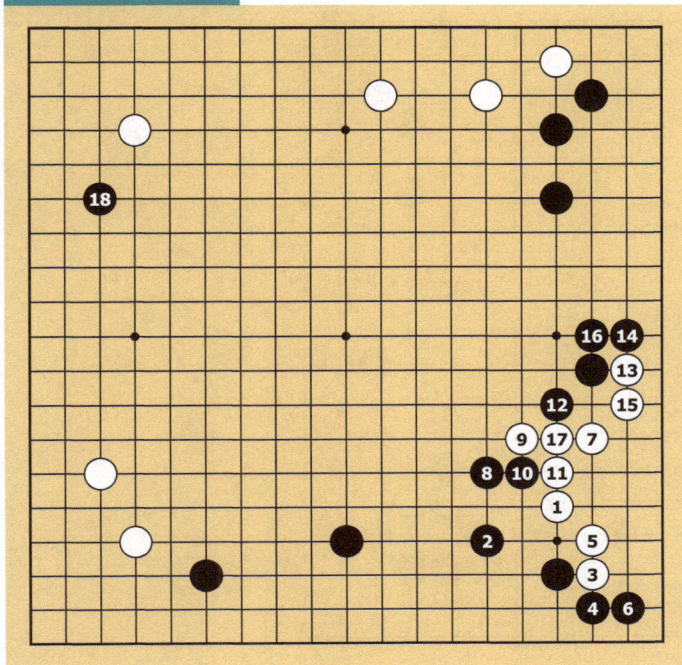

图1白9改下白1高挂是破坏黑棋模样的常用下法，黑2小飞注重边上发展，同时攻击白棋，白3托角做活，黑10先冲，然后黑12尖破坏白棋眼位，白13托是好手，至白17右下角告一段落，黑18上方挂角，大致两分

图2-1 失败图

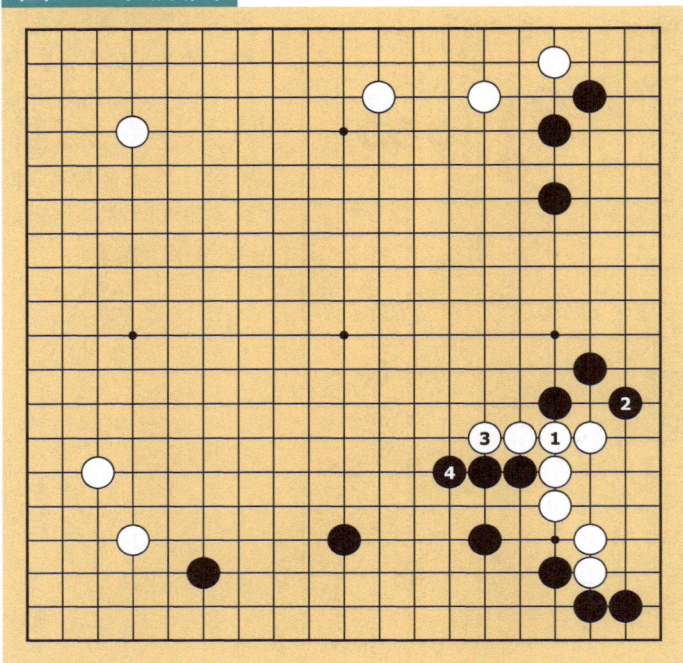

图2白13改下白1粘不好，黑2小尖是要点，至黑4，白棋局部不活，将来黑棋可以通过攻击白棋外面获得更多利益，此图白亏

图3 变化图

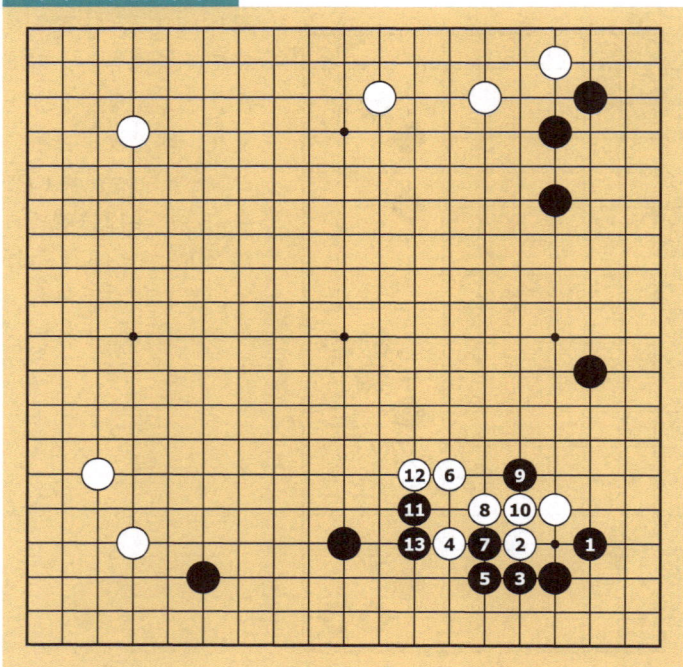

图2黑2改下黑1小尖是注重实地、夺取白棋根据地的下法，白2小尖灵活转身，黑3爬，白4跳，之后黑7冲，然后黑9点破坏白棋眼位，至黑13，大致两分

图3-1 失败图

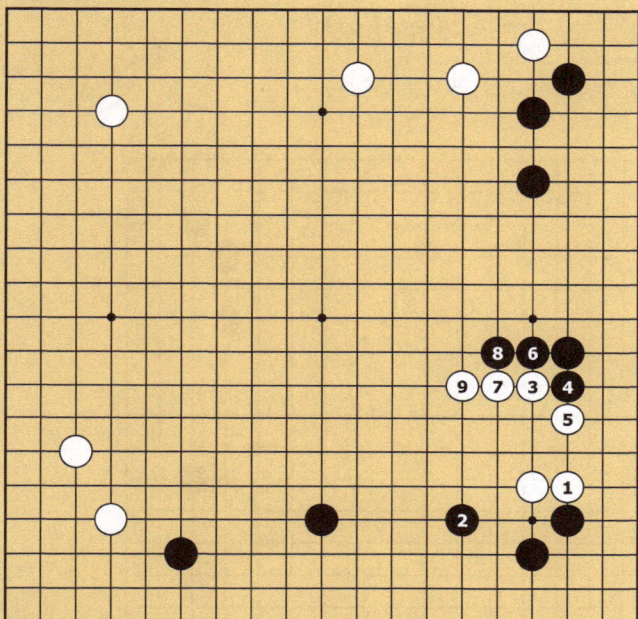

图3白2改下白1挡太笨重，黑2小飞，白3尖冲出头，黑4爬，黑6拐，至白9，将来白没活干净，黑棋上下两边都有收获，此图白吃亏

图4 变化图

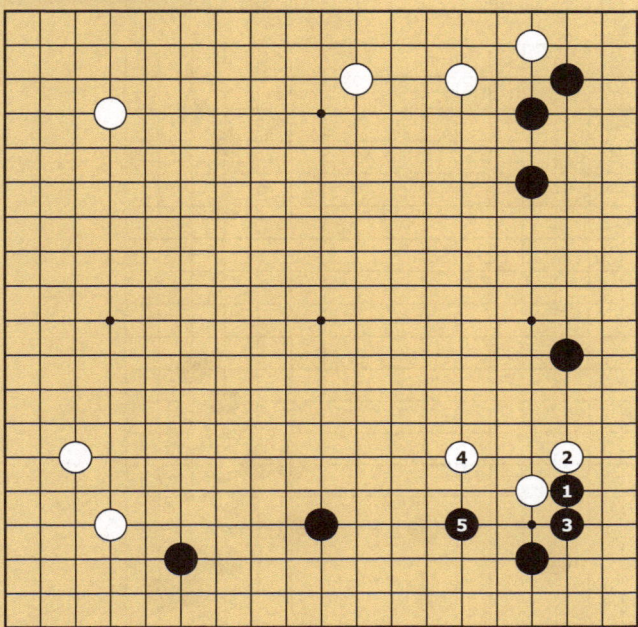

图3黑1改下黑1托是注重角空的下法，白2扳，黑3退，白4小飞快速出头，黑5飞继续攻击白棋，此图白速度比较快，黑实地多，大致两分

中国流布局常型（一）练习题

黑先，请写出在此局面下双方最佳的下法（至少3手）。

1

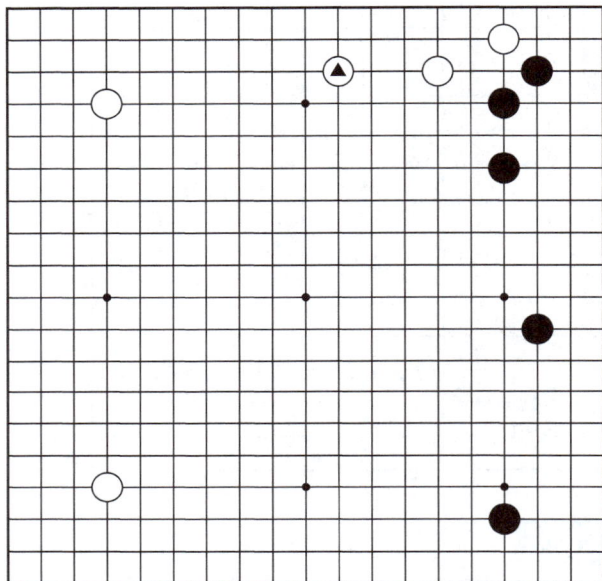

2

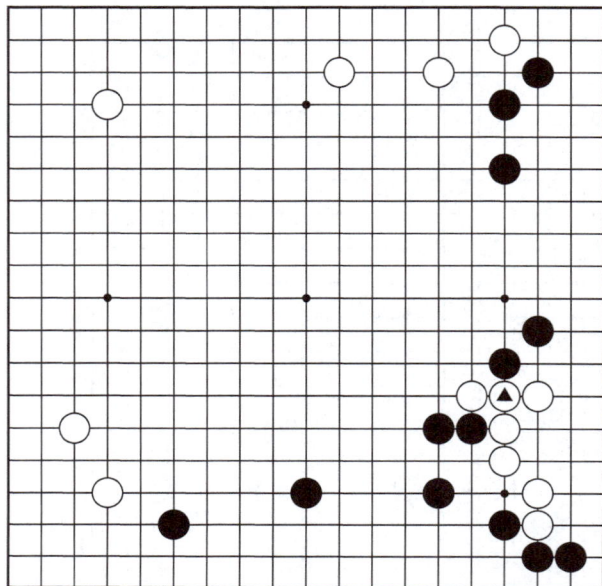

中国流布局常型（一）练习题

黑先，请写出在此局面下双方最佳的下法（至少3手）。

3

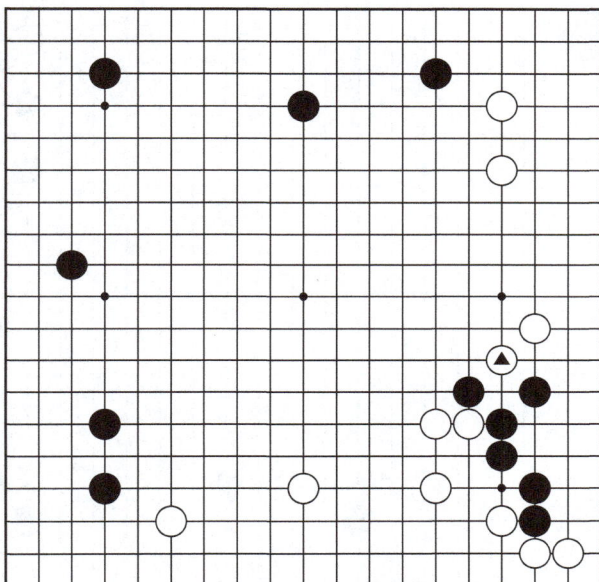

4

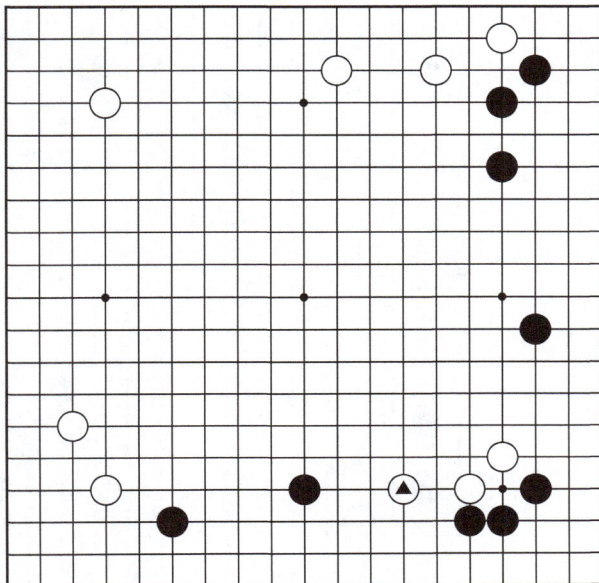

中国流布局常型（一）练习题

黑先，请写出在此局面下双方最佳的下法（至少3手）。

5

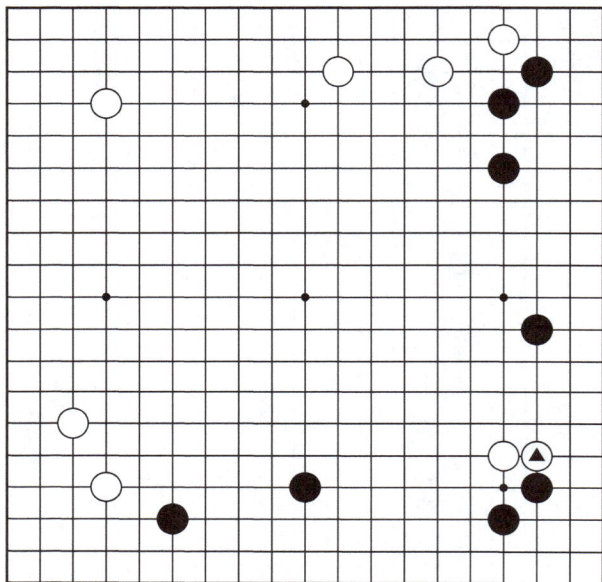

6

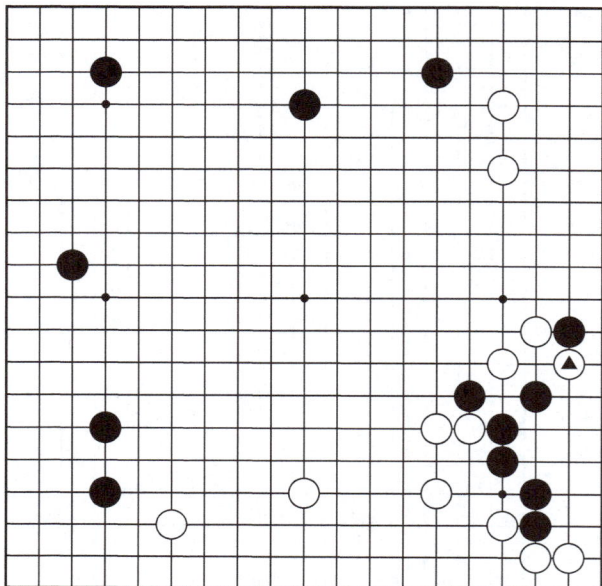

中国流角布局常型（一）练习题

黑先，请写出在此局面下双方最佳的下法（至少3手）。

7

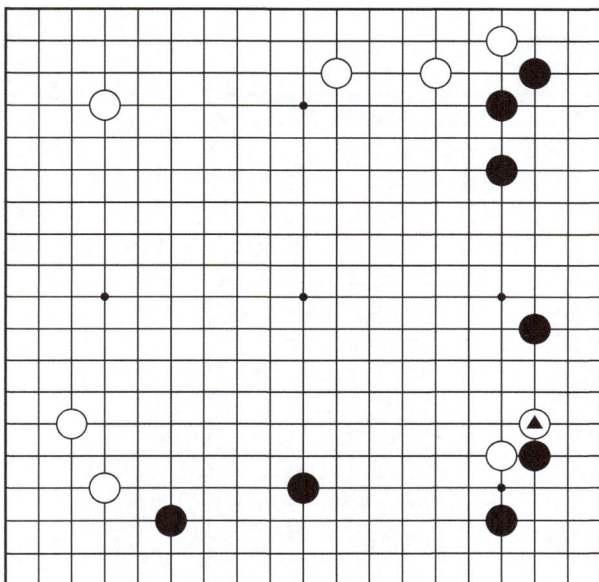

8

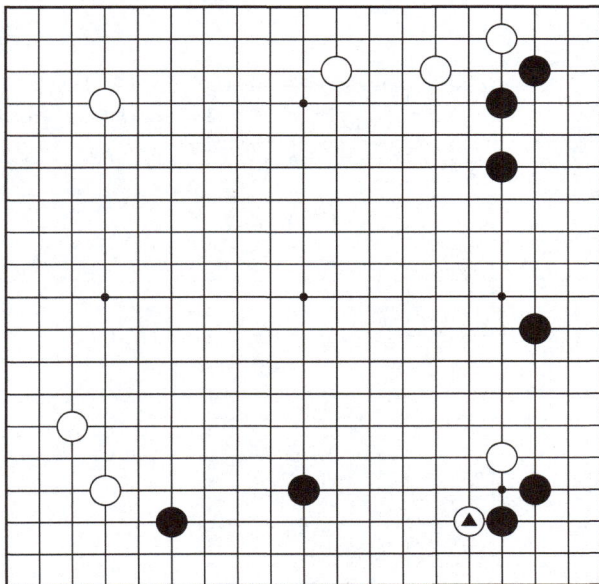

30 第30课 中国流布局常型（二）

　　上节课介绍了白棋挂星位的相关下法，本课主要讲解挂小目的一些变化，希望大家掌握两者的不同。

图1 变化图

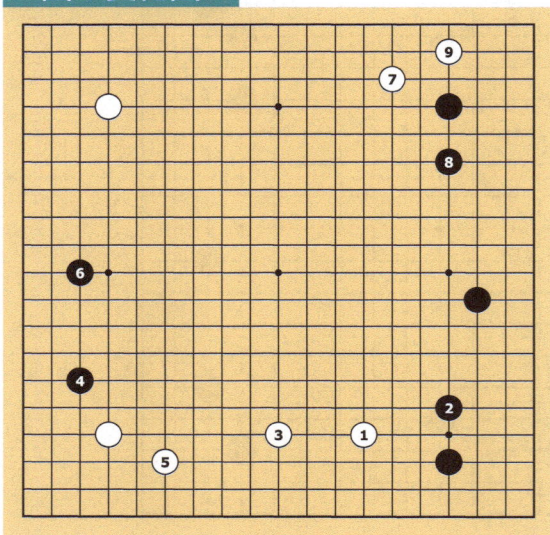

白1大飞挂角，黑2单关守角是稳健的下法，白3拆边，黑4挂角，至白9，双方形成拼抢实地的格局

图2 变化图

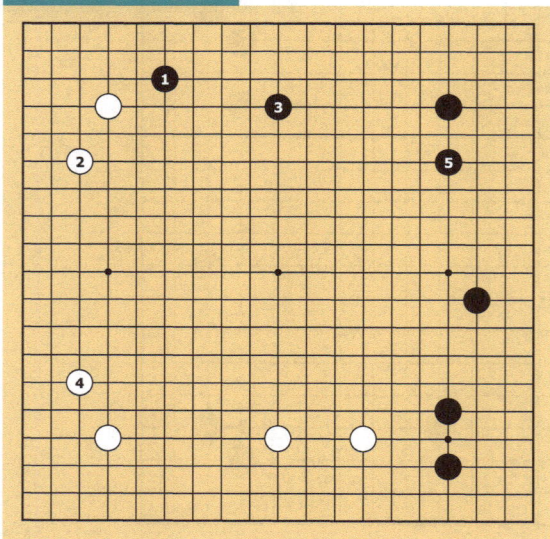

图1黑4改下黑1挂角扩张模样也是一种选择，白2守角，至黑5，双方形成互围大模样的格局

图3 变化图

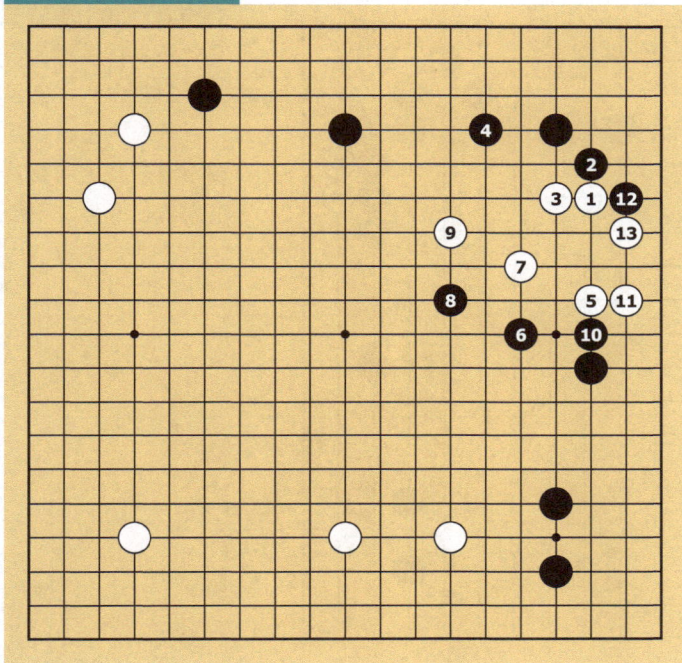

图2白4改下白1挂角破坏黑方模样，黑2尖顶攻击白棋，之后黑6飞攻是好手，黑10顶补强自己，黑12再先手扳，防止白棋点三三，至白13，大致两分

图3-1 失败图

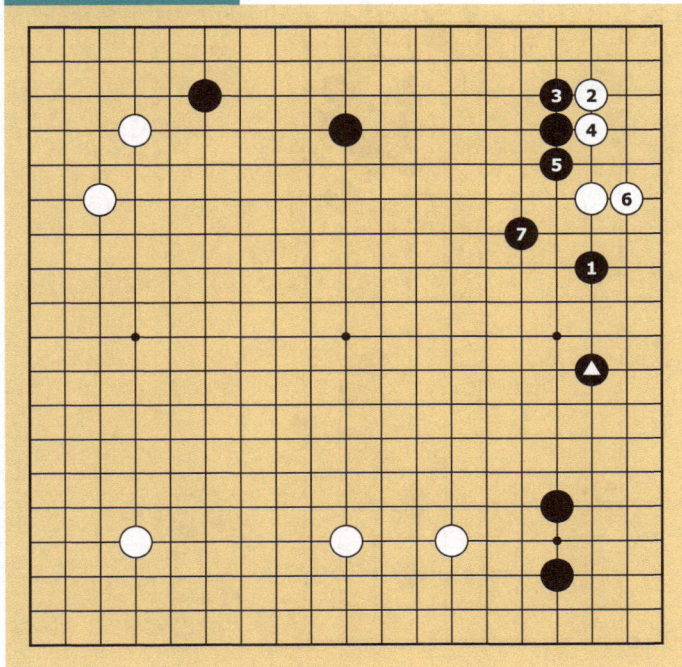

图3黑2改下黑1夹攻不好，白2点三三转身是好手，黑3挡，至黑7，黑虽然取得外势，但是黑▲这颗子效率太低，黑吃亏

图4 变化图

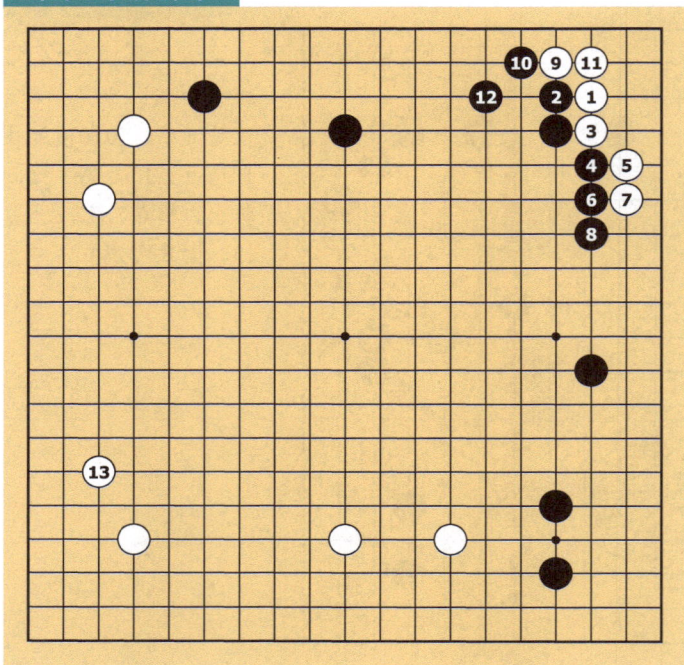

图3白1改下白1点三三
也是破坏黑棋模样的下
法，黑2挡白3爬，至黑
12，白抢到先手，然后
白13小飞守角抢到最后
一个大场，全局白不错

图4-1 变化图

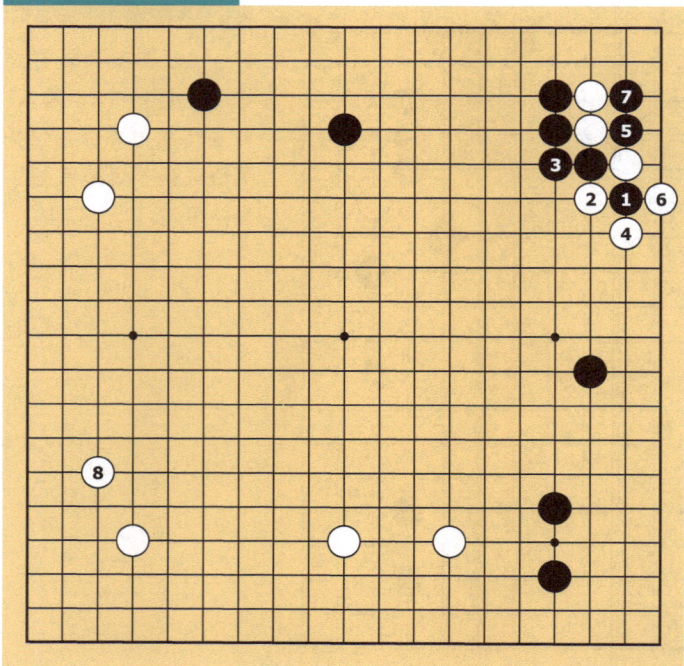

图4黑6改下黑1连扳是
注重实地的下法，白2
断吃外面一子，至黑7
形成转换，黑吃角，白
抢到先手，左下方守
角，大致两分

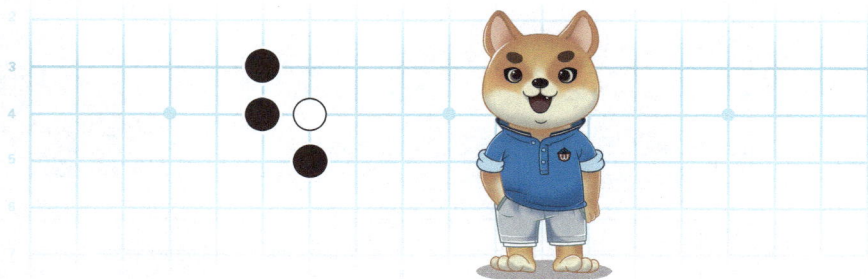

图5 实战赏析

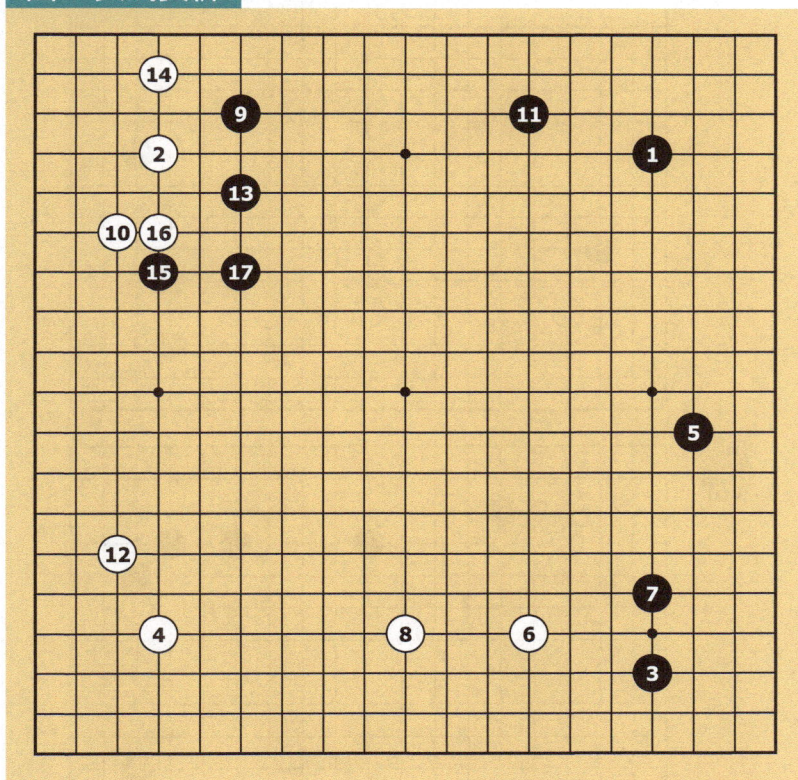

黑用中国流开局，黑11大飞守角是兼顾角上实地和边上发展的下法，白
12守角，黑13跳扩张模样，至黑17，黑在上方形成超大模样，白将来如
何破坏黑棋模样是取胜关键

中国流布局常型（二）练习题

黑先，请写出在此局面下双方最佳的下法（至少3手）。

1

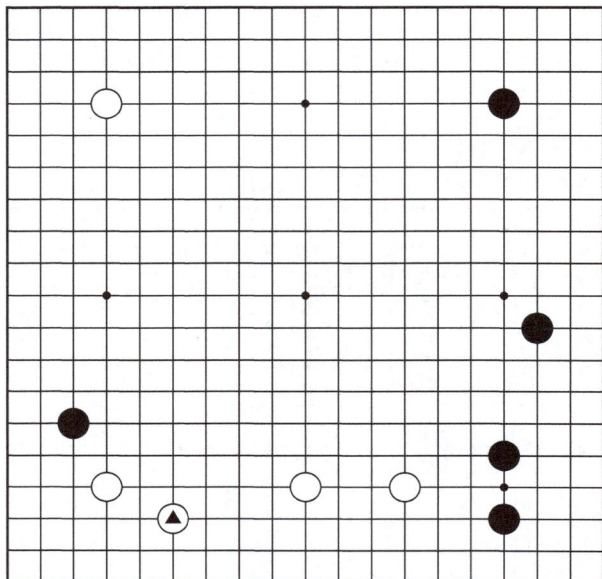

2

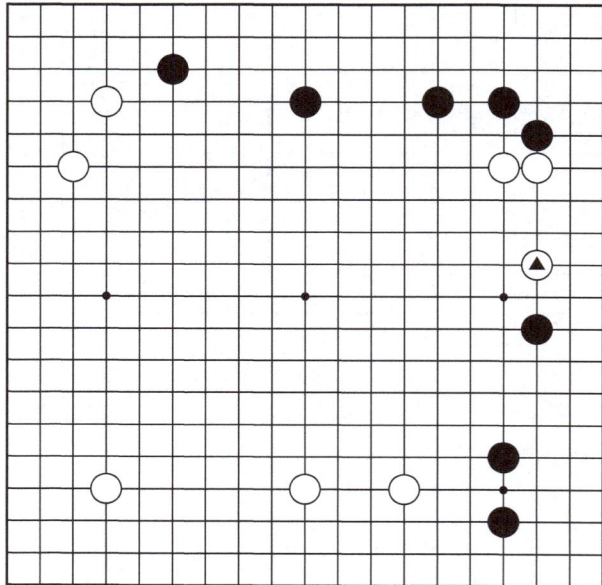

中国流布局常型（二）练习题

黑先，请写出在此局面下双方最佳的下法（至少3手）。

3

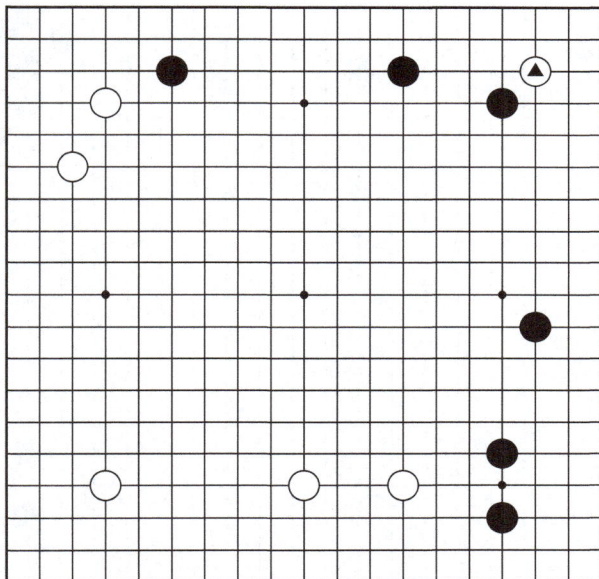

4

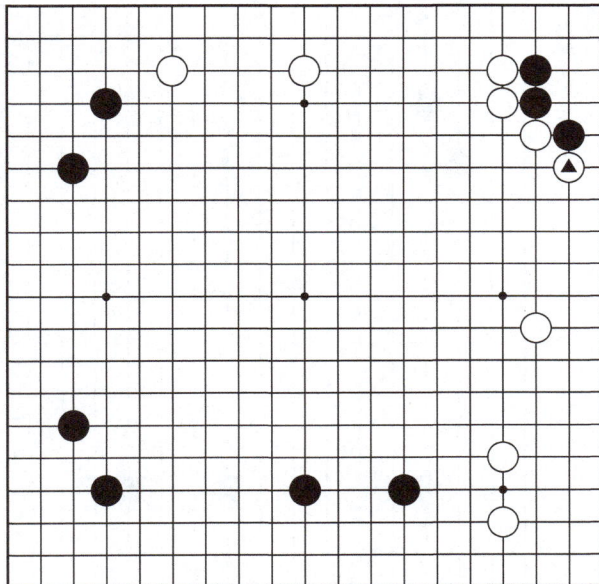

中国流布局常型（二）练习题

黑先，请写出在此局面下双方最佳的下法（至少3手）。

5

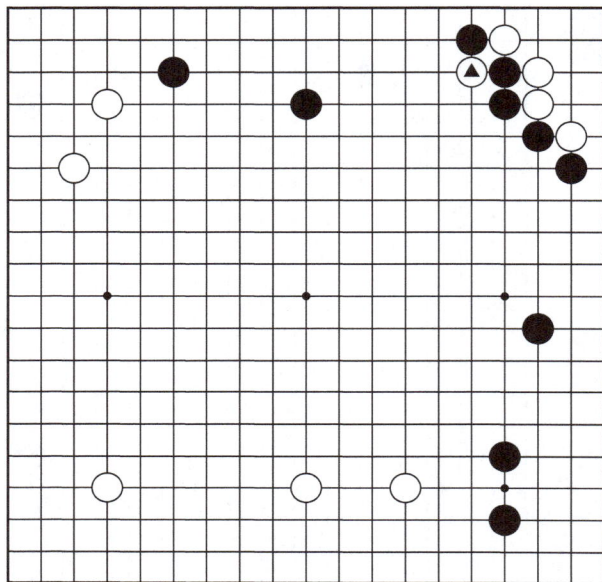

6

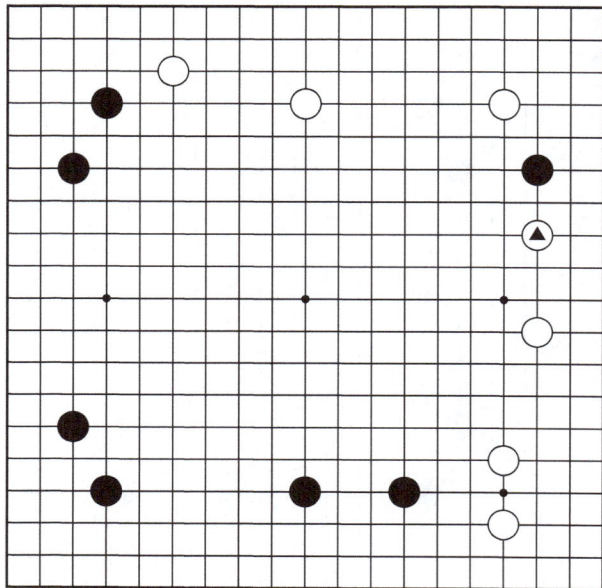

中国流角布局常型（二）练习题

黑先，请写出在此局面下双方最佳的下法（至少3手）。

7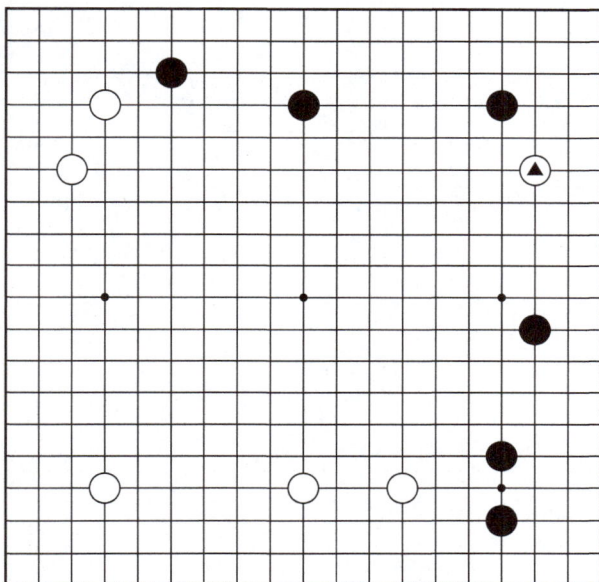

8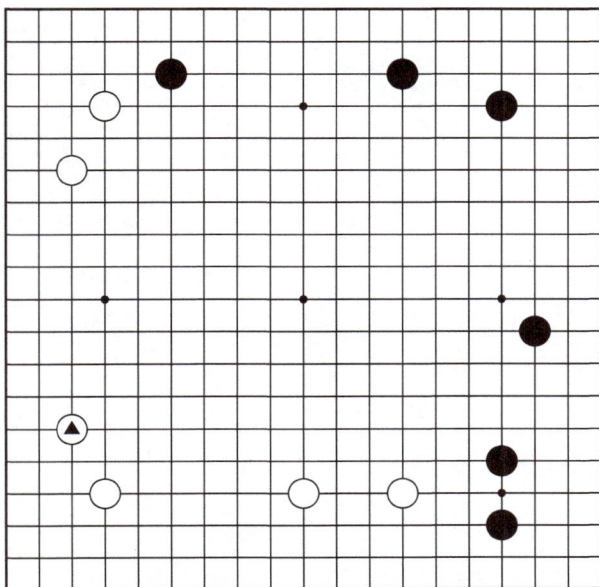

第六章
中盘与行棋（二）

双方在结束了布局阶段的互相试探后，到了中盘阶段将展开激烈的战斗。在战斗的过程中，如何把握双方棋子的强弱是获得战斗主动的关键。我们既要学习一些常见的中盘常型技巧，也要掌握在不同的场合下如何行棋才能有利于获得战斗的主动。本章的学习重点是实战中各种常型的技巧，以及角上和边上的打入攻防变化。希望大家通过本章的学习，能够将这些技巧和变化熟练掌握，做到举一反三，从而运用到实战当中。

31 第31课 常型攻防—— 二路超大飞

二路超大飞俗称"二路潜水艇"，是重视安定的实战常型，如果对方应对不当，往往能够获得惊人的成果。本课介绍二路超大飞后双方的基本攻防技巧。

基本图1-1

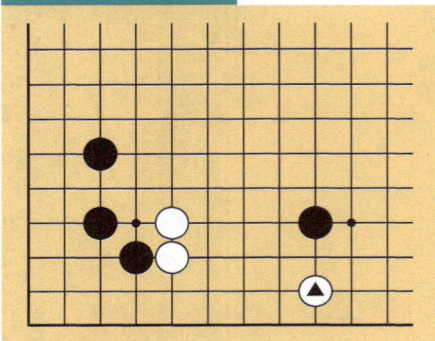

白棋两子受到了黑棋的夹击，白棋选择在二路超大飞试图安定自身，对此，黑棋应如何应对呢

基本图1-2

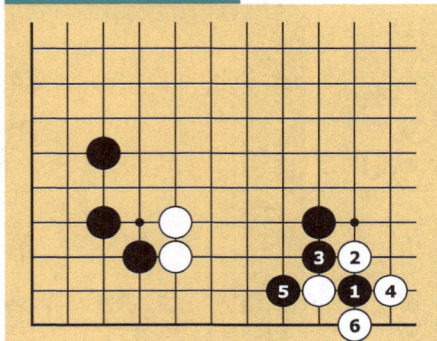

黑1外靠正中白棋下怀，白2扳吃一子后，黑棋也无法吃掉白棋左边两子，显然不利

基本图1-3

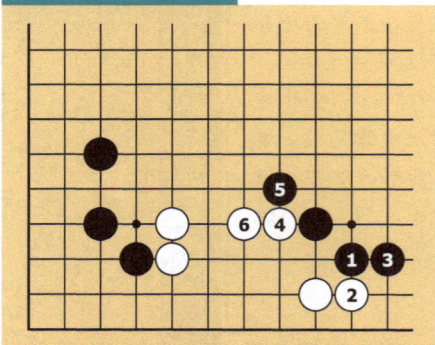

黑1小尖是软弱的下法，白2先爬一下后再走白4上靠，局部白棋轻松获得了安定，可以满意

基本图1-4

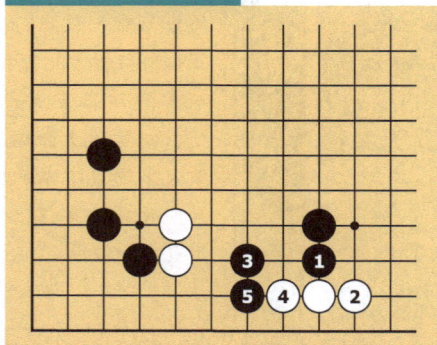

黑1顶才是局部最好的应对方法，白2若是向外长，黑3单跳即可分断白棋，如此白棋两边都不是安定的棋形，黑棋有利

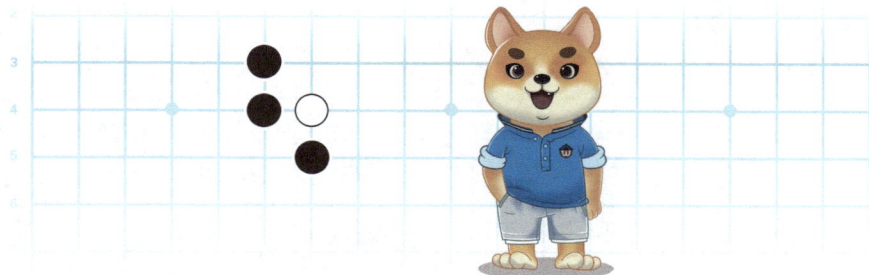

基本图1-5

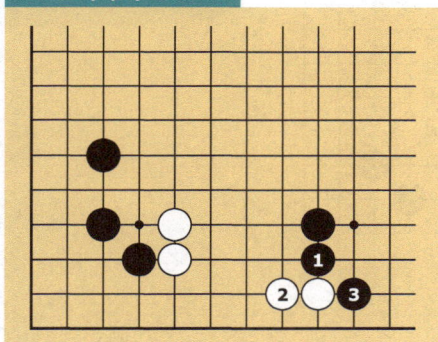

黑1顶时，恐怕白2只能往回退，那么黑3扳住后，黑棋成功地封锁了白棋，同时白棋还不是安定的棋形，黑棋依然有利

基本图1-6

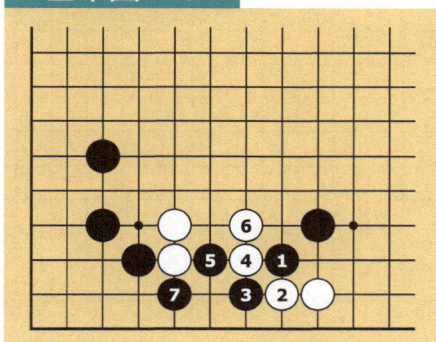

黑1、黑3先尖再扳是求战的选择，白4断开后，黑5、黑7连回后将白棋分断，战斗好坏得看周围配合

基本图1-7

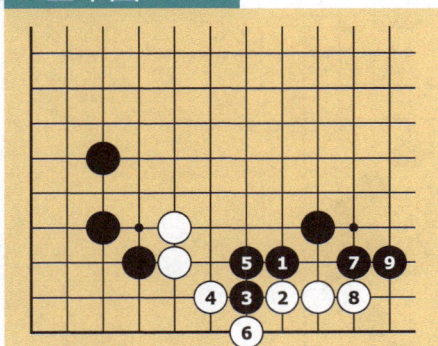

黑3扳时，白4若是小尖正中黑棋下怀，黑5粘后黑7再小尖，白棋子力全在二路和一路，显然大亏

基本图1-8

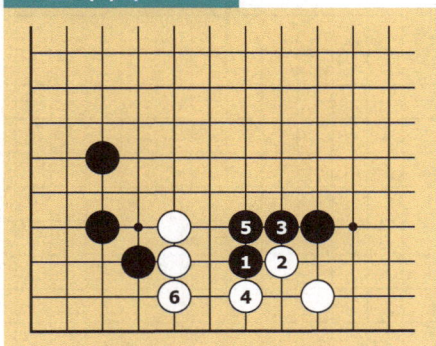

黑1小飞在有些场合下也可以考虑，不过白2、白4连回后局部已经是活棋，黑棋在一般情况下并不愿意如此定型

基本图2-1

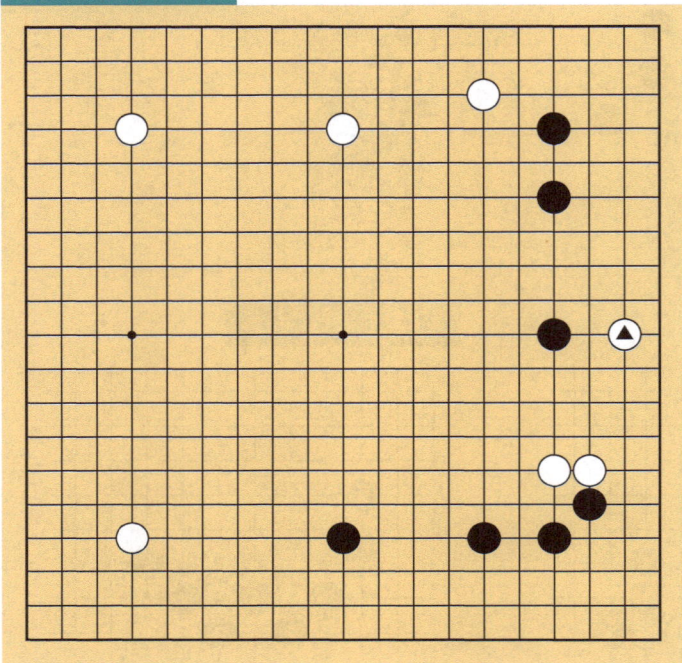

常见的三连星开局，白棋采用超大飞的下法，黑棋应选择什么应对方法呢

基本图2-2

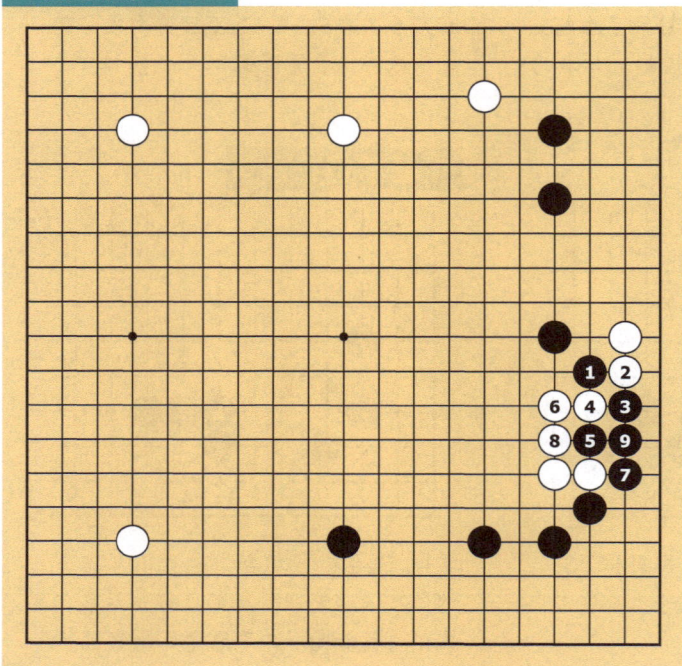

此时黑棋应选择黑1小尖的下法，白4若是断开黑棋作战，由于右上角有黑棋两子的接应，明显是黑棋作战有利的变化

基本图3-1

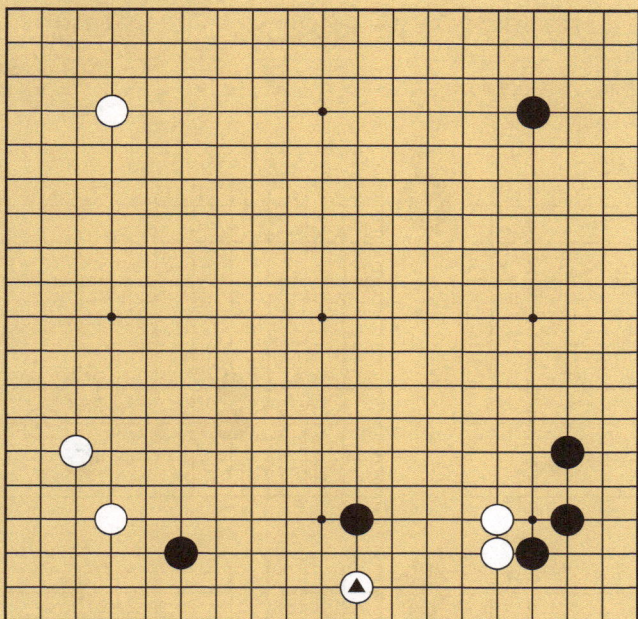

与基本图2-1的变化有
一些差别，黑棋应如何
应对白棋的超大飞呢

基本图3-2

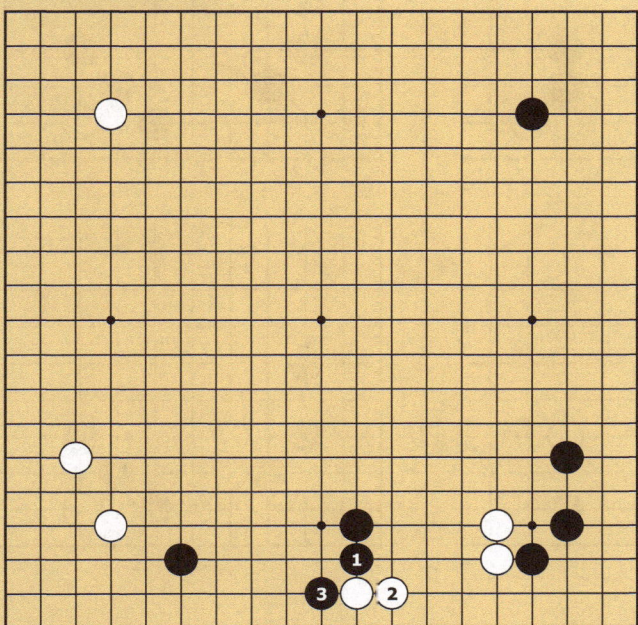

由于下方黑棋的子力并
不占优势，黑1顶是此
时最优的选择，白2退
回，黑3再扳住，黑棋
强化下方的同时白棋也
没有安定，黑棋满意

常型攻防——二路超大飞练习题

黑先，请写出在此局面下双方最佳的下法（至少3手）。

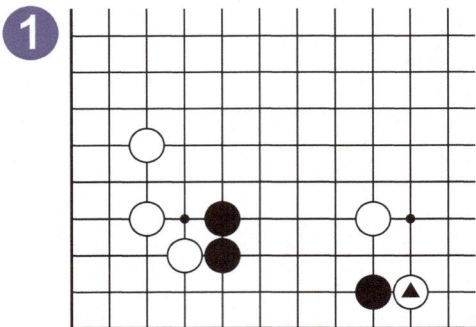

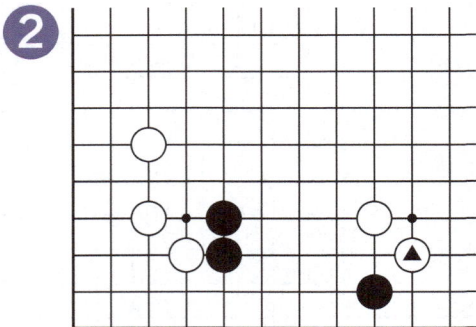

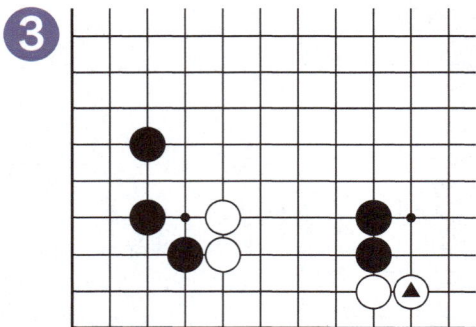

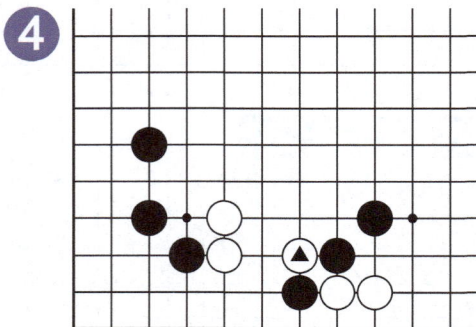

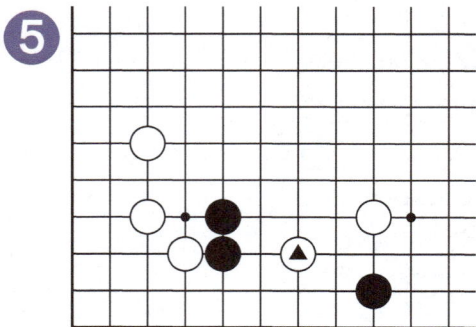

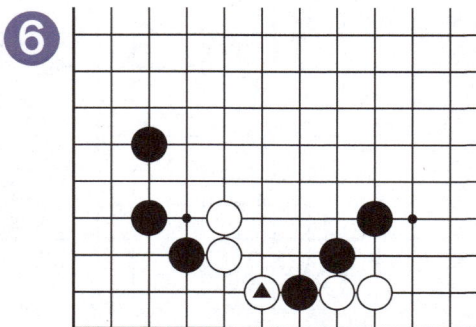

1

2

3

4

5

6

常型攻防——二路超大飞练习题

黑先，请写出在此局面下双方最佳的下法（至少3手）。

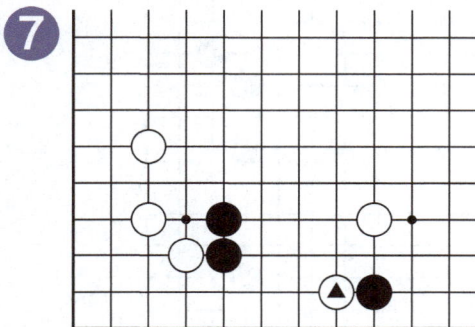

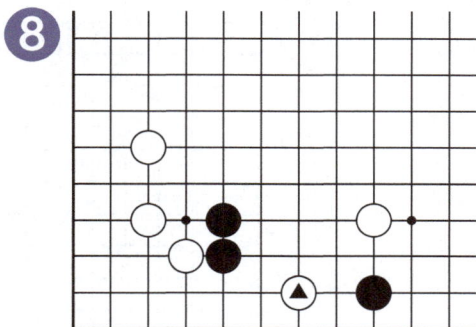

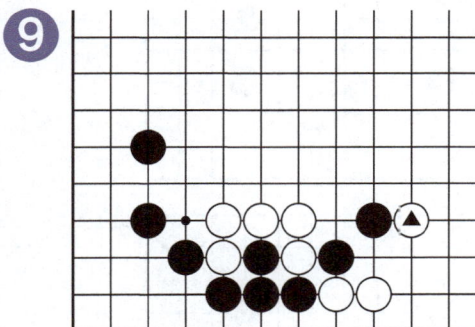

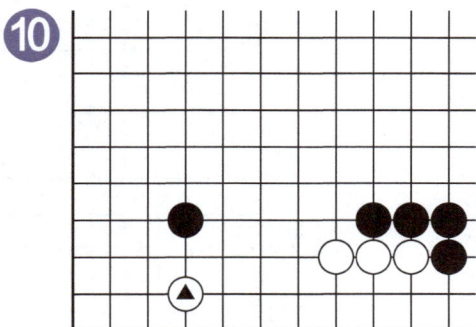

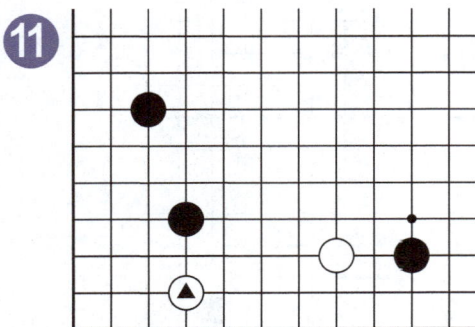

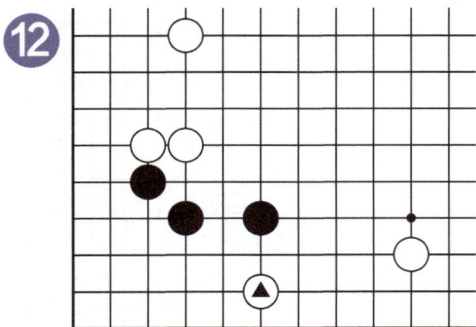

常型攻防——二路超大飞练习题

黑先，请写出在此局面下双方最佳的下法（至少3手）。

13

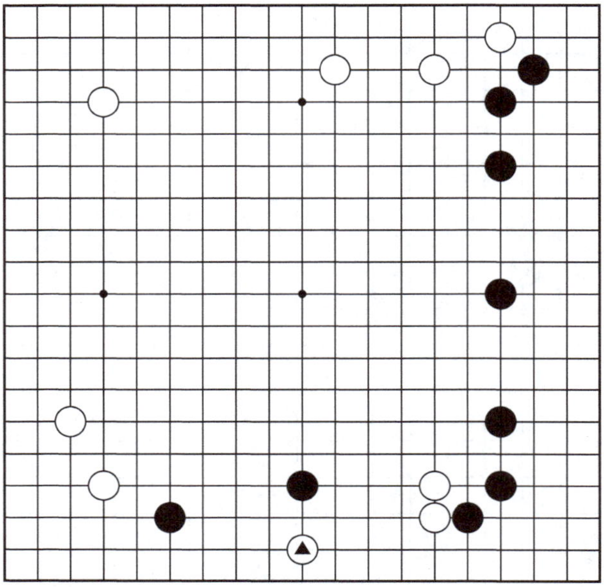

14

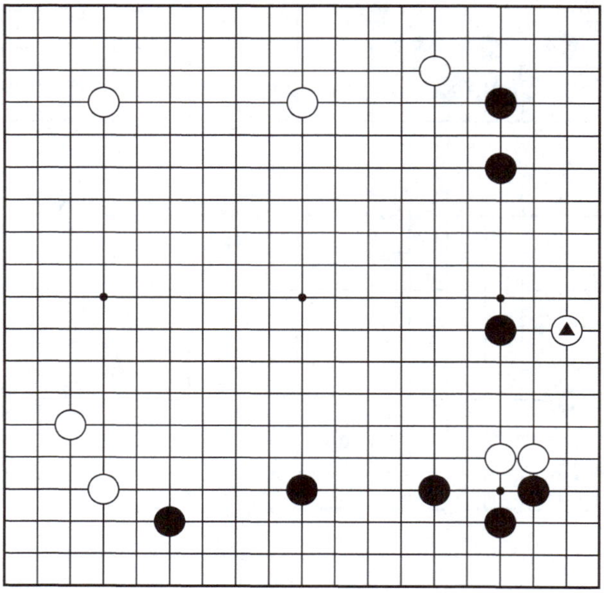

32

第 ③② 课 常型攻防——
二路托过

　　三路拆三被打入时，二路托过是最常见的联络方法。本课介绍二路托过以后双方的攻防技巧。希望通过本课的学习，大家能够在实战中灵活运用。

基本图1-1

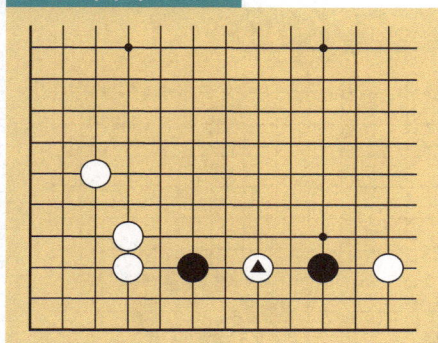

黑棋的拆三两边都被白棋逼住，此时白棋的打入是非常严厉的手段，黑棋应如何防守呢

基本图1-2

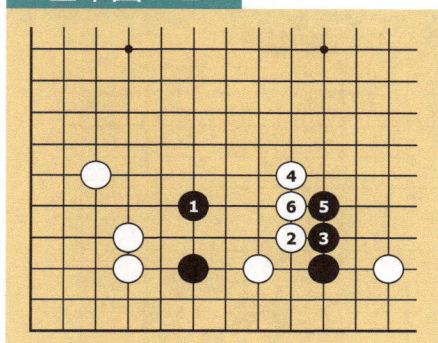

黑1直接跳出不是好棋，白2小尖出头后，黑棋被左右分割成两块孤棋，显然不利

基本图1-3

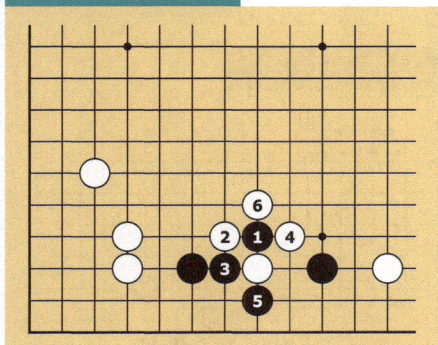

黑1上靠是很容易想到的联络方式，但被白2扳出黑棋并不好，黑3、黑5从下方连回，白6中央开花实在痛快，黑棋无法接受

基本图1-4

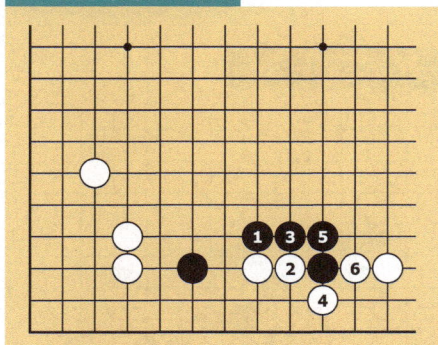

黑1上靠时，白2直接顶过也可以，至白6连回，黑棋整块棋非常笨重，还需要后手连回一子，此图显然也是白好

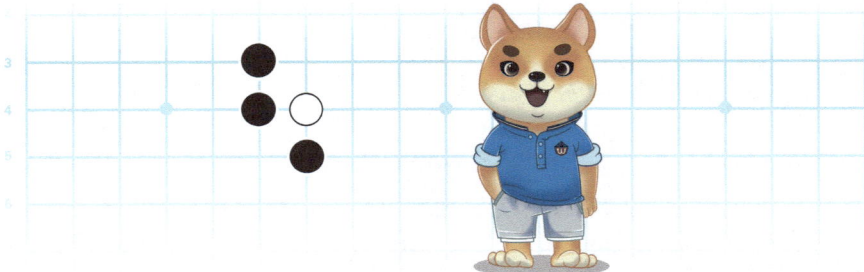

基本图1-5

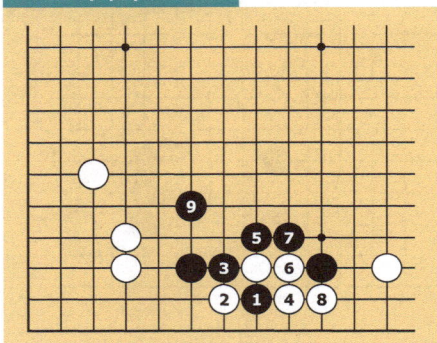

黑1从下方托才是联络的好手，白2、白4扳吃，黑5、黑7打吃后压过去，至黑9跳补，黑棋的棋形很有弹性，可以满意

基本图1-6

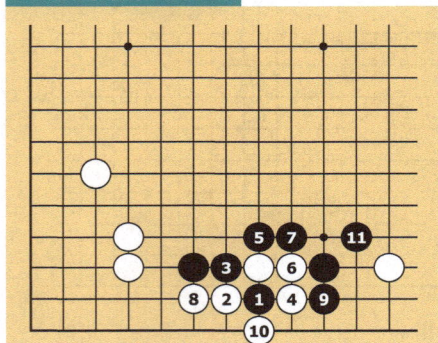

基本图1-5的白8若是从左边连回，黑9、黑11则强化右边的断点。可以看出，黑1托的思路是通过弃掉黑1这一子来获得上方的联络

基本图1-7

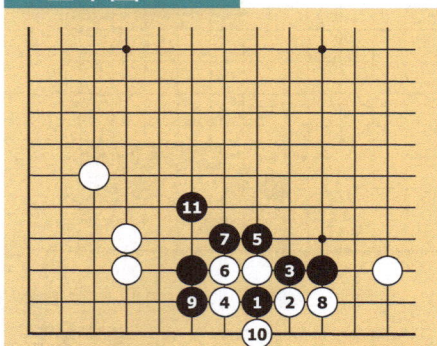

白2扳在右边大同小异，黑3至黑7依旧是弃子联络的常规操作，至黑11虎，局部依旧是两分的定型

基本图1-8

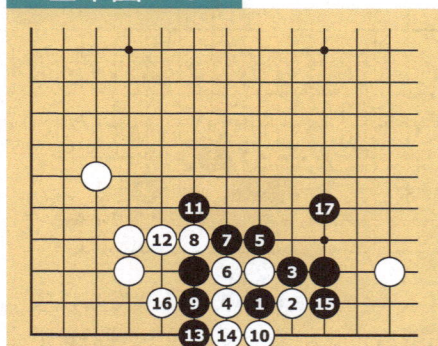

基本图1-7的白8若是断吃黑棋一子并不好，黑9、黑11打吃后，黑13再立是弃子手筋，白14粘上时，黑15再拐，今后黑棋一路立还是先手，黑棋可以满意

基本图2-1

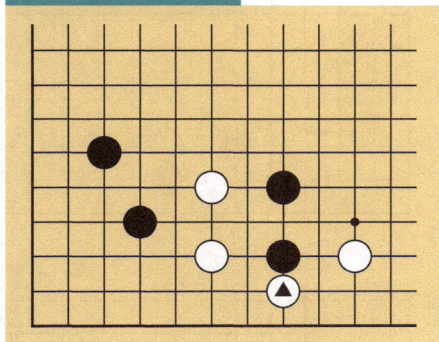

这是一个实战常型，黑白双方互相跳出，此时白棋在二路托过，黑棋局部的最佳应对方法是什么呢

基本图2-2

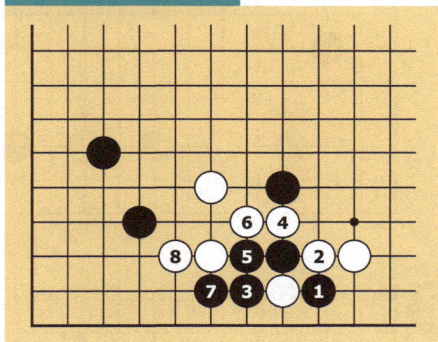

黑1扳在此时不是好棋，白2断后白4再打过去，黑棋上方一子被白棋分断，下方还无法联络，黑棋显然不利

基本图2-3

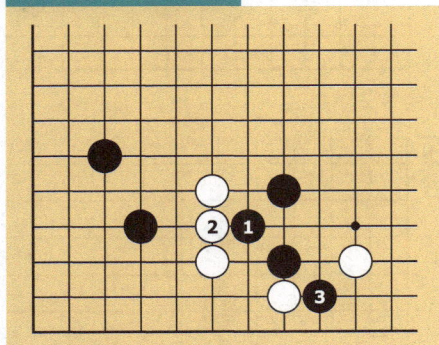

黑1虎刺是局部的好手，白2若是粘上，黑3再扳，白棋局部已无法联络，黑棋明显有利

基本图2-4

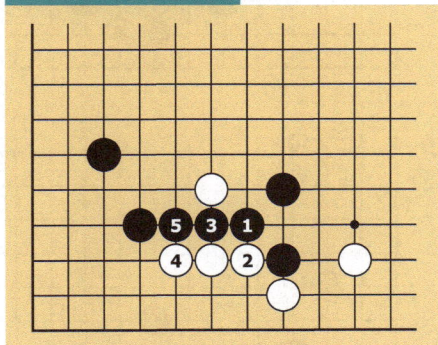

黑1虎刺时，白2只能选择连回下方，黑3冲过去分断白棋上方一子，黑棋棋形非常厚实，依然是黑棋有利

常型攻防——二路托过练习题

黑先，请写出在此局面下双方最佳的下法（至少3手）。

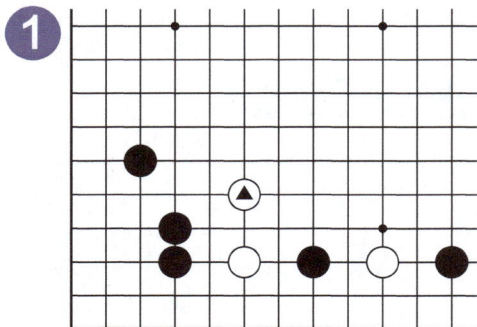

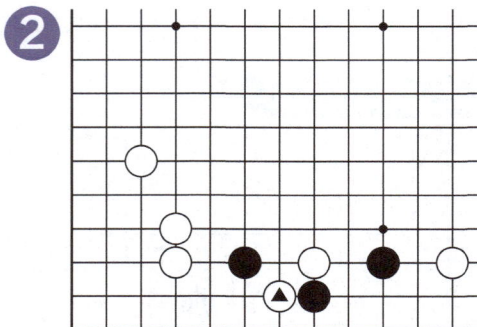

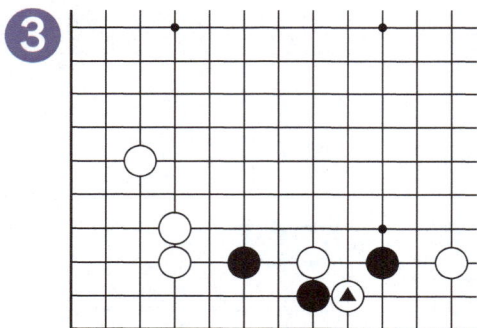

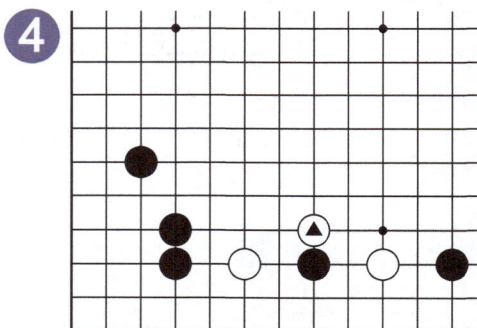

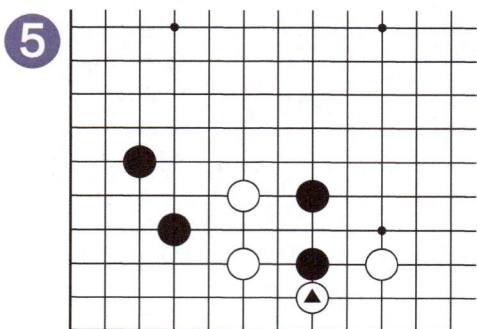

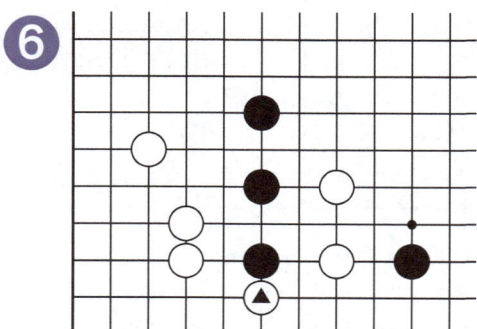

1

2

3

4

5

6

常型攻防——二路托过练习题

黑先，请写出在此局面下双方最佳的下法（至少3手）。

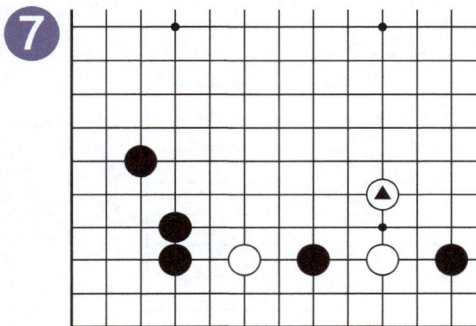

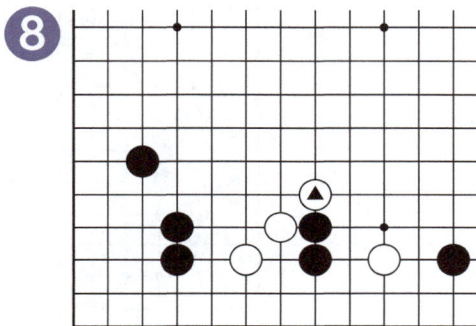

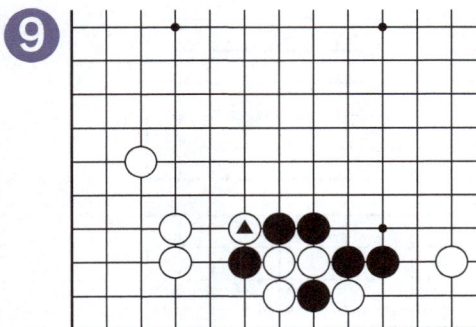

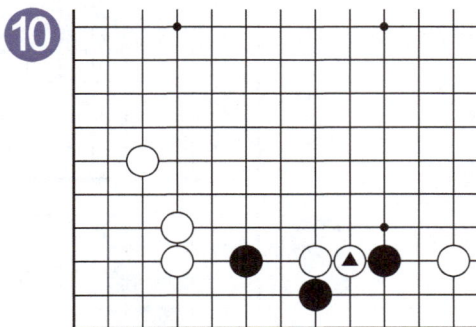

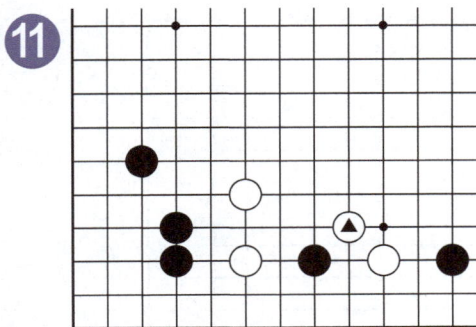

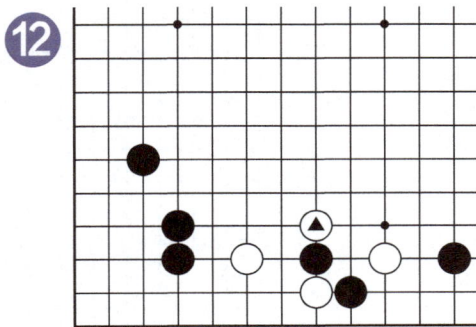

7

8

9

10

11

12

常型攻防——二路托过练习题

黑先，请写出在此局面下双方最佳的下法（至少3手）。

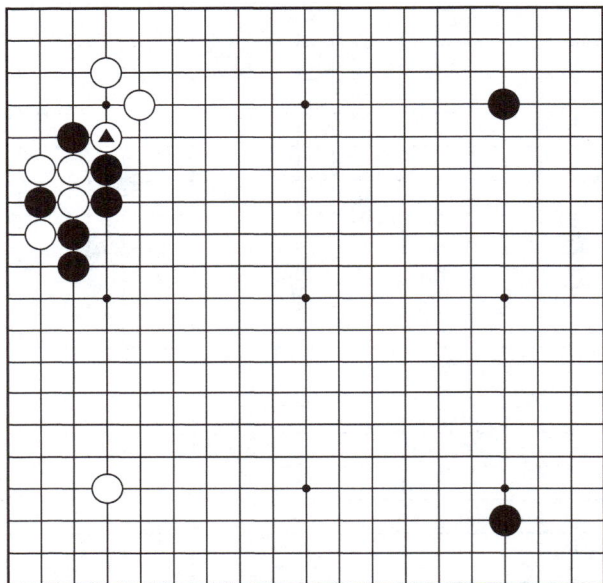

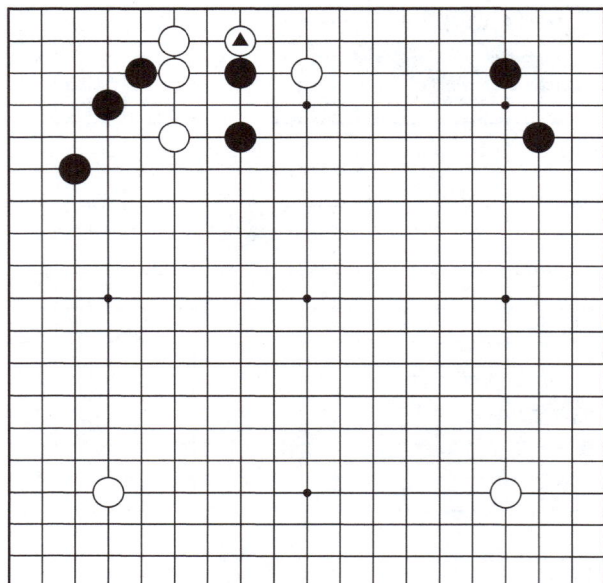

33 第③③课 斜拆三打入（一）

星位挂角斜拆三是实战中最常见的定式之一，之后的打入攻防是非常重要的知识点。我们不仅要掌握局部的攻防要领，同时还必须学会根据周围场合的不同，选择正确的下法。

基本图1-1

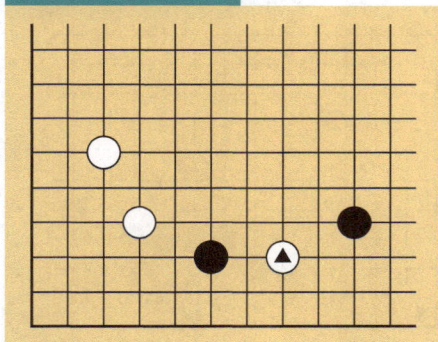

首先需要了解的是，黑棋斜拆三的下法是一个重视发展的选择，所以白棋打入时，黑棋通常都要以取势为目标

基本图1-2

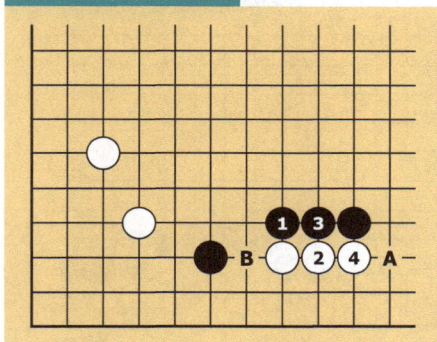

黑1压住可以说是只此一手，接下来白2长也是最常见的下法，黑3粘住，白4再爬，接下来黑棋有A、B两种选择

基本图1-3

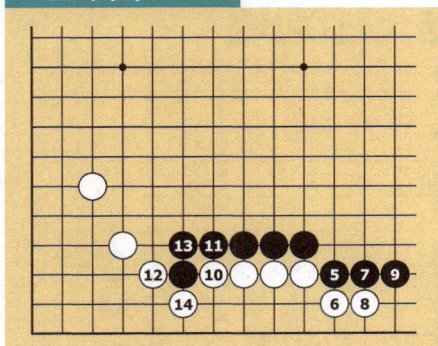

黑5扳是重视右边发展的选择，白6、白8先扳后爬，接下来白10顶时，黑11挡住看似必然实则不好，白12尖过，白角实空过大

基本图1-4

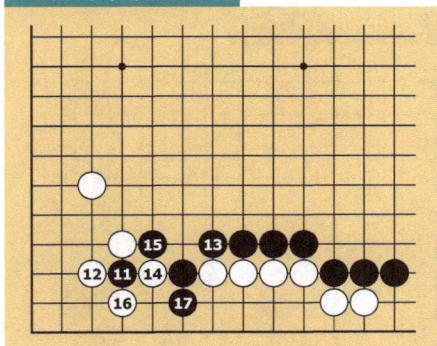

基本图1-3中黑11先托角是好手，白12挡住是必然的下法，黑13再挡住，白14再打吃已无法渡过，黑棋明显优于基本图1-3

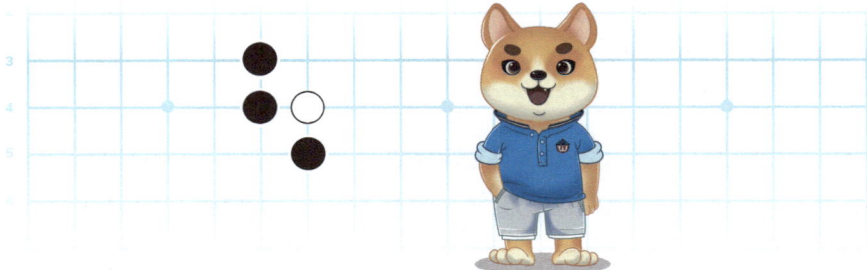

基本图1-5

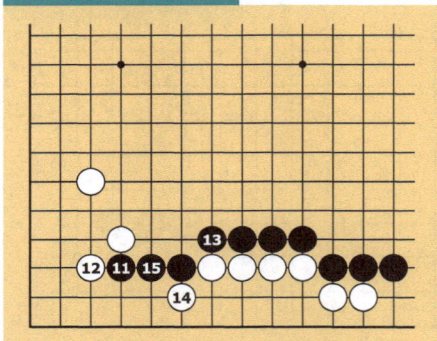

白14下扳也是一种选择，黑15粘住后，局部白棋获得安定，黑棋也获得了外势，是一个两分的定型

基本图1-6

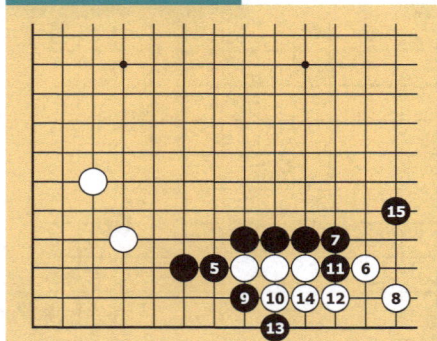

接图1-2黑5顶住是场合下法，通常是右边有外势时的选择，白6跳出是必然的下法，至黑15，依旧是白棋获得安定、黑棋取势的定型

基本图1-7

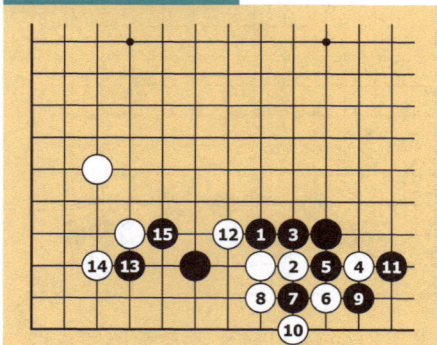

黑1压时，白2、白4先长再跳出也是很容易想到的下法，接下来黑7断在内侧很重要，白12扳出后，黑13托角是好手，白棋左右难以兼顾

基本图1-8

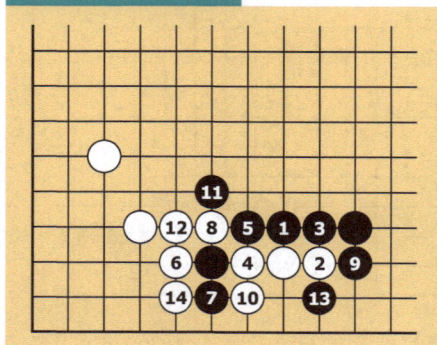

白4、白6先顶后尖可以获得联络，黑7下立是弃子好手，至白14，黑棋先手获得外势，可以满意

基本图1-9

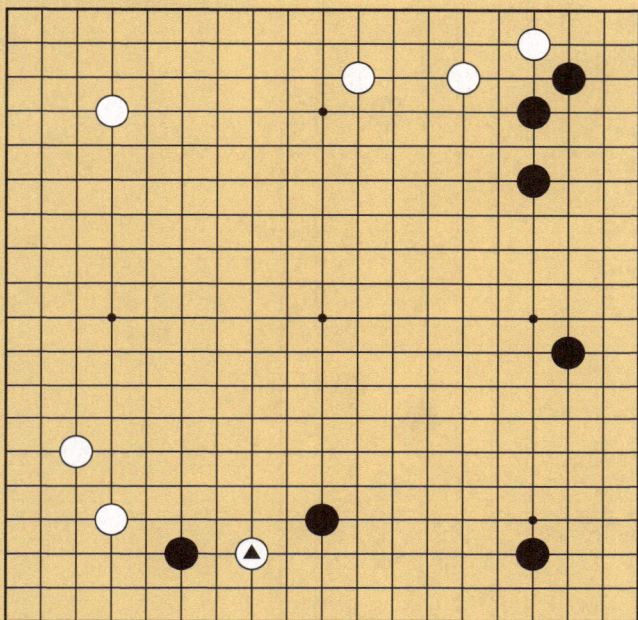

这是常见的中国流开局，白棋打入，黑棋应如何定型呢

基本图1-10

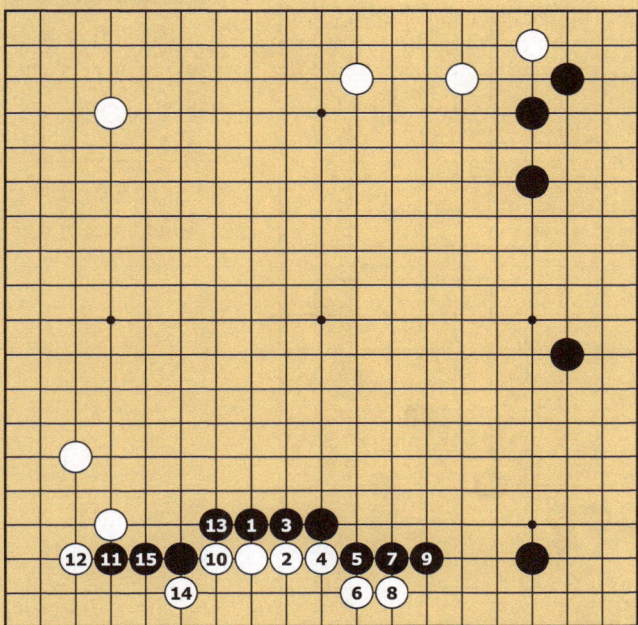

因为黑棋右方发展潜力巨大，所以黑5选择扳的下法比较好，接下来黑11先托是重要的次序，至黑15，黑棋的外势与右方的中国流形成了很好的配合，明显有利

基本图1-11

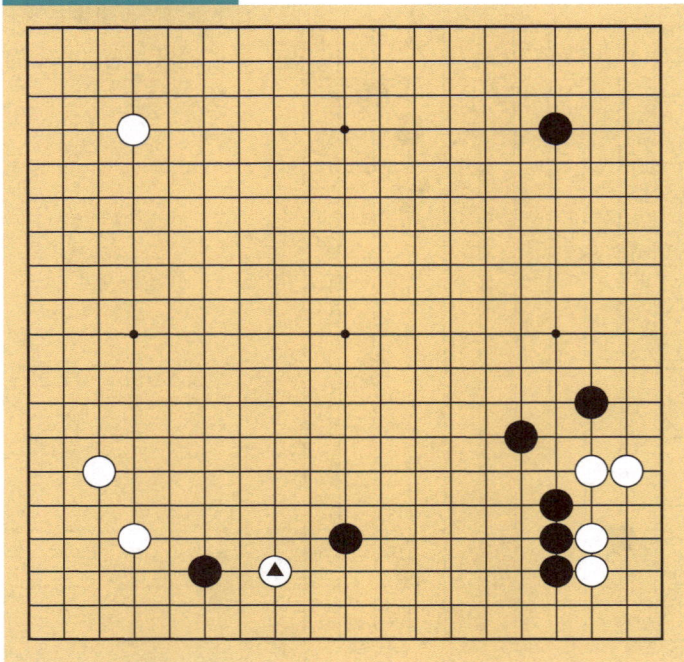

这是二连星开局的常型，白棋打入，黑棋应如何应对

基本图1-12

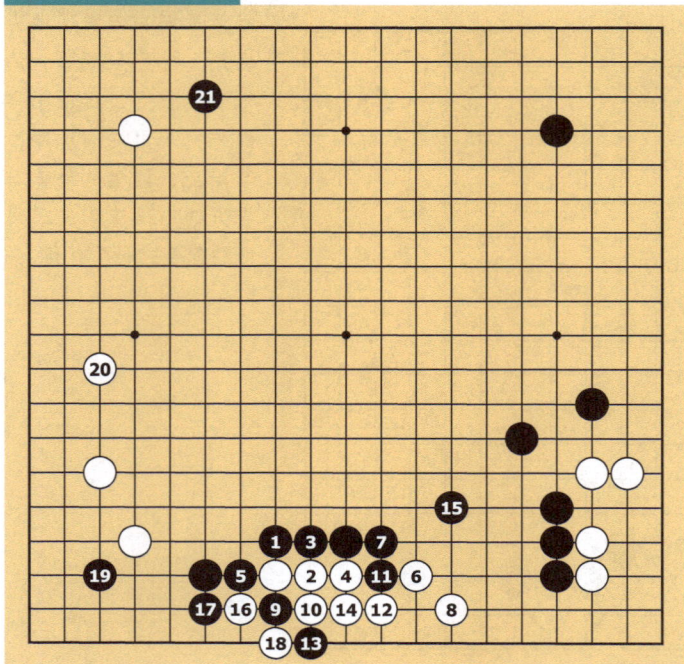

在右下角有外势的情况下，黑5顶住是更好的选择，至黑15飞封后，白棋虽然获得安定，但是黑19点三三也有一定收获，至黑21挂角，黑棋全局发展潜力巨大

斜拆三打入（一）练习题

黑先，请写出在此局面下双方最佳的下法（至少3手）。

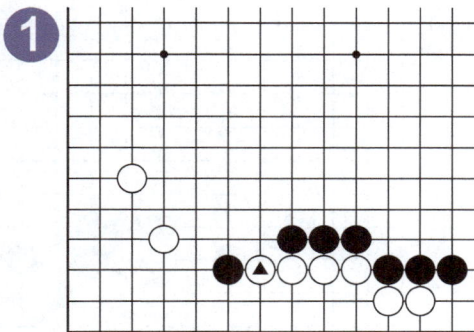

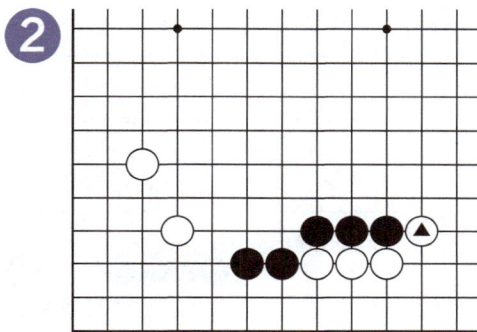

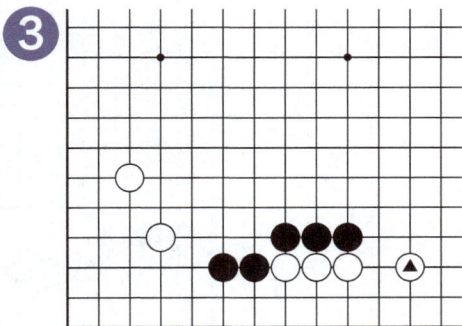

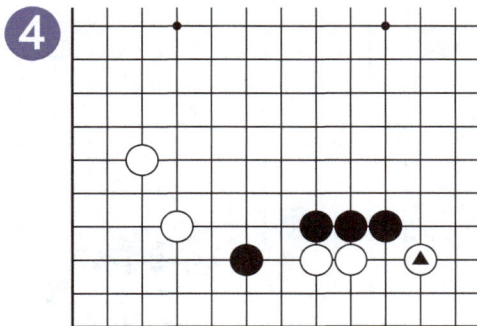

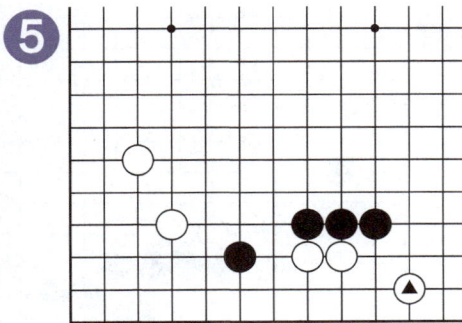

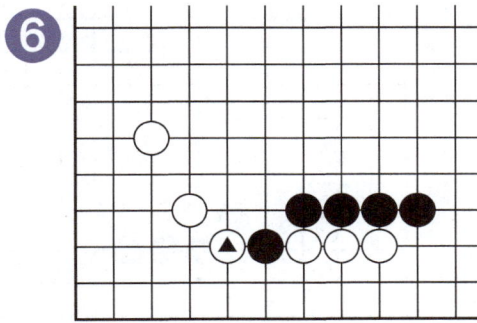

1

2

3

4

5

6

斜拆三打入（一）练习题

黑先，请写出在此局面下双方最佳的下法（至少3手）。

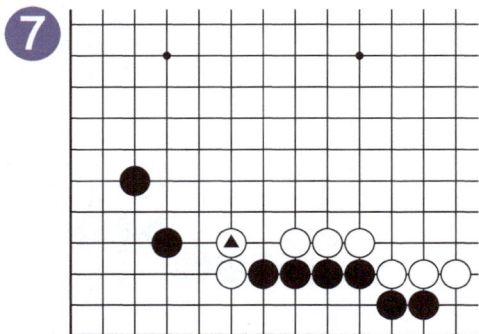

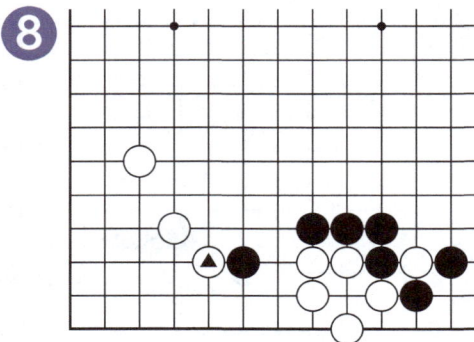

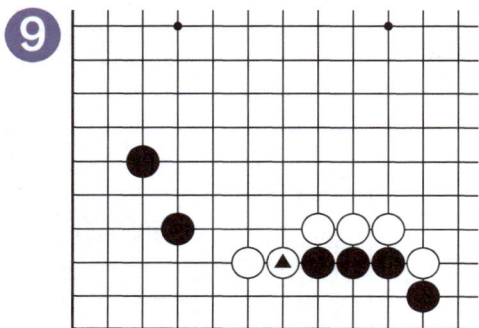

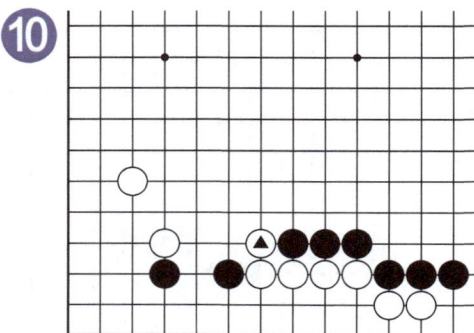

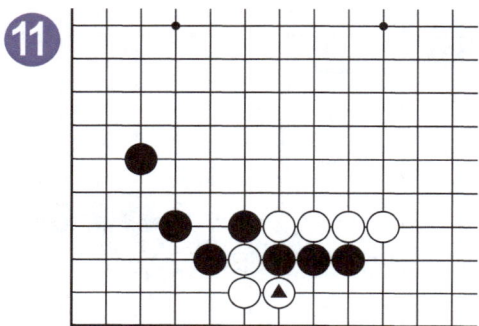

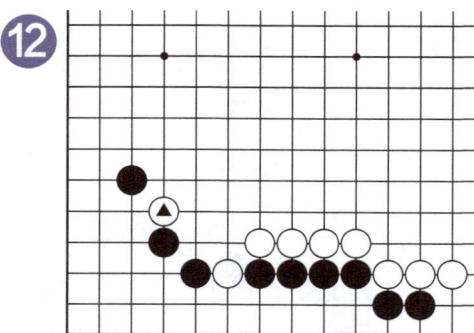

7

8

9

10

11

12

斜拆三打入（一）练习题

黑先，请写出在此局面下双方最佳的下法（至少3手）。

13

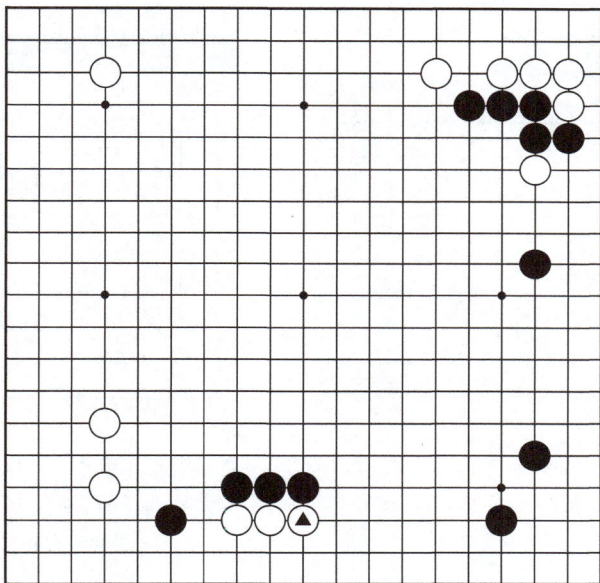

14

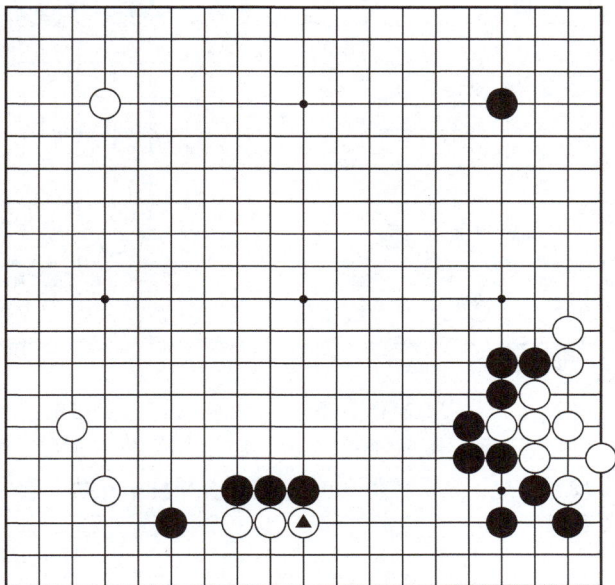

34

斜拆三打入
（二）

基本图1-1

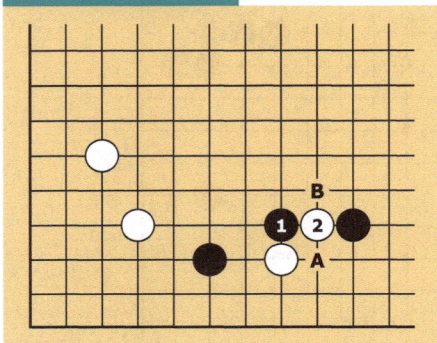

在黑1压时，白2挖是在征子有利时非常有力的下法，黑棋会根据征子情况来决定是在A位下打还是B位上打

基本图1-2

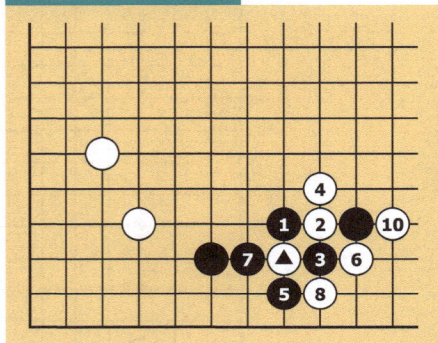

⑨ = ▲

黑棋若是征子有利，那么黑3打在下方就是必然的选择，白4长是必然的下法，黑5、黑7吃掉一子后，白10打吃形成征子的局面

基本图1-3

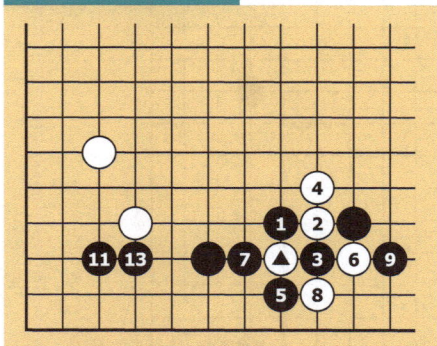

⑩ = ▲，⑫ = ❸

基本图1-2中白8打吃时，黑9若征子不利，也有打吃做劫的下法，白10提掉，黑11点角，白12粘上后，白棋棋形过于厚实，黑棋不满

基本图1-4

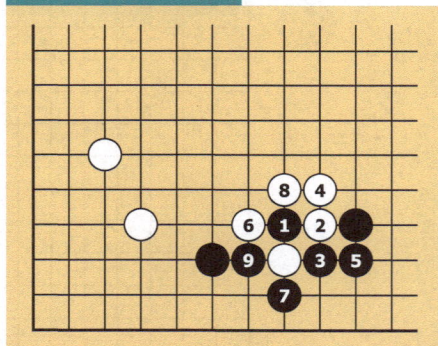

白4长出时，黑5粘上是不好的下法，白6、白8提掉一子后，黑9还得补一手防止白棋将来打劫分断的手段，白棋明显有利

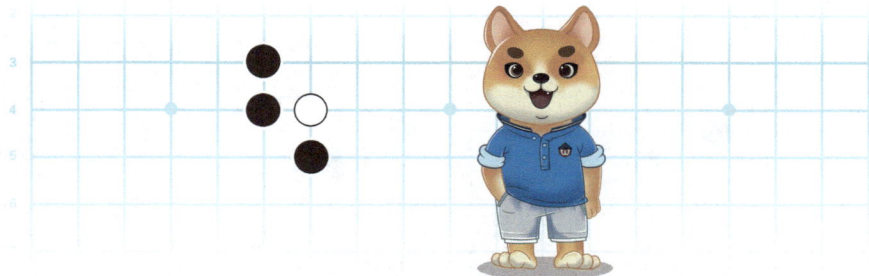

基本图1-5

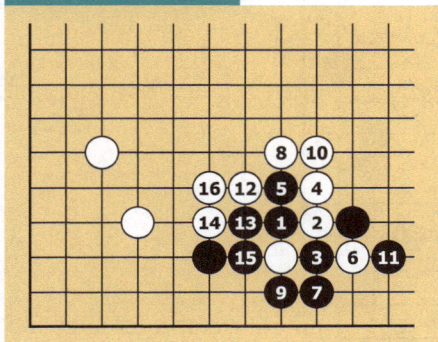

黑5贴住也是一种选择，白6断吃后再走白8扳二子头是棋形的要点，至白16，黑棋局部实地并不多，而白棋外势极为厚实，白棋有利

基本图1-6

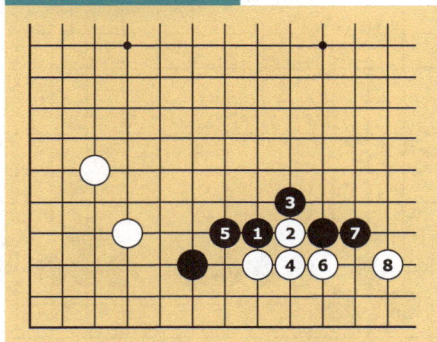

黑棋在征子不利时，黑3通常都是选择打吃在上方，白4粘上，黑5连回，接下来白6、白8出头，白棋比较轻松地获得安定，可以满意

基本图1-7

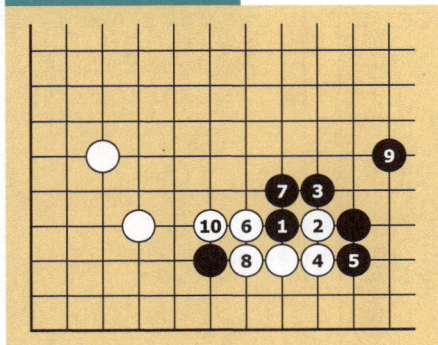

白4粘上时，黑5挡住是一个场合定式，白6、白8打吃粘上是必然的下法，黑9补断很有必要，白10拐吃一子后实地巨大，黑棋必须在右边有巨大发展的场合下才适合选择这个变化

基本图1-8

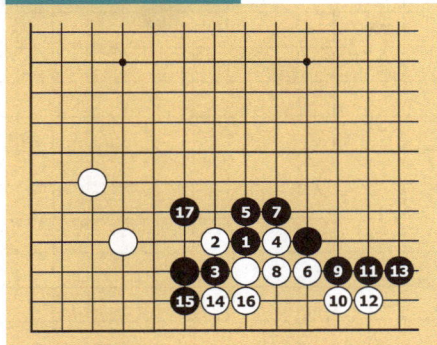

白2、白4先扳再打是很常见的错误下法，当白6虎时，黑7打吃后黑9连扳非常严厉，至黑17枷吃一子，白棋大亏

基本图1-9

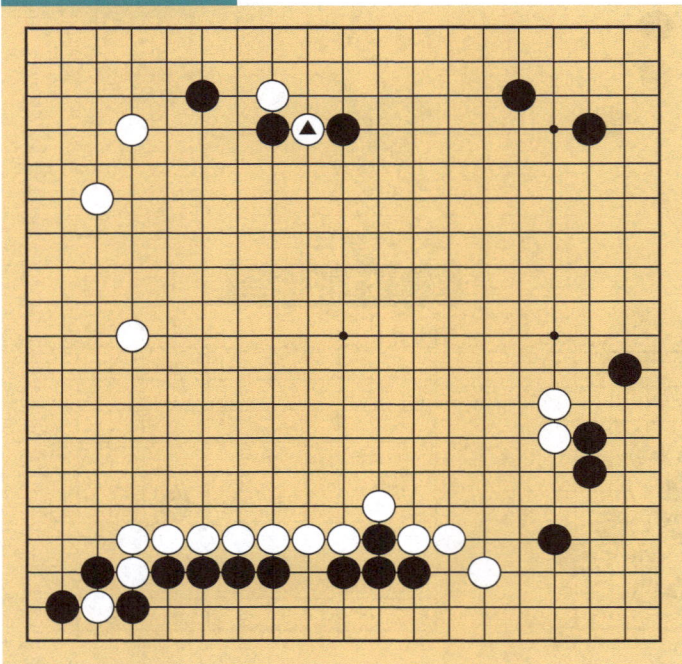

本图取材于高手的对局，白棋挖一个，黑棋应如何应对

基本图1-10

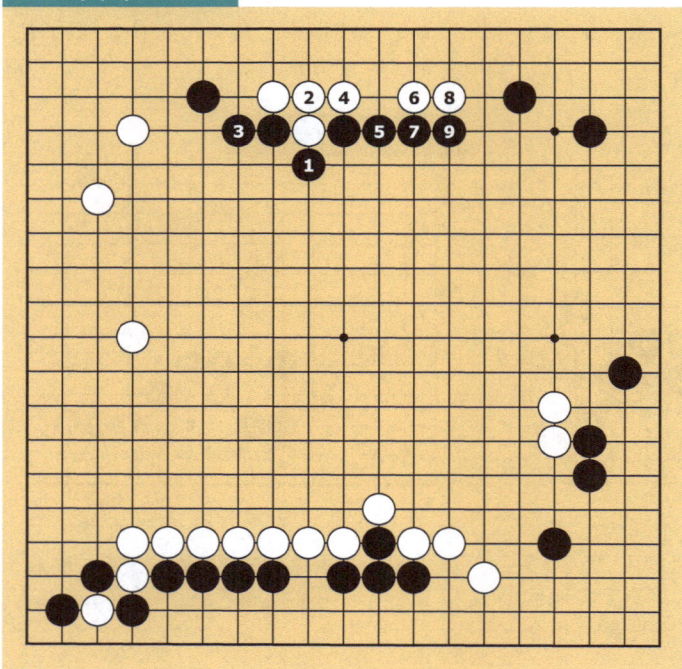

需要注意右下方白棋有两子可以起引征的效果，所以黑1打吃在上方只此一手，至白6跳出后，黑7、黑9压封住白棋，是局部的最佳变化

基本图1-11

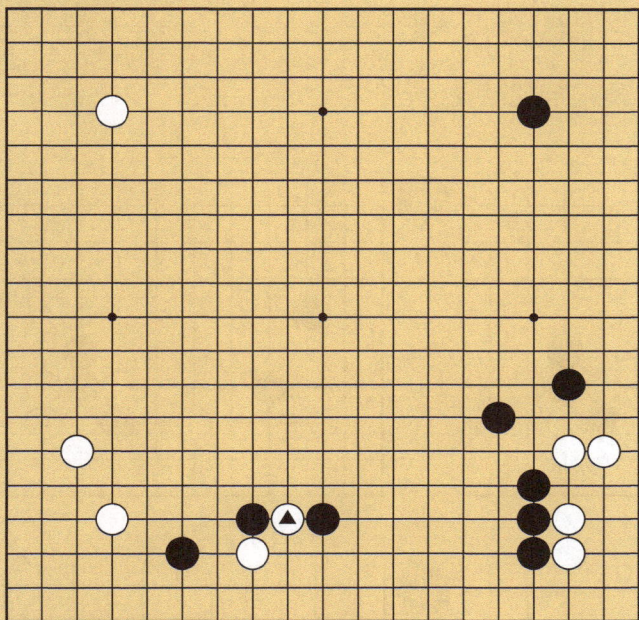

这是二连星开局的常型，白棋打入后挖一个，黑棋应如何应对呢

基本图1-12

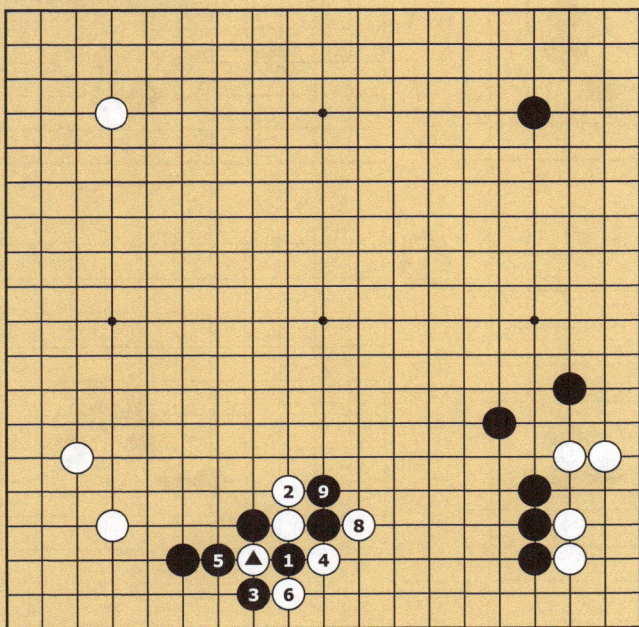

黑1在下方打吃正确，接下来黑3吃掉一子，白8打吃黑9则长出，由于黑棋征子有利，白棋不行

7 = ▲

斜拆三打入（二）练习题

黑先，请写出在此局面下双方最佳的下法（至少3手）。

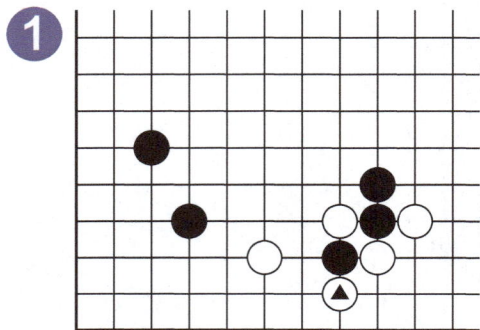

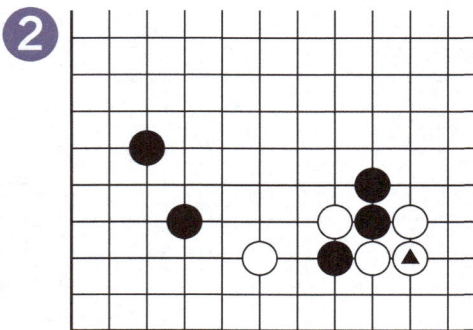

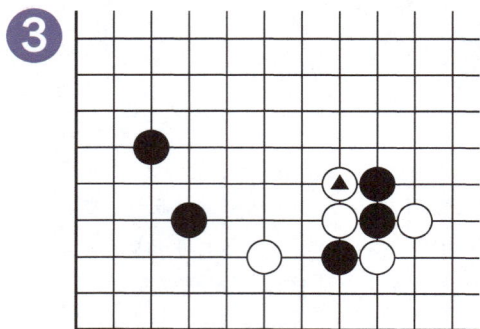

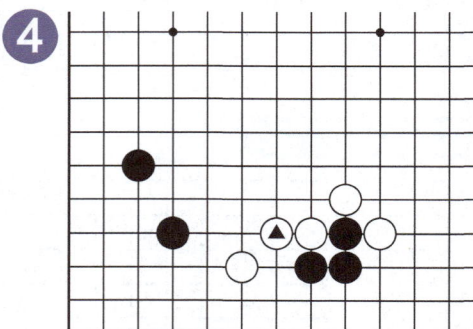

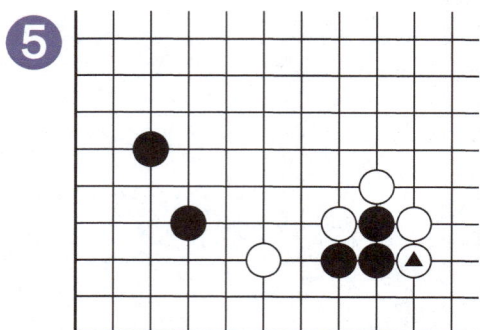

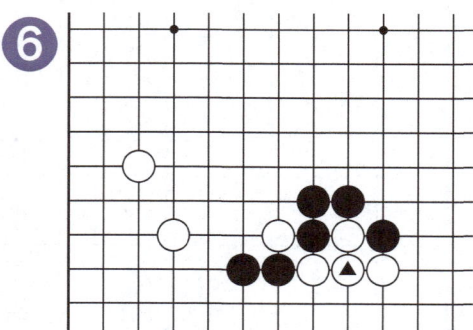

1

2

3

4

5

6

斜拆三打入（二）练习题

黑先，请写出在此局面下双方最佳的下法（至少3手）。

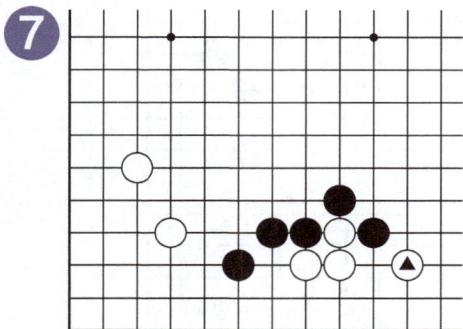

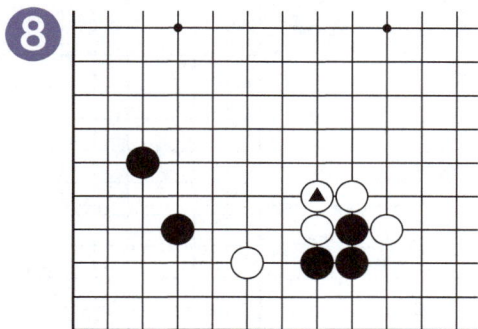

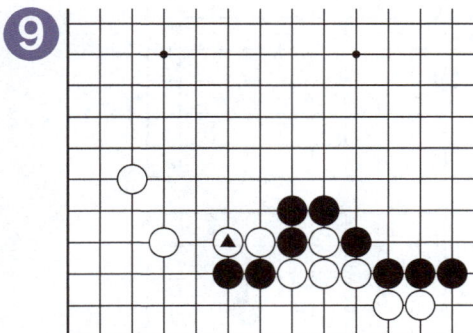

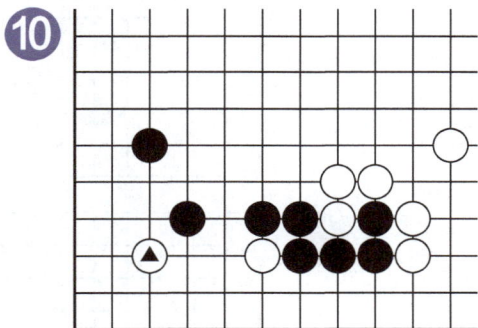

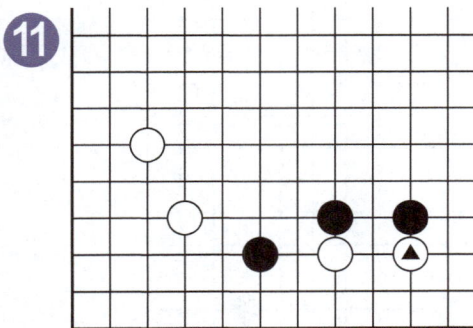

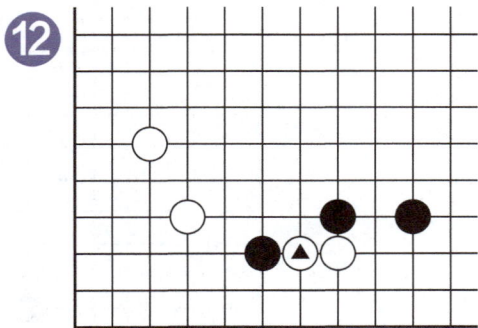

斜拆三打入（二）练习题

黑先，请写出在此局面下双方最佳的下法（至少3手）。

13

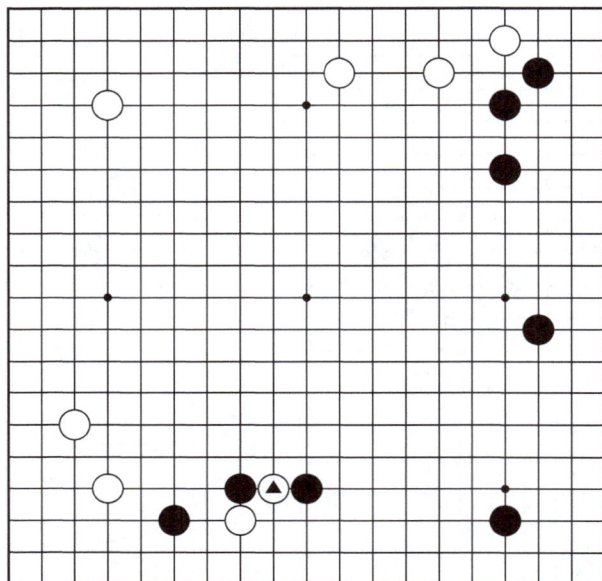

14

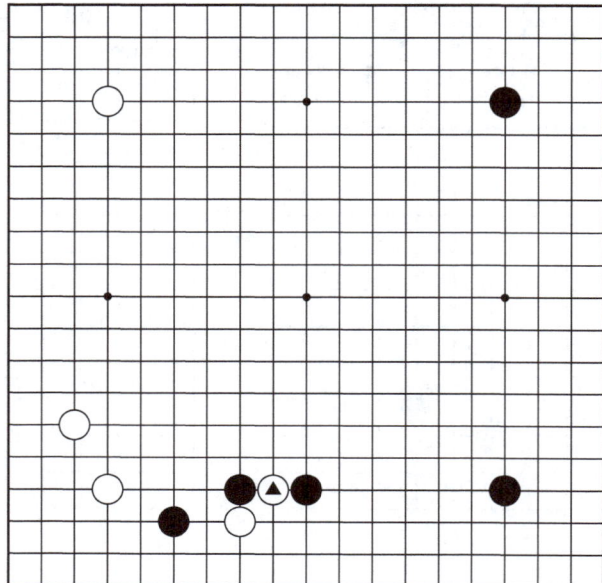

35 第35课 星位尖顶点三三（一）

星位尖顶定式已经是时下的热门定式下法。当有了尖顶时，点三三之后的变化就完全不同了。本课介绍尖顶点三三后的常见变化。

基本图1-1

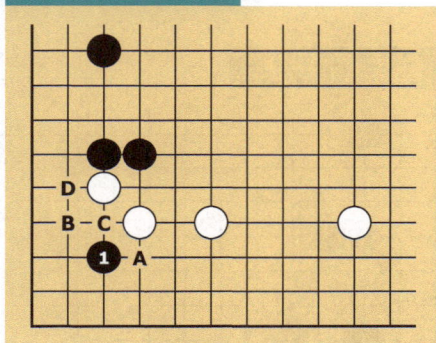

黑1点三三后，白棋常见的应对有重视防守的A挡、B尖和C团住，重视进攻的D位立

基本图1-2

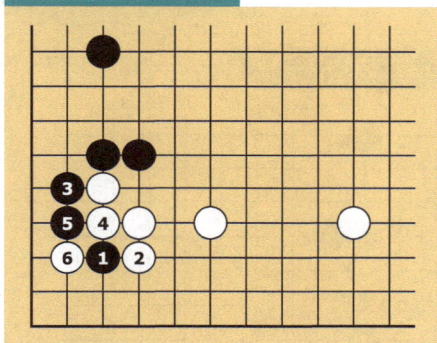

白2挡是注重实地的下法，黑3扳是必然的下法，接下来白4、白6团断黑棋是最佳的选择，双方两分

基本图1-3

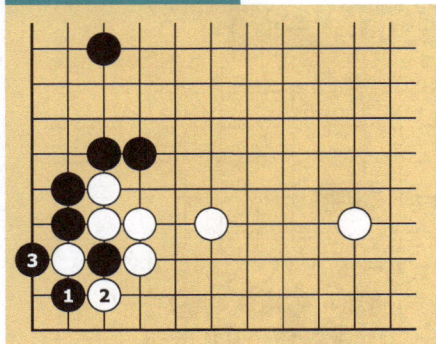

需要注意基本图1-2之后还有黑1、黑3打吃渡过的收官手段，这个角部并不完全是白棋的实空

基本图1-4

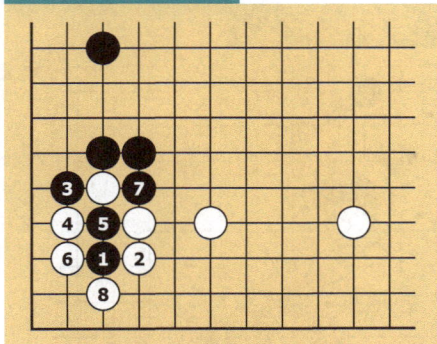

黑3扳过时，白4也有扳下来弃子的下法，至白8，白棋目数比基本图1-3相对好一些，但是黑棋也变得更加厚实，黑棋满意

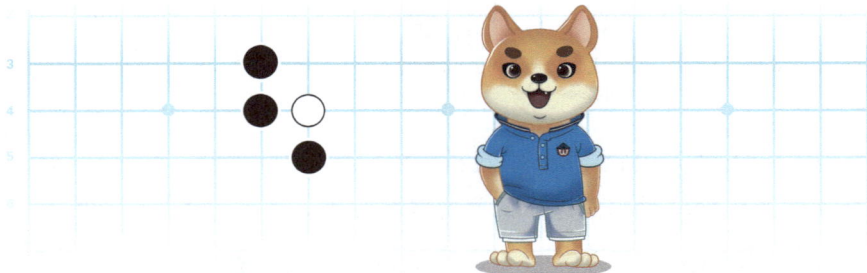

基本图2-1

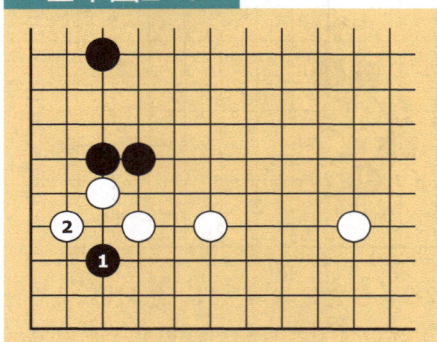

白2小尖是分断的常用手段，对此需要注意黑棋的做活方法

基本图2-2

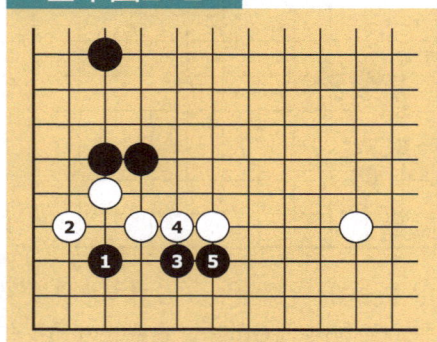

黑3跳点是活棋的关键，白4粘上后，黑5再爬是扩大眼位的要点

基本图2-3

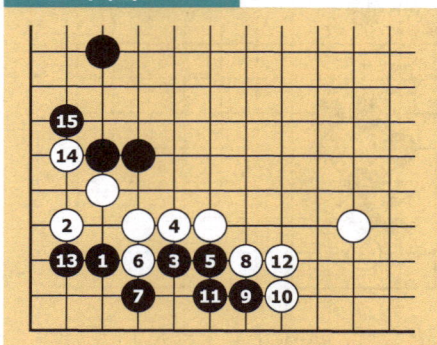

接下来白8、白10连扳是重视外势的选择，黑13挡住后角部活得非常大，黑棋可以满意

基本图2-4

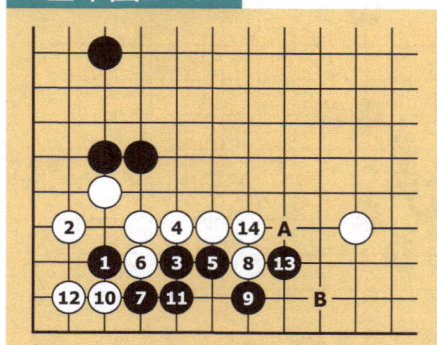

白10断在角部也是一种选择，黑13打吃后可以活在边路。今后黑棋可以根据场合决定在A位上贴或在B位虎一个做活

基本图3-1

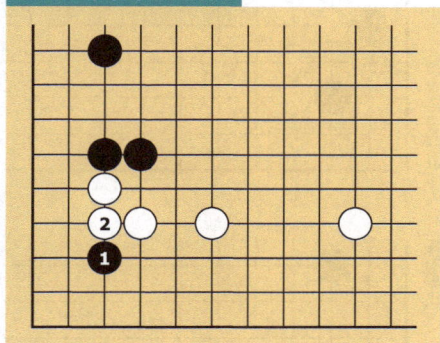

白2团也是分断黑1点三三的方法，形状虽然是愚形，但是紧住了黑棋的气，黑棋需要小心应对

基本图3-2

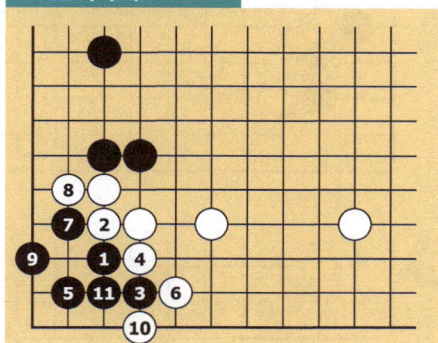

黑3小尖是做活的要点，白4挤是封锁黑棋的好手，至黑11粘上，白棋既分断了黑棋，又护住了边空，是可以满意的

基本图3-3

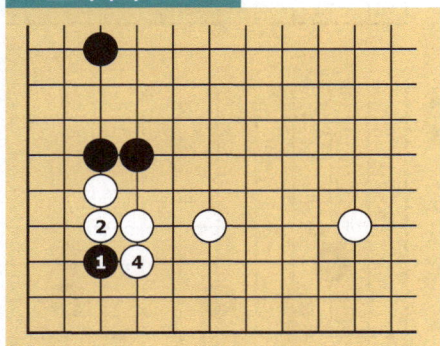

❸ = 脱先

基本图3-2中的黑3选择脱先往往更合适，以后白棋若要补棋只能在4位拐吃，这样白棋角部的效率不高，黑1和白2的交换已使黑棋便宜

基本图3-4

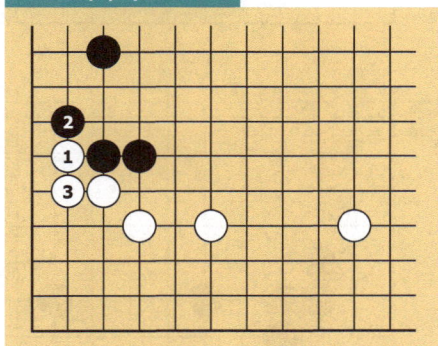

当黑棋没有抢到点三三时，白1、白3扳粘守角是非常大的一步棋，白棋不光护住了角部，对黑棋外侧也有一定的威胁，效率显然要高于基本图3-3

星位尖顶点三三（一）练习题

黑先，写出黑白双方最佳的应对（至少3手）。

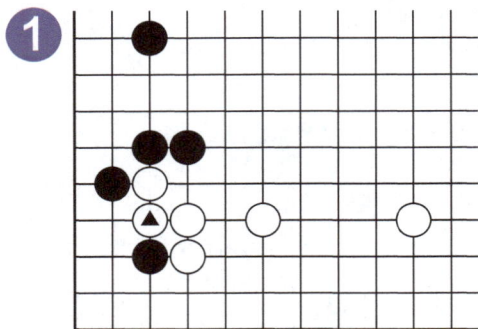

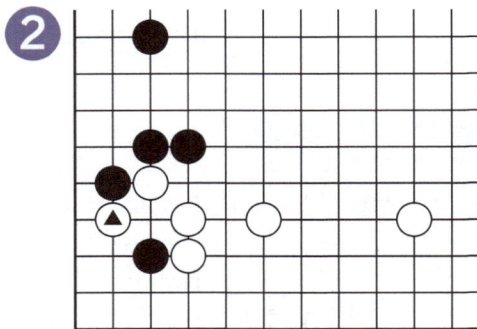

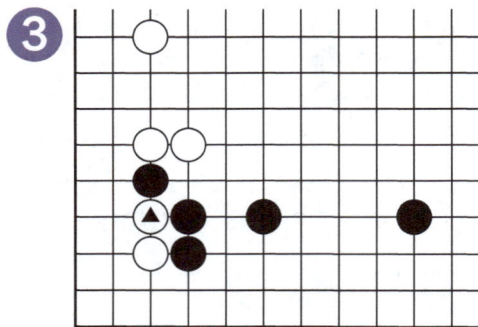

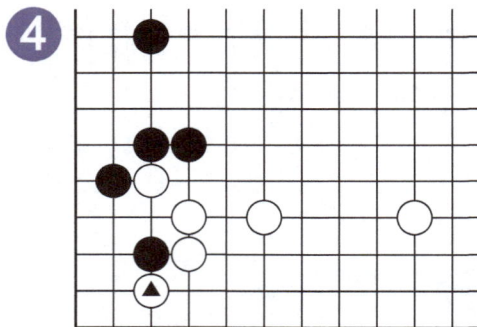

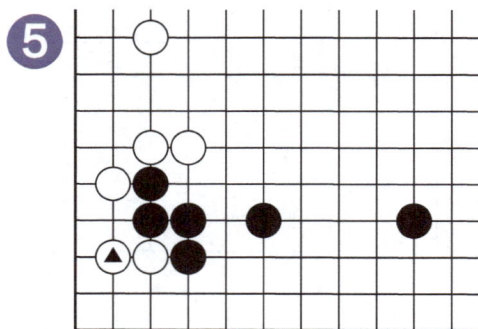

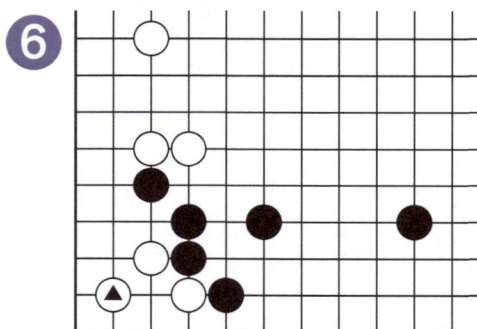

1

2

3

4

5

6

星位尖顶点三三（一）练习题

黑先，写出黑白双方最佳的应对（至少3手）。

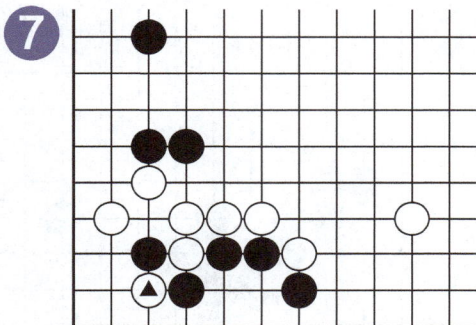

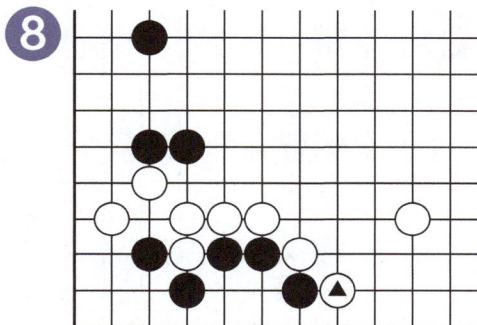

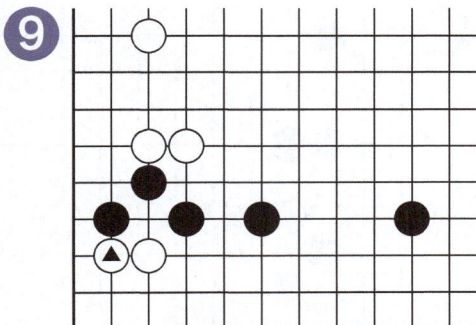

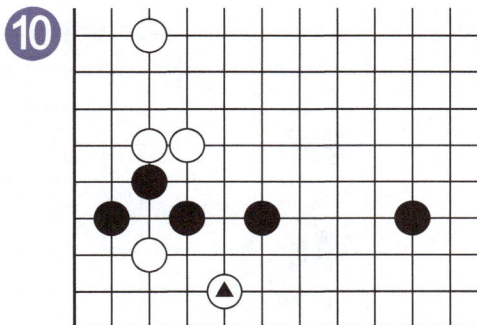

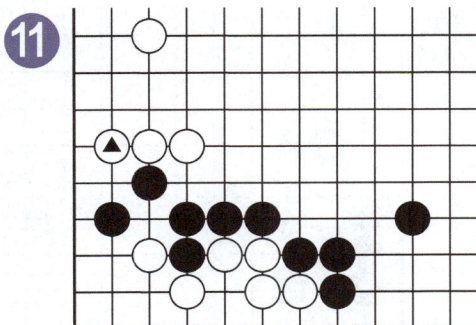

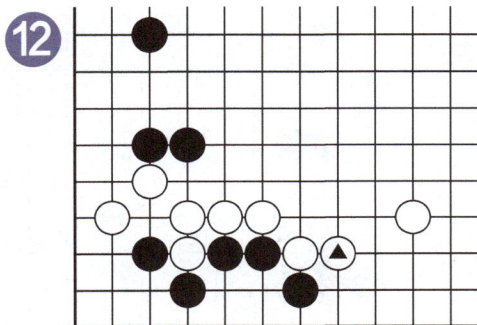

7

8

9

10

11

12

星位尖顶点三三（一）练习题

黑先，写出黑白双方最佳的应对（至少3手）。

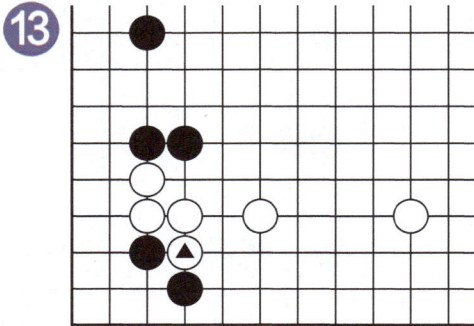

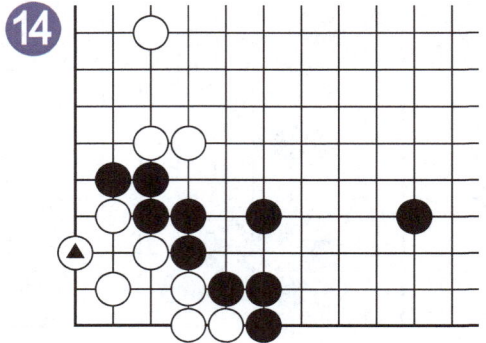

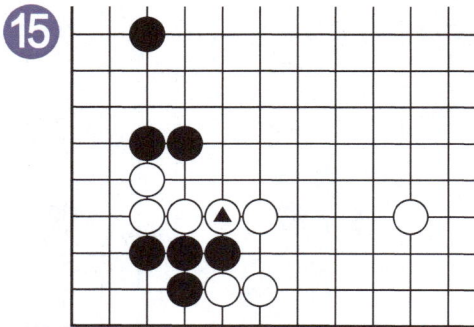

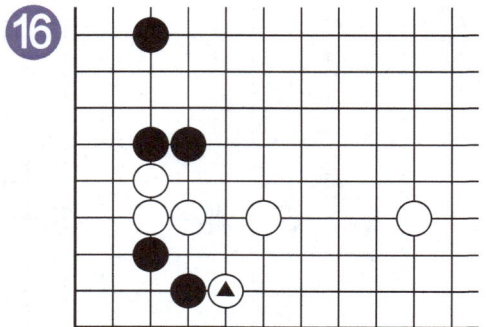

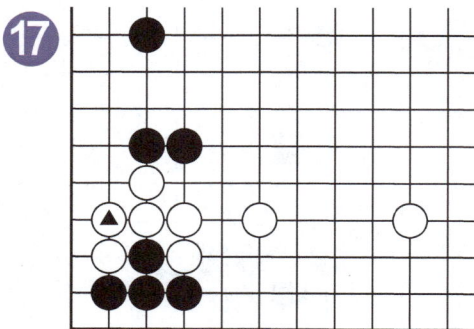

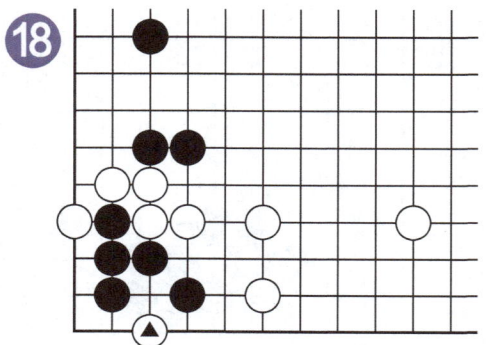

⑬

⑭

⑮

⑯

⑰

⑱

36

第 ③⑥ 课 **星位尖顶点
三三（二）**

基本图1-1

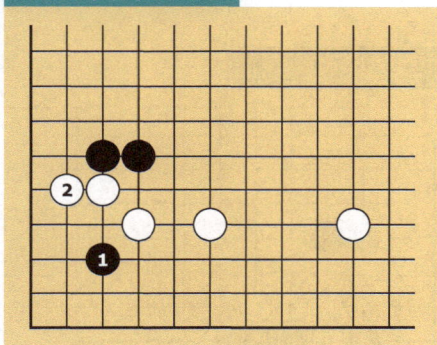

当对方外侧两子还未安定的情况下，白2下立分断黑棋是最优的应对方法

基本图1-2

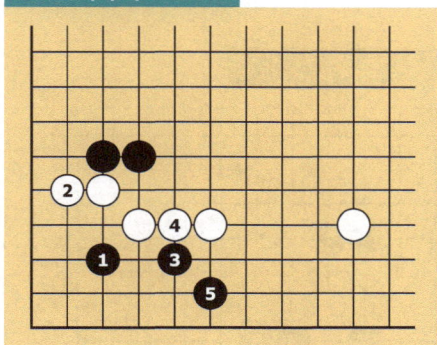

接下来黑3跳点是扩大眼位的好手，白4接上后，黑5小尖是简明的活棋方法

基本图1-3

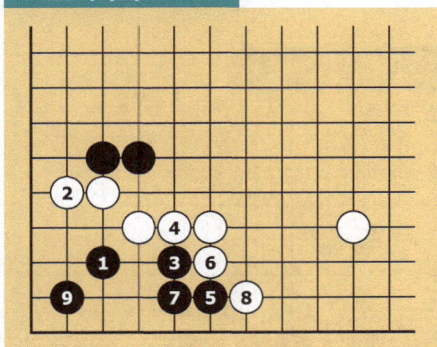

白6、白8先挤再扳封锁黑棋很有必要，黑9则小尖做活，至此双方两分。白棋获得外势后就可以着手攻击外侧的黑子了

基本图1-4

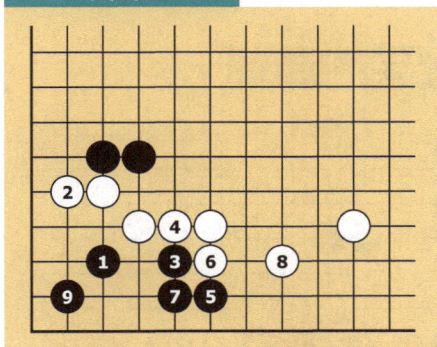

白8也可以选择跳一个，这样外势更加厚实，黑9同样需要小尖做活

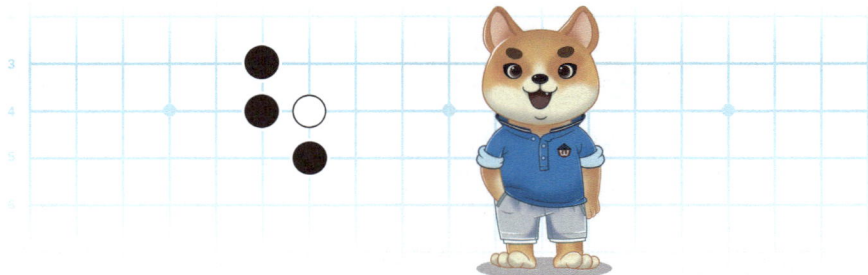

基本图2-1

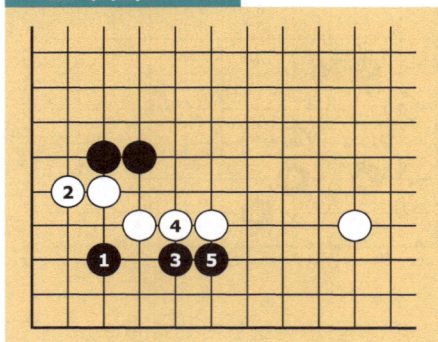

黑5也可以选择爬的变化，黑棋棋形看似弱点很多，但实际黑棋并不怕白棋分断

基本图2-2

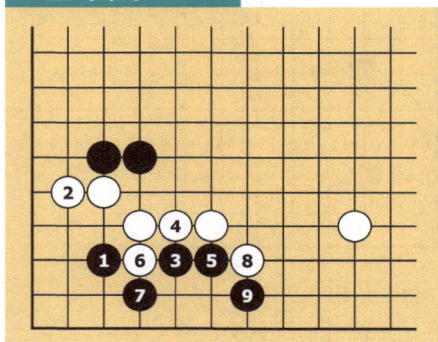

白6冲后先在8位扳住黑棋二子头是封锁的要点，对此黑9扳是只此一手的应对

基本图2-3

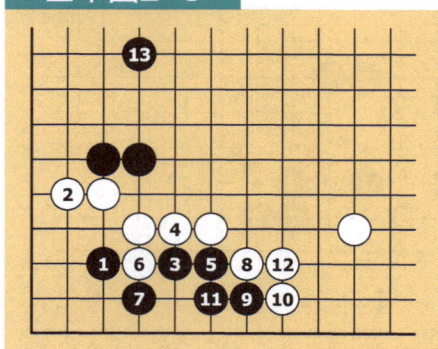

接下来白10连扳是重视外势的选择，黑棋局部先手获得了安定，可以从容地加强边上两子，不过要注意黑角将来会被白棋搜刮

基本图2-4

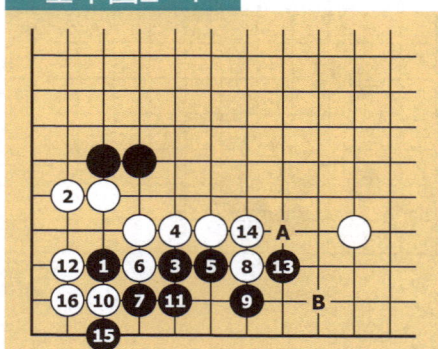

白10断在角部也是一种选择，黑棋则会活在边路，以后黑棋根据局面选择在A位贴起或B位虎

基本图3-1

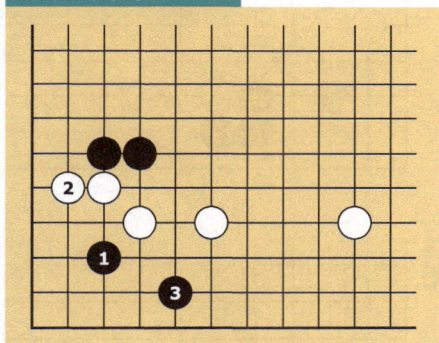

黑3小飞看起来也是活棋的常用技巧，实际并不好，白棋的应对方式非常重要

基本图3-2

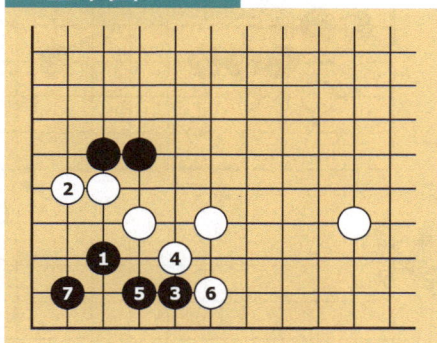

白4尖是封锁黑棋的好棋，黑5只能回退，白6虎住以后，棋形非常厚实，黑棋活得太小，无法满意

基本图3-3

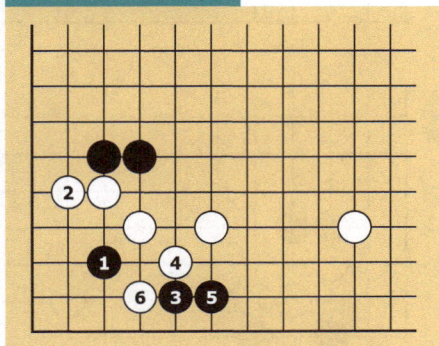

黑5如果选择向外侧长，白6扳下来非常严厉，黑棋局部崩溃

基本图3-4

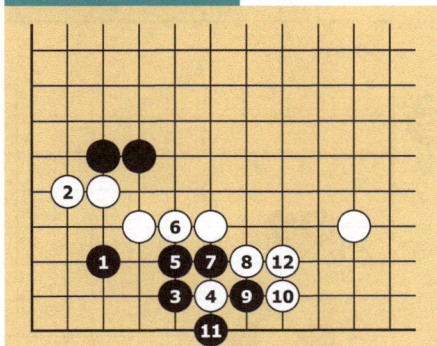

白4若从外侧靠则正中黑棋下怀，黑5上长以后白棋两边的断点已经无法两全，至白12，黑棋轻松做活，还得到了先手，白棋大亏

星位尖顶点三三（二）练习题

黑先，写出黑白双方最佳的应对（至少3手）。

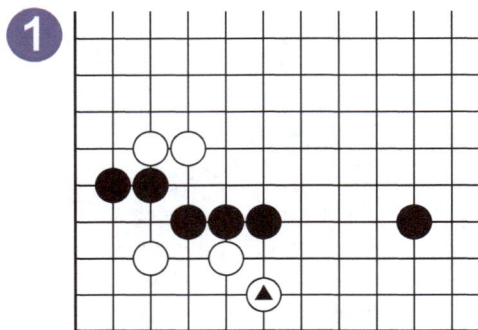

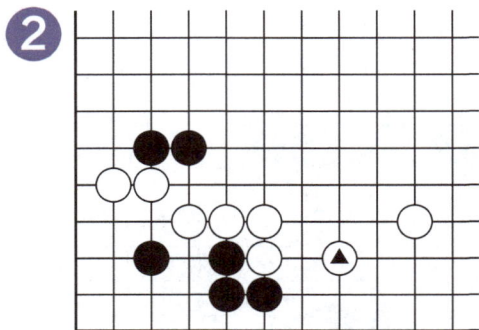

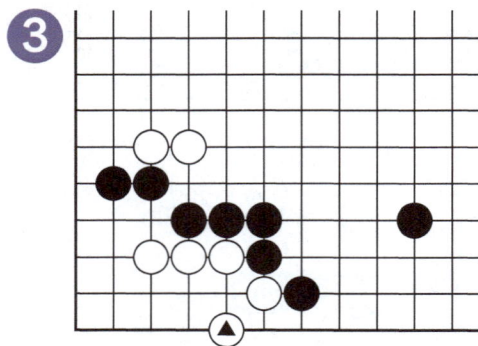

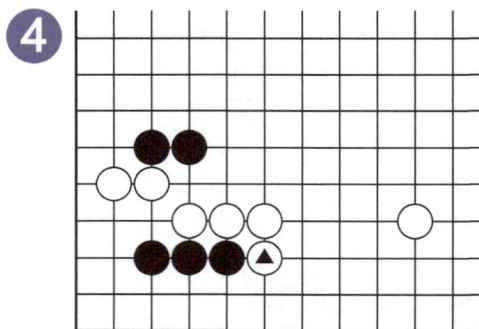

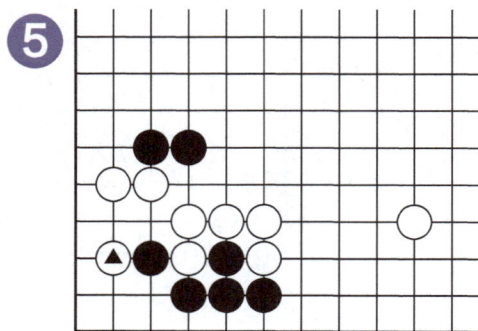

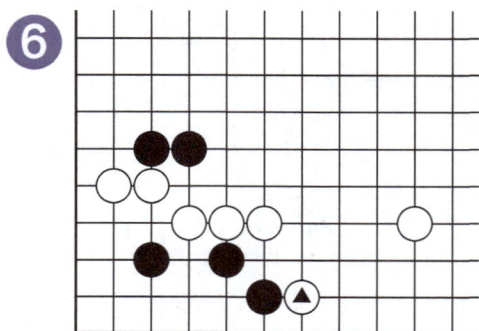

1

2

3

4

5

6

星位尖顶点三三（二）练习题

黑先，写出黑白双方最佳的应对（至少3手）。

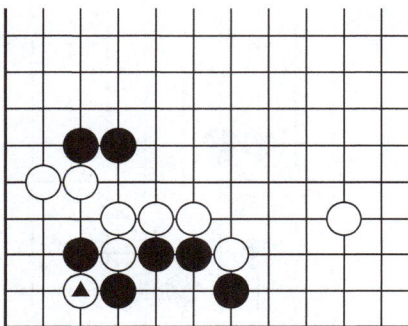

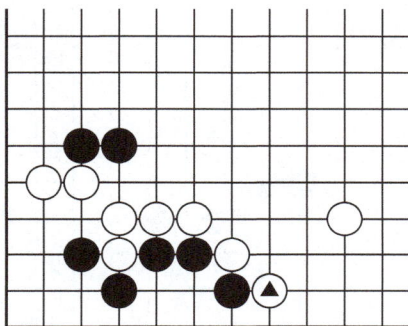

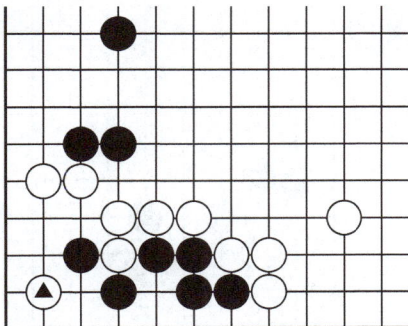

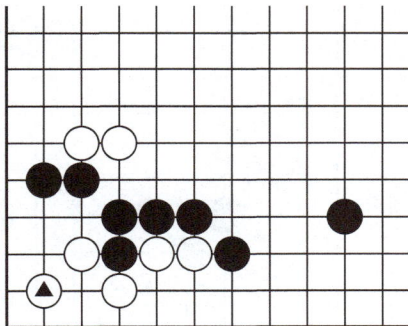

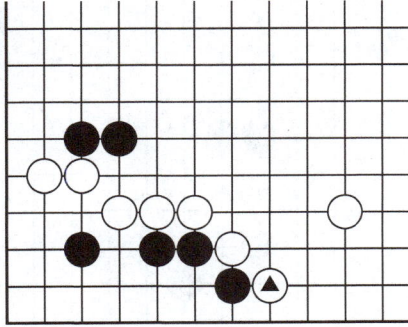

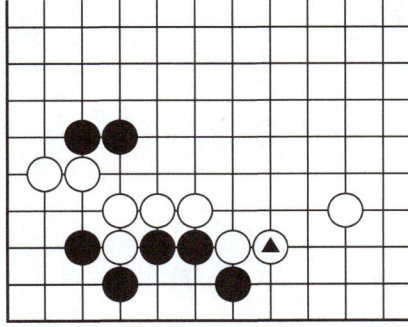

星位尖顶点三三（二）练习题

黑先，写出黑白双方最佳的应对（至少3手）。

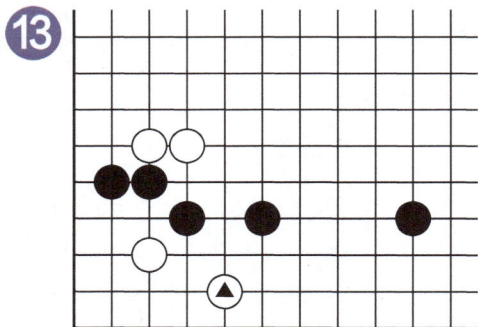

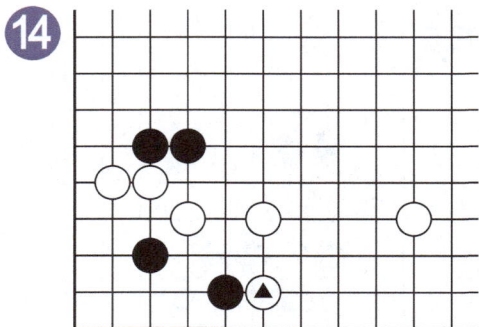

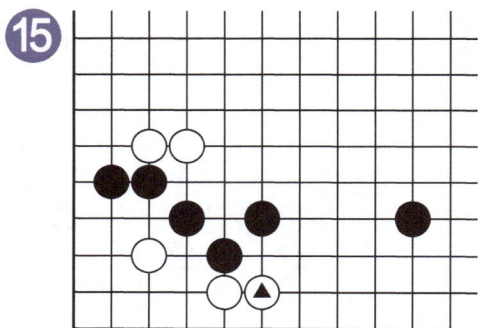

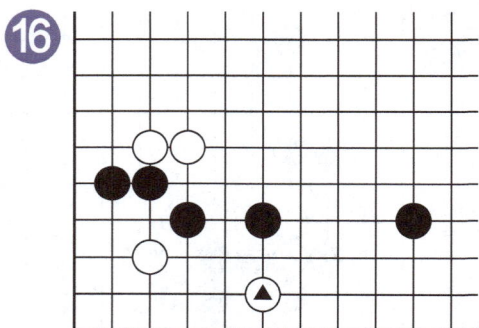

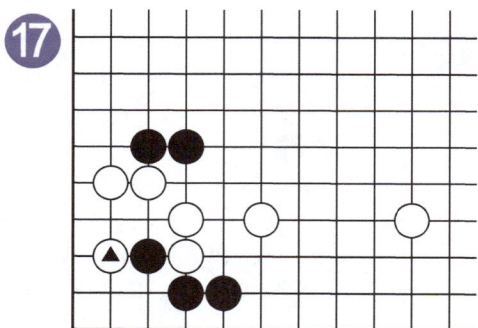

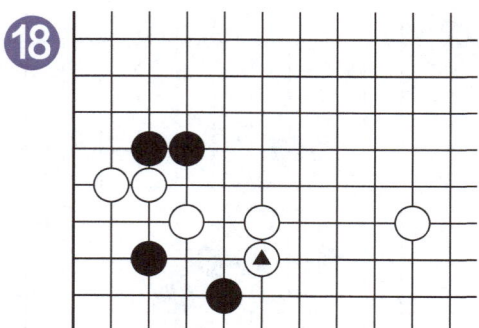

⑬

⑭

⑮

⑯

⑰

⑱

37

第 ③⑦ 课 **托角连扳**（一）

托角连扳这个定型曾经是一种治孤的下法，而在当下的人工智能时代，它已经成为定式的选择。本课介绍托角连扳这个常型的攻防。

基本图1-1

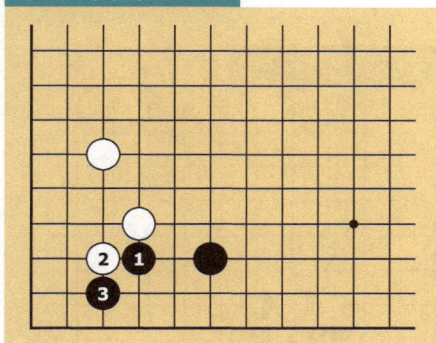

黑1托角，白2扳后，黑3再连扳，是当下流行的定式，白棋接下来的应对方法很多，我们一一学习

基本图1-2

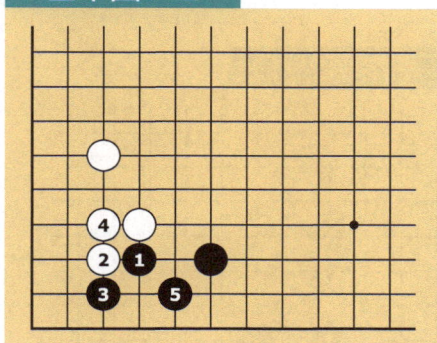

白4粘上是最稳健的选择，黑5双虎是漂亮的连接手段，黑棋棋形的效率很高，而白棋则是一个立二拆一的棋形，效率不高

基本图1-3

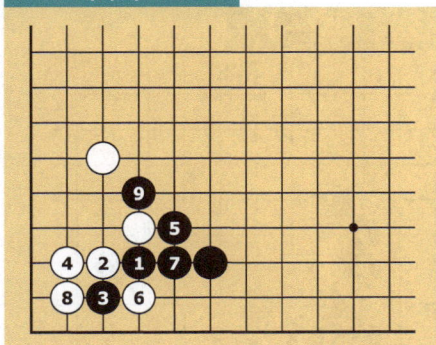

白4下立不是好棋，黑5虎，白6打吃，黑7粘上就好，接下来白8和黑9黑棋必得其一，黑棋满意

基本图1-4

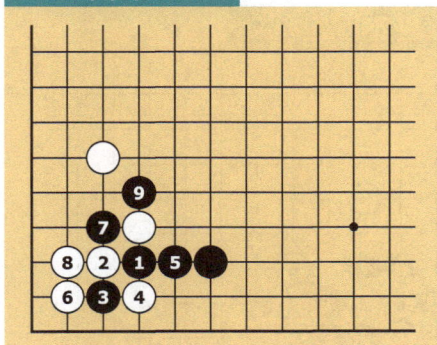

白4打吃下方则是明显错误的下法，黑7、黑9打吃一子，白棋甚至还不如基本图1-3的变化

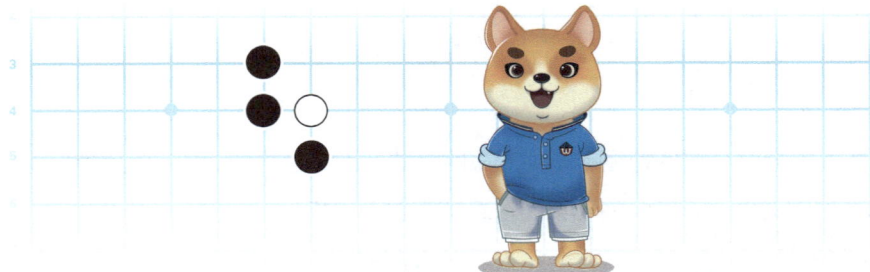

基本图2-1

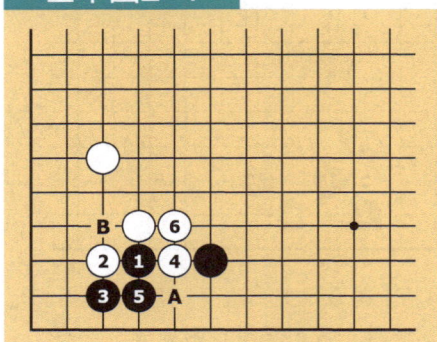

白4、白6先打再粘才是局部最优的选择，接下来黑棋会根据周围的场合，来选择重视边上的A位联络或B位占角

基本图2-2

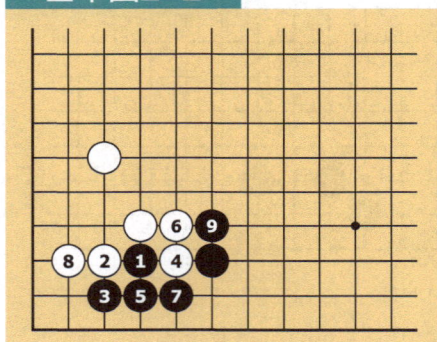

黑7连回是重视边上的选择，白8下立是必然的下法，接下来黑9贴是棋形的要点。至此，局部形成了双方两分的定型

基本图2-3

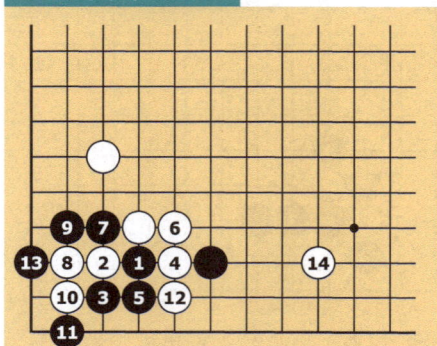

在白6粘时，黑7打吃则是重视角部实地的选择，白8、白10多送两子是弃子争先的好手，至白14拆边，黑棋得角，白棋得外势，依然两分

基本图2-4

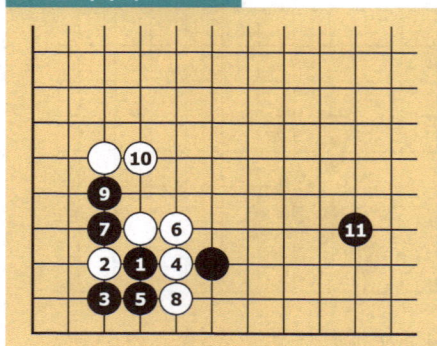

基本图2-3中的白8若是直接挡下分断不是好棋，黑9是棋形的要点，白10只有长，黑棋先手活角后再走黑11拆边，白棋外势无法发挥作用

基本图3-1

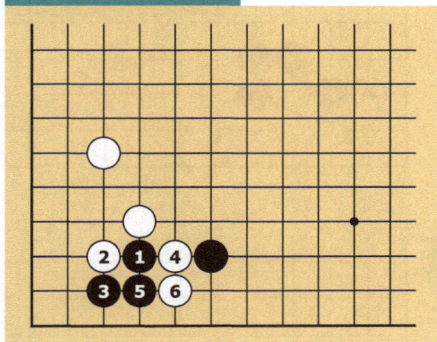

白6直接冲下是重视外势的下法，白棋的意图在于不给黑棋选择。但是相应地，由于白棋的断点较多，棋形会薄弱一些

基本图3-2

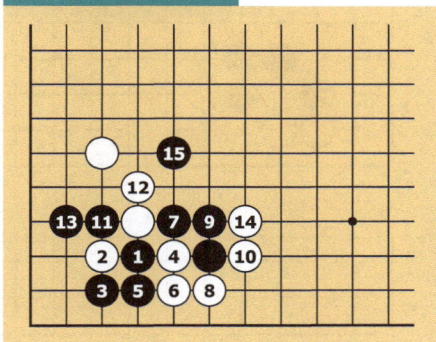

黑7断是必然的下法，白8拐出只此一手，黑9粘上，白10扳起后，黑11、黑13直接活角正确，至黑15跳出形成战斗的局面，优劣要看周围的配合

基本图3-3

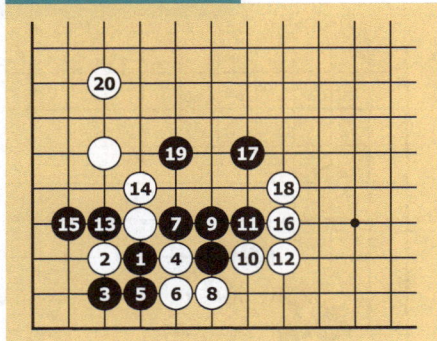

基本图3-2的黑11若是走拐看似先手便宜，实则不然。白16拐起后，黑棋的气依然很紧，同时白棋的棋形更加厚实，此图黑棋不如基本图3-2的变化

基本图3-4

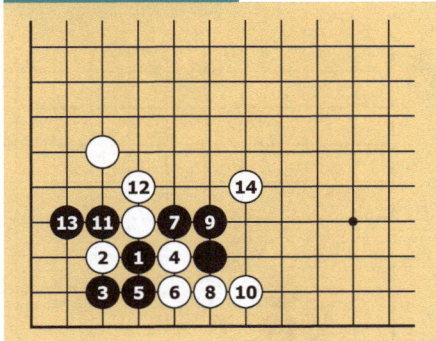

黑9粘时，白10也有单长的选择，黑11、黑13活角后，白14枷吃是好手，但是由于黑三子将来的余味实在过于丰富，白棋并不好

托角连扳（一）练习题

黑先，请写出在此局面下双方最佳的下法（至少3手）。

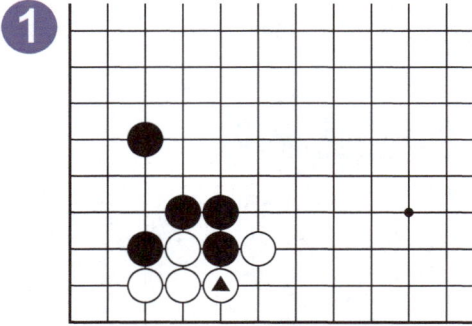

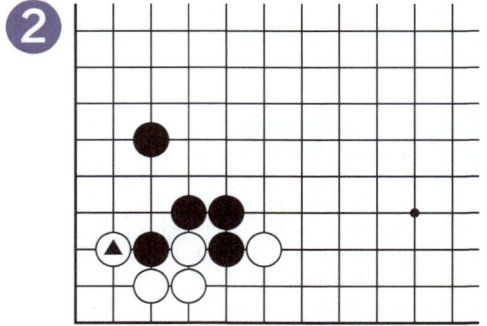

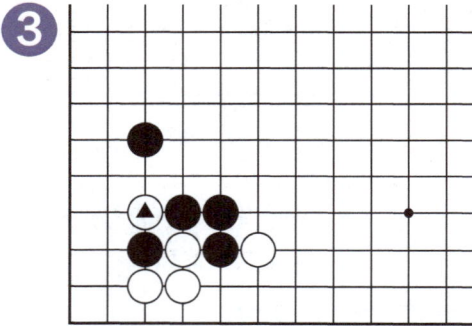

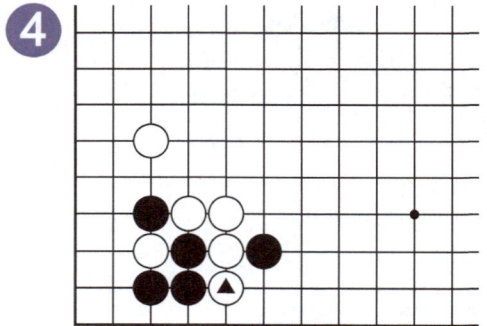

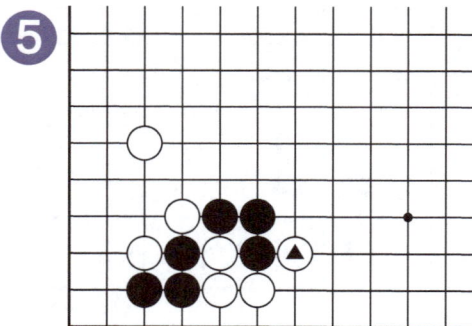

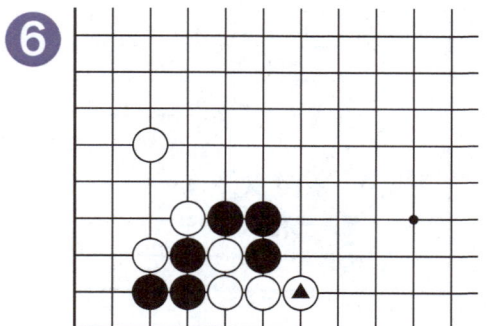

1

2

3

4

5

6

托角连扳（一）练习题

黑先，请写出在此局面下双方最佳的下法（至少3手）。

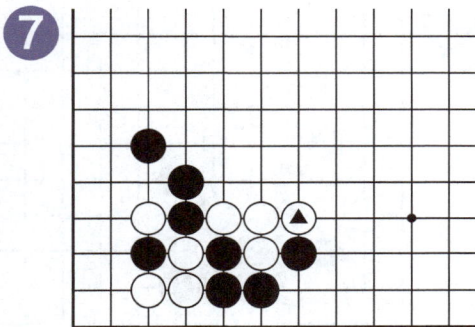

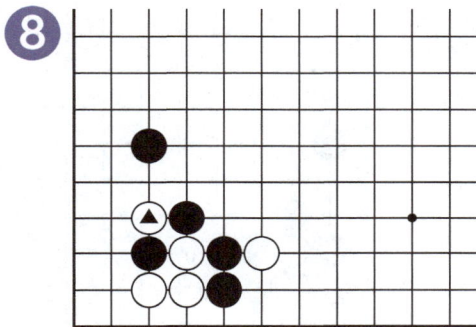

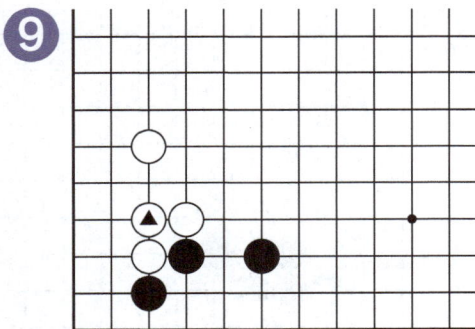

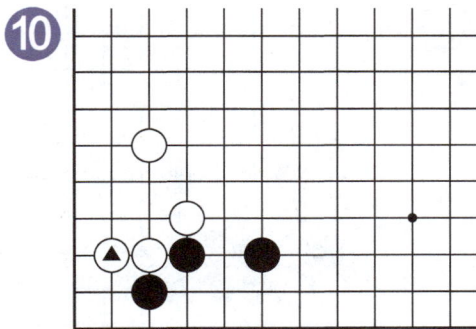

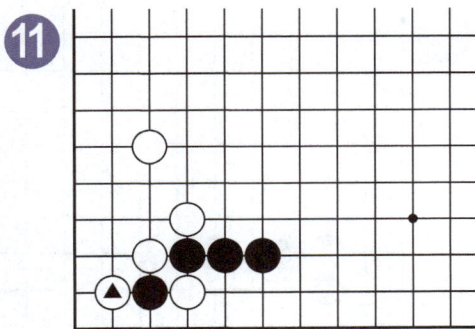

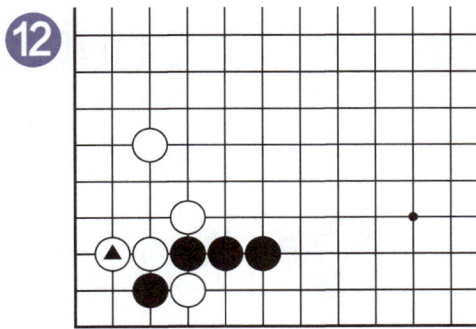

7

8

9

10

11

12

托角连扳（一）练习题

黑先，请写出在此局面下双方最佳的下法（至少3手）。

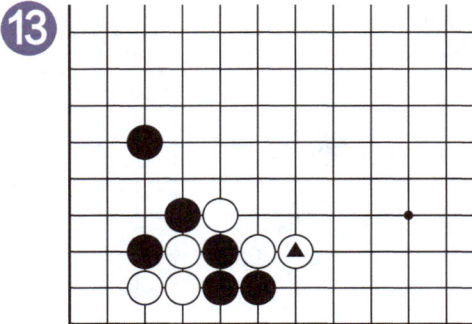

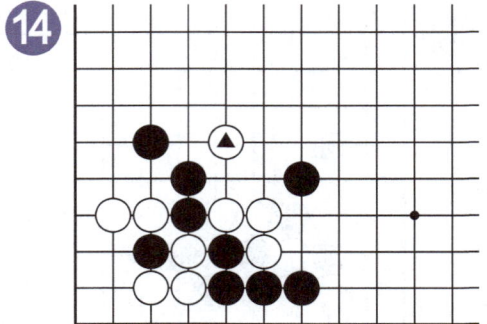

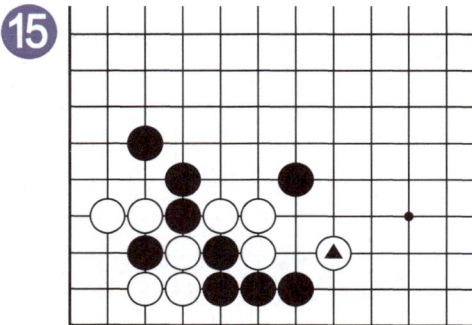

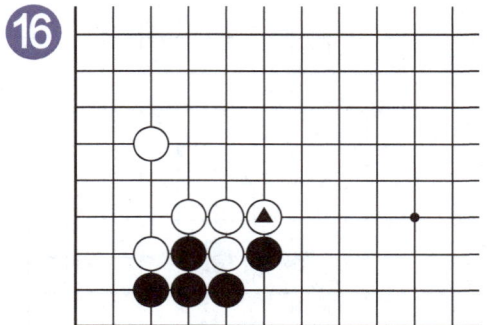

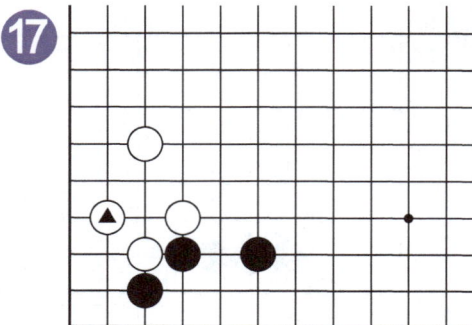

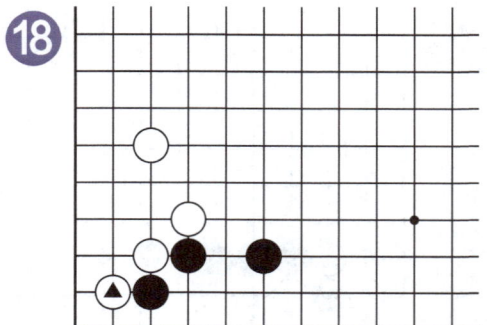

⑬

⑭

⑮

⑯

⑰

⑱

38 第38课 托角连扳（二）

在不同的局面下，托角连扳的应对方法是完全不一样的。本课介绍不同场合下，托角连扳以后的攻防选择。

基本图1-1

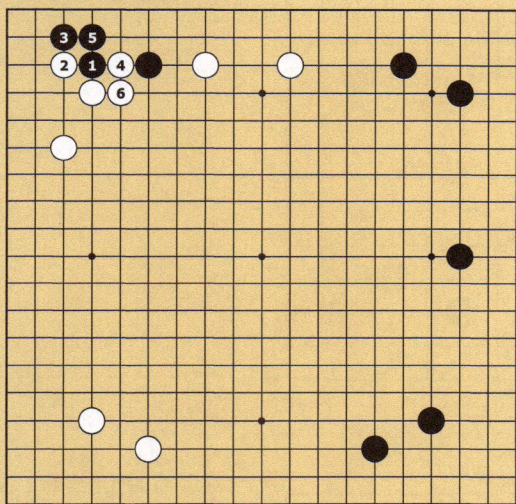

黑1、黑3托角连扳是腾挪的好棋，白4、白6先打再粘是局部的最佳应对方法，黑棋接下来应如何选择

基本图1-2

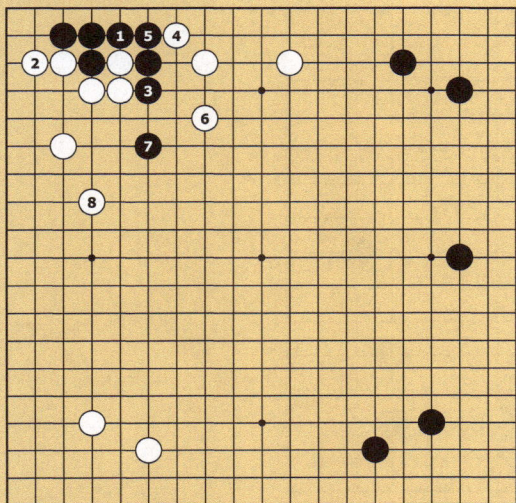

黑1渡过是最常见的选择，但是在这个场合下不好，白2下立是必然的下法，黑3贴出头，白4先手搜根愉快，至白8，黑棋全块不活，无法满意

基本图1-3

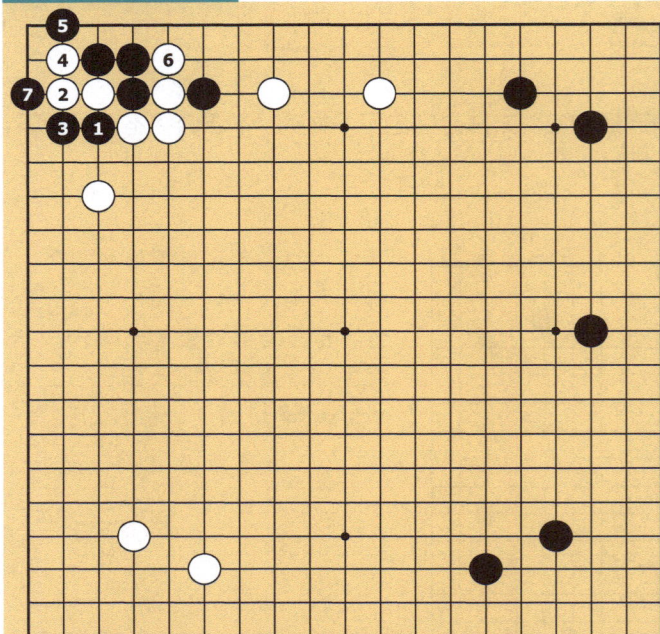

黑1直接吃角是正确的方向，接下来白2至黑7是双方一本道的应对，这个变化白棋外势相对重复，黑棋成功转身，可以满意

基本图2-1

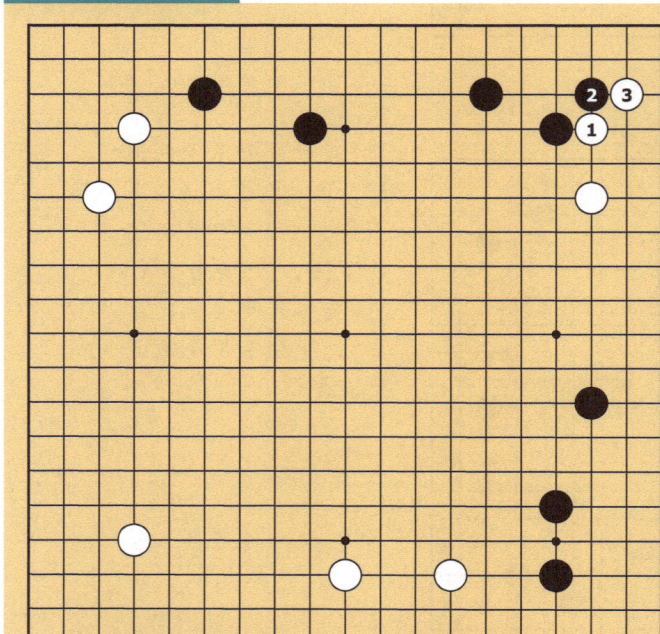

白1、白3托角连扳，需要注意的是，周围黑棋的子力很多，此时黑棋应选择什么变化呢

基本图2-2

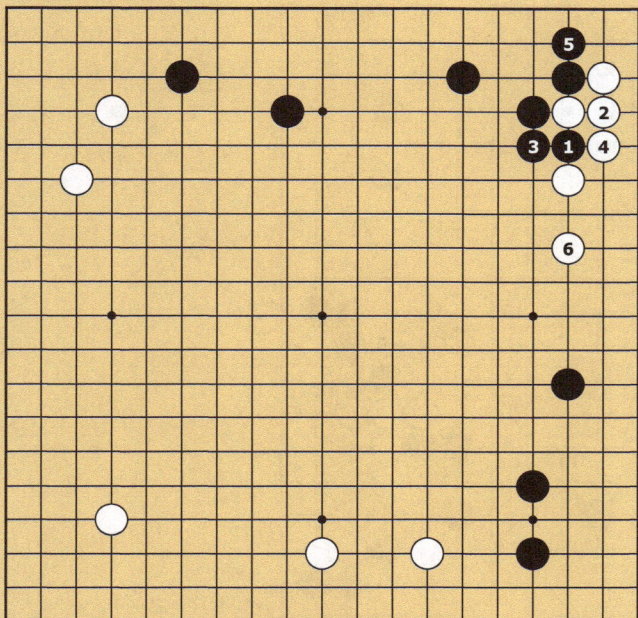

黑1、黑3先打再粘是局部最常见的应对方法，白4此时连回是必然的下法，黑5立后，白6再拆一安定自身，这个变化黑棋不能满意

基本图2-3

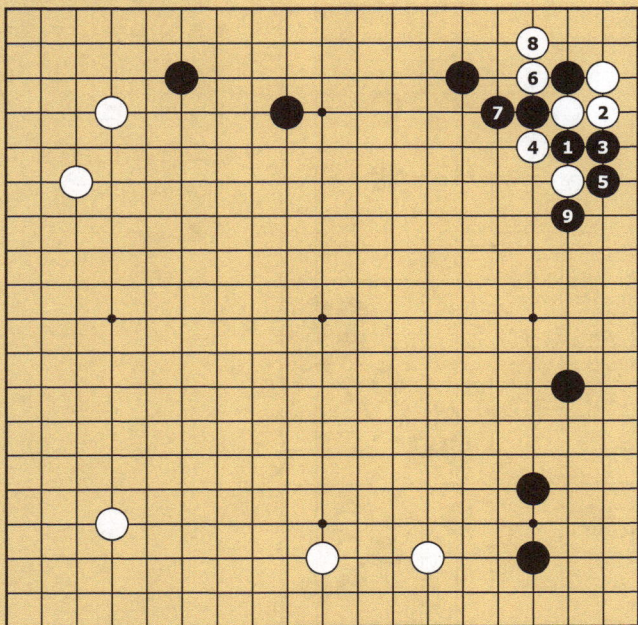

此时黑棋应选择黑3冲下去的变化，白4断后至黑9打吃，是局部的基本定式，在当下的局面黑棋选择取势是最优的选择

基本图3-1

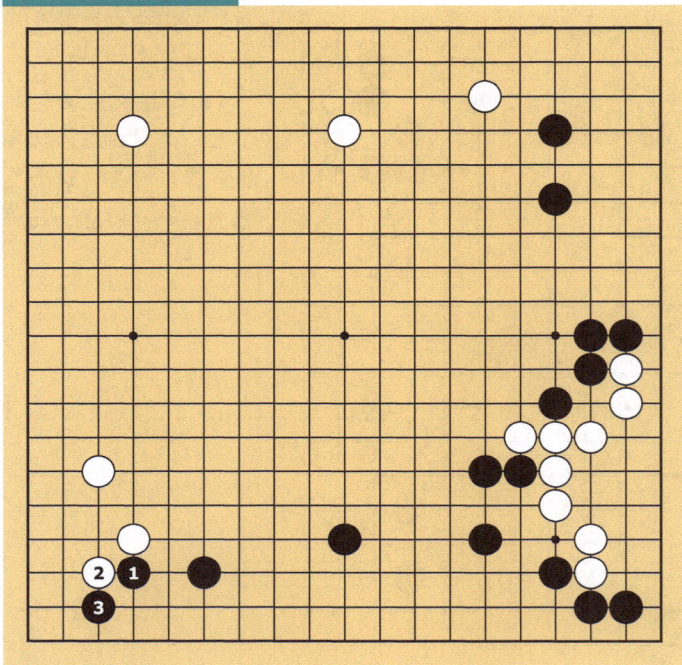

黑棋下方是一个斜拆三的常型，黑1、黑3托角连扳是非常常用的补强方法，局部接下来双方的最佳定型是什么呢

基本图3-2

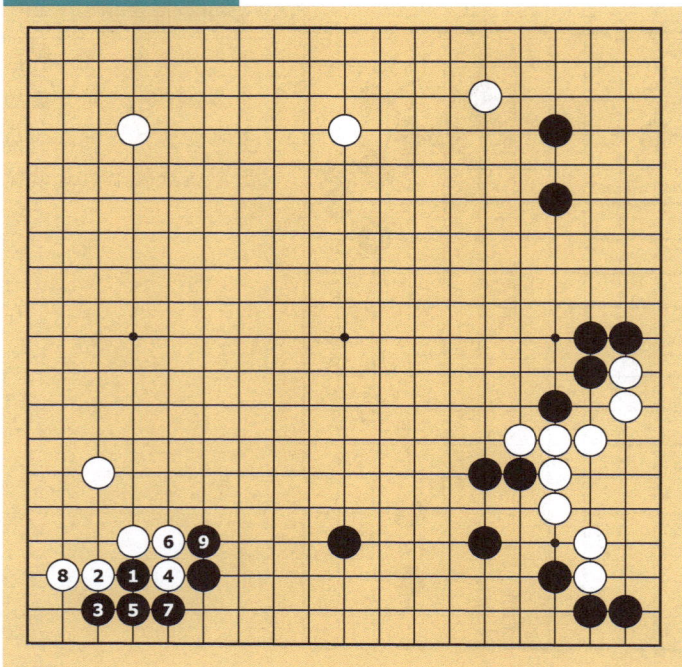

白4、白6先打再粘依然是最好的选择，黑7连回是必然的下法，白8下立时，黑9贴起，黑棋进角的同时还强化了下方的斜拆三，可以满意

基本图3-3

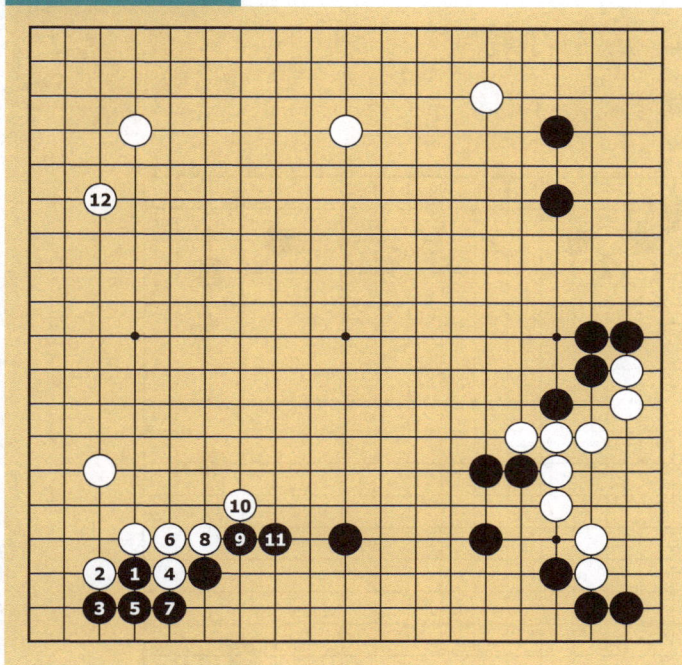

白8也可以考虑先拐头的下法，这是一个重视发展同时争先手的下法，黑9连扳也是好棋，白10先手扳后就可以暂时脱先了，依然是两分的定型

基本图3-4

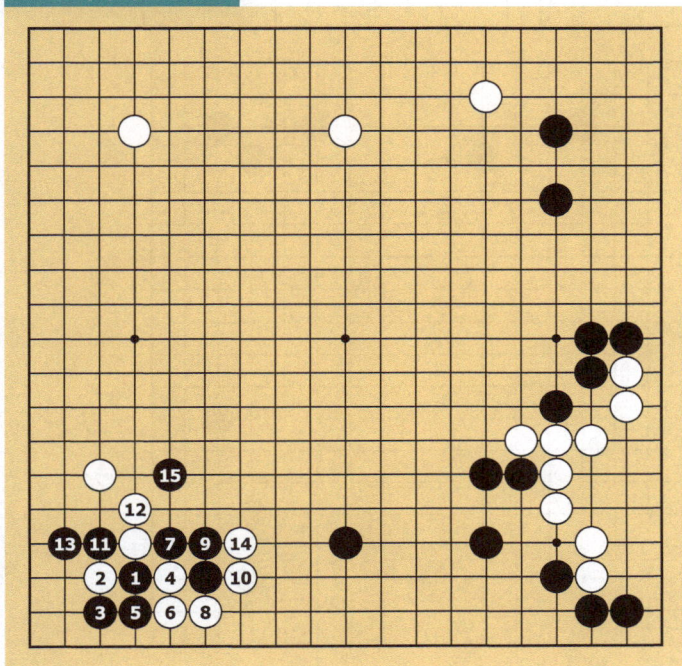

在黑棋边上有子时，白6冲下去这个选择不是很好，接下来至黑15跳出，白棋两边都不是安定的棋形，难以兼顾

托角连扳（二）练习题

黑先，请写出在此局面下双方最佳的下法（至少3手）。

1

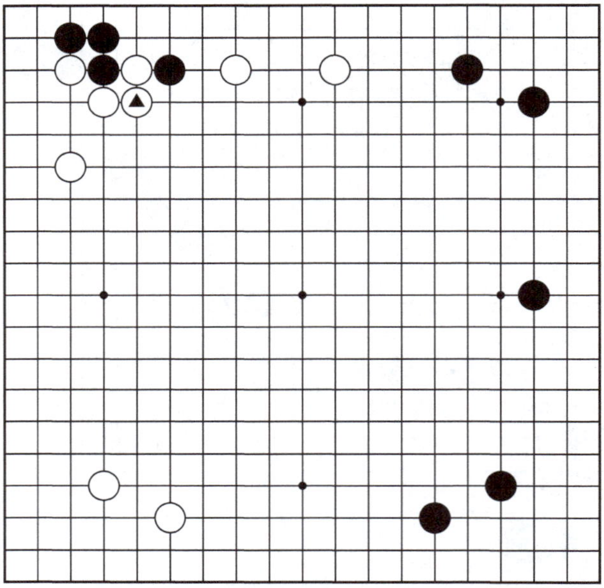

2

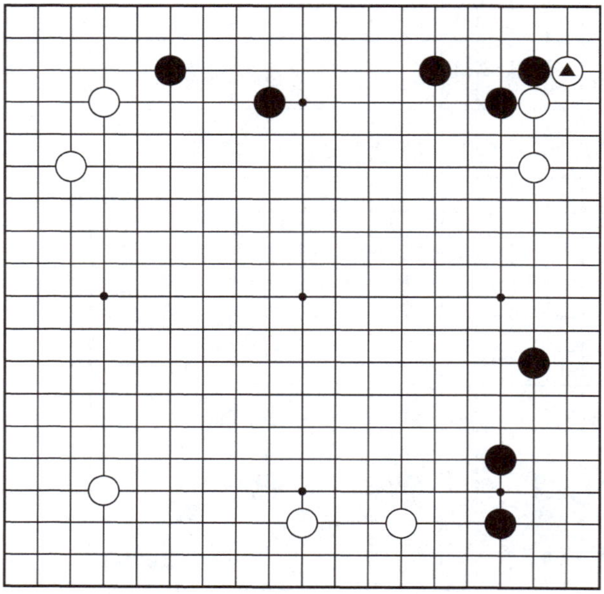

托角连扳（二）练习题

黑先，请写出在此局面下双方最佳的下法（至少3手）。

3

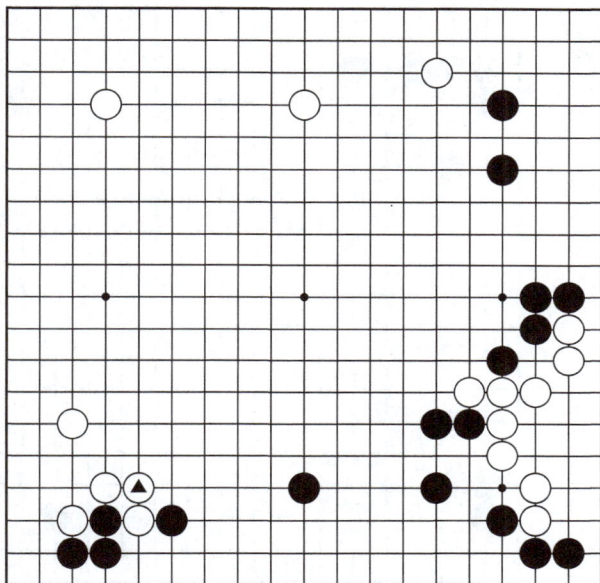

4

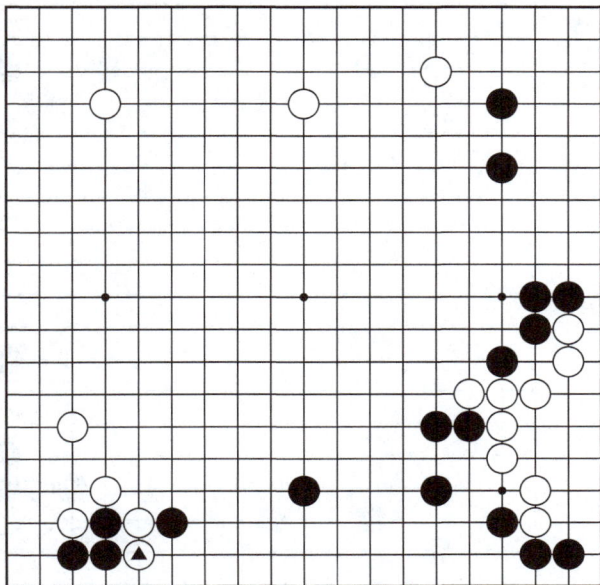

托角连扳（二）练习题

黑先，请写出在此局面下双方最佳的下法（至少3手）。

5

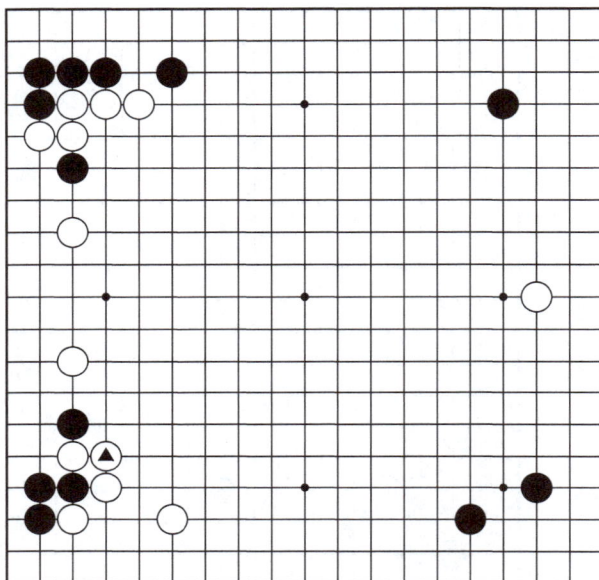

6

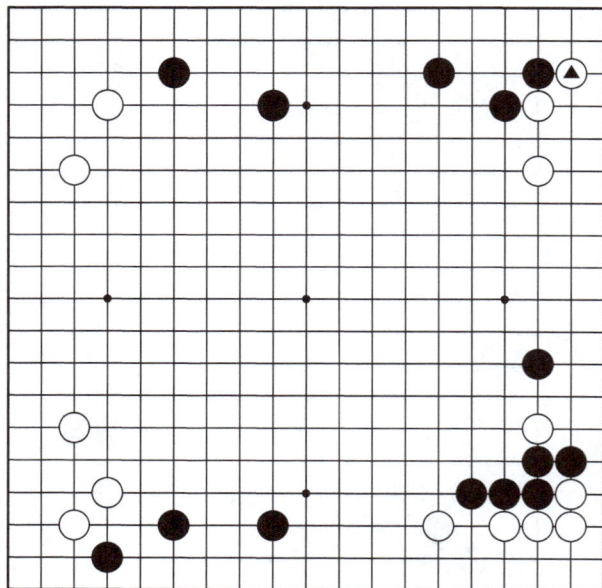

托角连扳（二）练习题

黑先，请写出在此局面下双方最佳的下法（至少3手）。

7

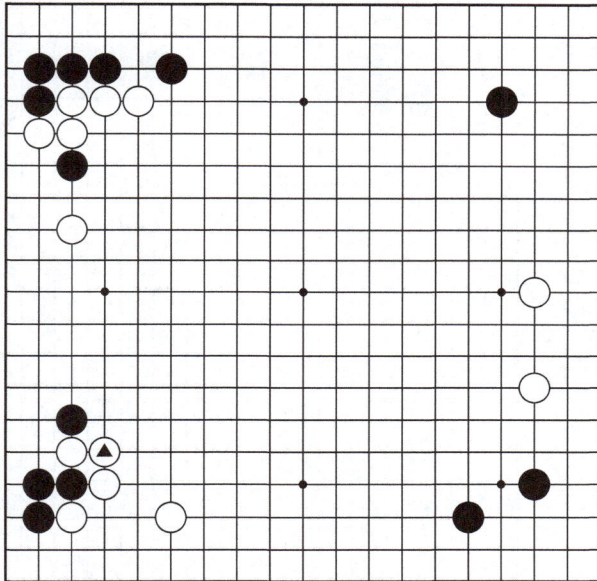

8

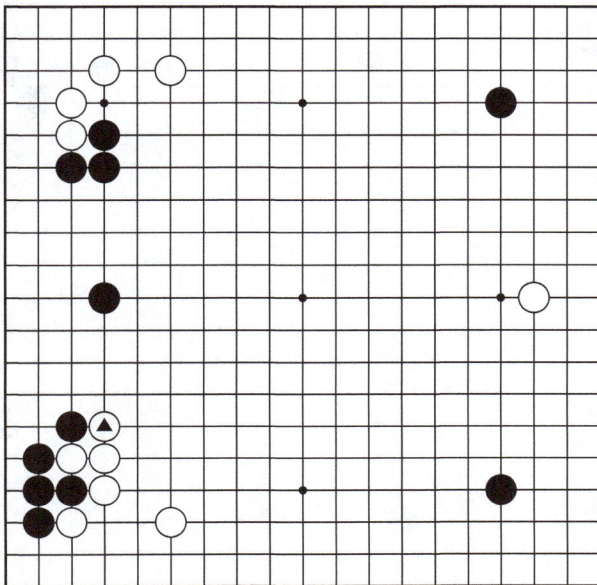

托角连扳（二）练习题

黑先，请写出在此局面下双方最佳的下法（至少3手）。

9

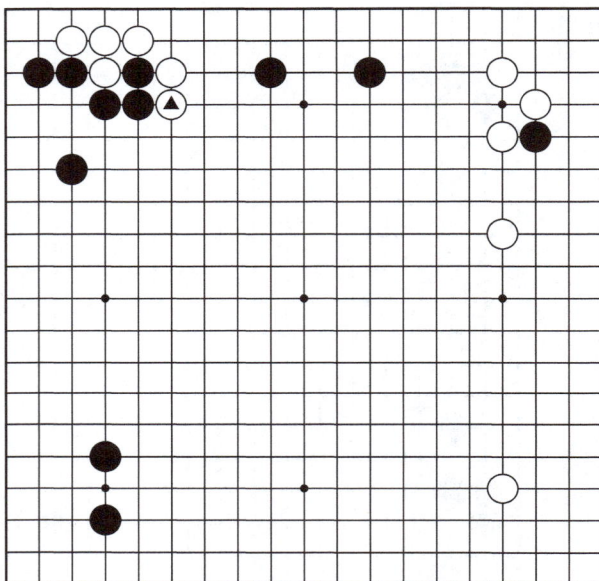

10

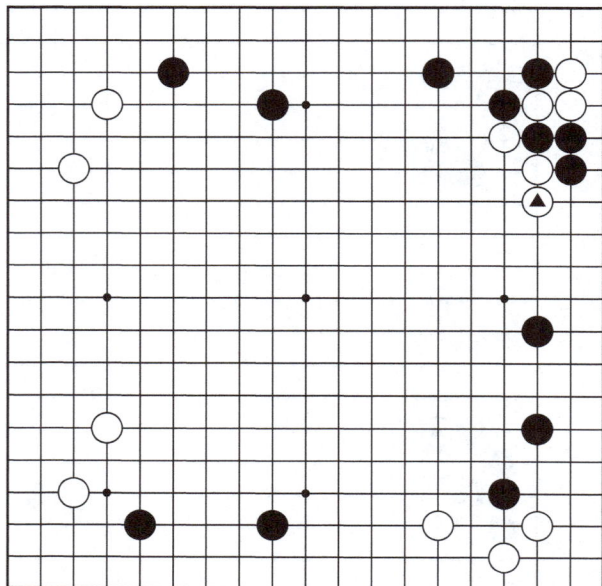

第七章
对杀手筋计算

对杀在实战当中是非常重要的一个环节，对杀强调的是双方"气"的长短，其中还包含了一些较为复杂的对杀类型。本章列举了实战中经典的手筋及对杀常型，希望大家可以掌握其中的要领。

39 第39课 实战常型（一）

本课列举了实战中常用的攻防手筋。希望大家通过观察，分辨不同的棋形该用什么样的手筋，并运用到实战中。给大家一点提示：通常气紧或者有断点的棋形，往往会有手段。

例1

图1　问题图

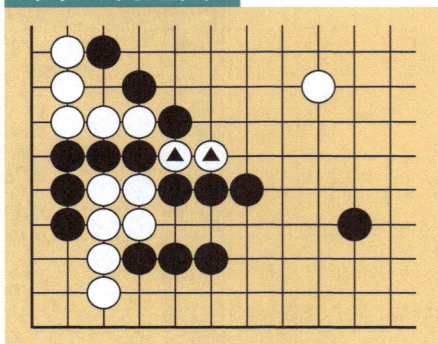

黑先，如何吃掉白棋二子呢

图2　正解图

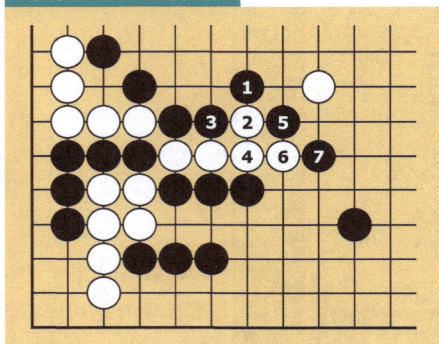

黑1飞是好手，白2小尖逃跑，黑3打吃，至黑7，白被吃

图3　变化图

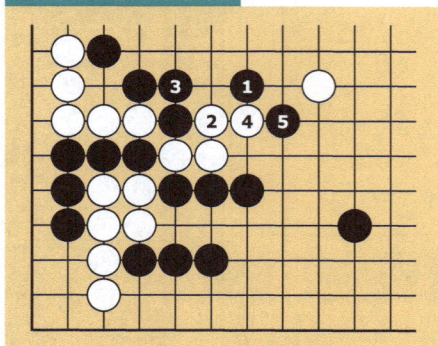

白2拐吃，黑3接，至黑5，白也无法逃出

图4　失败图

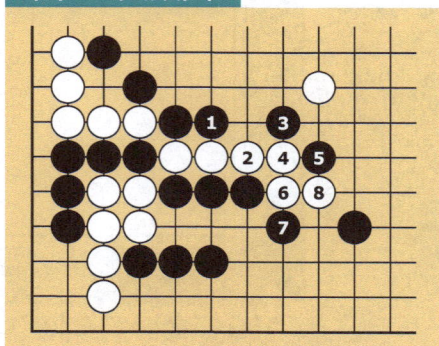

黑1打吃不好，白2长，黑3跳枷，至白8，黑无法杀白

例2

图1　问题图

黑先，角上有什么手段呢

图2　正解图

黑1滚打是好手，白2提，黑3接，至黑5，白被吃

图3　变化图

④ = ▲
白2如果提，黑3打吃，白4接，至黑5，白气不够

图4　失败图

黑1直接跑不好，白2立下，黑没有任何手段

例3

图1 问题图

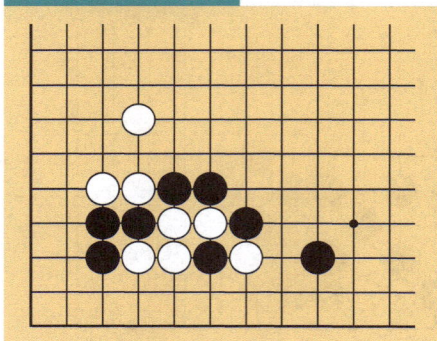

黑先，如何杀白呢

图2 正解图

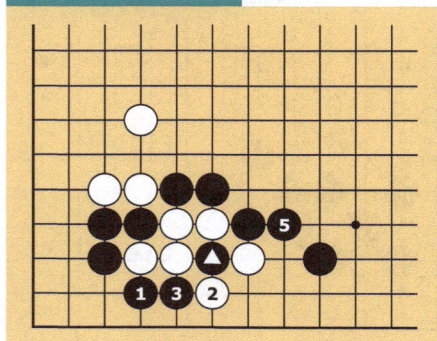

④ = ▲

黑1打吃是好手，白2提，黑3打吃，至黑5，白被吃

图3 变化图

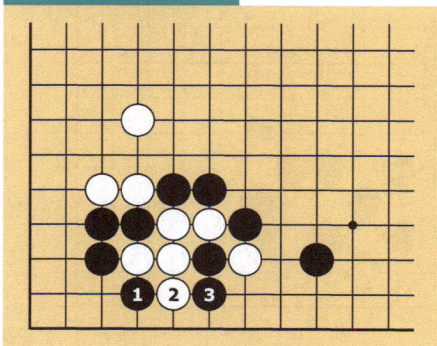

白2如果拐，黑3打吃，白不行

图4 失败图

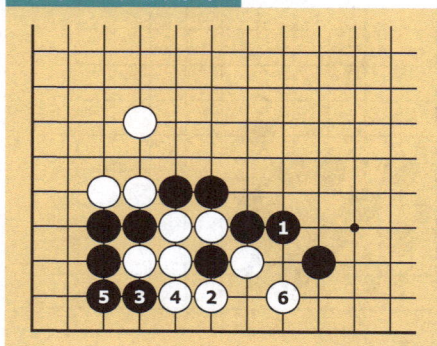

黑1退不好，白2提，黑3扳，至白6，黑失败

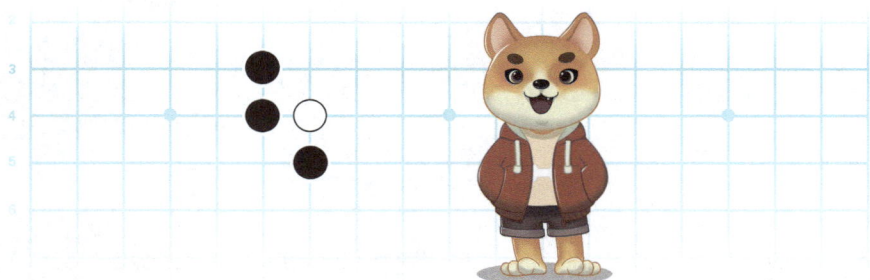

例4

图1 问题图

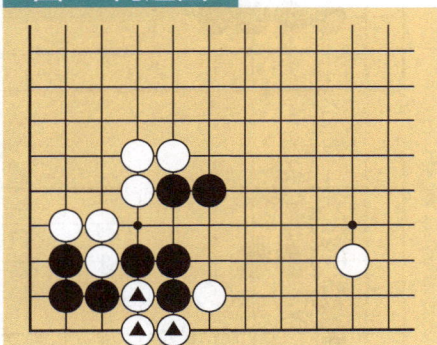

黑先，如何吃掉白三子呢？

图2 正解图

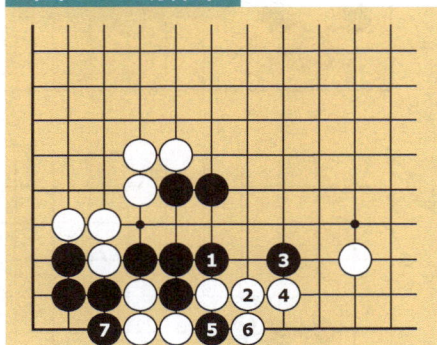

黑1拐是要点，白2长，黑3跳是好手，至黑7，白被吃

图3 变化图

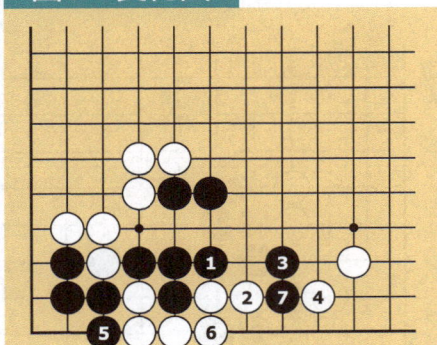

白4如果小尖，黑5打吃，至黑7，白被吃接不归

图4 失败图

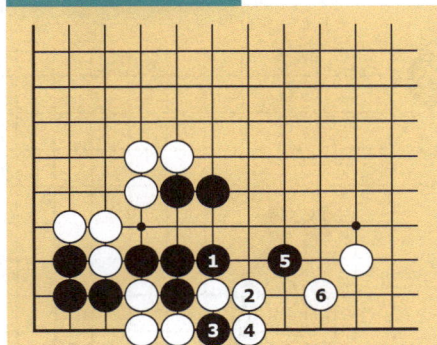

黑3先扑不好，白4提，黑5跳，至白6，黑失败

实战常型（一）练习题

黑先，杀白。

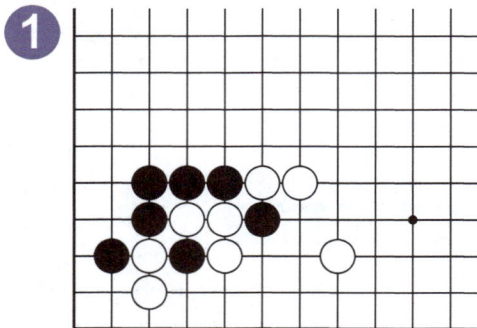

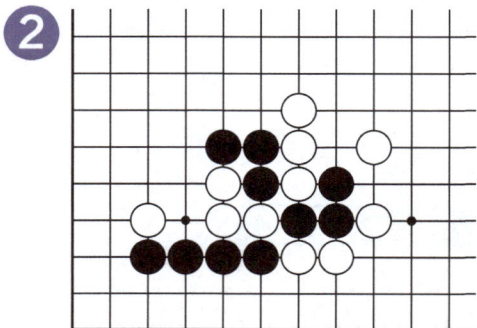

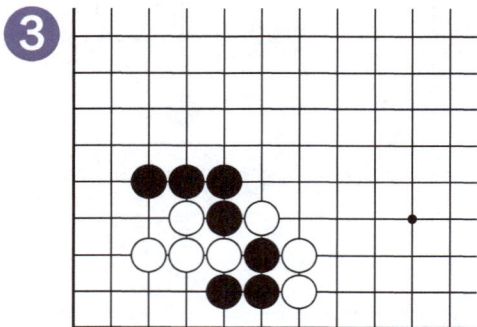

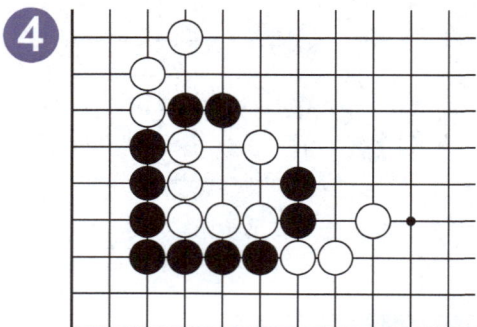

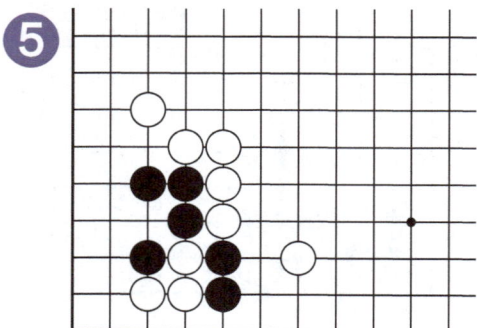

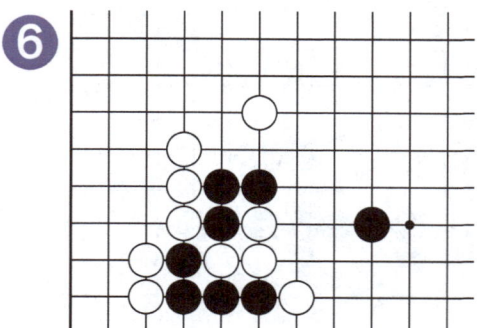

实战常型（一）练习题

黑先，杀白。

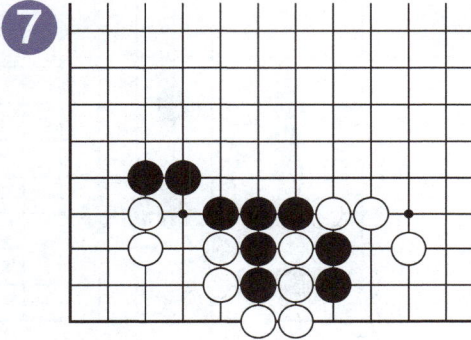

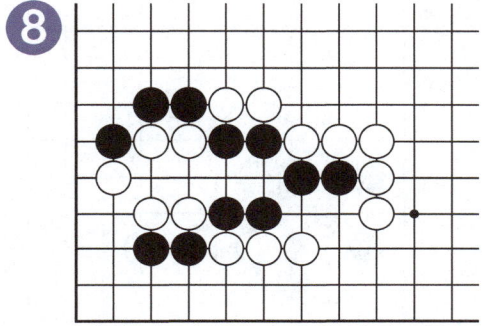

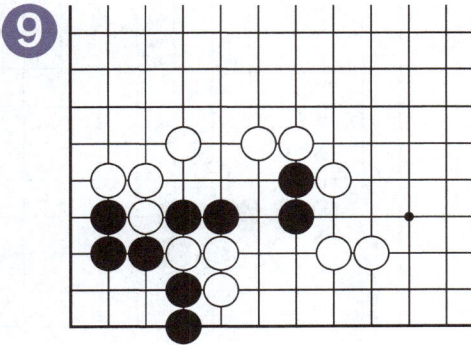

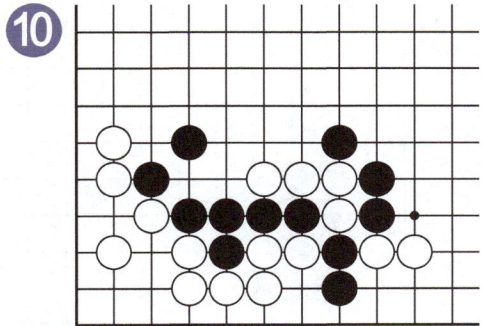

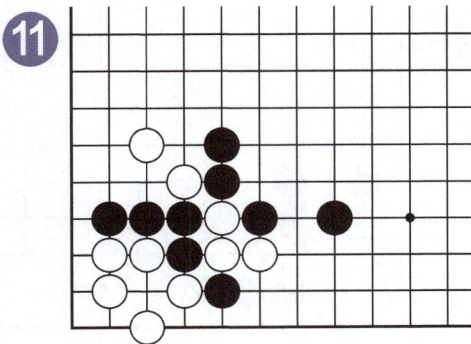

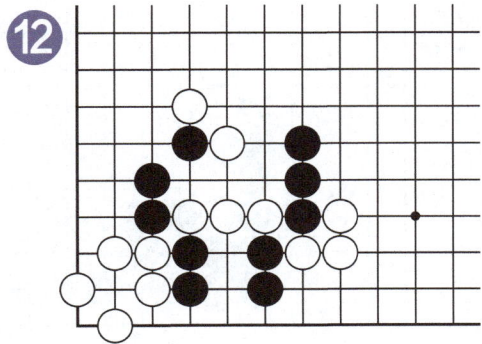

实战常型（一）练习题

黑先，杀白。

13

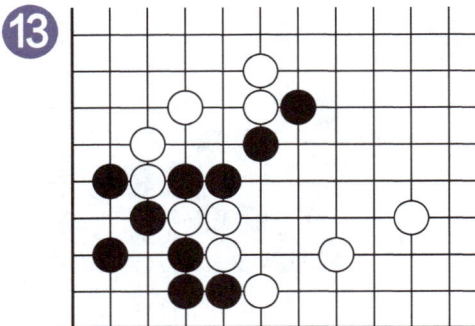

14

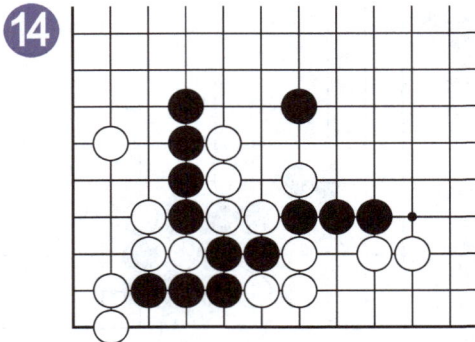

15

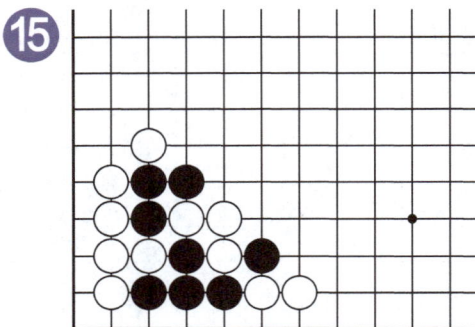

16

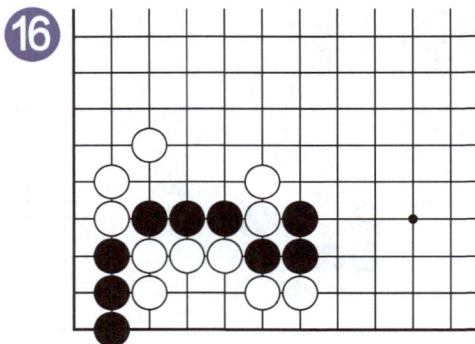

17

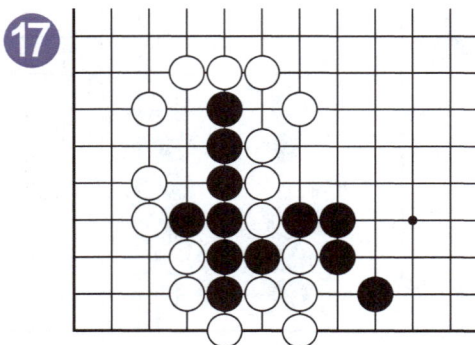

18

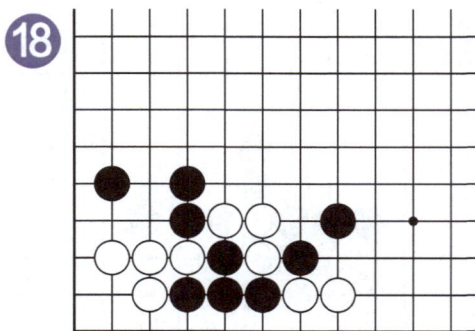

实战常型（一）练习题

黑先，杀白。

19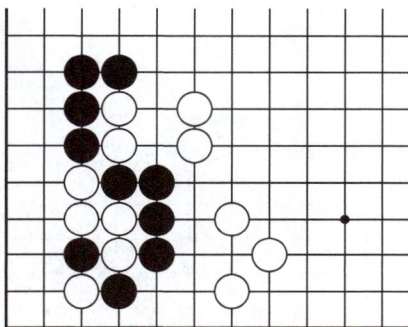

20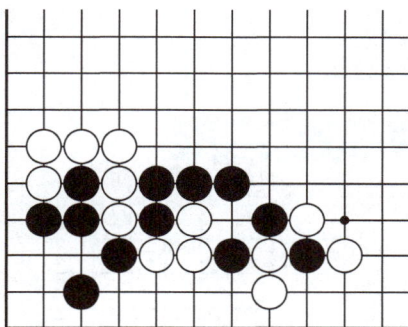

21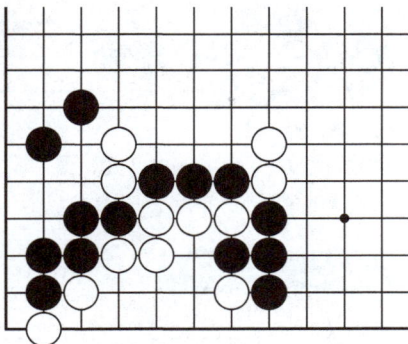

22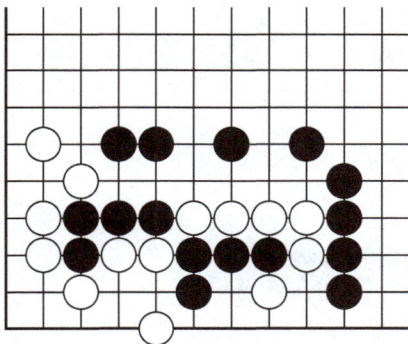

23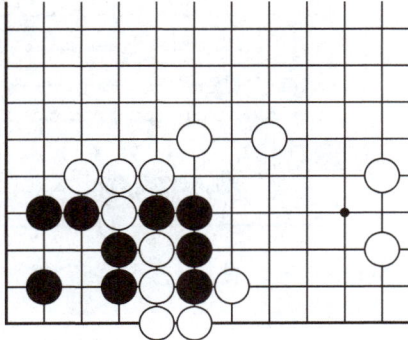

24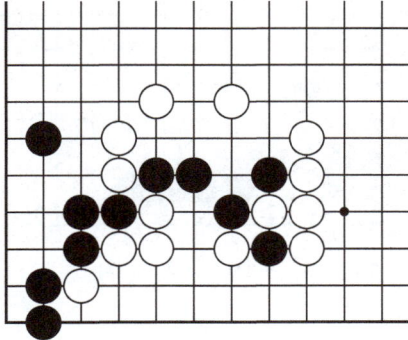

40 第 40 课 实战常型（二）

本课继续列举实战中常用的攻防手筋，包括一些经典棋形，例如黄莺扑蝶和大头鬼。希望大家能够通过学习提升局部战斗力。

例1

图1　问题图

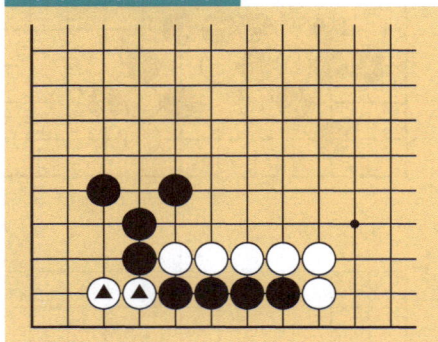

黑先，如何吃掉白棋二子呢

图2　正解图

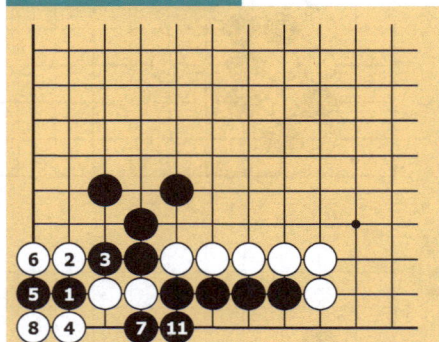

⑨ = ❶，⑩ = ❺

黑1靠是紧气好手，白2扳，黑3断，以下是双方必然的下法，至黑11，白被吃

图3　变化图

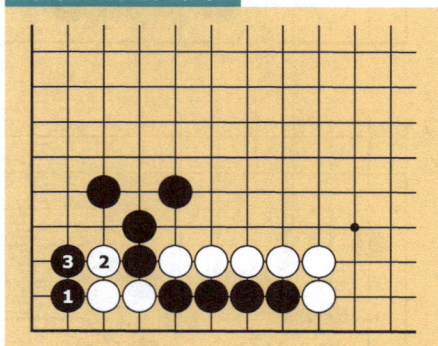

白2如果拐，黑3贴，白也无法逃出

图4　失败图

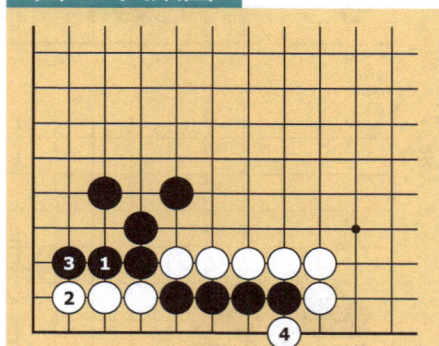

黑1挡不好，白2长，黑3挡，至白4，黑对杀慢一气

例2

图1　问题图

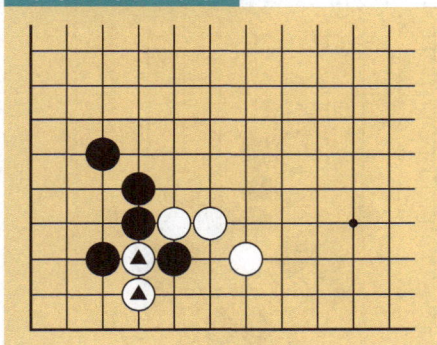

黑先，如何吃掉白棋二子呢

图2　正解图

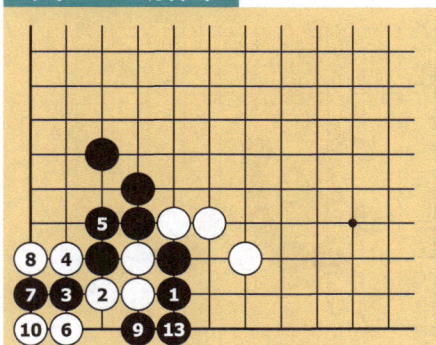

⑪ = ❸，⑫ = ❼

黑1挡只此一手，白2拐，黑3连扳，以下是双方必然的下法，至黑13，白被吃

图3　失败图1

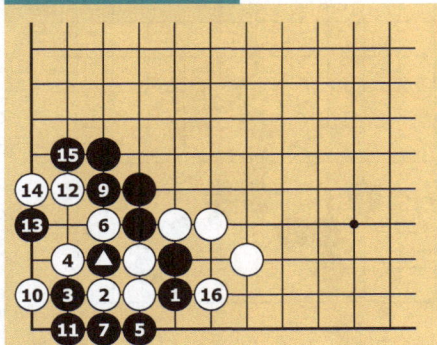

⑧ = ▲

黑5滚打不好，以下是双方必然的下法，白14挡是妙手，至白16，黑慢一气

图4　失败图2

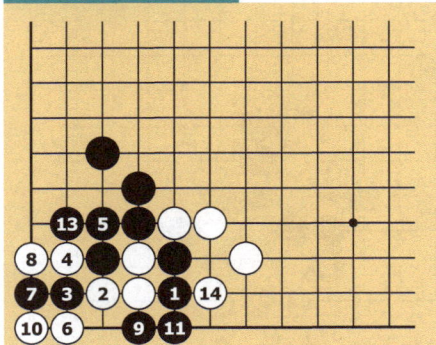

⑫ = ❸

黑11粘不好，白12也粘，至白14，黑对杀慢一气

例3

图1　问题图

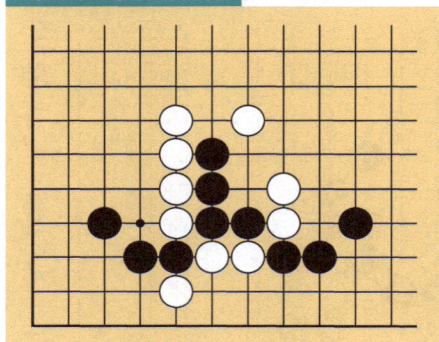

黑先，如何杀白呢

图2　正解图

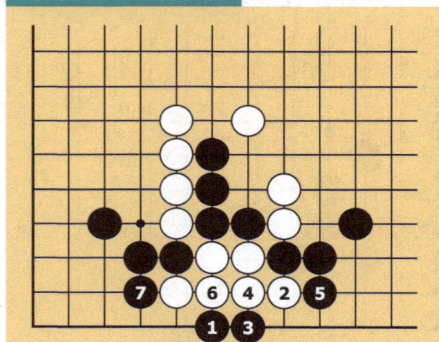

黑1点是紧气好手，白2扳，黑3并，至黑7，白死

图3　变化图

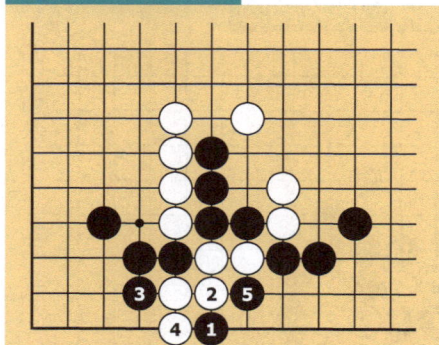

白2如果粘，黑3拐，至黑5，白也不行

图4　失败图

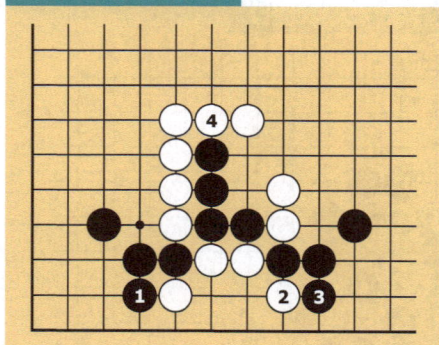

黑1拐不好，白2扳，黑3挡，至白4，黑对杀慢一气

例4

图1　问题图

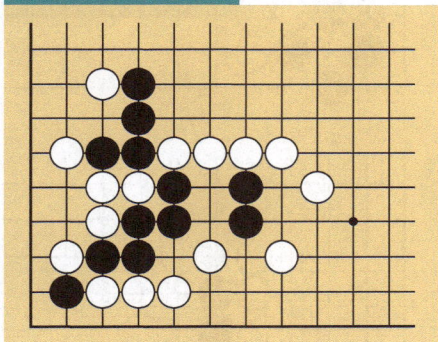

黑先，如何杀白呢

图2　正解图

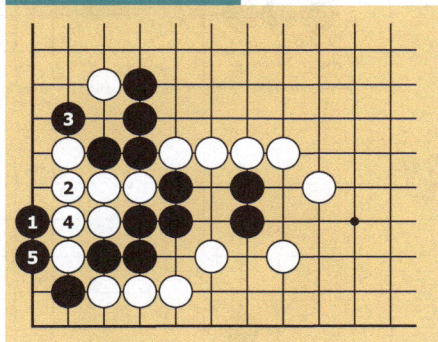

黑1点是紧气好手，白2粘，黑3扳断，
至黑5，白气不够

图3　变化图

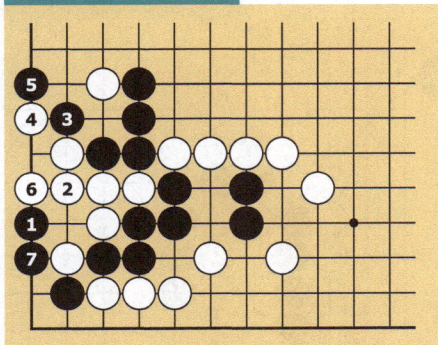

白4如果扳，黑5打吃，至黑7，白将来
成接不归

图4　失败图

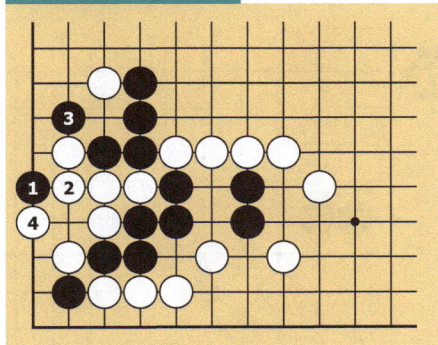

黑1点方向错误，白2粘，黑3扳，至白4，
黑失败

实战常型（二）练习题

黑先，杀白。

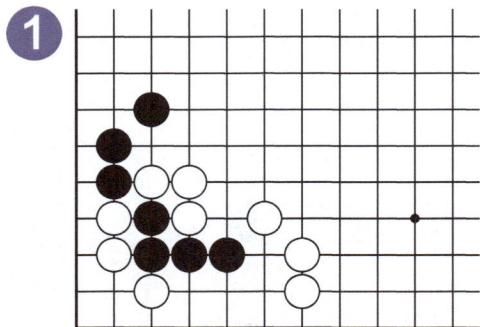

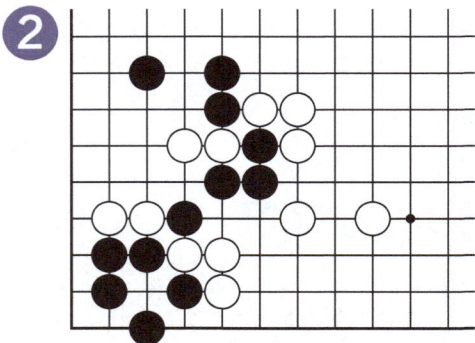

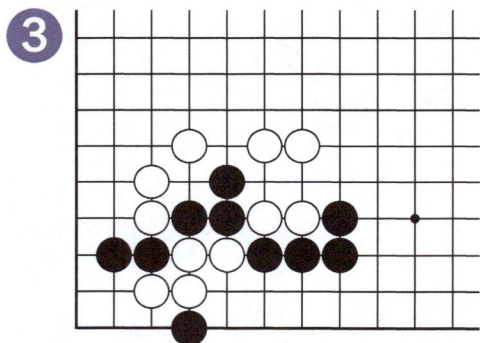

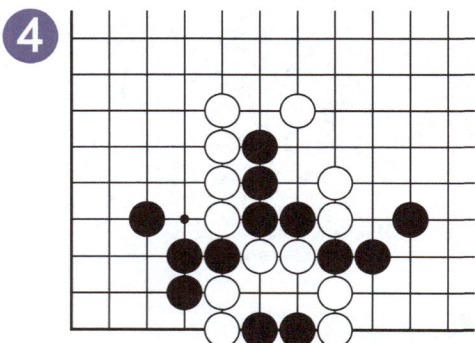

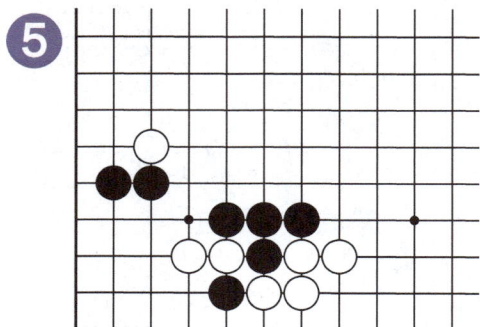

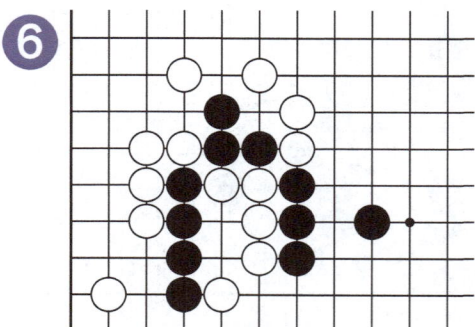

实战常型（二）练习题

黑先，杀白。

7
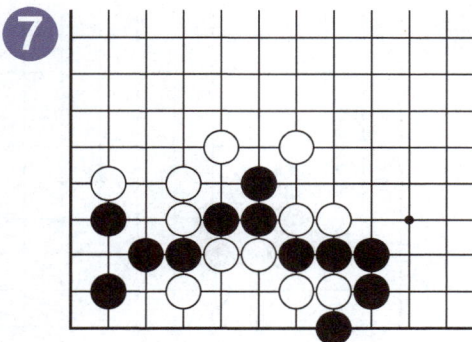

8
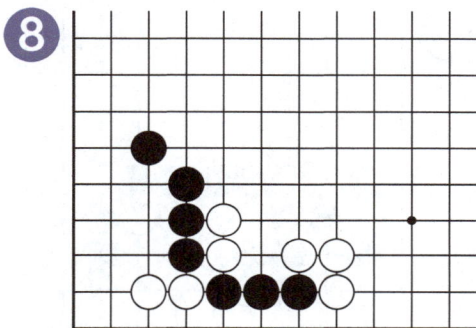

9
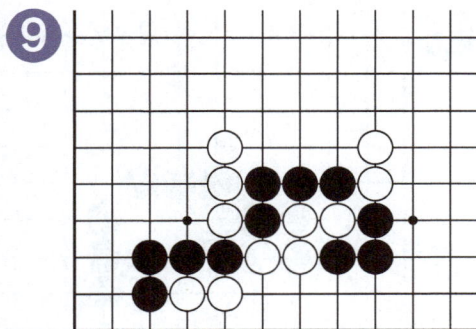

10
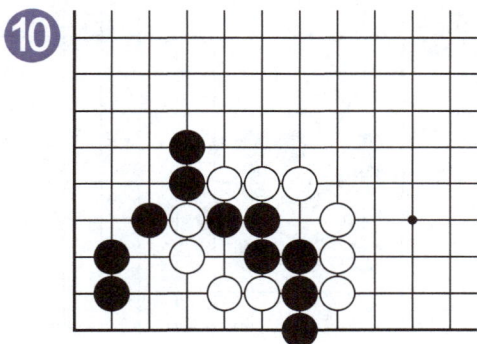

11
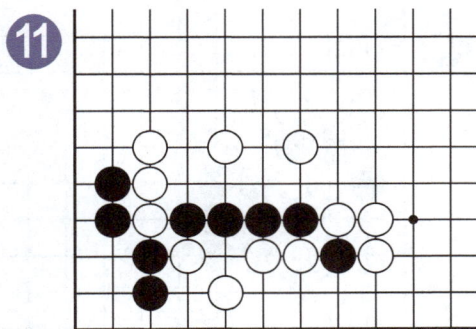

12
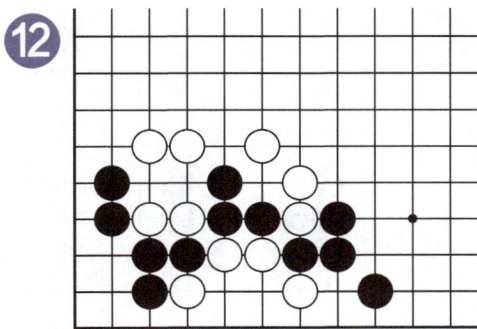

实战常型（二）练习题

黑先，杀白。

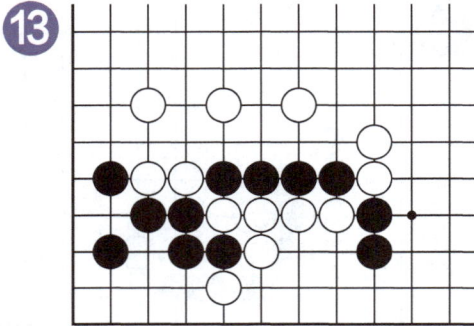

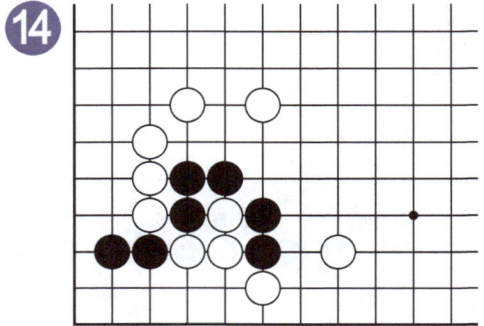

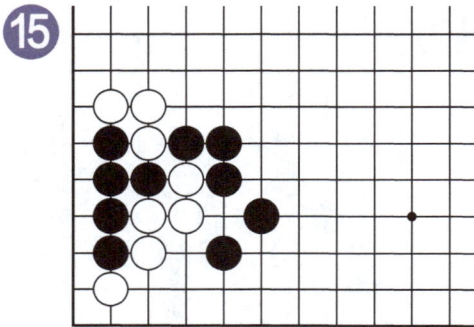

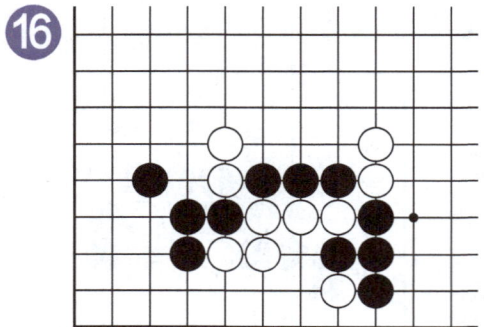

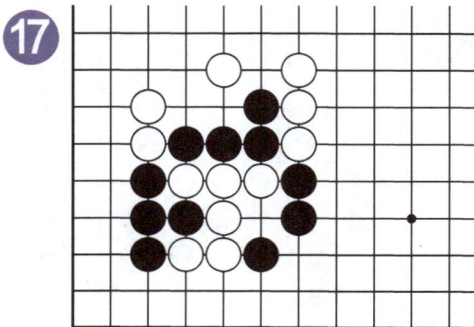

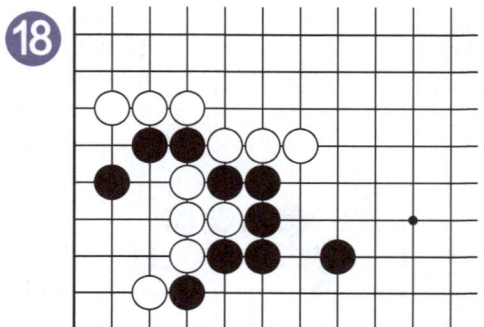

实战常型（二）练习题

黑先，杀白。

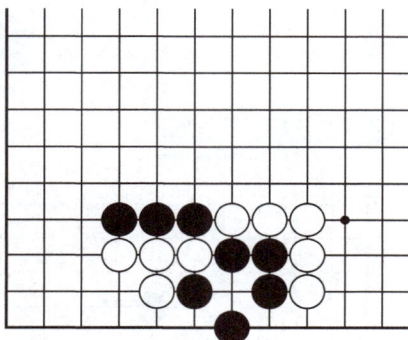

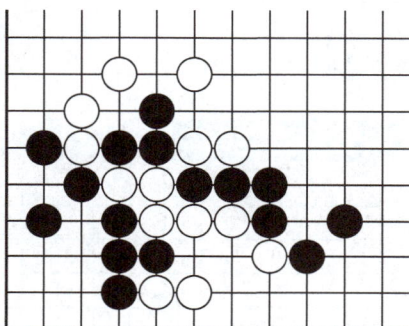

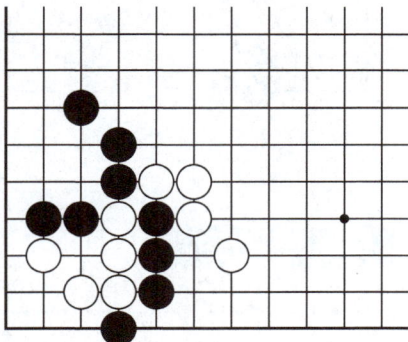

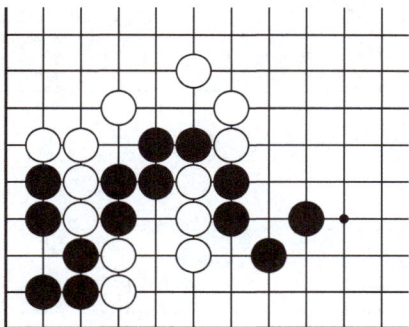

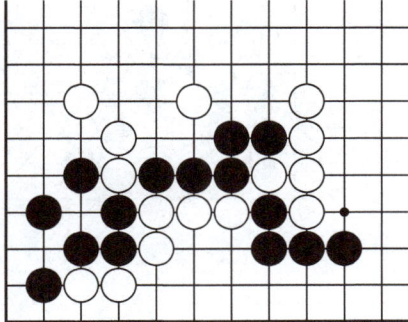

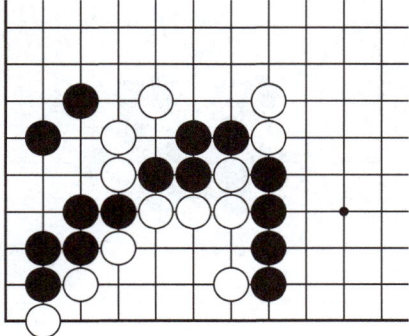

41 第41课 紧气对杀

"紧气"是对杀中常用的手段之一，有时我们可以利用对方棋形的缺陷，通过某些手筋尽可能缩短敌方棋子的气，最终获得对杀胜利。

例1

图1 问题图

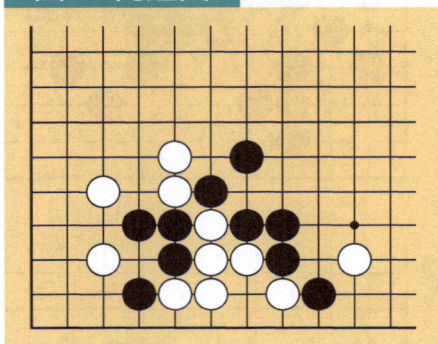

黑先，如何吃掉白棋呢

图2 正解图

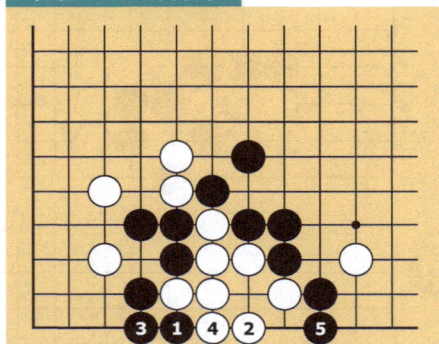

黑1扳紧气是好手，白2做眼，黑3粘，至黑5，白被吃

图3 失败图1

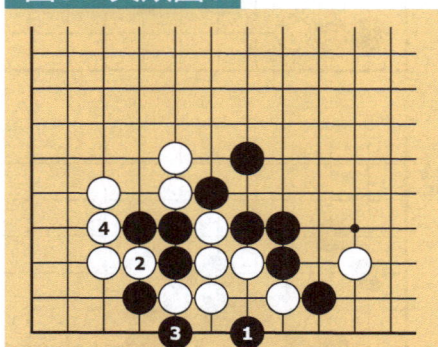

黑1点不好，白2断，至白4，黑对杀不利

图4 失败图2

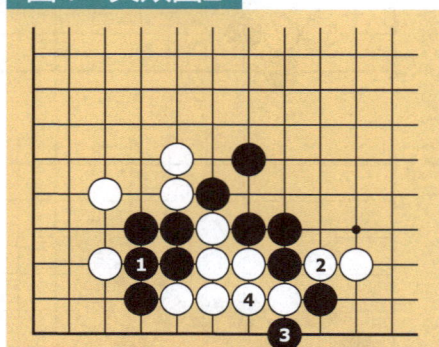

黑1粘也不行，白2断，至白4，黑失败

例2

图1　问题图

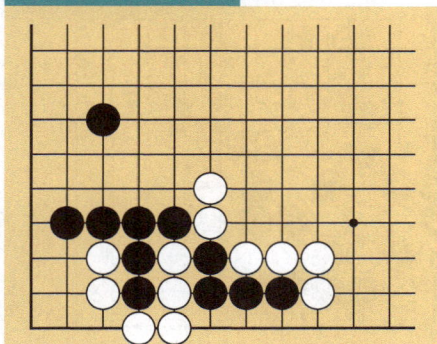

黑先，如何吃掉白棋呢

图2　正解图

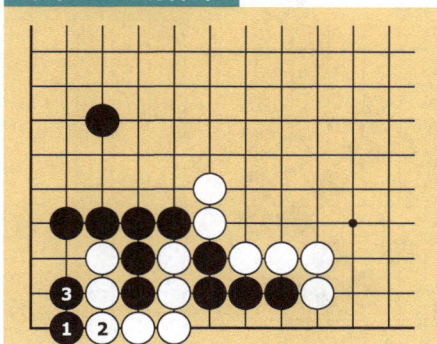

黑1点是好手，白2粘，黑3贴，白对杀
慢一气

图3　变化图

❺=❸

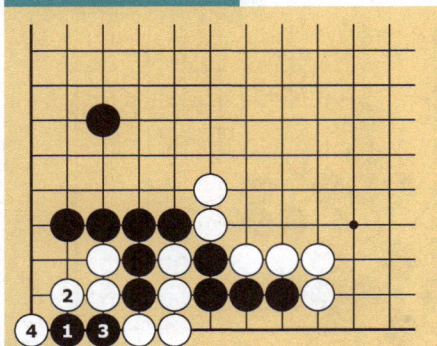

白2挡，黑3扑，至黑5，白将来成接
不归

图4　失败图

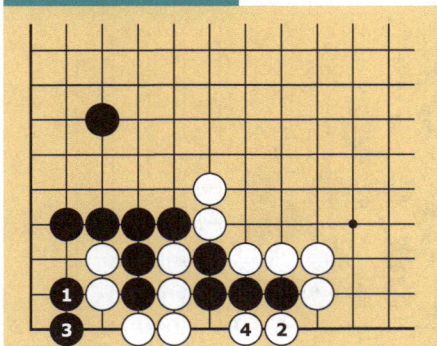

黑1夹不好，白2紧气，至白4，黑失败

例3

图1　问题图

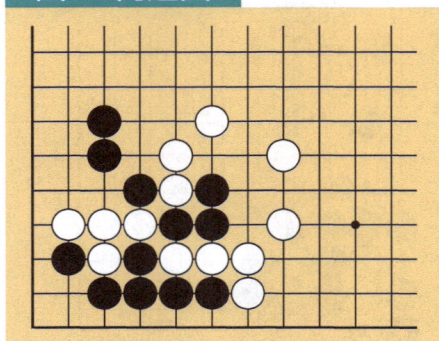

黑先，如何吃掉白棋呢

图2　正解图

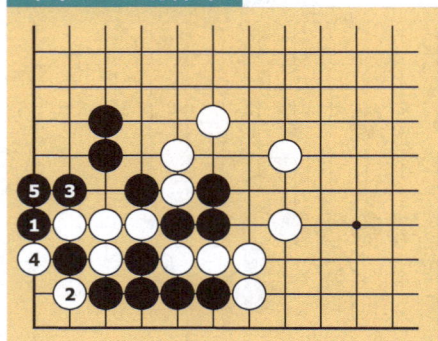

黑1扳是妙手，白2打吃，黑3反打，至黑5，白慢一气

图3　变化图

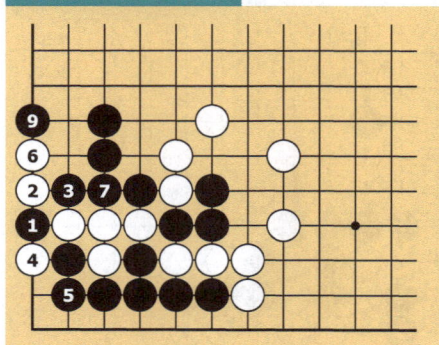

⑧＝❶

白2挡，黑3断打，白4提，至黑9，白对杀不利

图4　失败图

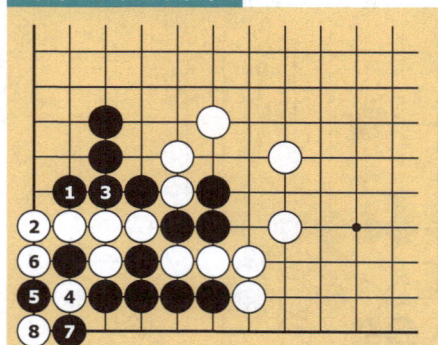

黑1小尖不好，白2立，以下至白8，成打劫，黑失败

例4

图1 问题图

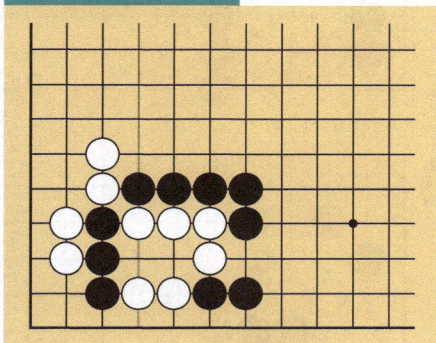

黑先，如何吃掉白棋呢

图2 正解图

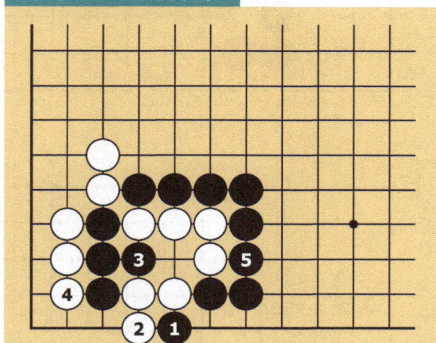

黑1扳是好手，白2打吃，黑3冲，至黑5，
白气不够

图3 变化图

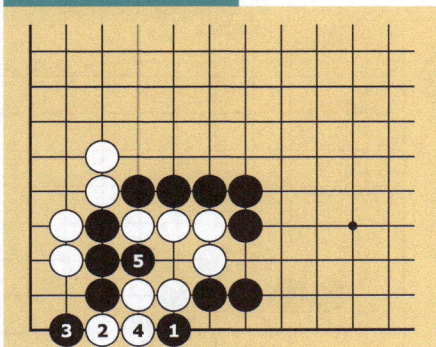

白2如果扳，黑3打吃，至黑5，白也不行

图4 失败图

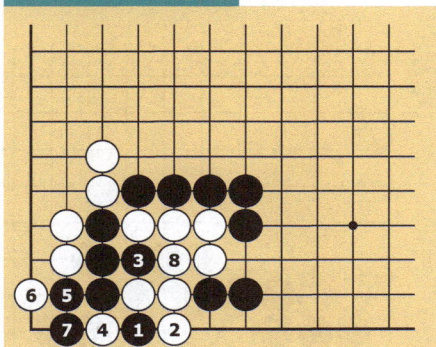

黑1扳方向错误，白2打吃，黑3冲，以下
至白8，黑失败

紧气对杀练习题

黑先，利用紧气杀白。

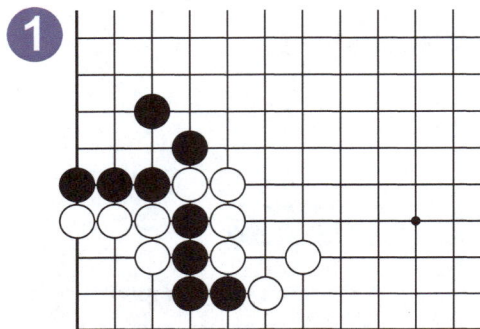

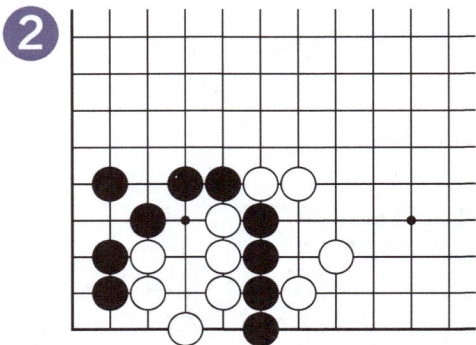

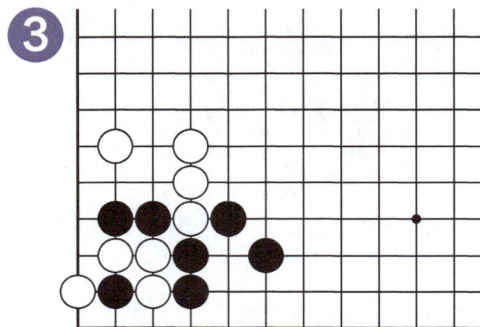

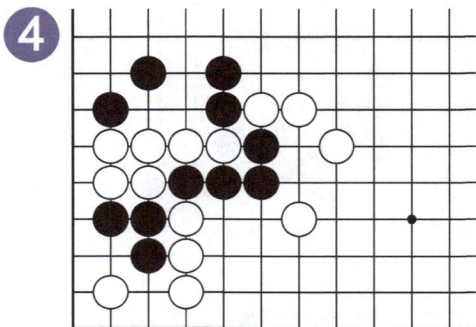

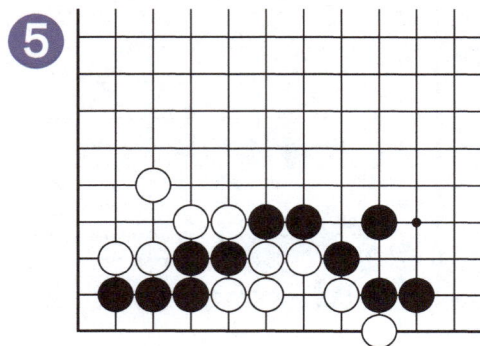

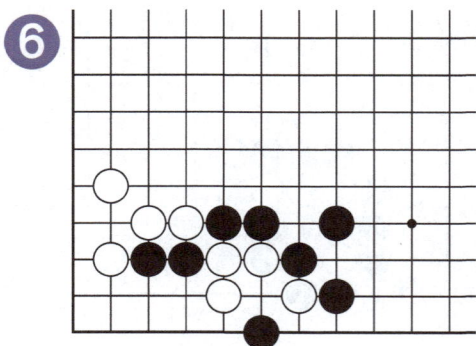

1

2

3

4

5

6

紧气对杀练习题

黑先，利用紧气杀白。

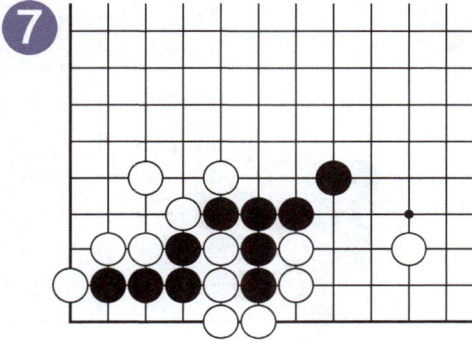

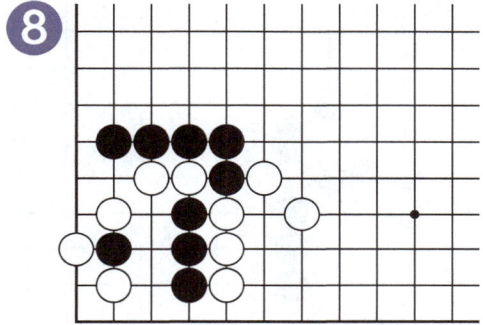

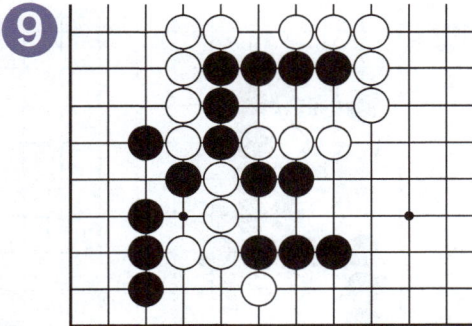

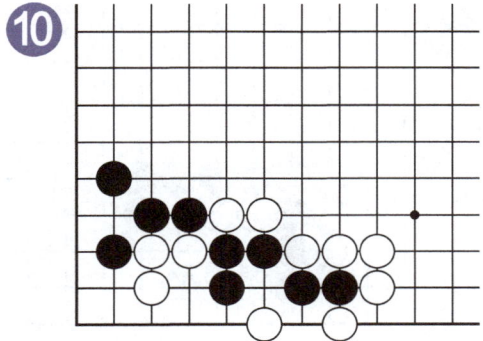

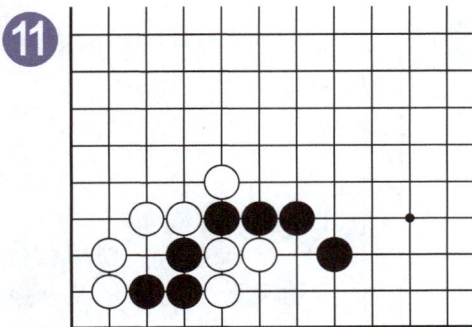

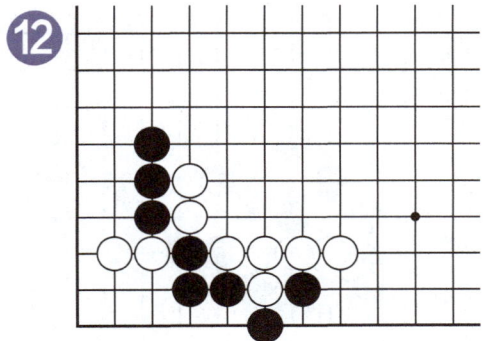

紧气对杀练习题

黑先，利用紧气杀白。

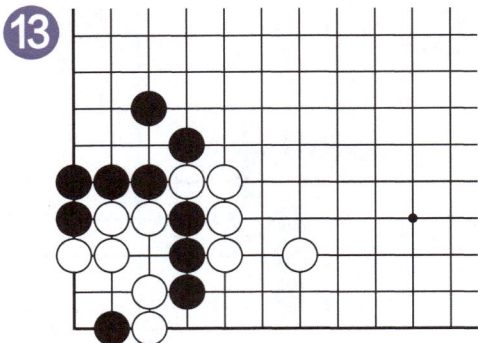

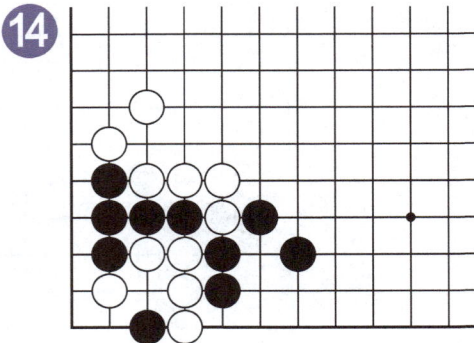

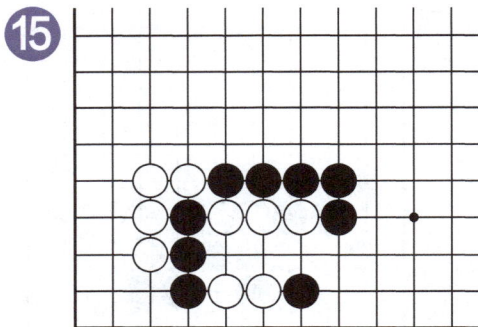

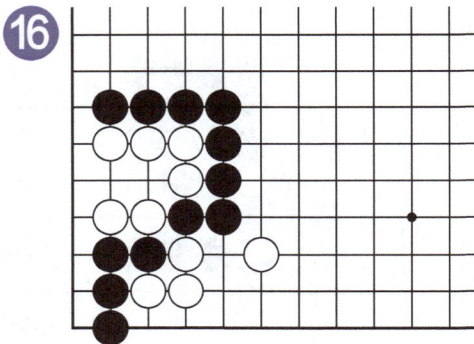

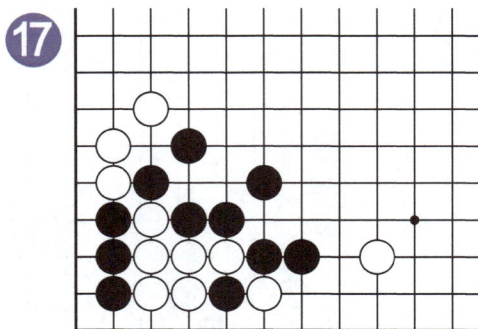

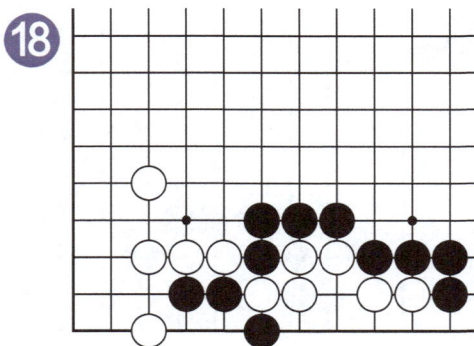

⑬

⑭

⑮

⑯

⑰

⑱

紧气对杀练习题

黑先，利用紧气杀白。

⑲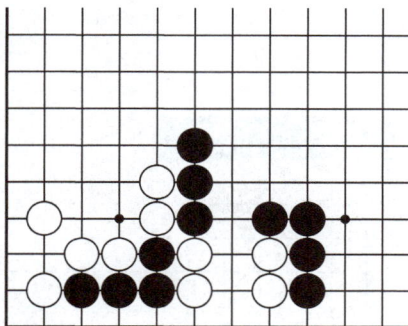

⑳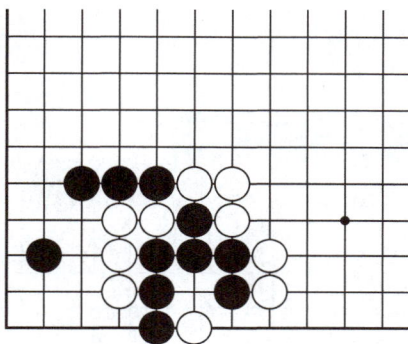

㉑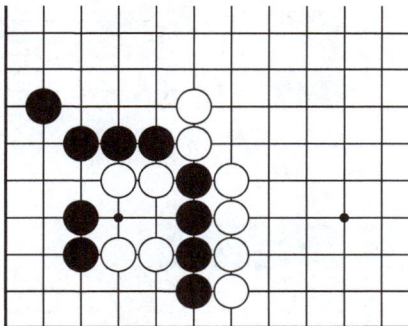

㉒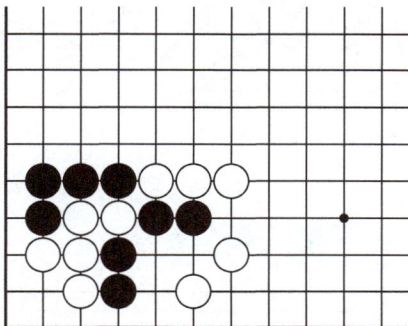

㉓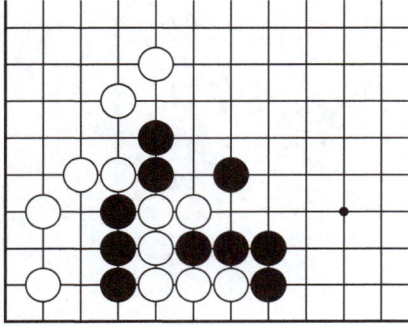

㉔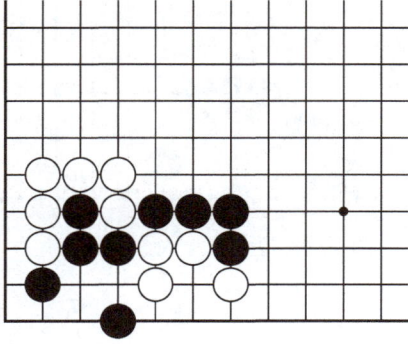

42 第42课 延气对杀

在对杀过程中，当我们自身棋子的气少于对方，要想办法通过延长己方棋子的气，来取得对杀胜利。

例1

图1 问题图

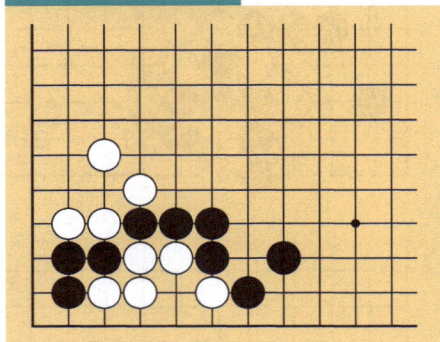

黑先，如何吃掉白棋呢

图2 正解图

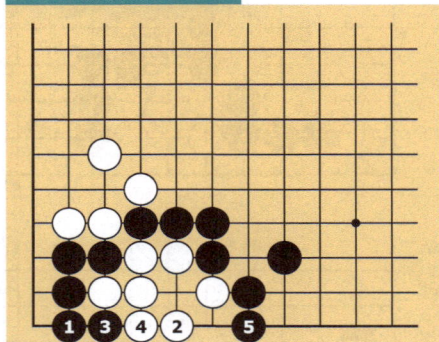

黑1立延气是好手，白2做眼，黑3拐，至黑5，白被吃

图3 变化图

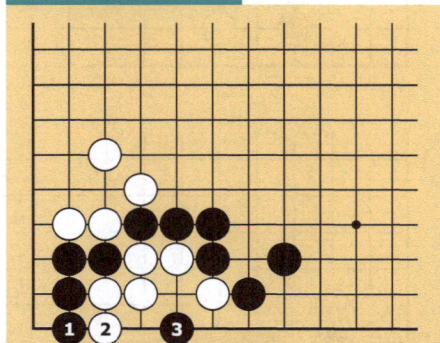

白2如果挡，黑3点，白棋也不行

图4 失败图

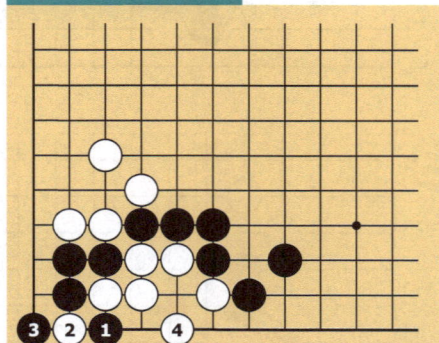

黑1扳不好，白2扑，黑3提，至白4，黑无法杀白

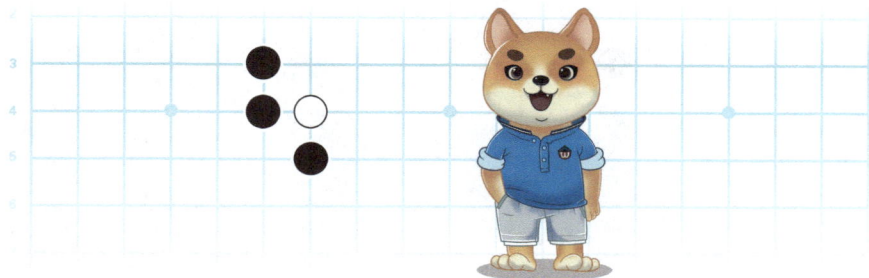

例2

图1 问题图

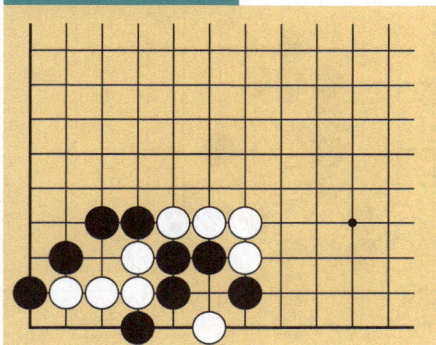

黑先，如何吃掉白棋呢

图2 正解图

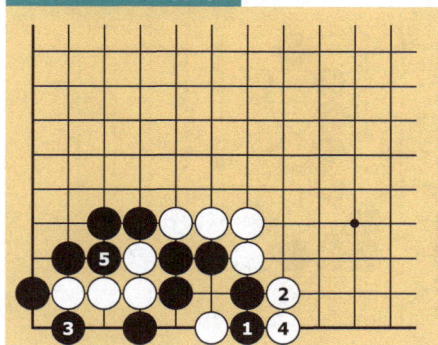

黑1挡延气是好手，白2扳，黑3紧气，
至黑5，黑快一气杀白

图3 变化图

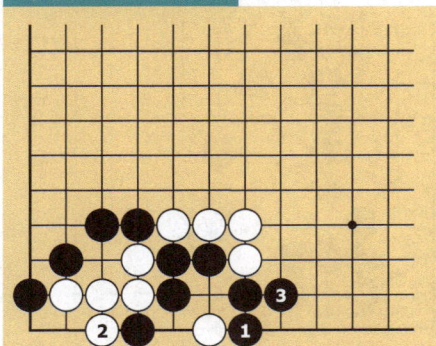

白2如果挡，黑3弯出头，白棋也不行

图4 失败图

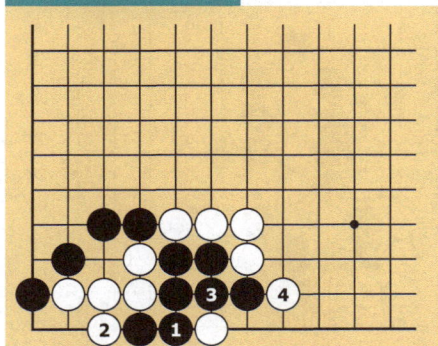

黑1粘是恶手，白2打吃，黑3粘，至白
4，黑气不够

例3

图1 问题图

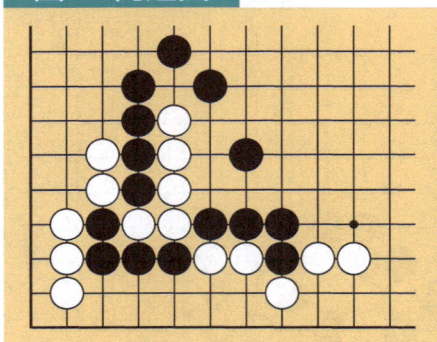

黑先，如何杀白呢

图2 正解图

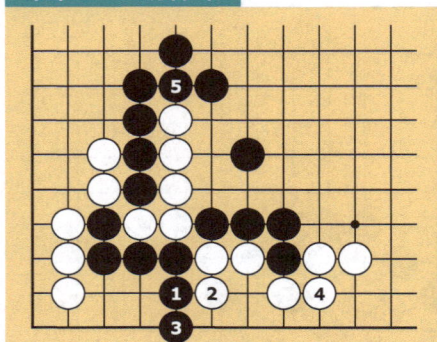

黑1立是要点，白2挡，黑3继续立延气，至黑5，黑快一气杀白

图3 变化图

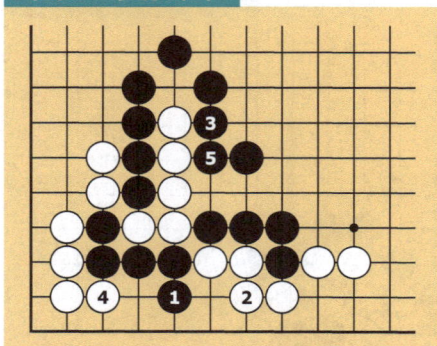

白2如果粘，黑3紧气，至黑5，白棋对杀慢一气

图4 失败图

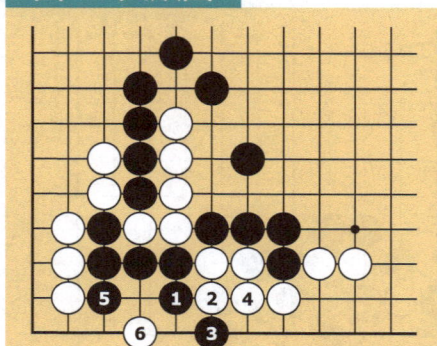

黑3打吃是恶手，白4粘，黑5挡，至白6，黑气不够

例4

图1 问题图

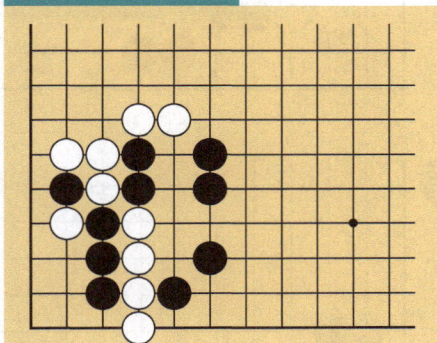

黑先，如何杀白呢

图2 正解图

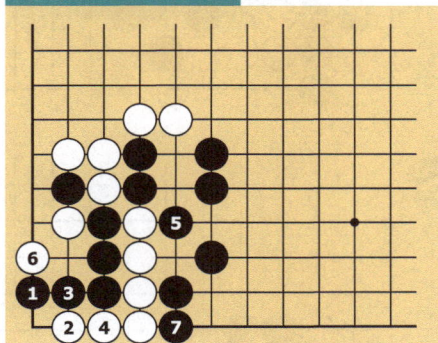

黑1跳只此一手，白2点，黑3粘，至黑7，
白棋气不够

图3 变化图

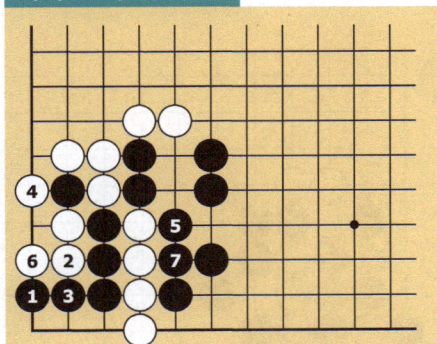

白2如果冲，黑3粘，至黑5，白棋对杀
慢一气

图4 失败图

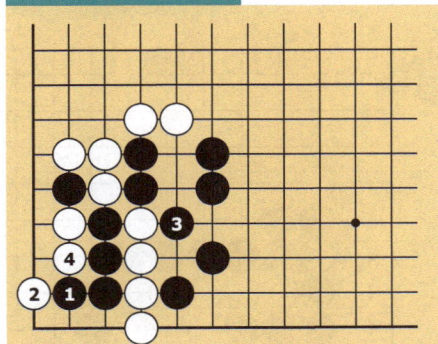

黑1弯不行，白2托是紧气好手，至白4，
黑气不够

延气对杀练习题

黑先，利用紧气杀白。

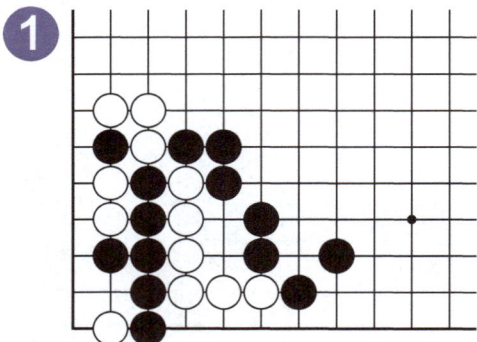

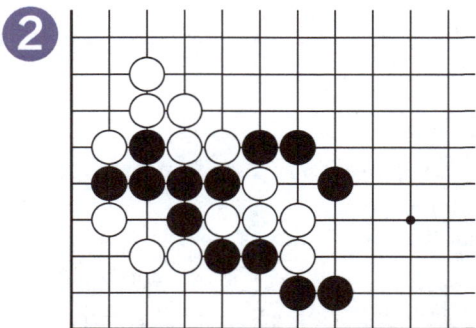

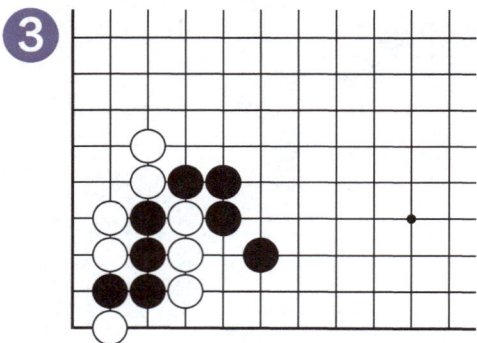

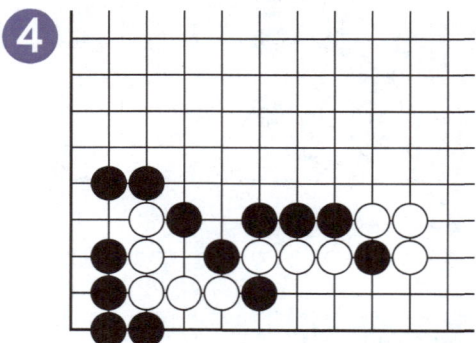

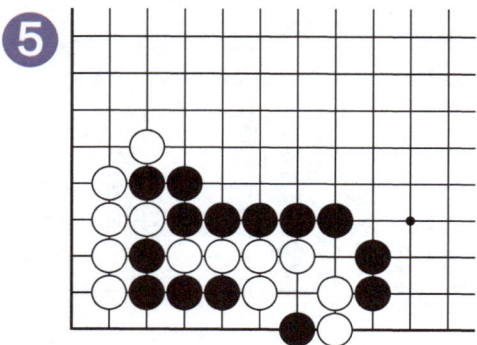

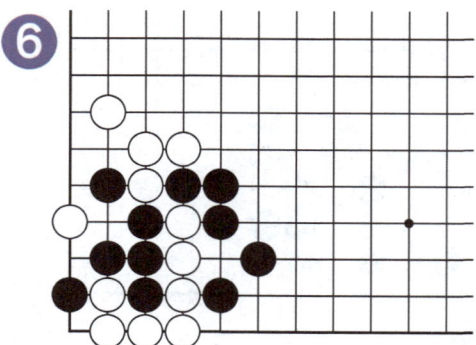

1

2

3

4

5

6

延气对杀练习题

黑先，利用紧气杀白。

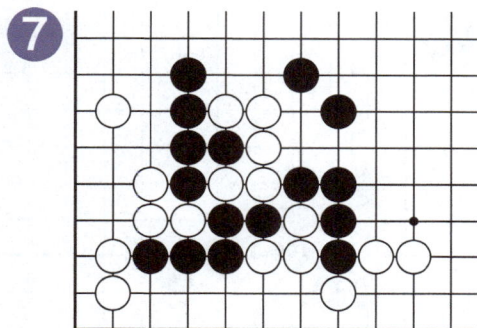

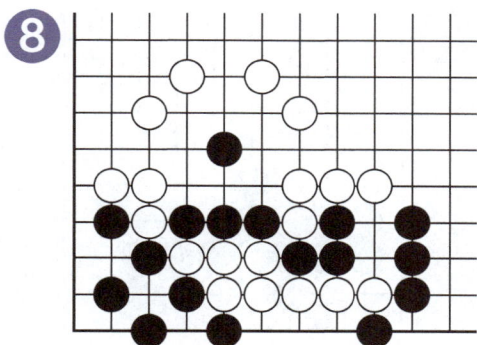

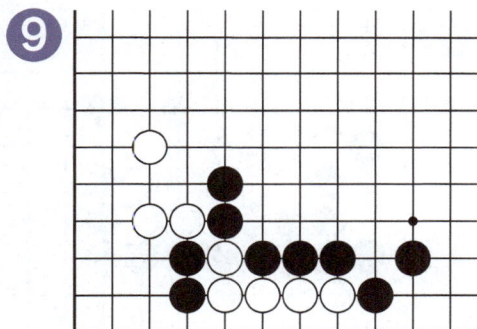

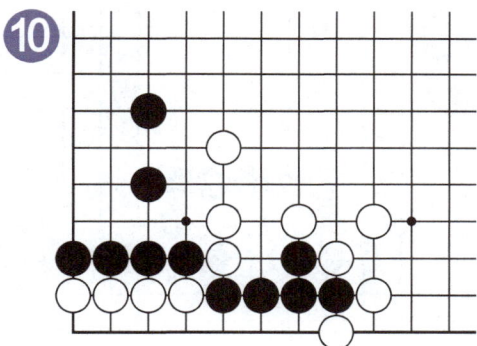

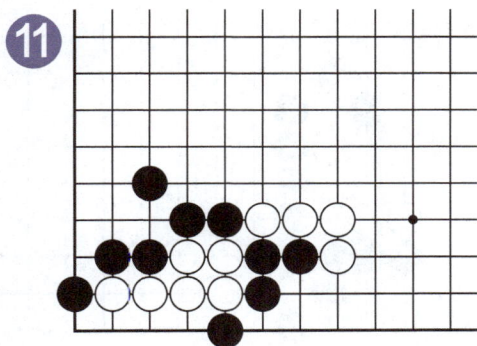

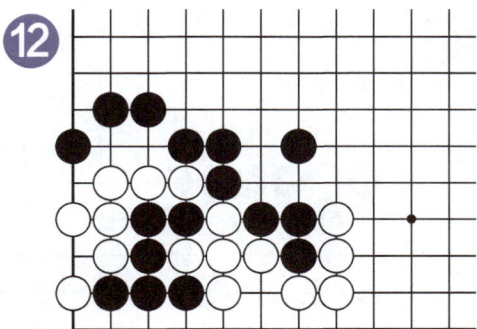

延气对杀练习题

黑先，利用紧气杀白。

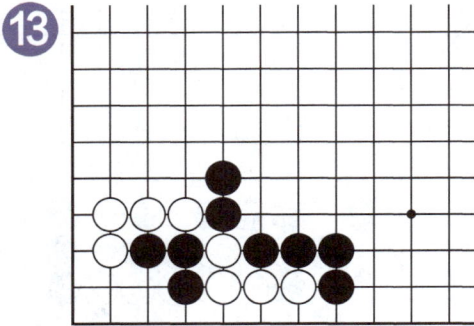

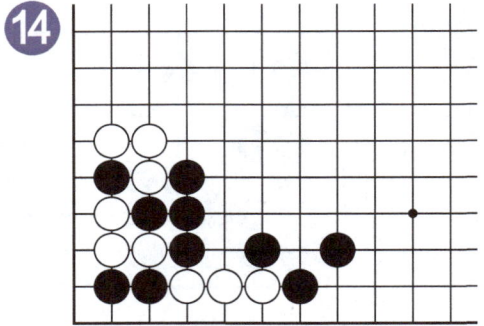

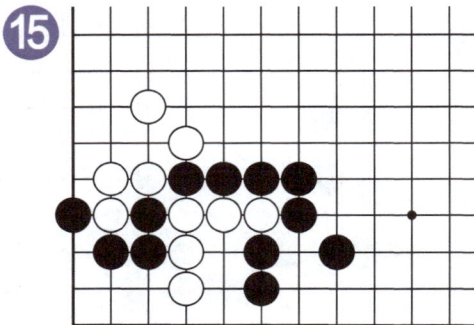

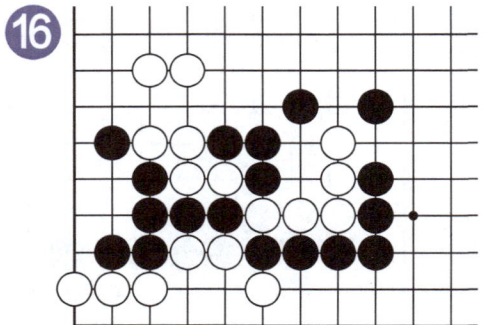

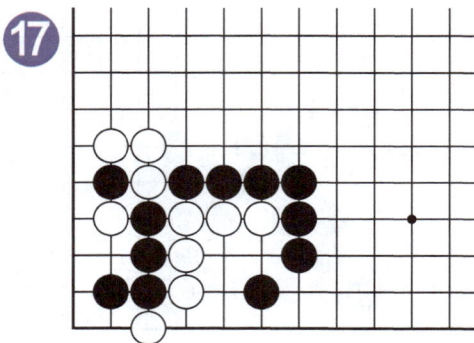

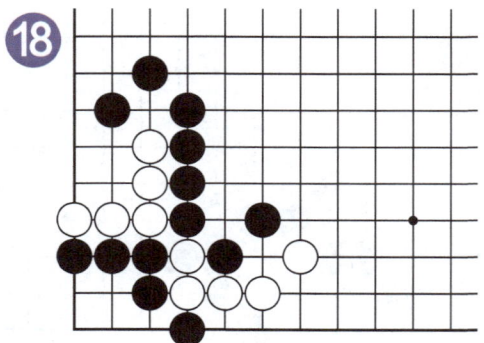

⑬

⑭

⑮

⑯

⑰

⑱

延气对杀练习题

黑先，利用紧气杀白。

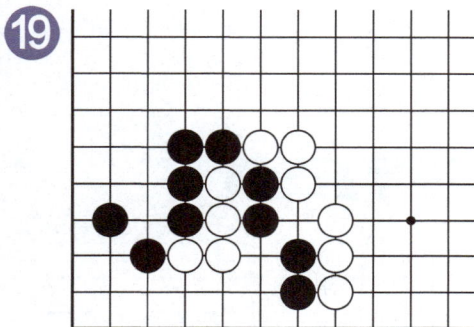

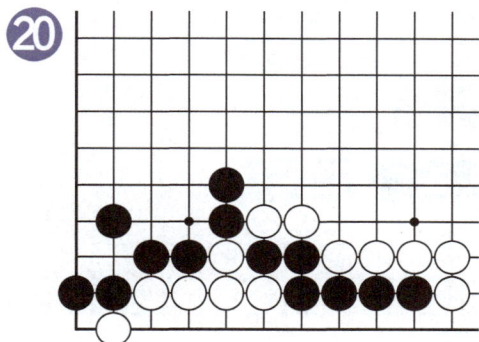

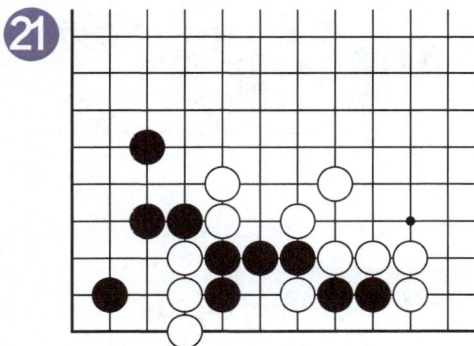

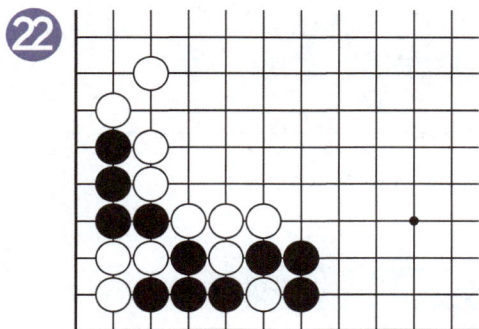

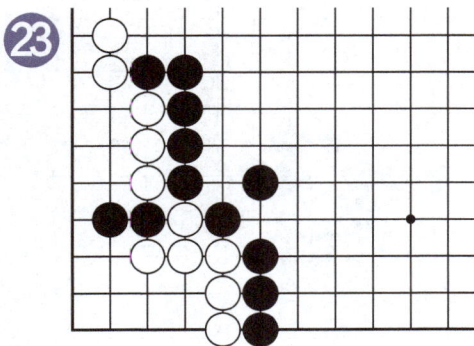

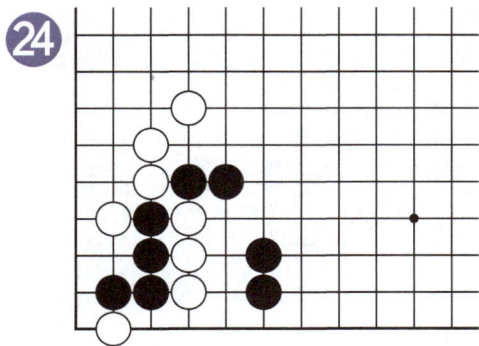

43 第43课 有眼杀无眼

对杀中我们常常碰到一方有眼另一方无眼的情况。这时要注意，如果在有公气的情况下，公气需要算有眼的一方，那么有眼的一方可以利用这个特性获得对杀的胜利。

例1

图1 问题图

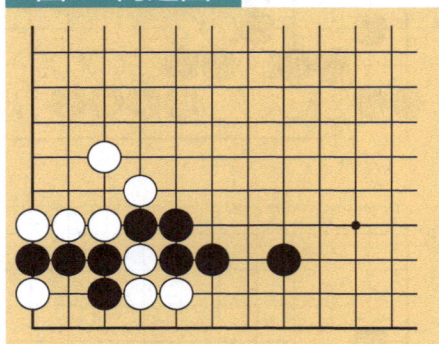

黑先，如何吃掉白棋呢

图2 正解图

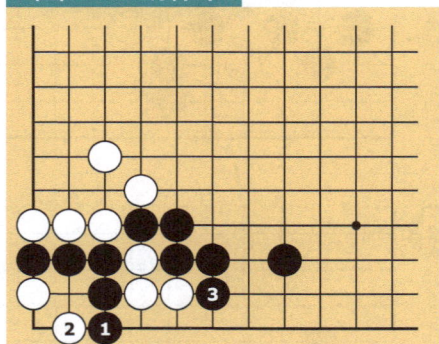

黑1立是要点，白2小尖，黑3拐，白被吃

图3 失败图1

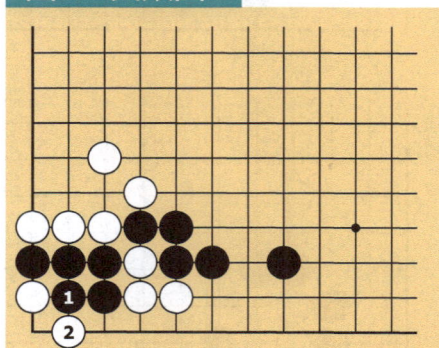

黑1打吃不好，白2做劫，形成打劫杀，黑失败

图4 失败图2

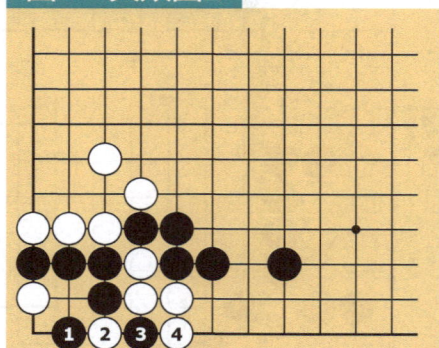

黑1尖不好，白2扑，黑3提，白4打吃，成劫杀

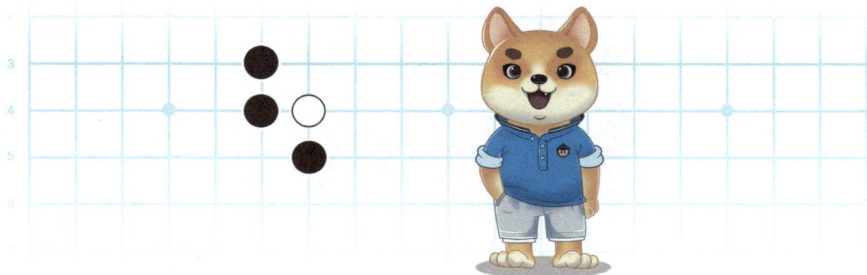

例2

图1 问题图

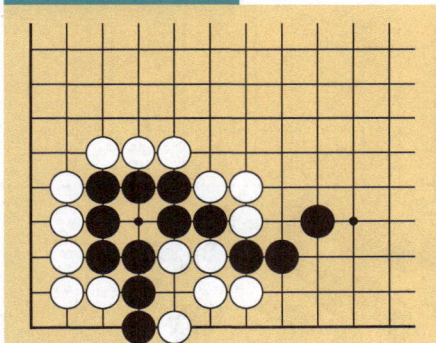

黑先，如何吃掉白棋呢

图2 正解图

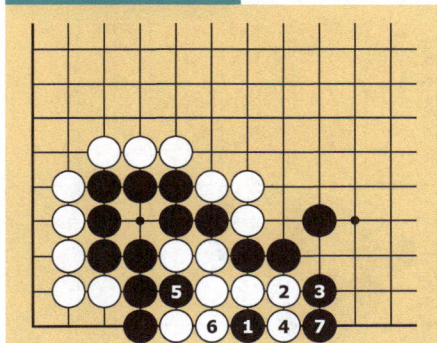

黑1靠是好手，白2冲，黑3挡，至黑7，
白慢一气

图3 变化图

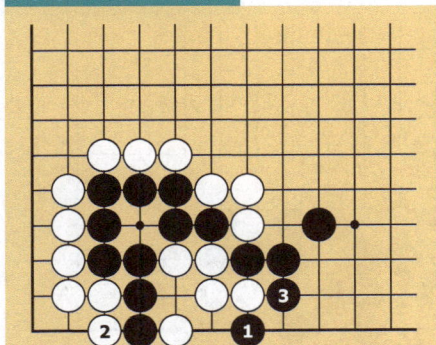

白2如果紧气，黑3挡，白也不行

图4 失败图

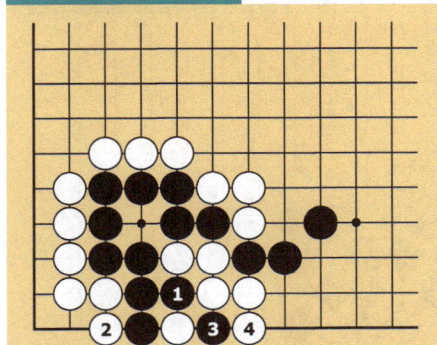

黑1打吃不好，白2挡，黑3提，白4打
吃，成劫杀

例3

图1　问题图

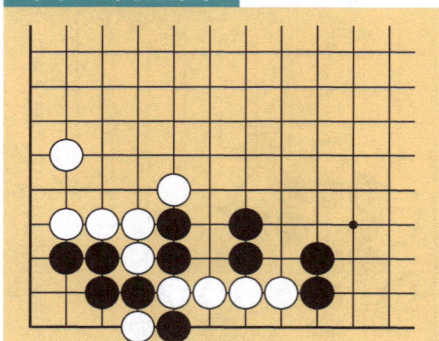

黑先，如何吃掉白棋呢

图2　正解图

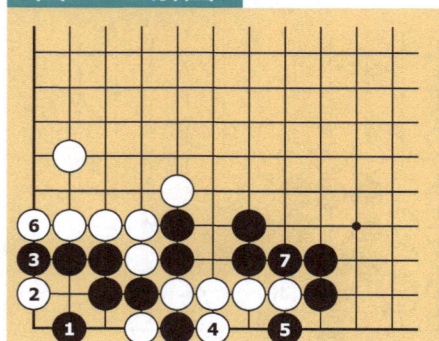

黑1尖是要点，白2点，黑3挡，至黑7，白气不够

图3　失败图1

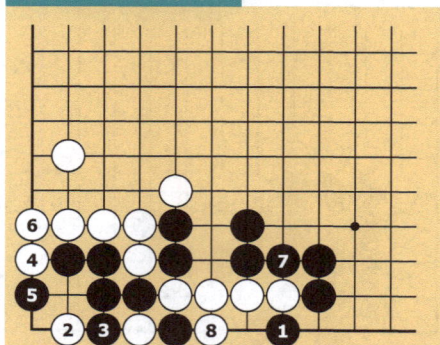

黑1扳不好，白2点是好手，以下至白8成劫杀，黑失败

图4　失败图2

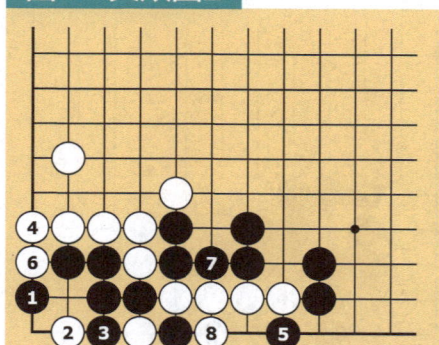

黑1尖方向错误，白2点，黑3提，至白8，也是打劫

例4

图1 问题图

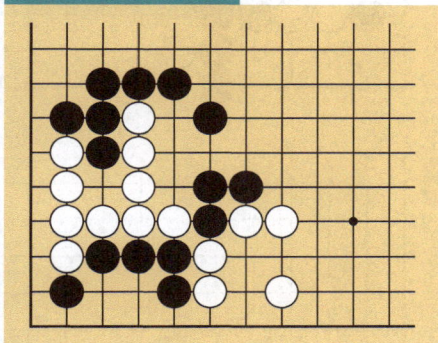

黑先，如何吃掉白棋呢

图2 正解图

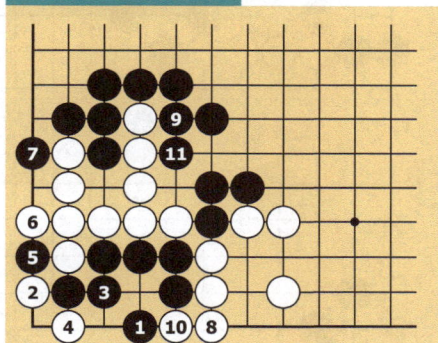

黑1倒虎是好手，白2扳，黑3粘，以下
至黑11，白对杀慢一气

图3 变化图

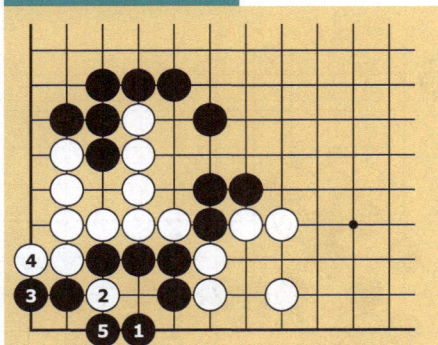

白2如果断，黑3立，至黑5，黑活
棋，白也不行

图4 失败图

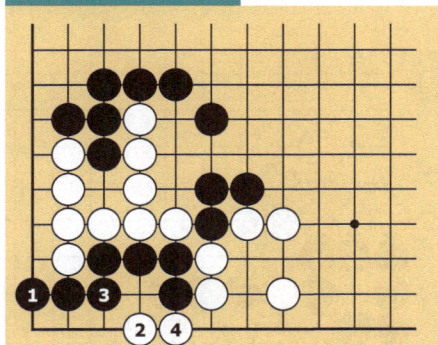

黑1立不好，白2点，黑3接，至白4，
黑气不够

有眼杀无眼练习题

黑先，杀白。

1

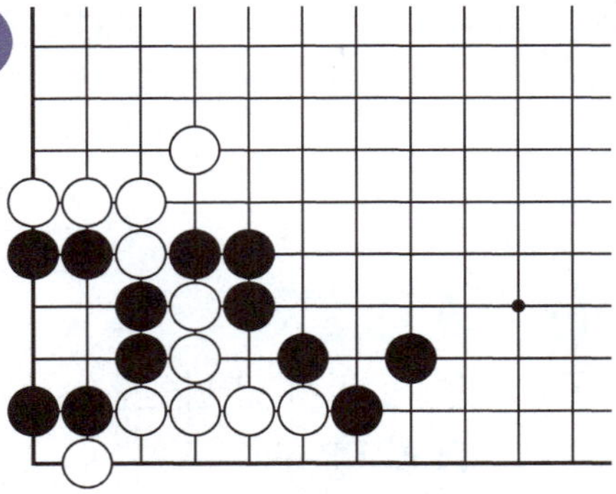

2

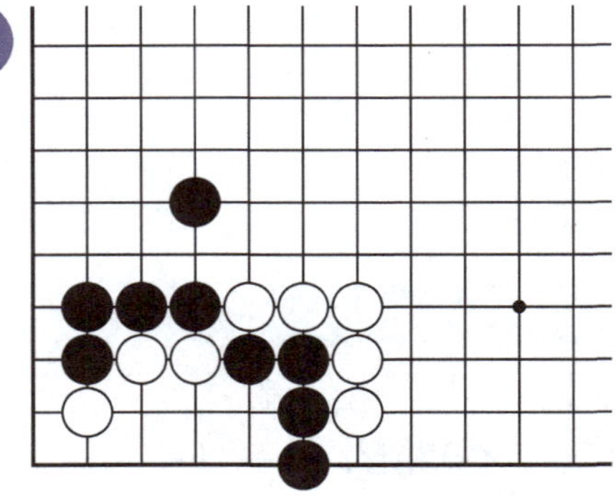

3

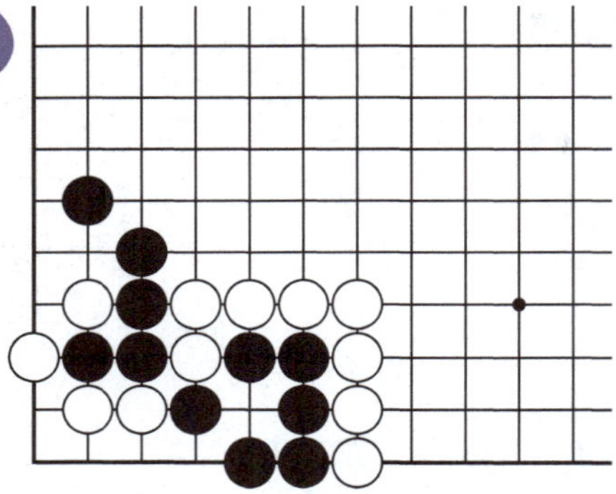

4

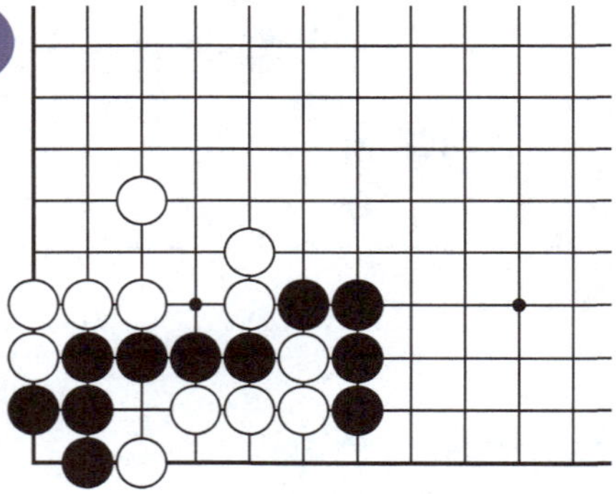

5

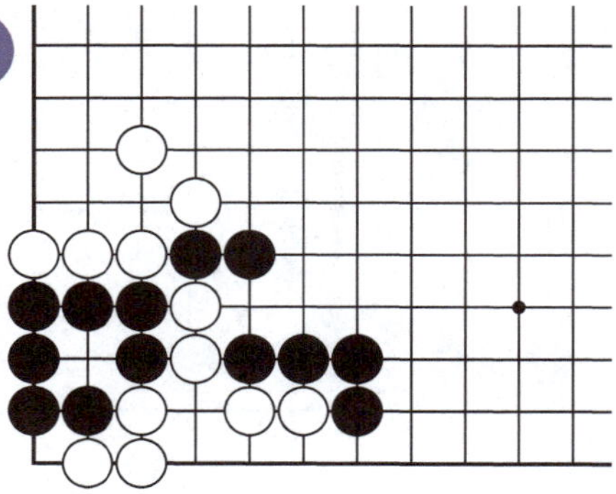

6

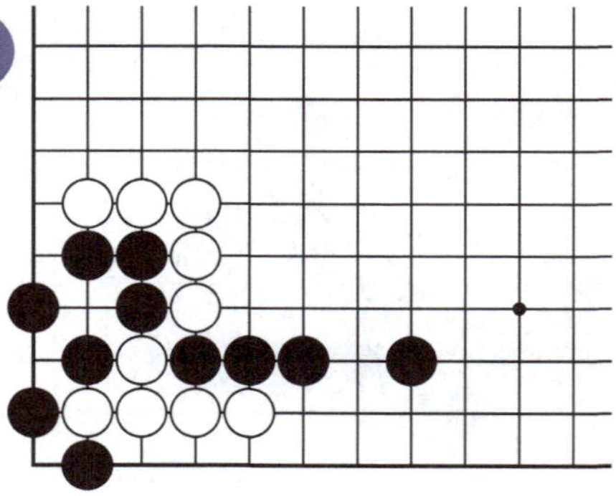

有眼杀无眼练习题

黑先，杀白。

7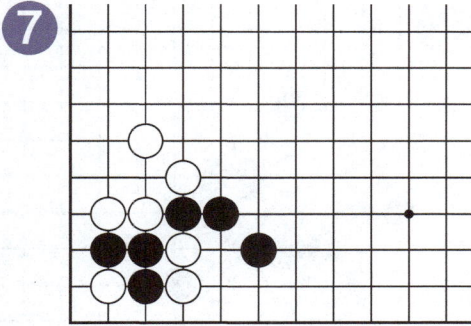

8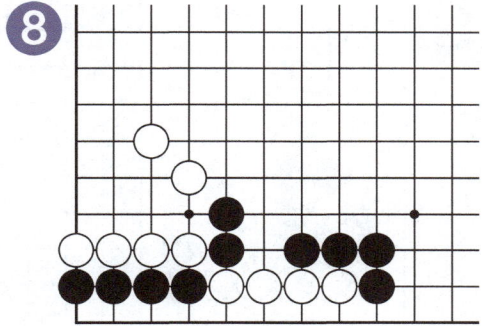

9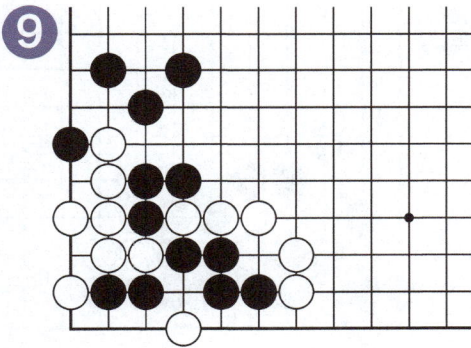

10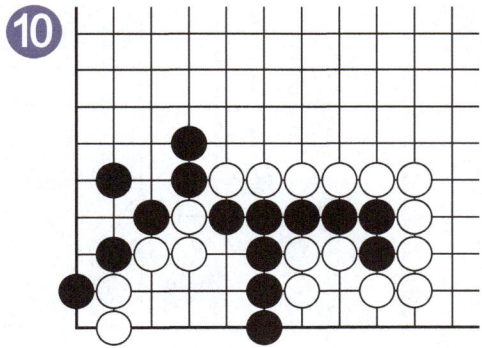

11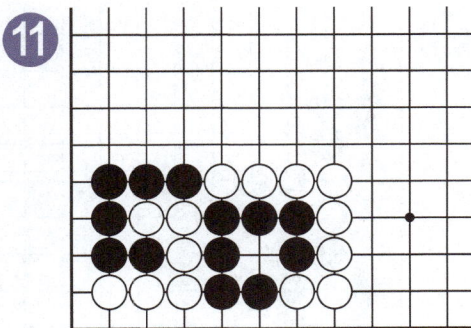

12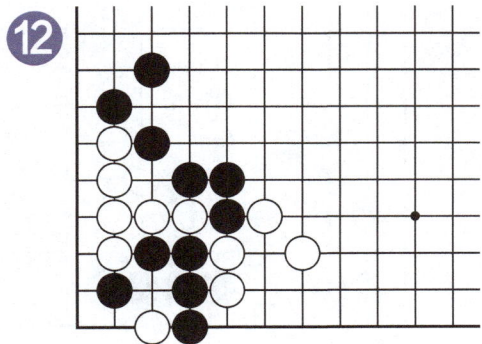

有眼杀无眼练习题

黑先，杀白。

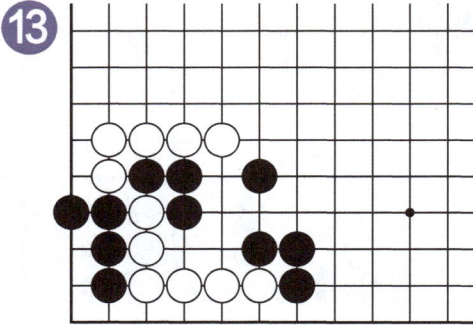

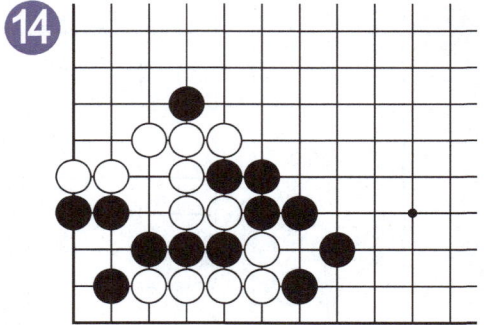

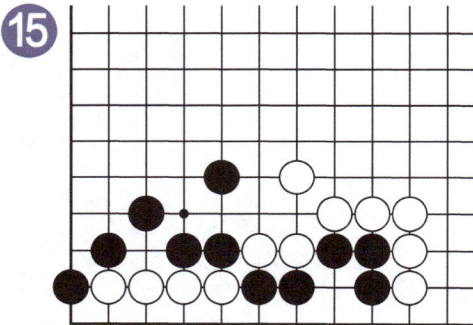

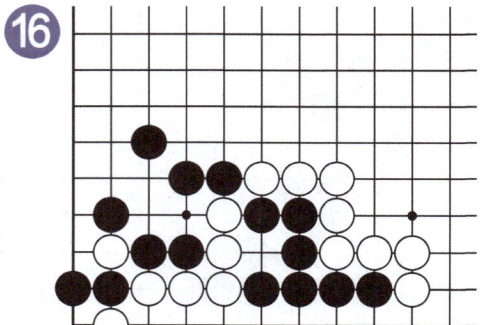

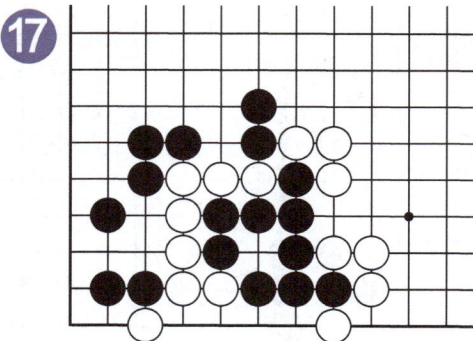

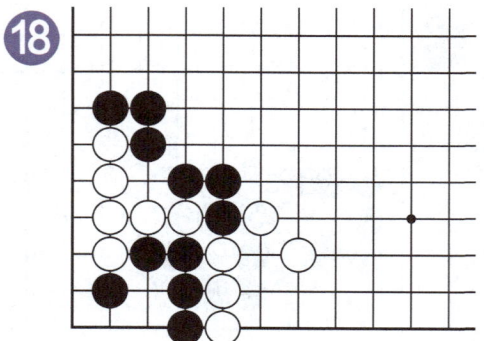

有眼杀无眼练习题

黑先，杀白。

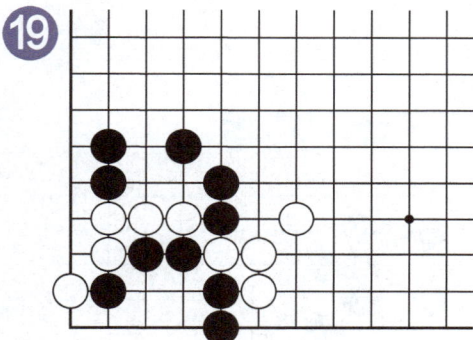

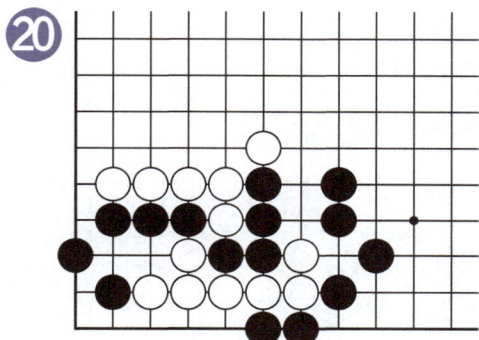

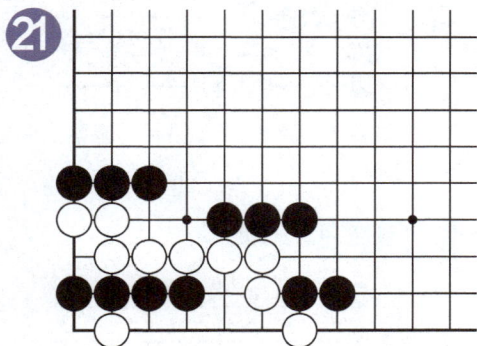

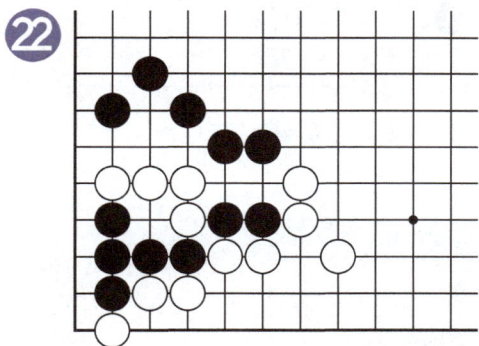

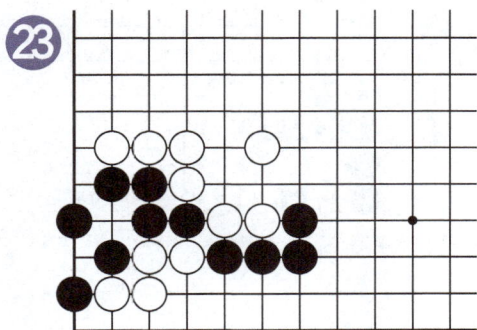

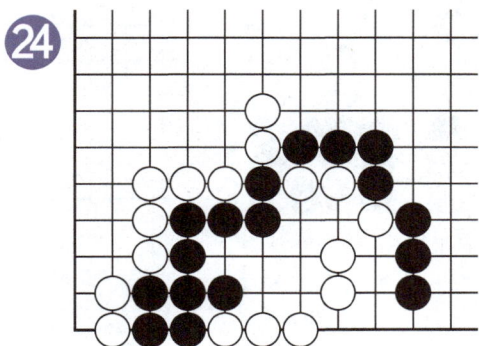

44 第44课 大眼杀小眼

对杀过程中我们会碰到双方都有眼的情况。这时要注意，如果在有公气的情况下，公气需要算眼位比较大的一方，那么可以利用这个特性获得对杀的胜利。

例1

图1 问题图

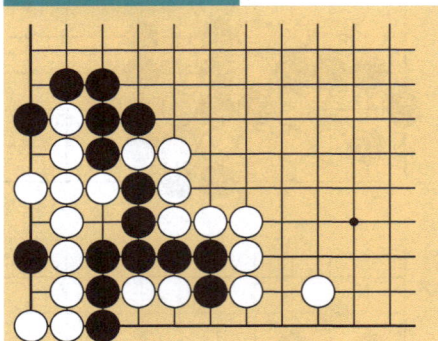

黑先，要如何杀白呢

图2 正解图

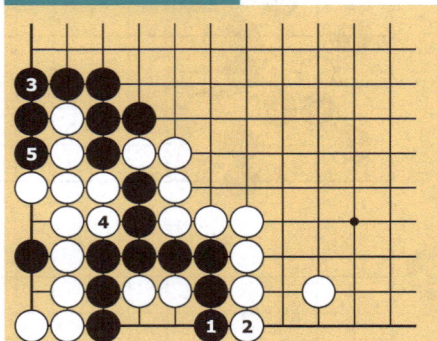

黑1立是要点，白2挡，黑3粘，至黑5，白气不够

图3 失败图1

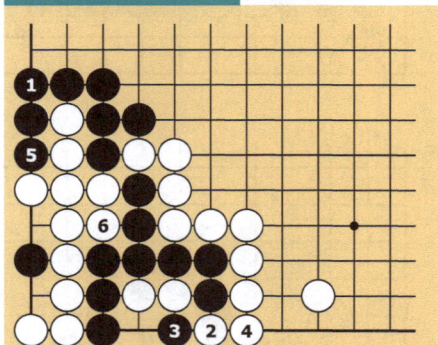

黑1从外面紧气不好，白2扳，黑3扑吃，至白6，黑气不够

图4 失败图2

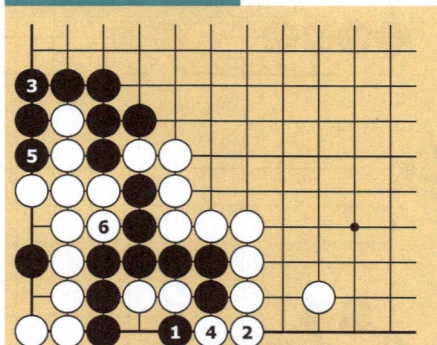

黑1打吃也不好，白2立，黑3粘，至白6，黑失败

例2

图1 问题图

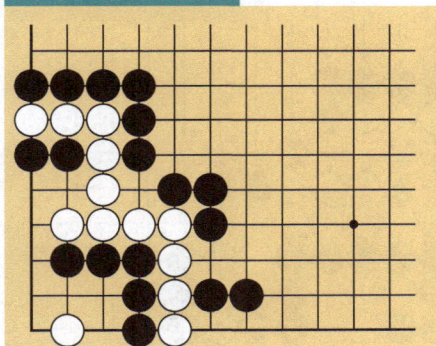

黑先，要如何杀白呢

图2 正解图

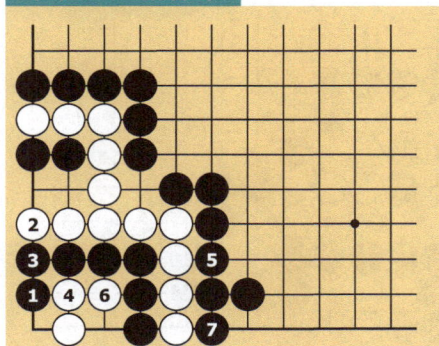

黑1尖是好手，白2立，黑3粘，至黑
7，白气不够

图3 失败图1

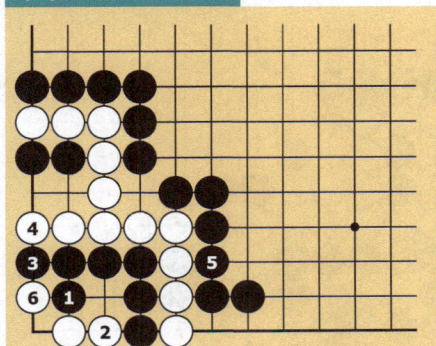

黑1顶不好，白2长，黑3立，至白6，
成劫杀，黑失败

图4 失败图2

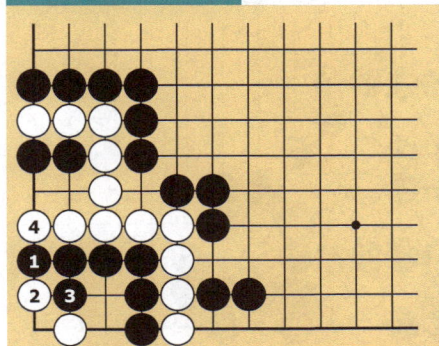

黑1立也不行，白2尖，黑3打吃，至白
4，也是劫杀

例3

图1 问题图

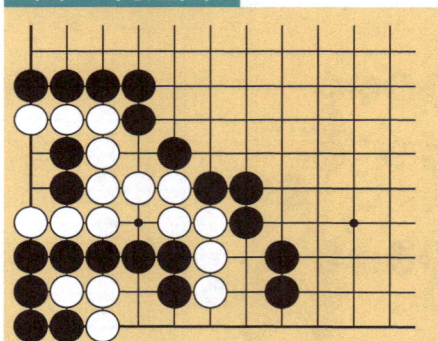

黑先，要如何杀白呢

图2 正解图

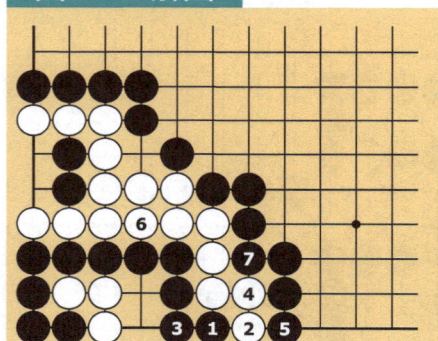

黑1扳是好手，白2打吃，黑3粘，至黑7，白气不够

图3 失败图1

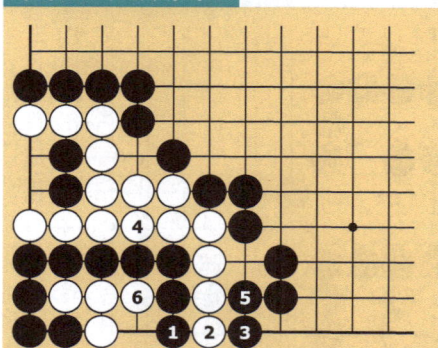

黑1立不好，白2挡，黑3紧气，至白6，黑气不够

图4 失败图2

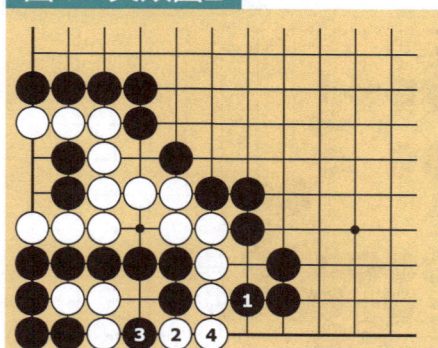

黑1顶也不行，白2扳，黑3扑吃，至白4，黑失败

例4

图1　问题图

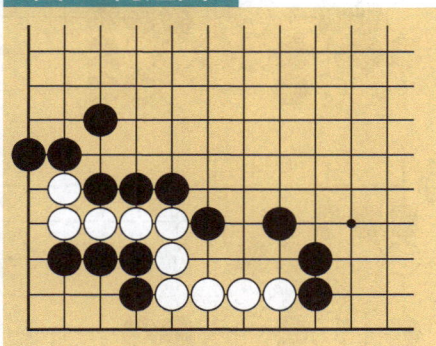

黑先，要如何杀白呢

图2　正解图

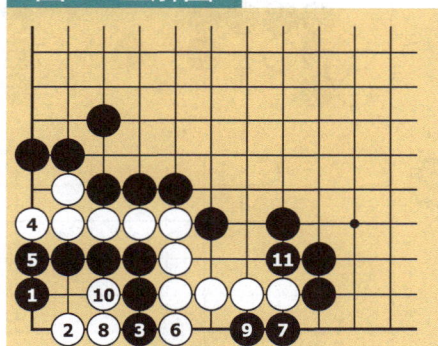

黑1尖是好手，白2点，黑3立，以下至
黑11，白气不够

图3　失败图1

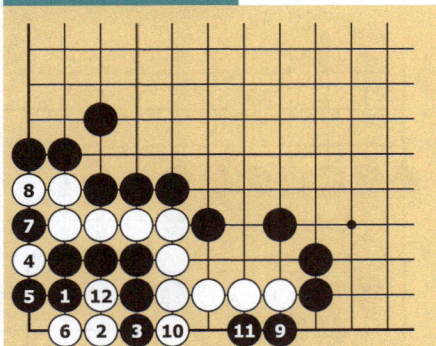

黑1弯不好，白2、白4点完扳破眼，
黑失败

图4　失败图2

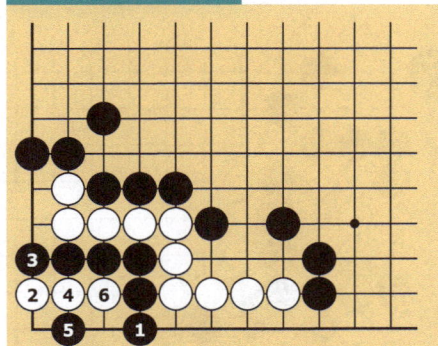

黑1立也不行，白2点紧气是好手，至
白6，黑气不够

大眼杀小眼练习题

黑先，杀白。

①
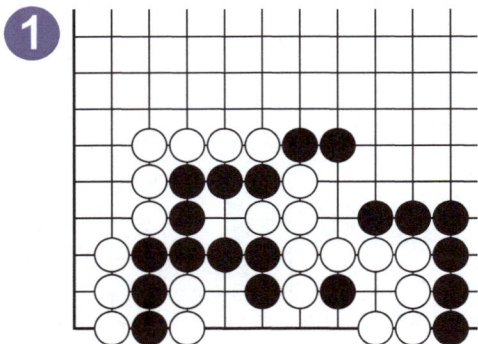

②
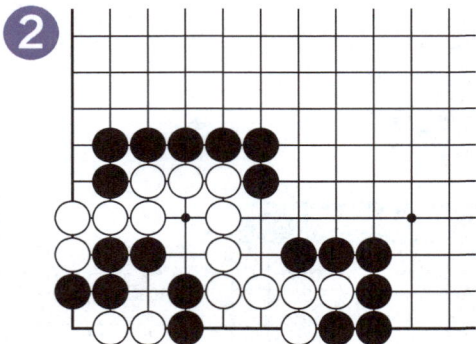

③
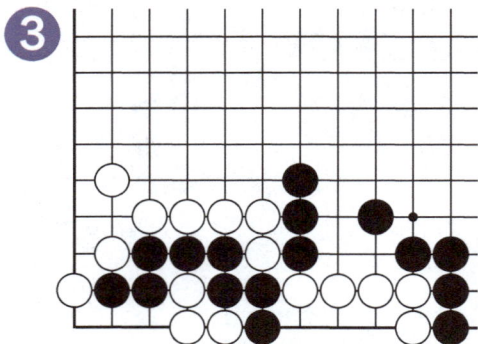

④
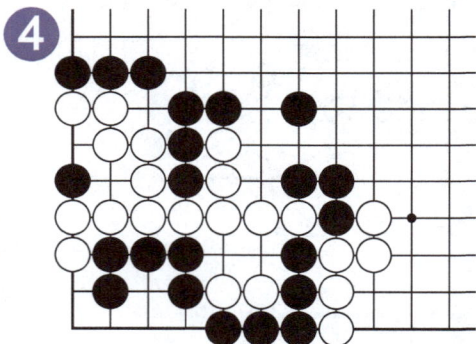

⑤
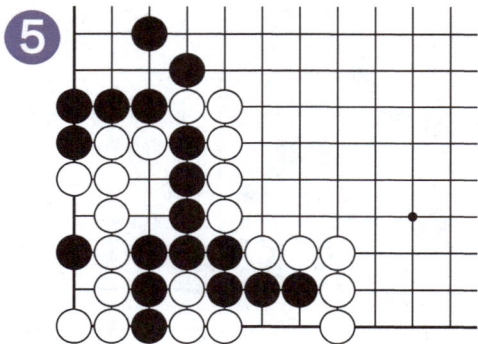

⑥
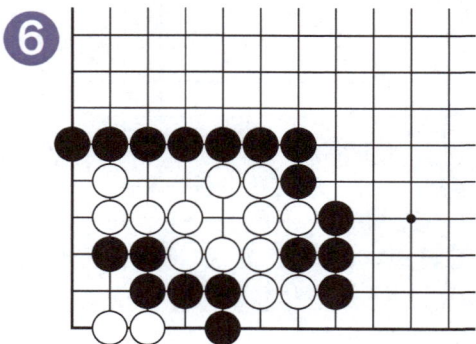

大眼杀小眼练习题

黑先，杀白。

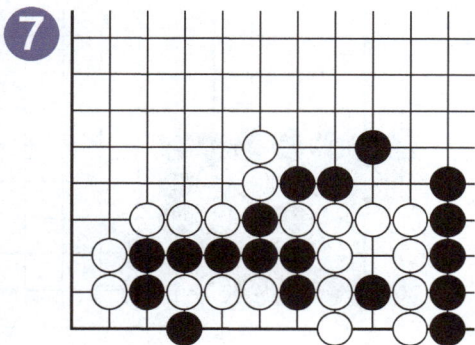

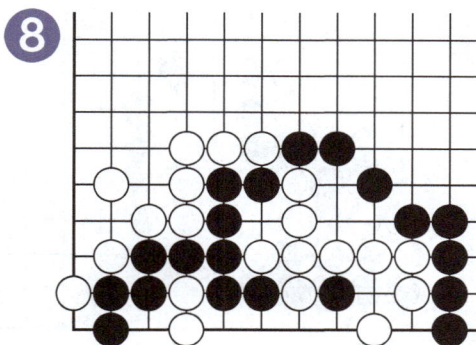

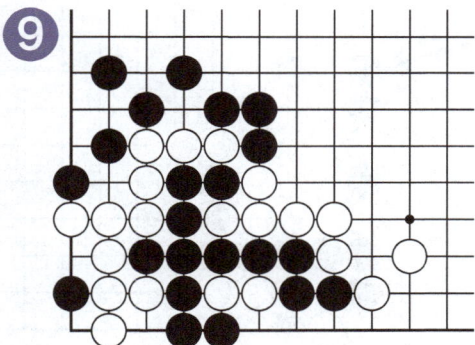

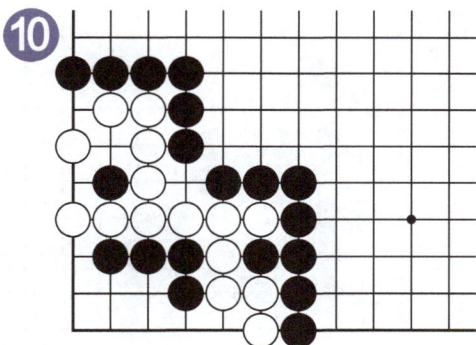

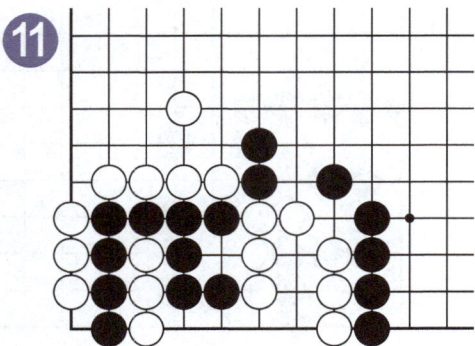

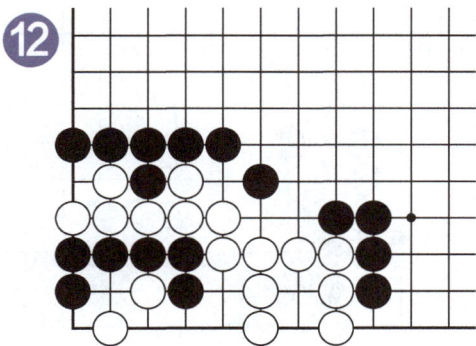

大眼杀小眼练习题

黑先，杀白。

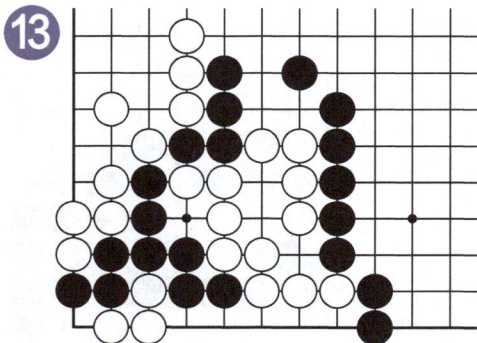

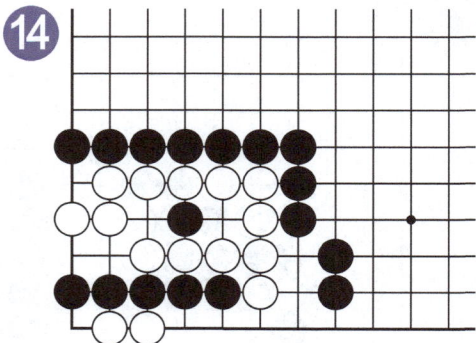

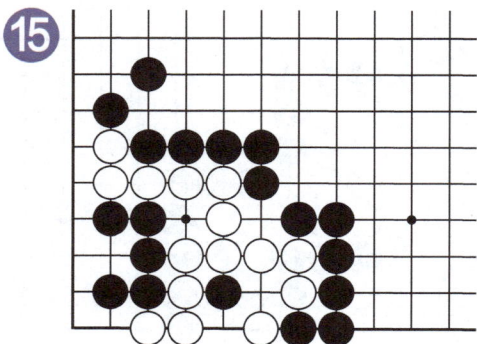

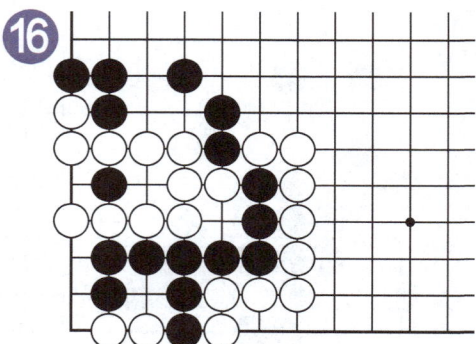

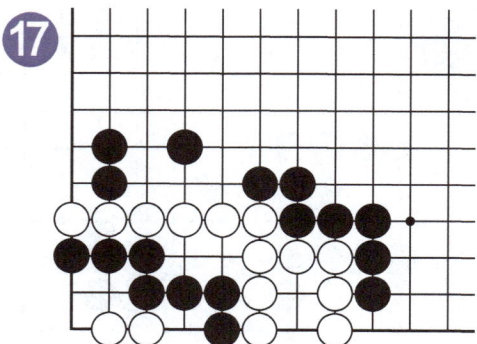

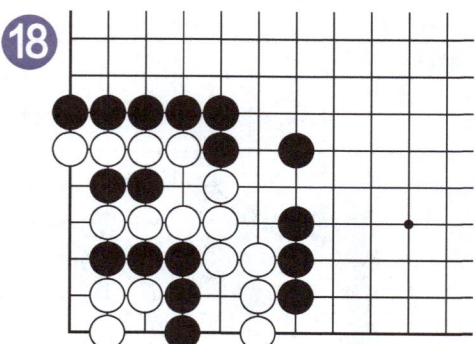

大眼杀小眼练习题

黑先，杀白。

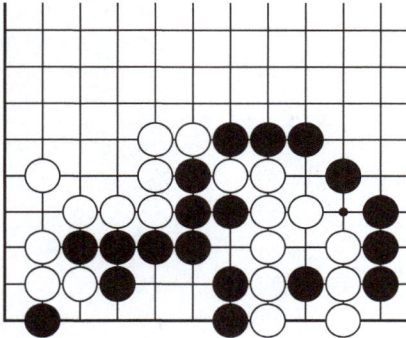

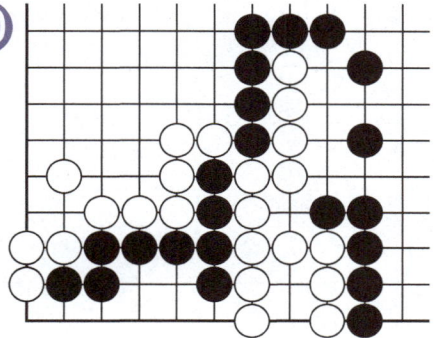

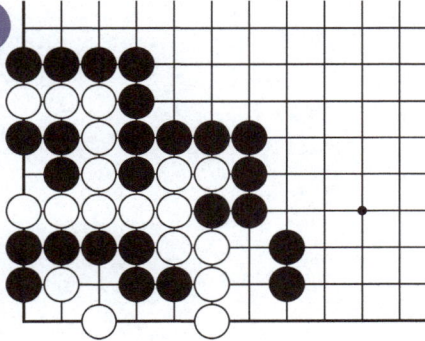

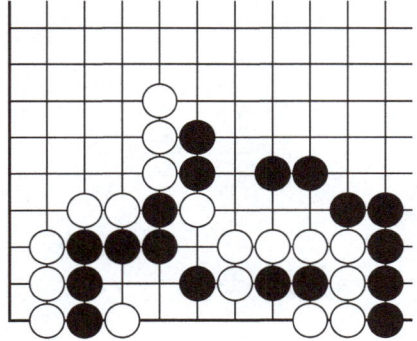

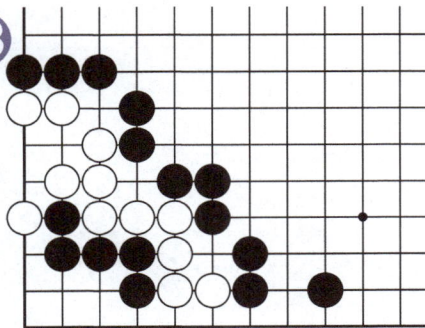

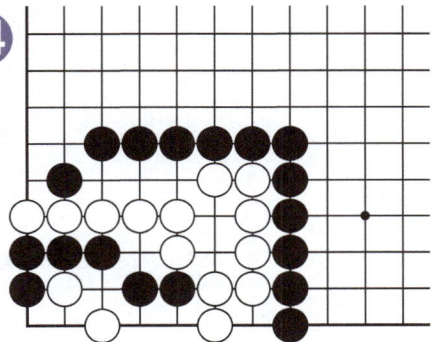

第八章
官子的技巧（二）

好的收官技巧主要体现在两个方面。一个是能够最大限度地护住自己的实空，另一个则是能够利用对方的缺陷来压缩对方的实空。

本章将对这些技巧进行系统讲解，同时还会学习到实战中各种常见定式后续的收官方法。希望通过本章的学习，能够提高大家对官子的认知，提高收官的水平。

45 第45课 星位常型官子（一）

本课学习一些实战常型的收官方法。希望通过本课的学习，大家能够熟练掌握这些实战常型的收官方式。

基本图1-1

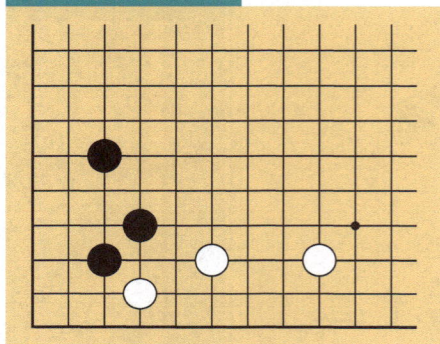

经典的双枪定式，应如何收官

基本图1-2

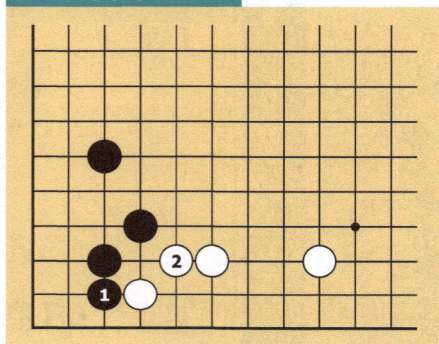

黑1挡住是只此一手，白2跟着应一手，黑棋获得了先手，明显便宜

基本图1-3

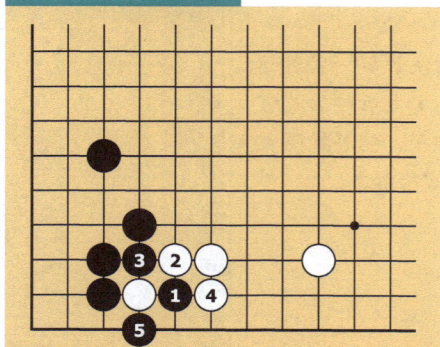

基本图1-2的白2通常都会选择脱先，那么黑棋之后还留有1位夹吃白棋一子的选择

基本图1-4

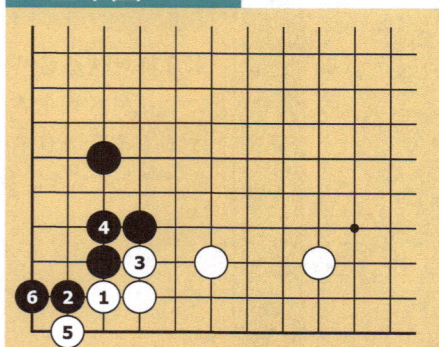

这个局部若是轮白棋下，白1爬也是正确的收官方法，黑2若是扳住，白3、白5则获得先手便宜

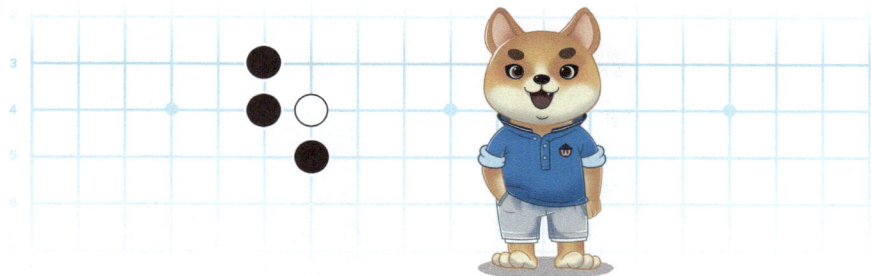

基本图2-1

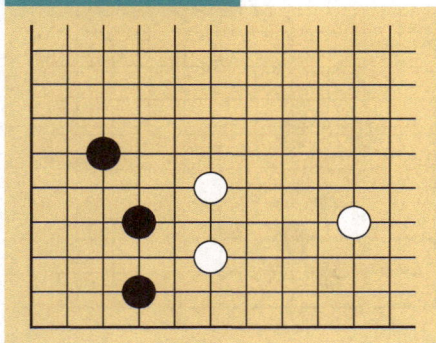

同样常见的定型，应如何收官

基本图2-2

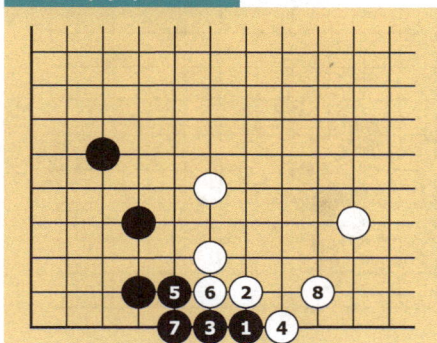

黑1大飞看似不错，其实并不是很好，白2尖顶后至白8虎，黑棋获利有限

基本图2-3

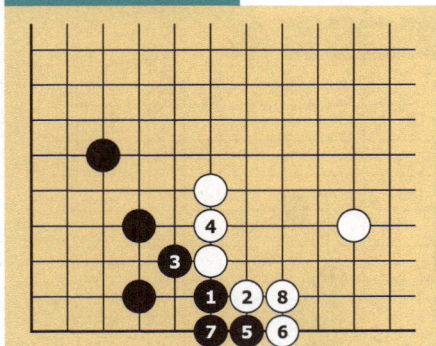

黑1托才是最佳选择，接下来白2扳，黑3、黑5先虎再扳是好次序，至白8，黑棋明显优于基本图2-2

基本图2-4

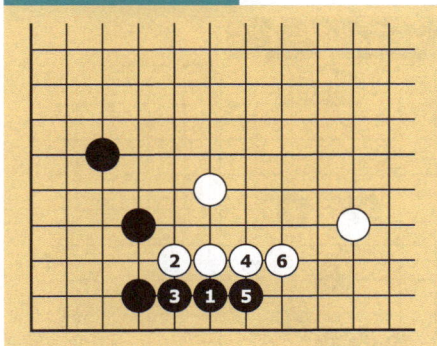

白2也有长的选择，这样黑棋的角部会有一些薄味，但是白棋也损失了不少实空，优劣难说

基本图2-5

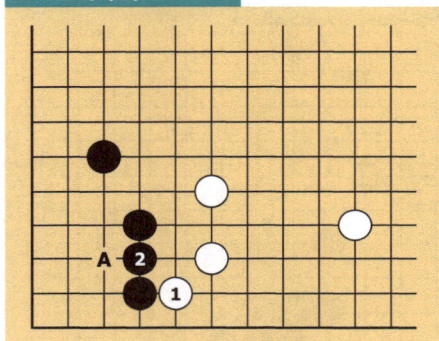

如果轮白棋下，那么白1尖顶则是最佳的收官方式，黑2粘住很有必要，白棋先手获得便宜。黑2粘也有在A位虎的下法，各有利弊

基本图2-6

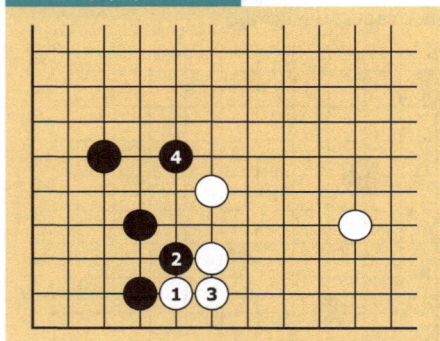

白1尖顶时，黑2、黑4先挤再跳也是一种选择，对黑棋左边的发展比较有利，但是被白3粘上后也撞厚了下方白棋，与基本图2-5相比各有利弊

基本图2-7

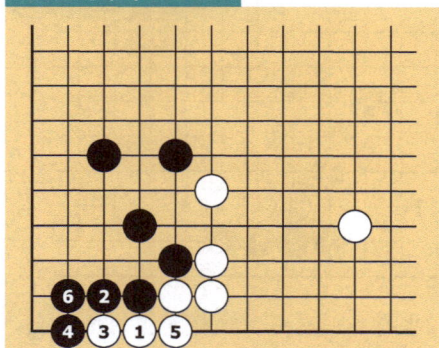

基本图2-6今后白1扳时黑棋需要小心，黑2退是正确的应对方式，至黑6，是双方局部的最佳结果

基本图2-8

❽ = ①

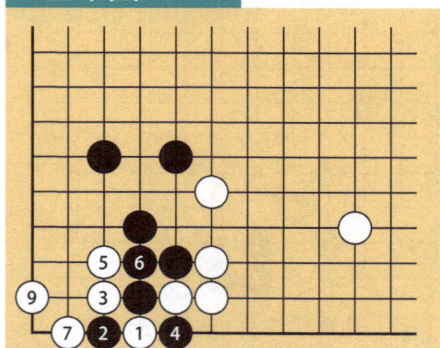

黑2若是随手打吃，白3断打是妙手，黑4提后，白5、白7都是先手，局部已经获得安定

星位常型官子（一）练习题

黑先，请写出在此局面下双方最佳的下法（至少3手）。

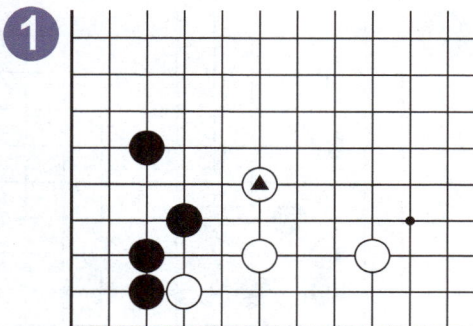

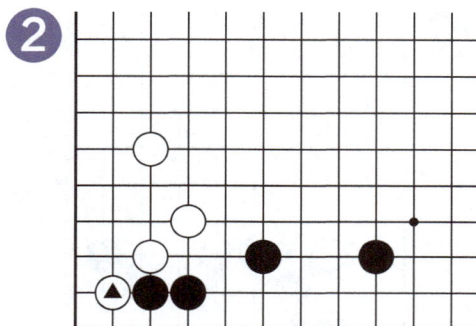

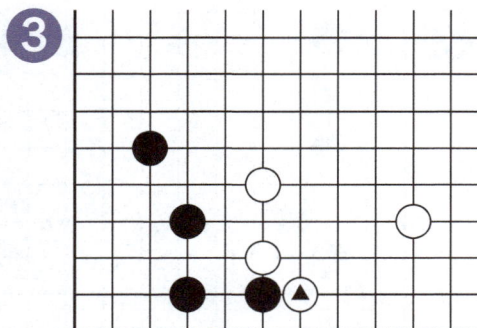

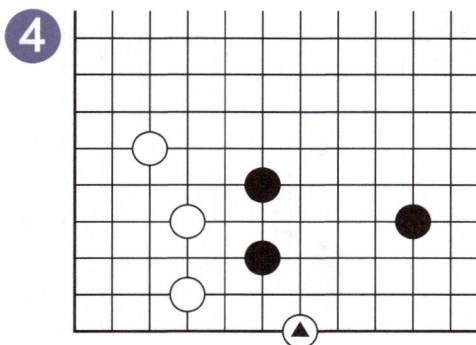

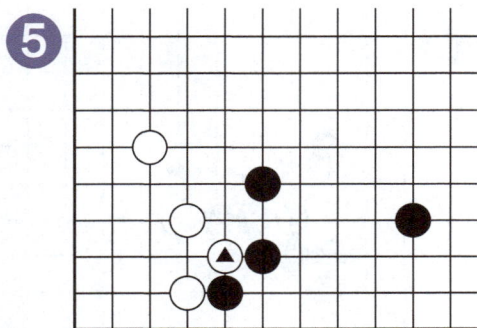

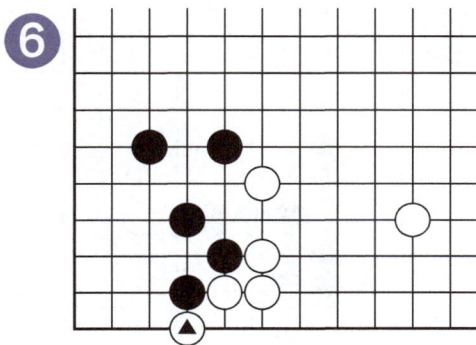

1

2

3

4

5

6

星位常型官子（一）练习题

黑先，请写出在此局面下双方最佳的下法（至少3手）。

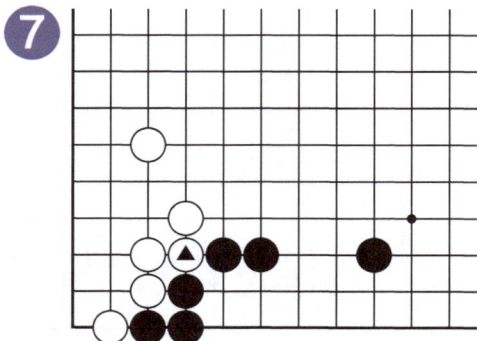

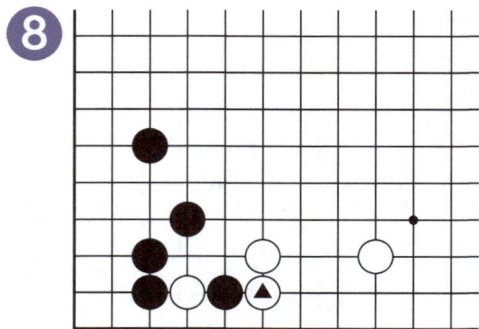

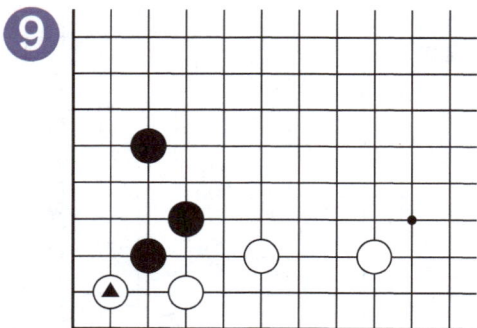

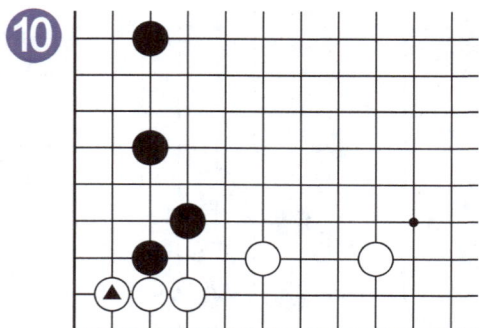

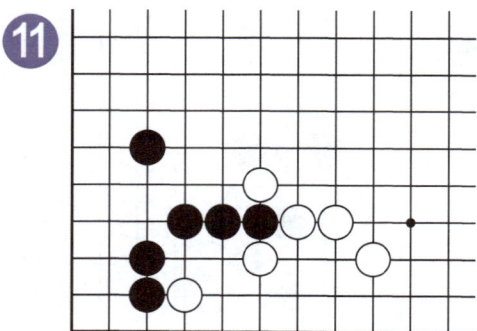

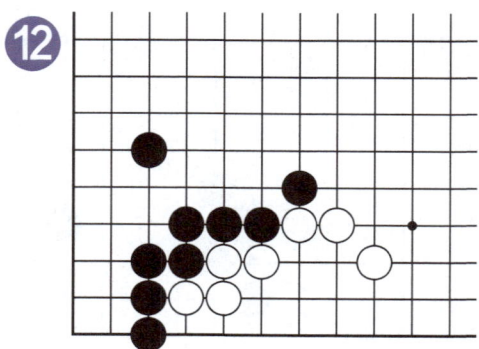

⑦

⑧

⑨

⑩

⑪

⑫

星位常型官子（一）练习题

黑先，请写出在此局面下双方最佳的下法（至少3手）。

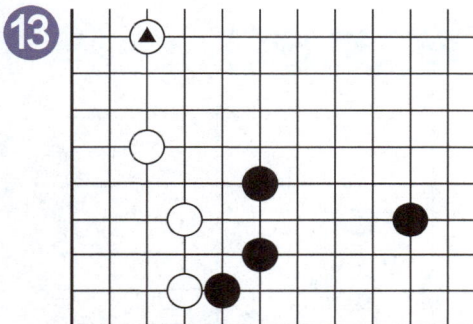

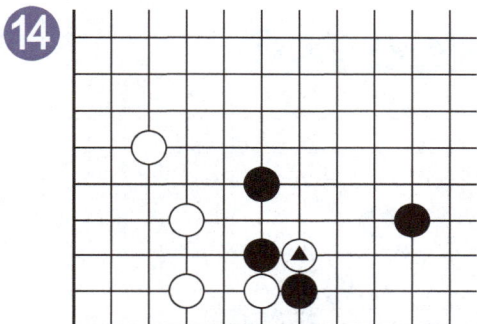

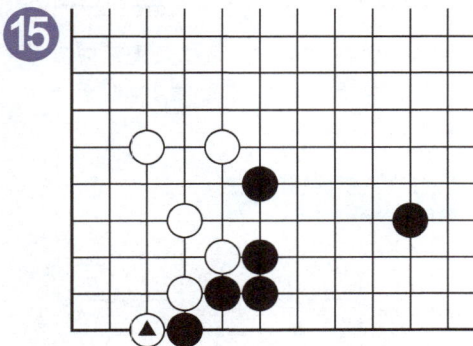

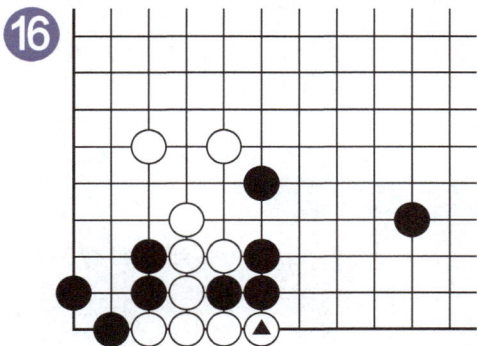

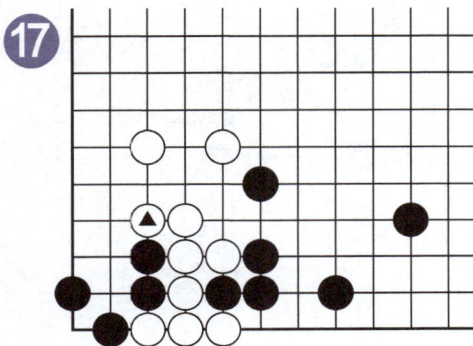

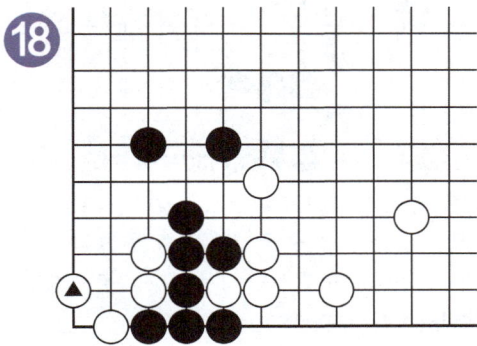

13

14

15

16

17

18

46

星位常型官子（二）

基本图1-1

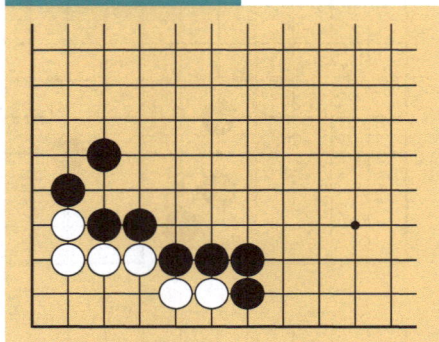

这是非常常见的点三三定式，局部最佳的收官方法是什么

基本图1-2

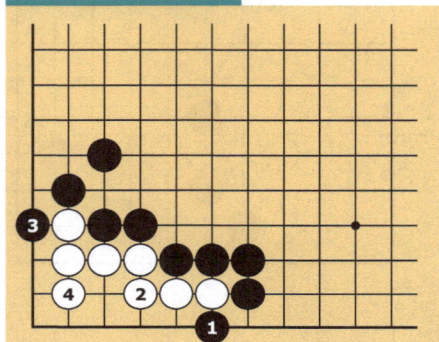

黑1扳只此一手，白2粘住是正确的应对方式，接下来黑3再扳，白4虎做活，局部白棋有6目棋

基本图1-3

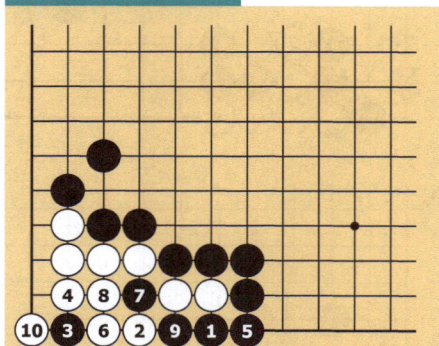

白2虎是损目的应对方法，黑3、黑5先点再粘是组合的官子手筋，至白10提掉，局部白棋只剩下了4目棋，与基本图1-2比亏了两目

基本图1-4

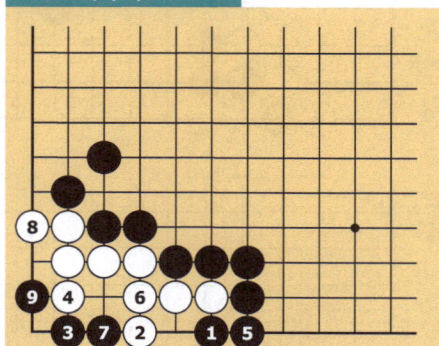

基本图1-3中白6粘住也不好，黑7顶后黑9再扳，局部形成双活的棋形，白棋一目都没有了

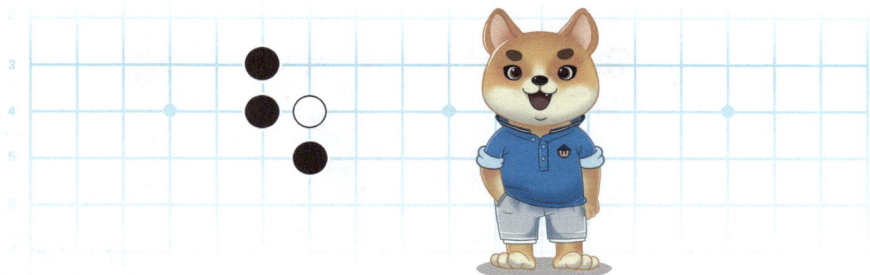

基本图2-1

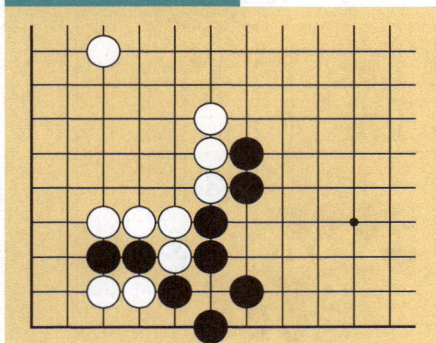

这同样也是非常常见的点三三变化型，之后双方有什么样的收官方法呢

基本图2-2

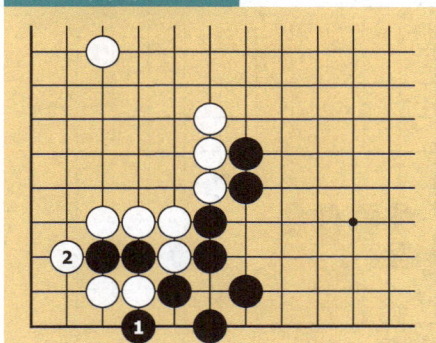

黑1扳是随手棋，白2提掉后，黑棋并没有走出最佳的结果

基本图2-3

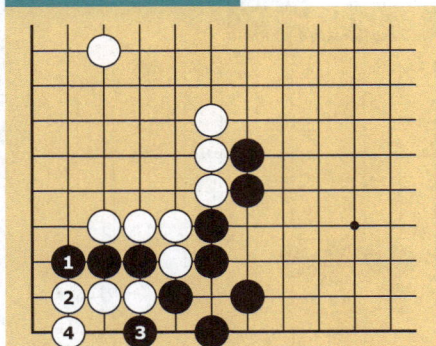

黑1先立多送吃一子是好棋，白2爬后黑3再扳是好手，白4弯也是局部最佳的应对方法，与基本图2-2相比，黑棋要便宜一目棋

基本图2-4

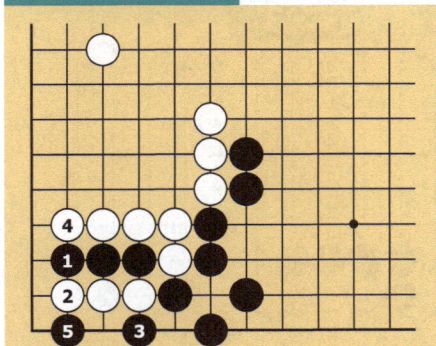

基本图2-3中黑3扳时，白4打吃是无谋的下法，黑5再夹，白棋实空明显损失

基本图3-1

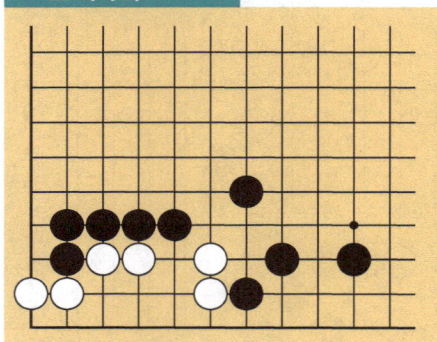

这是星位飞封定式所形成的棋形，局部白棋是活棋，但是黑棋有很好的官子手筋

基本图3-2

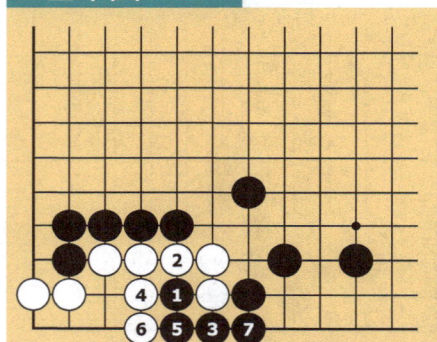

黑1夹想法过于简单，白2简单接住，至黑7，黑棋虽然压缩了白角，但是局部落下了后手，无法满意

基本图3-3

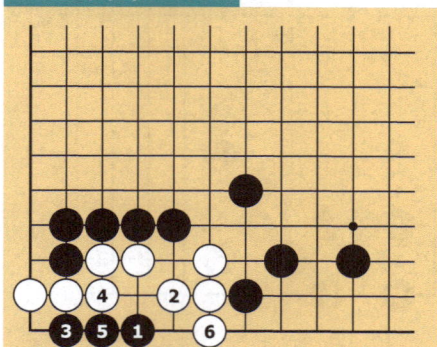

黑1点才是最佳的下法，白2弯阻渡是必然的下法，接下来黑3再夹，至白6，局部形成了双活，黑棋还获得了先手，可以满意

基本图3-4

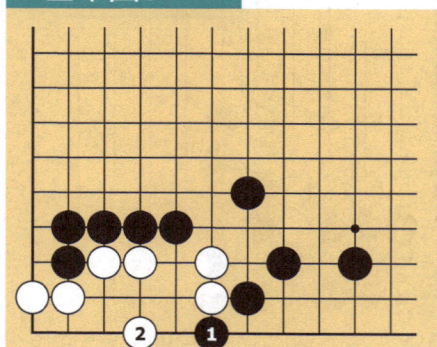

黑1扳也是很容易想到的收官方法，但是白2跳是局部的好手，黑棋不如基本图3-3的变化

星位常型官子（二）练习题

黑先，请写出在此局面下双方最佳的下法（至少3手）。

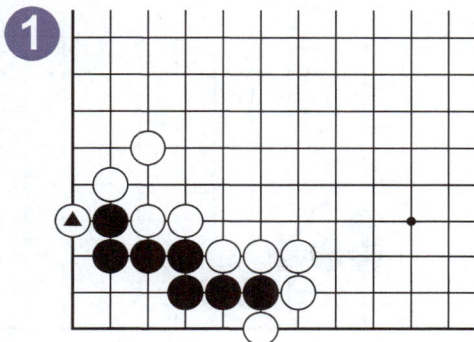

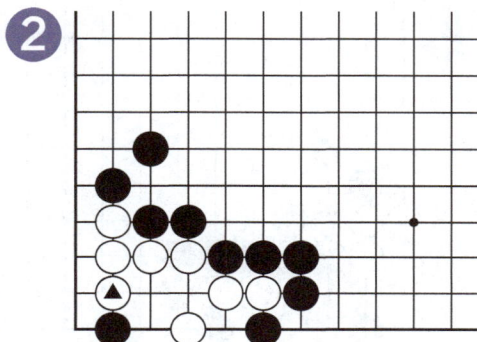

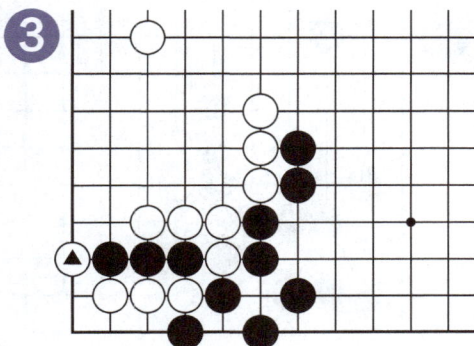

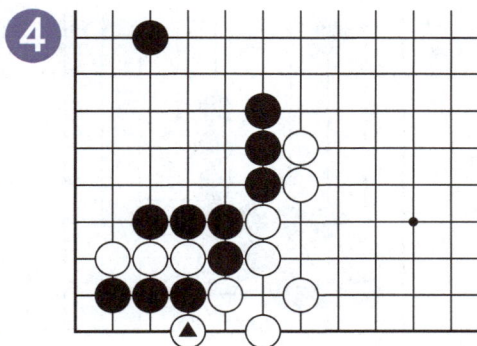

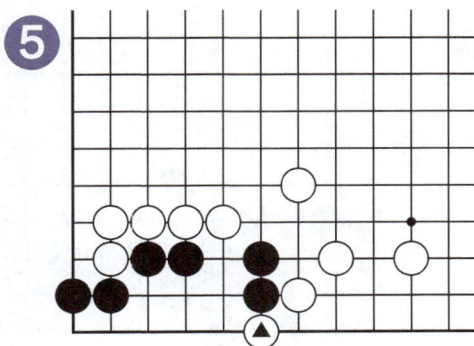

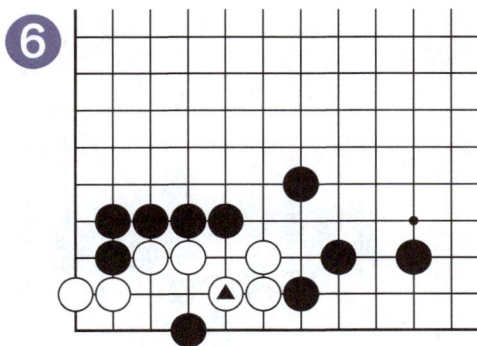

1

2

3

4

5

6

星位常型官子（二）练习题

黑先，请写出在此局面下双方最佳的下法（至少3手）。

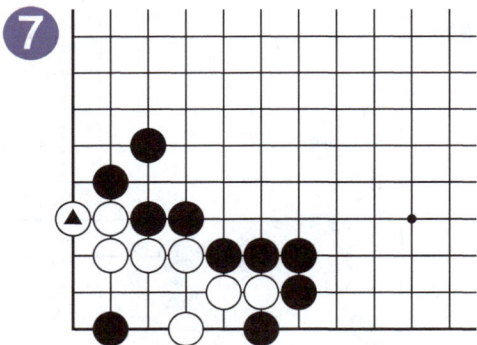

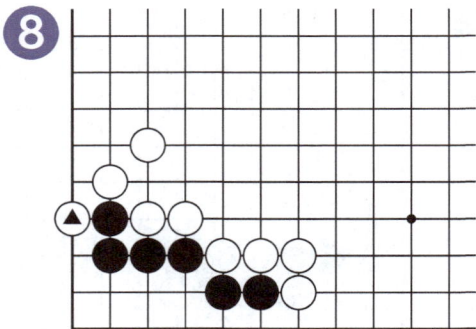

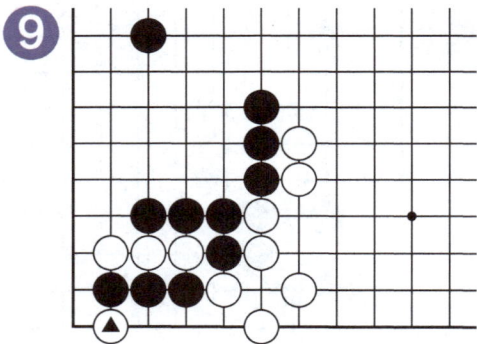

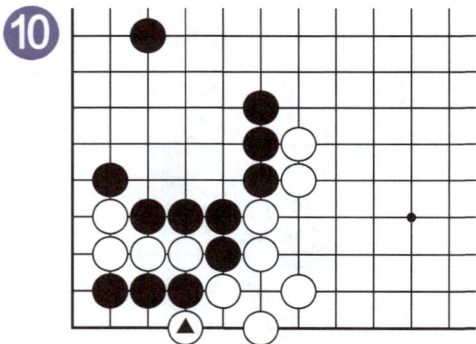

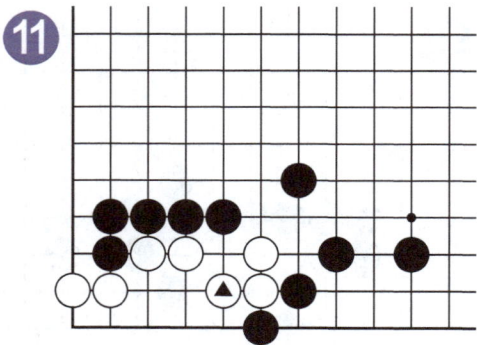

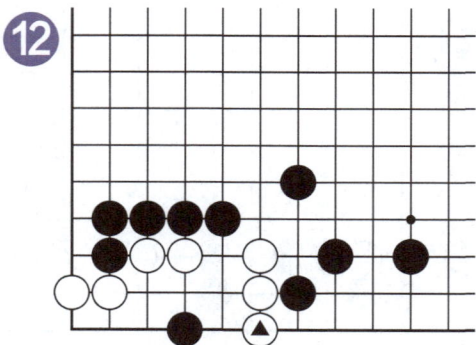

7

8

9

10

11

12

星位常型官子（二）练习题

黑先，请写出在此局面下双方最佳的下法（至少3手）。

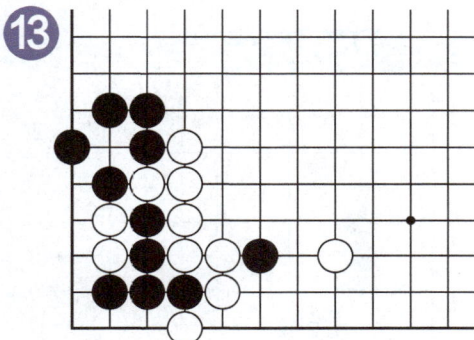

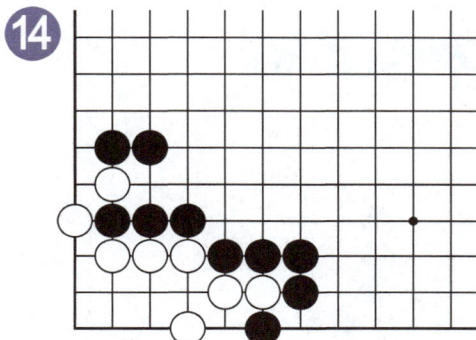

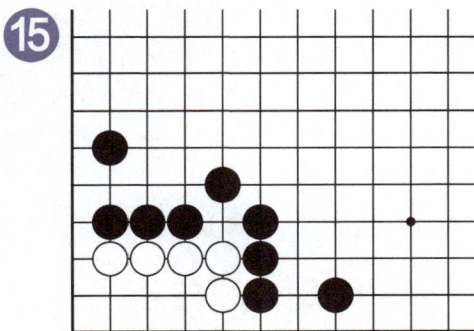

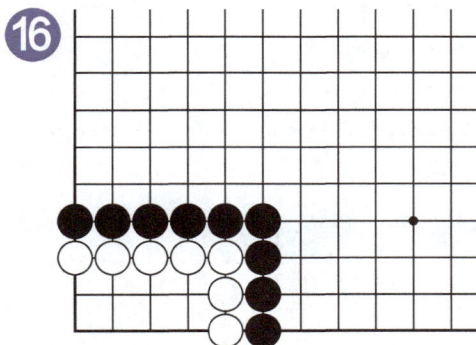

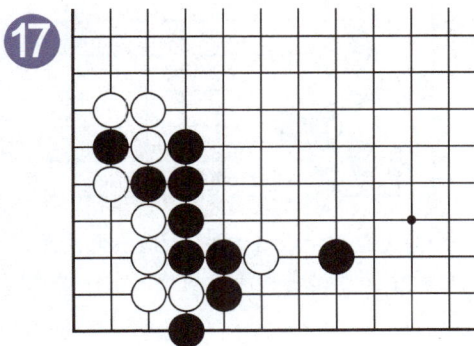

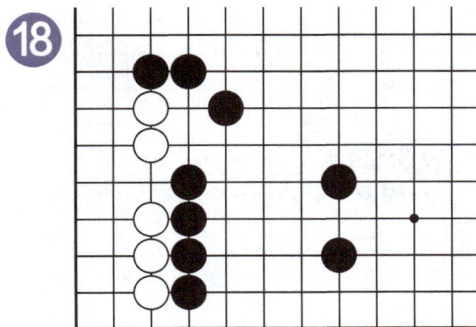

⑬

⑭

⑮

⑯

⑰

⑱

47

第47课　小目常型官子（一）

　　本课介绍小目高挂定式以后常见的收官方法。希望通过本课的学习，大家能够熟练掌握这些实战常型的收官方式。

基本图1-1

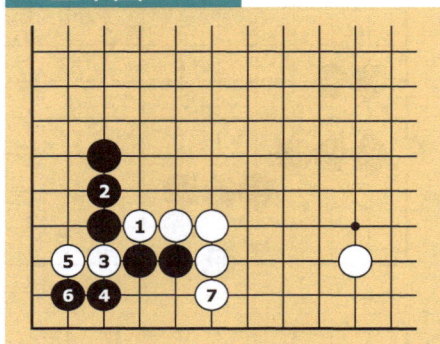

这是常见的小目托退定式，白1挤是是经典的试应手下法，黑2粘上，白3、白5先断再立弃子后白7再下立，黑棋应如何应对

基本图1-2

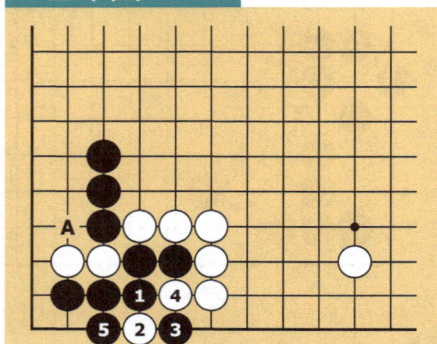

黑1粘上无谋，之后给白棋留下了白2托的官子手段，黑5提掉后，将来A位还得补棋，黑棋目数亏损

基本图1-3

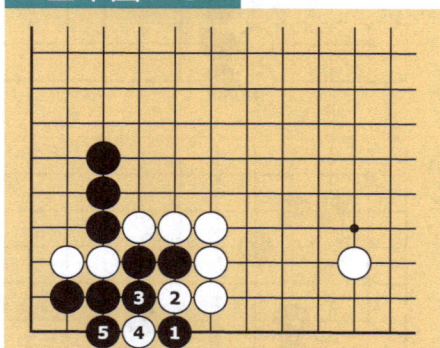

黑1跳也是很常见的应对方法，但是依然不好，白2、白4先冲再扑，黑棋与基本图1-2结果一样

基本图1-4

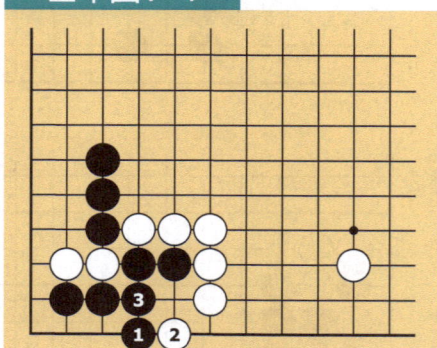

黑1虎是最佳的收官方法，白2小尖，黑3则粘住，黑棋角部的目数明显优于基本图1-3

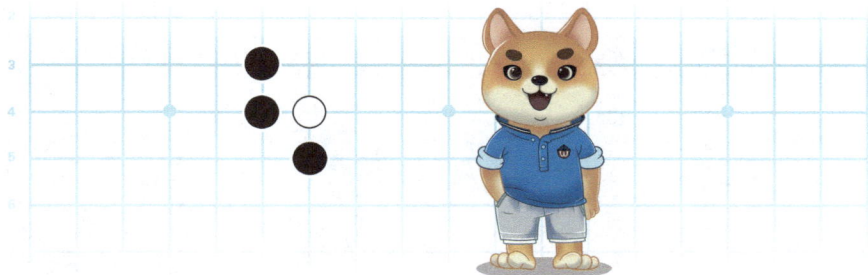

基本图2-1

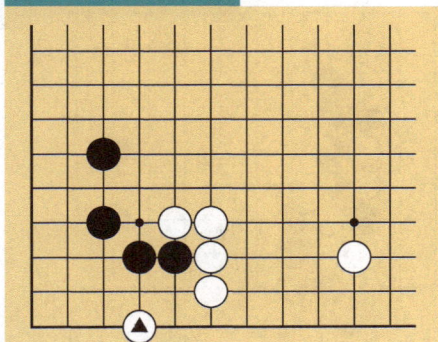

白棋小伸腿，黑棋应如何应对呢

基本图2-2

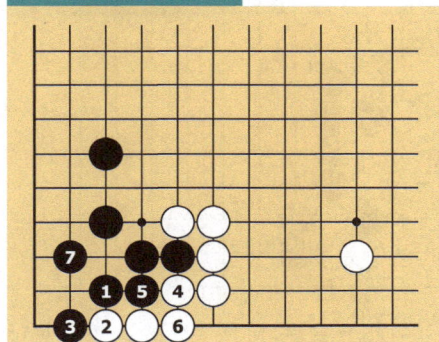

黑1小尖，是冷静的好手，白2爬，黑3再扳，至黑7，是局部双方最佳结果

基本图2-3

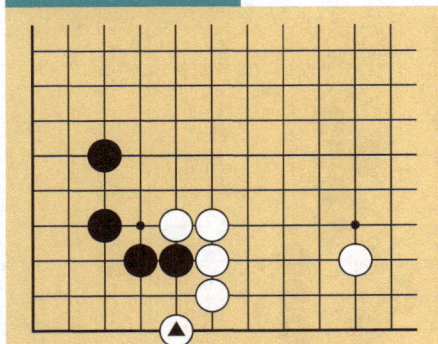

白棋小尖，黑棋应如何护住角空

基本图2-4

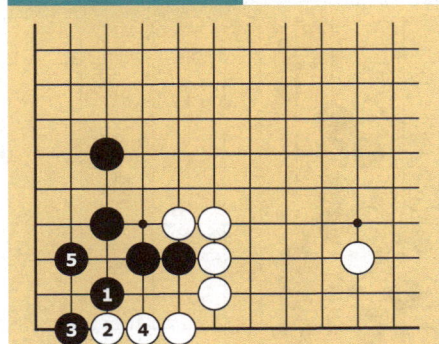

黑1小尖依然是最佳的应对方法，白2、白4托粘，黑5再虎，是局部的最佳结果

基本图3-1

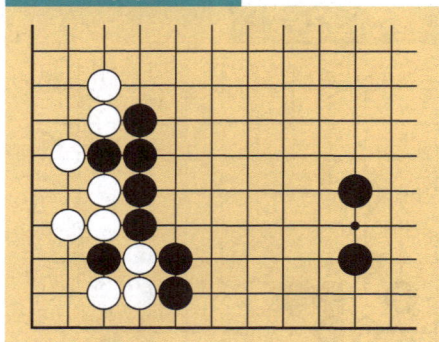

常见的小目高挂-间低夹定式，下方黑棋应如何收官呢

基本图3-2

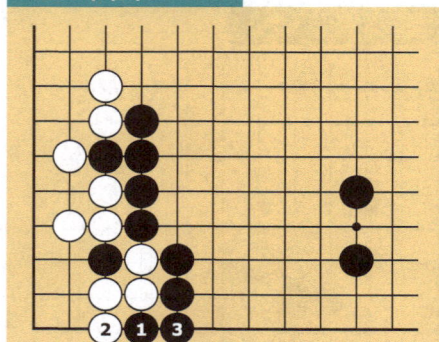

黑1、黑3扳粘是最容易想到的收官方法，但是局部落了后手，显然不是正确的收官思路

基本图3-3

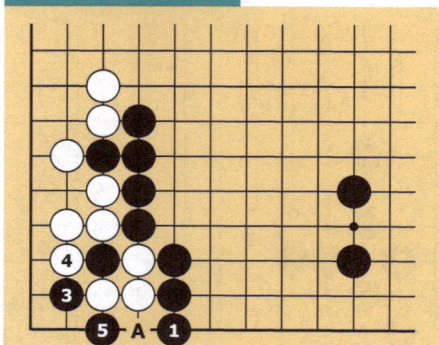

黑1单立是收官的好思路，白2若是脱先，黑3扳是官子手筋，白棋角部目数所剩无几，白2若是在A位跟着挡，黑棋则可以获得先手，明显优于上图。但是此图黑棋依然不是最佳

基本图3-4

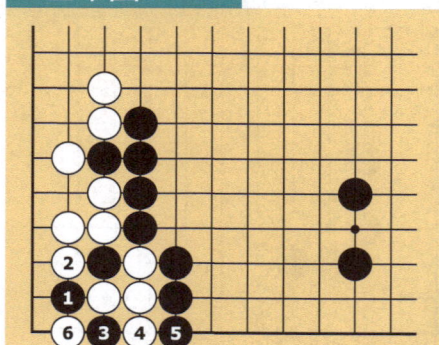

黑1先扳在角上是最佳的收官方法，白2提掉，黑3再扳是连贯的好手，白4只能跟着打吃，黑5再打吃后脱先。可以看出，黑棋角上的弃子并没有损失实空，同时确保了先手，是最佳的选择

小目常型官子（一）练习题

黑先，请写出在此局面下双方最佳的下法（至少3手）。

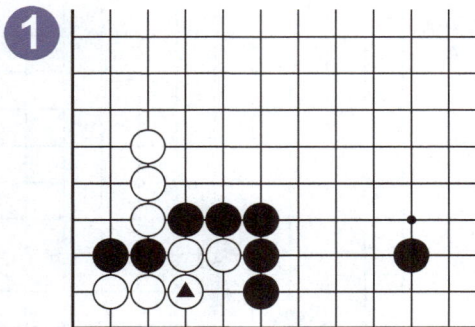

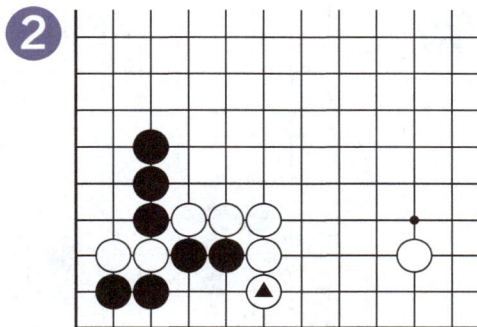

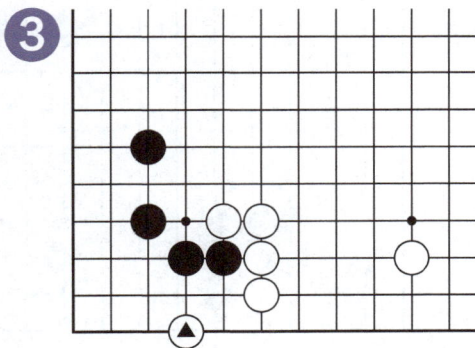

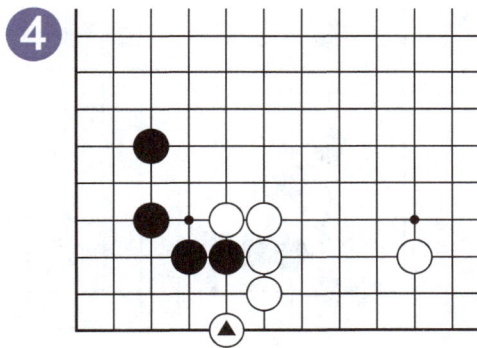

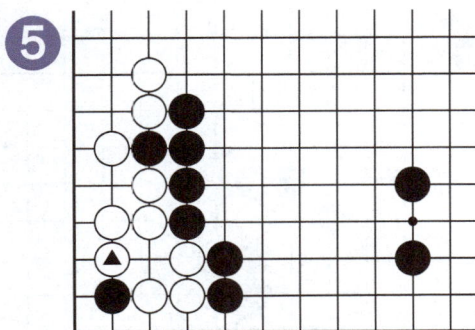

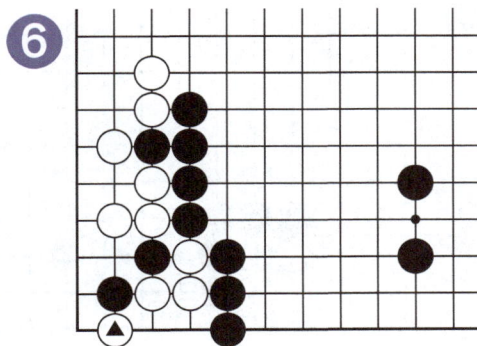

1

2

3

4

5

6

小目常型官子（一）练习题

黑先，请写出在此局面下双方最佳的下法（至少3手）。

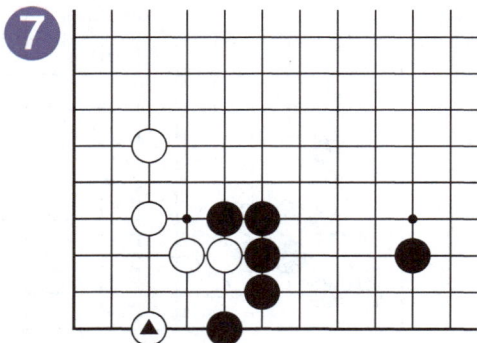

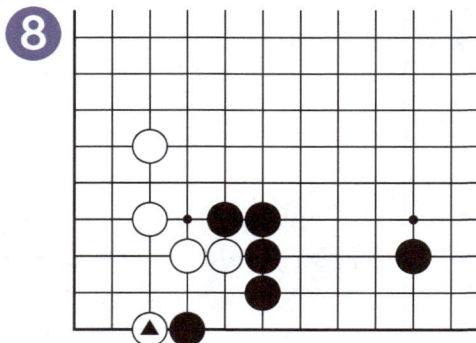

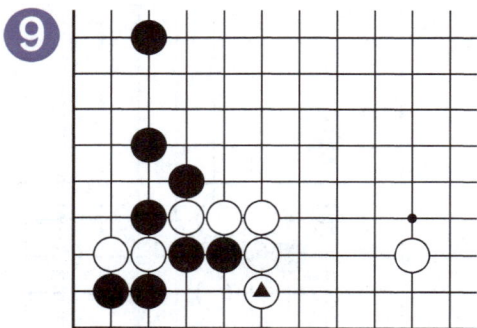

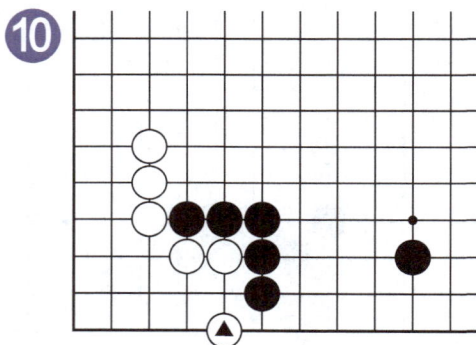

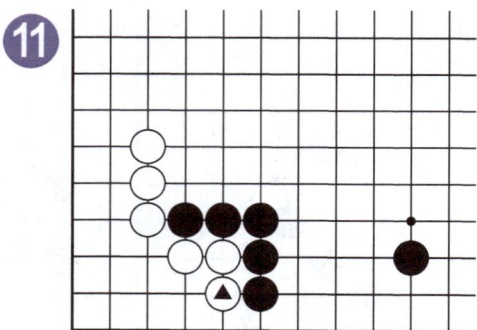

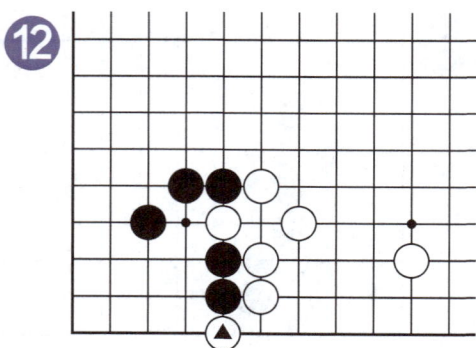

小目常型官子（一）练习题

黑先，请写出在此局面下双方最佳的下法（至少3手）。

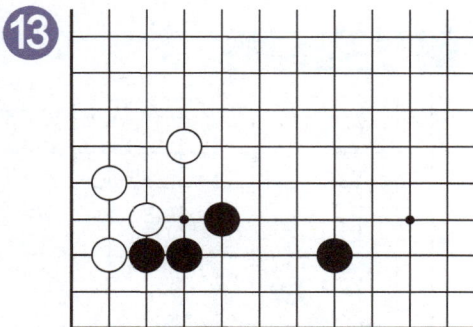

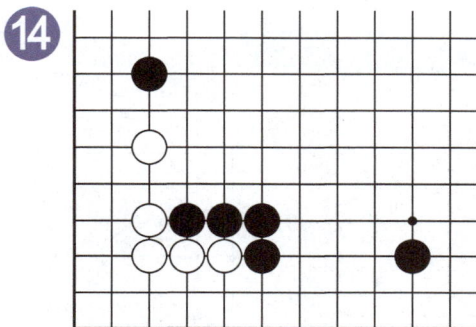

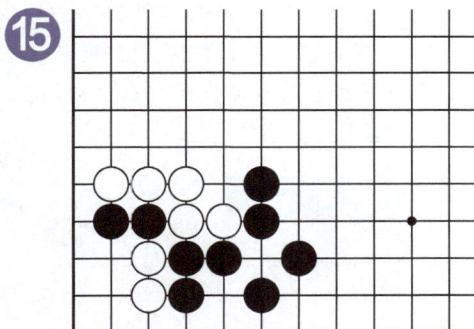

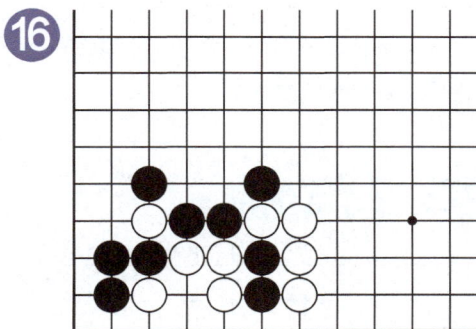

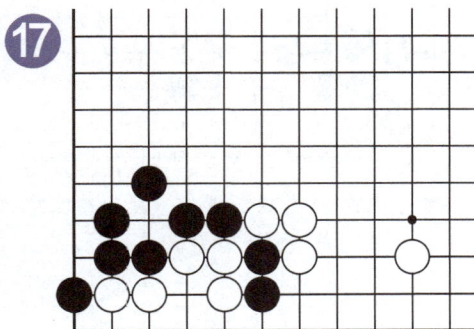

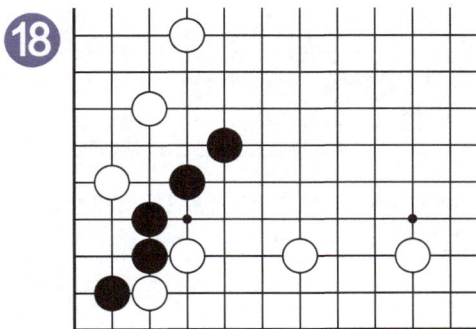

⑬

⑭

⑮

⑯

⑰

⑱

48

小目常型官子（二）

基本图1-1

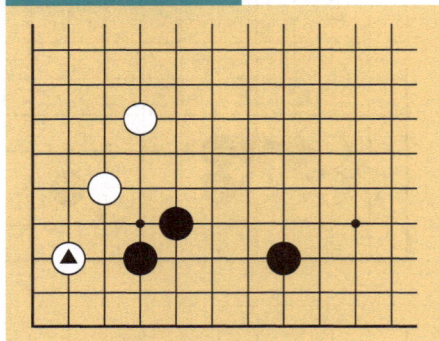

这是经典的秀策流定式，之后白棋在二路飞，黑棋如何应对呢

基本图1-2

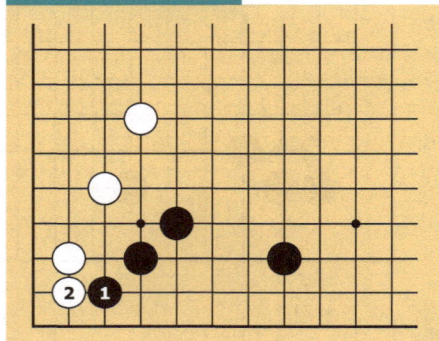

黑1小尖是软弱的应对方法，白2爬后，局部黑棋目数甚至要少于白棋。白2也可以选择脱先，黑棋不利

基本图1-3

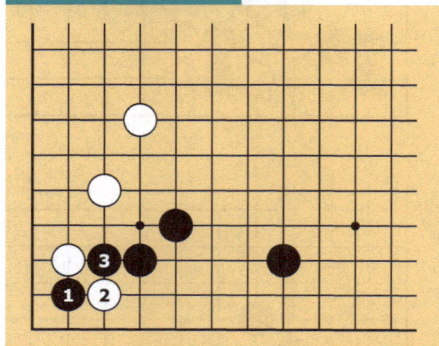

黑1飞靠是最强硬的应对方法，白2扳，黑3断，接下来白棋有两个打吃的方向

基本图1-4

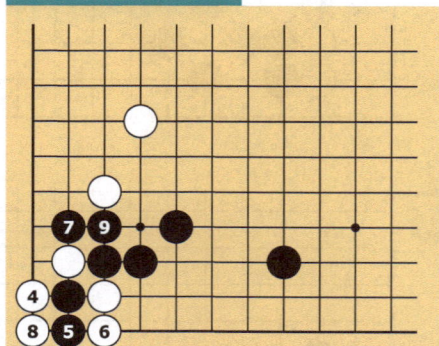

白4打吃左边失误，黑5、黑7先立再打，白棋角部被杀，黑棋大获成功

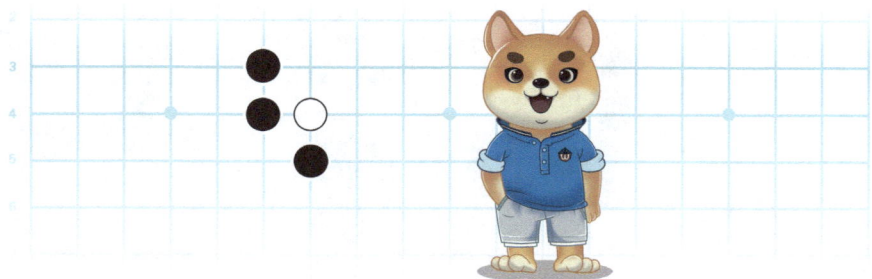

基本图1-5

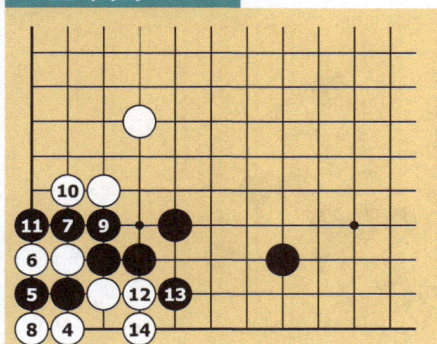

白4打在下方才是正确的方向，黑7、黑9分断白棋，至白14做活，局部的优劣得看黑棋分断白棋的价值

基本图1-6

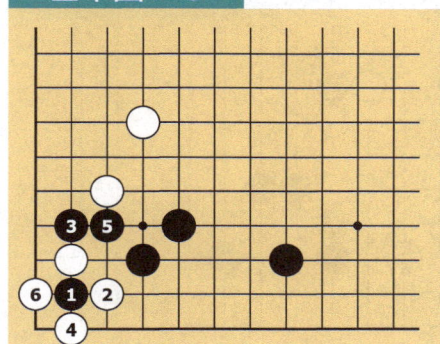

黑3夹分断白棋是更好的分断方法，白4需要注意依然需要打在下方，至白6提一子做活，黑棋明显要优于基本图1-5

基本图1-7

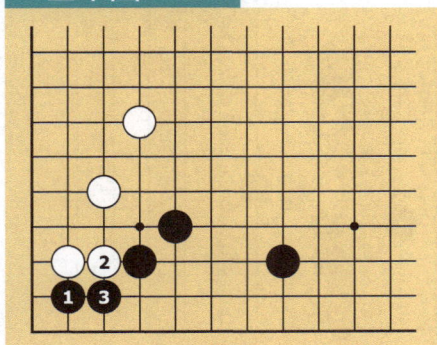

黑1靠时，白棋大部分情况下都会在白2顶争先，黑3挡住后，局部是双方两分的变化

基本图1-8

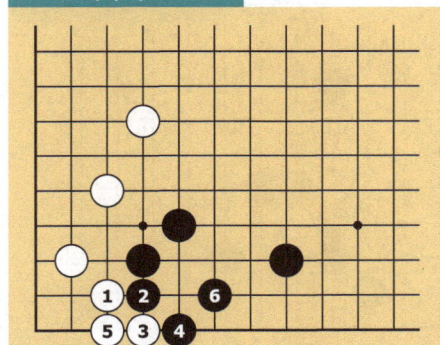

当白棋飞进角时，黑棋若是脱先，将来白1小尖是非常愉快的手段，黑2挡住后，白3、白5还有后续的官子便宜，价值非常大

基本图2-1

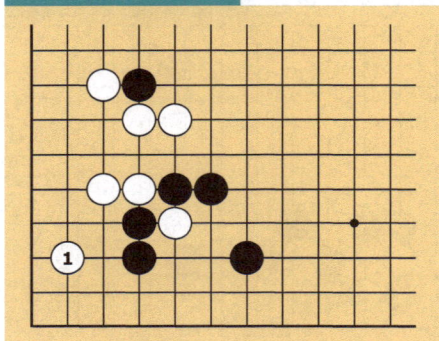

这是常见的二间高夹定式，白1飞进角是非常大的官子，下方黑棋应如何应对收官呢

基本图2-2

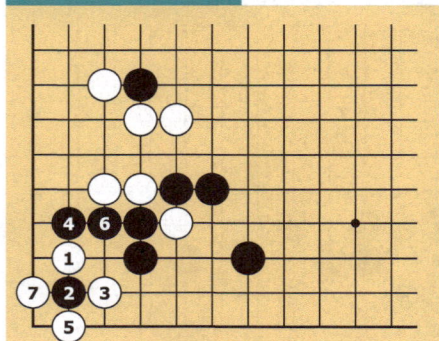

此时黑2靠并不是好棋，由于白棋外围较厚，白3扳吃一子，黑4、黑6分断白棋的价值不大

基本图2-3

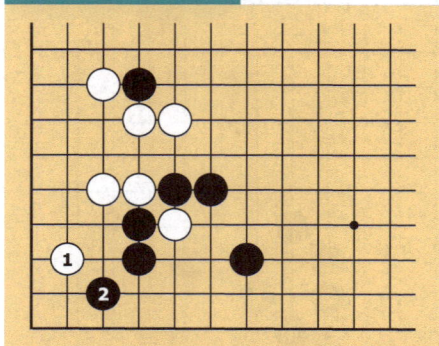

黑2相比于基本图2-2的飞靠，还是走小尖更加稳妥一些，不过需要注意的是，大部分场合下，黑2还是选择脱先更好

基本图2-4

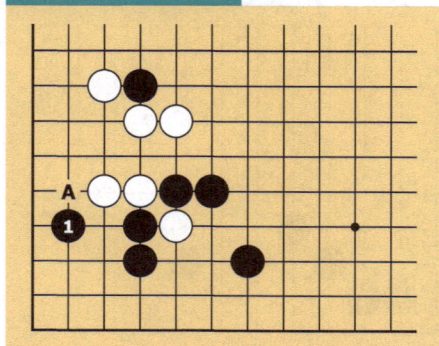

当黑棋收此官子时，黑1下跳价值极大，白棋若是在A位挡住，黑棋则已经先手获得了便宜。若是被黑棋走到A位，这个官子将超过20目的价值

小目常型官子（二）练习题

黑先，请写出在此局面下双方最佳的下法（至少3手）。

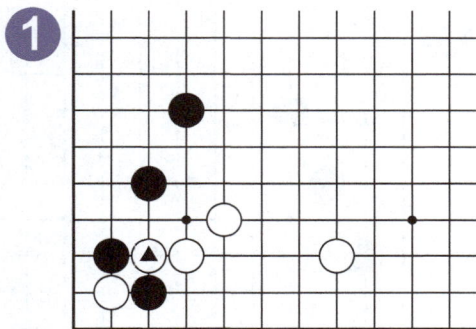

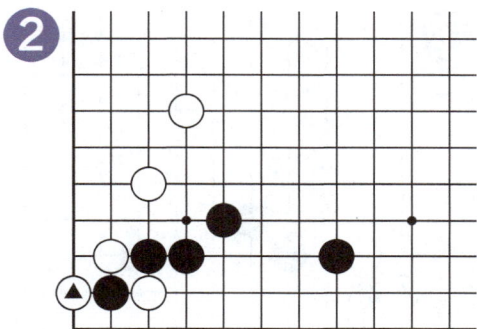

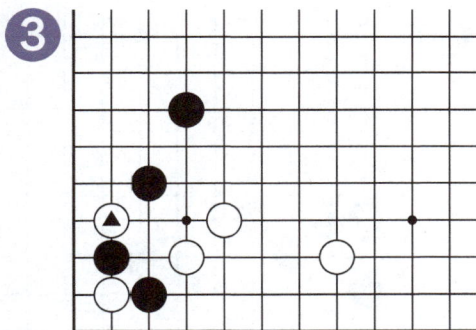

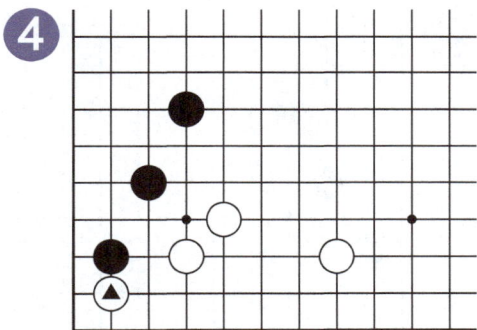

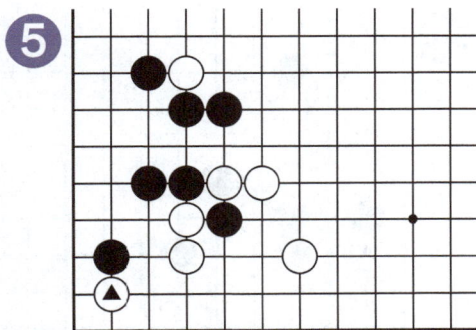

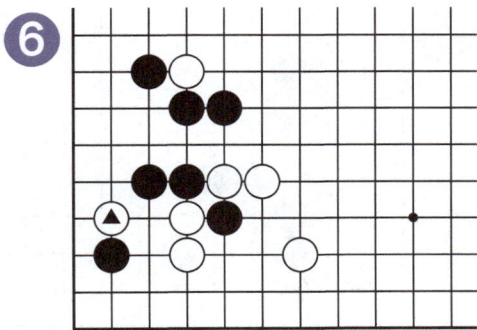

1

2

3

4

5

6

小目常型官子（二）练习题

黑先，请写出在此局面下双方最佳的下法（至少3手）。

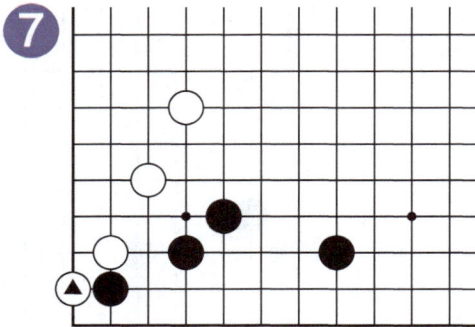

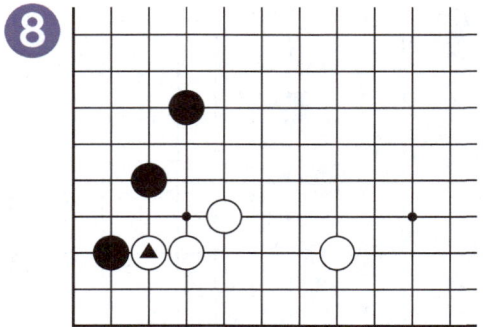

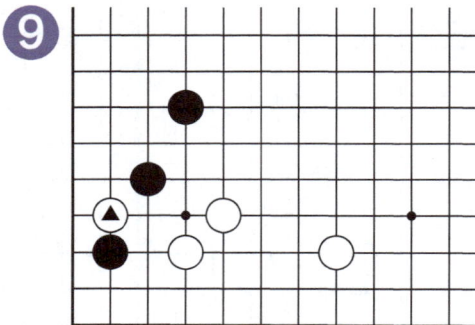

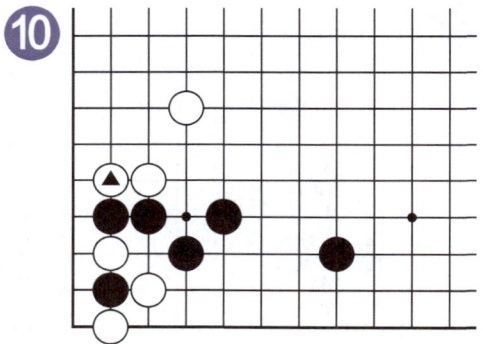

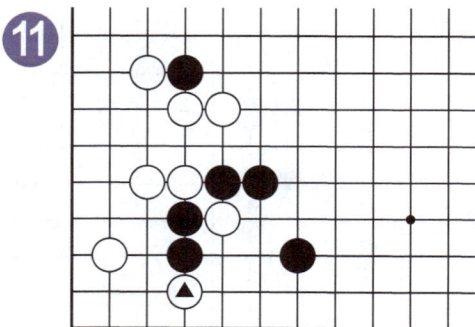

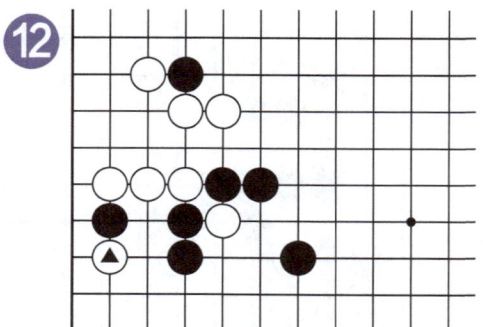

7

8

9

10

11

12

小目常型官子（二）练习题

黑先，请写出在此局面下双方最佳的下法（至少3手）。

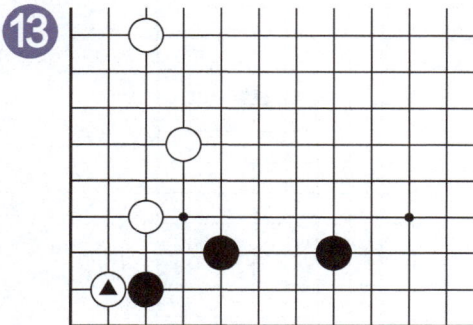

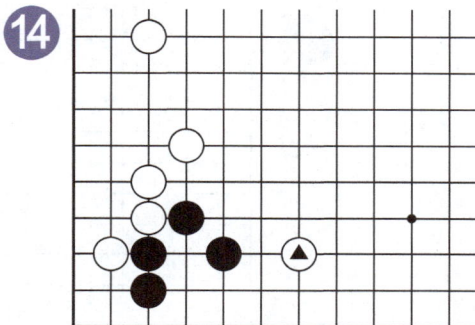

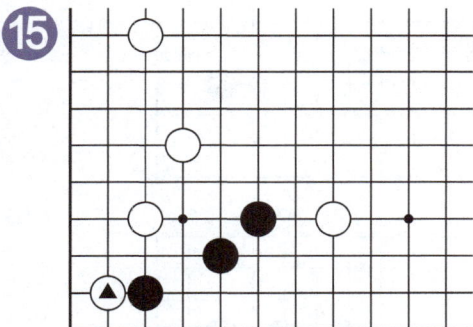

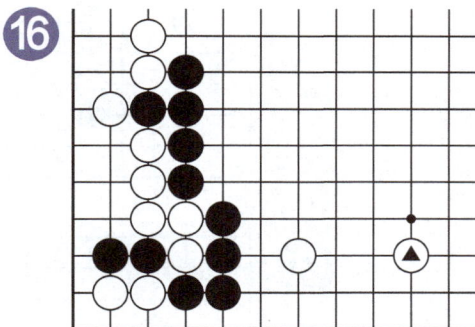

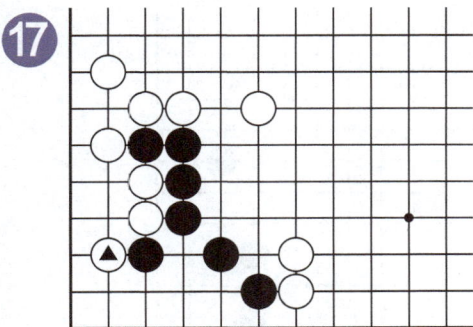

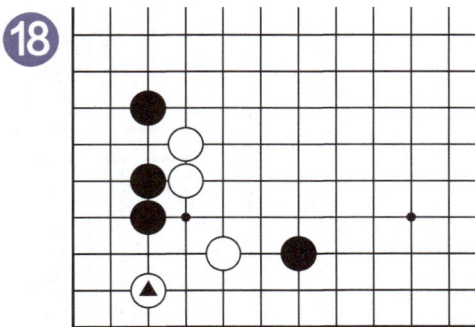

⑬

⑭

⑮

⑯

⑰

⑱

综合测试4

黑先，请写出在此局面下双方最佳的下法（至少5手）。

1

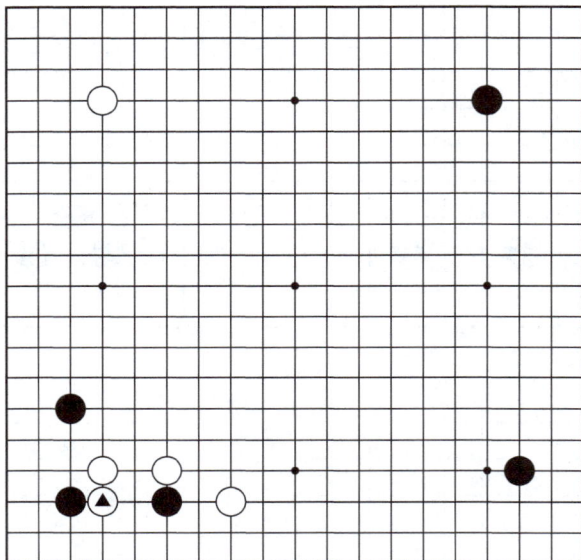

2

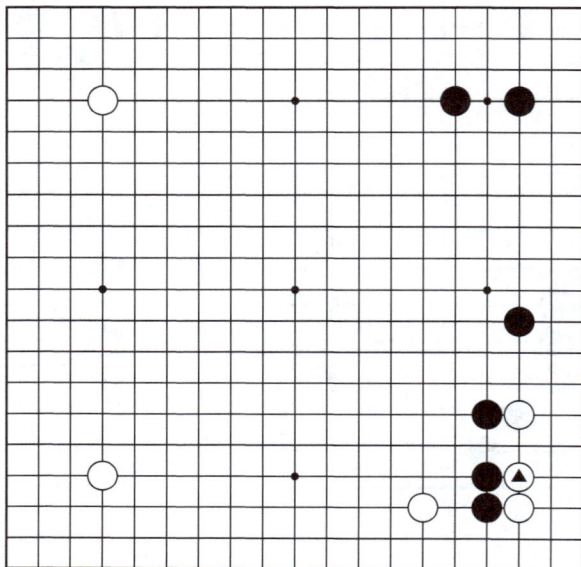

综合测试4

黑先，请写出在此局面下双方最佳的下法（至少3手）。

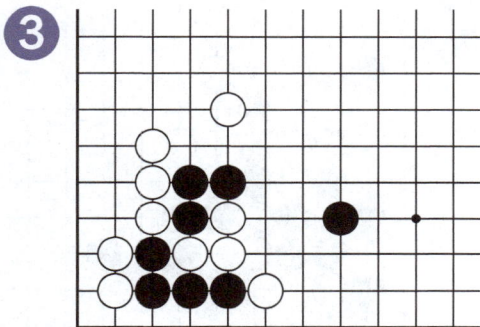

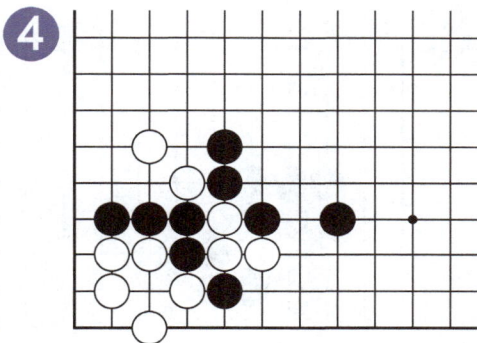

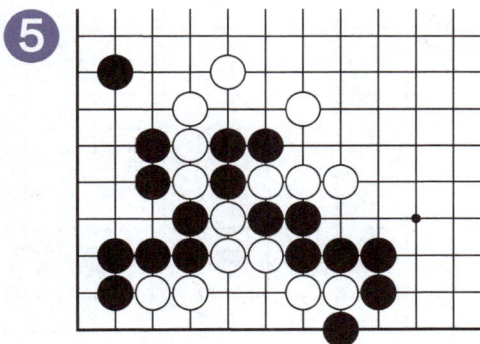

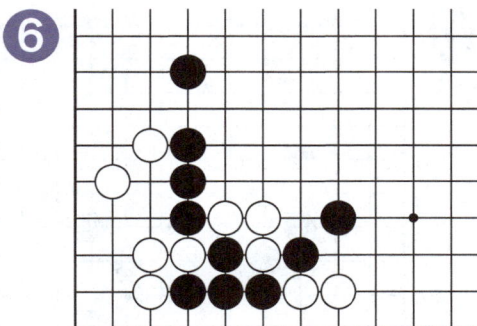

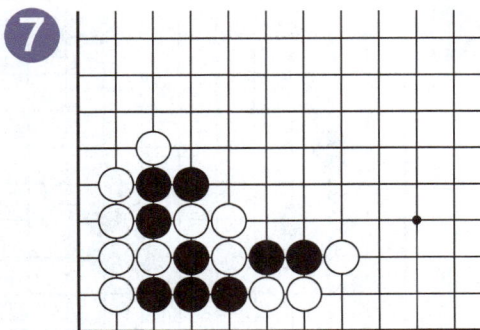

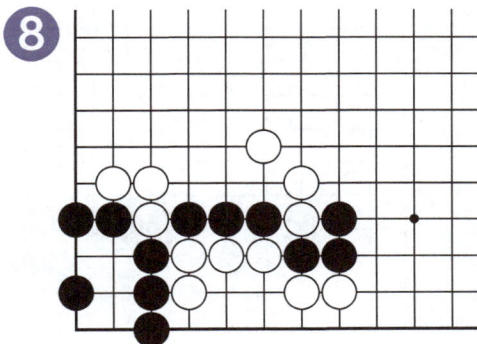

3

4

5

6

7

8

综合测试4

黑先，请写出在此局面下双方最佳的下法（至少3手）。

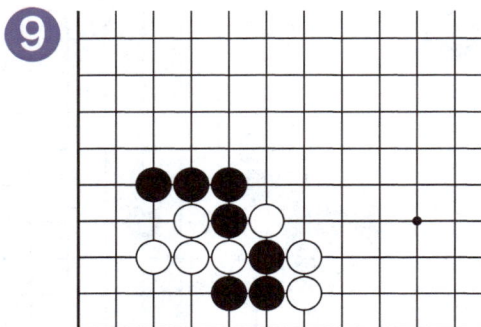

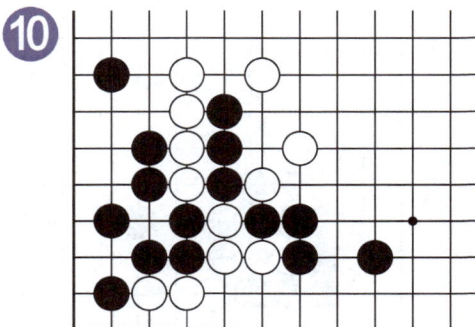

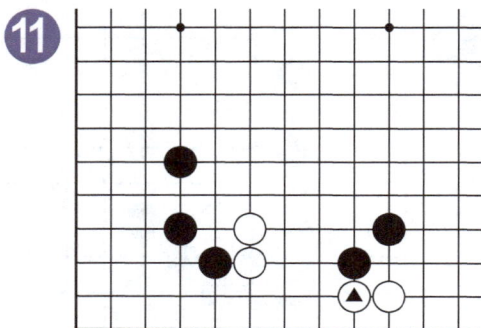

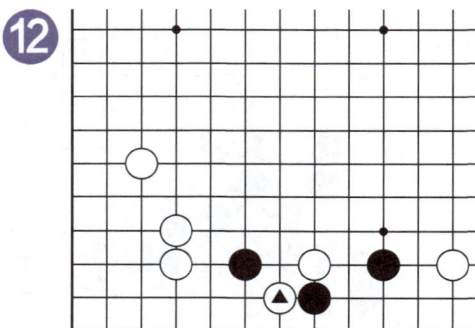

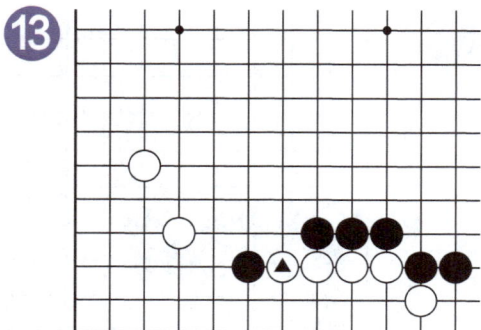

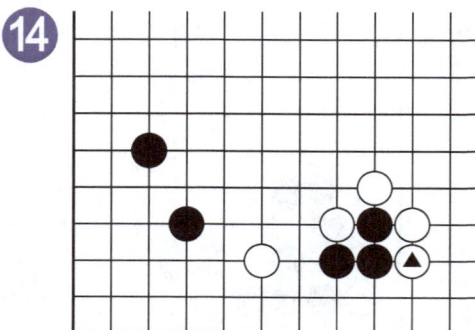

综合测试4

黑先，请写出在此局面下双方最佳的下法（至少3手）。

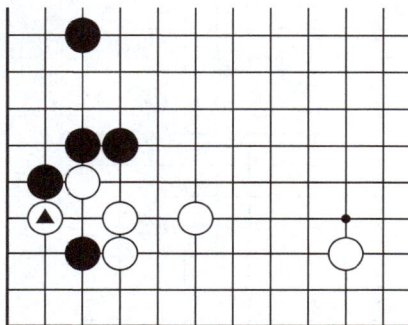

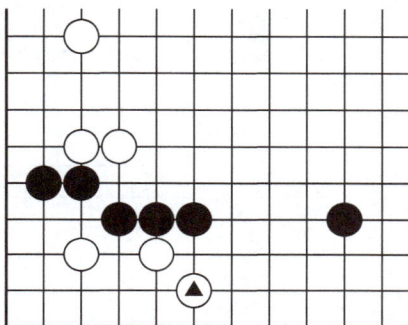

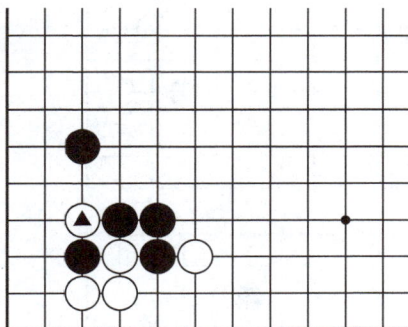

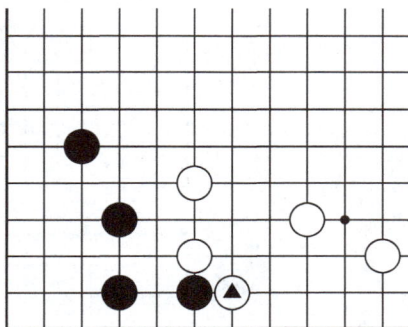

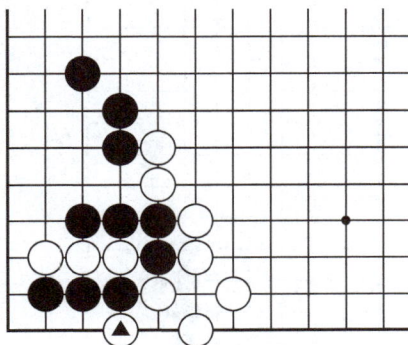

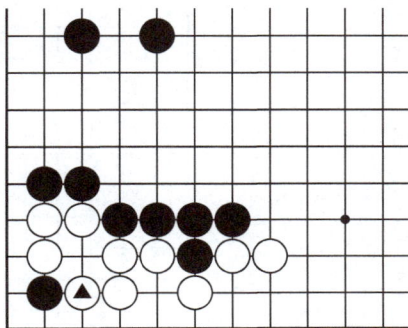

综合测试5

黑先，请写出在此局面下双方最佳的下法（至少5手）。

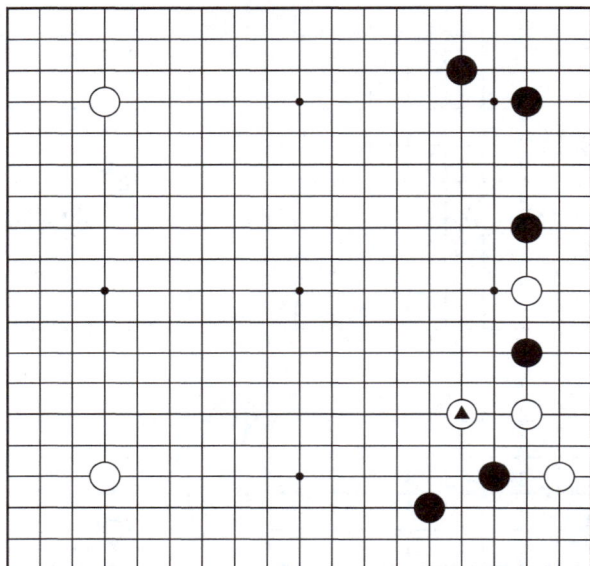

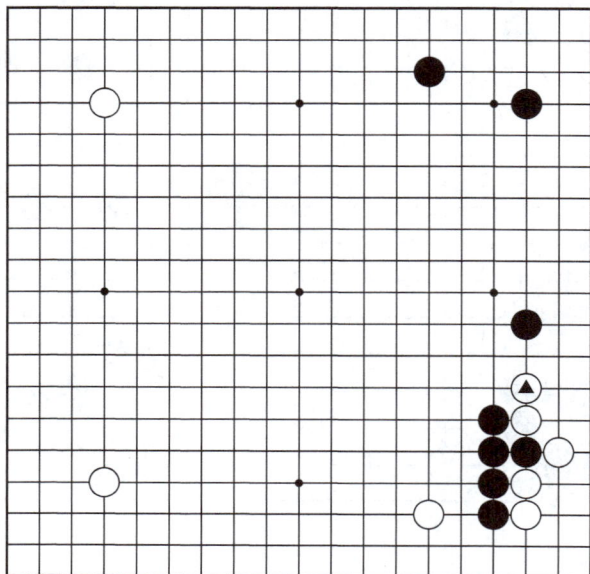

综合测试5

黑先，请写出在此局面下双方最佳的下法（至少3手）。

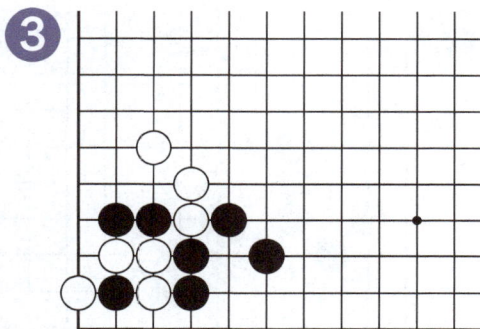

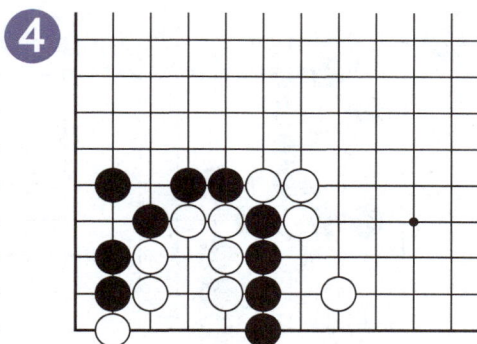

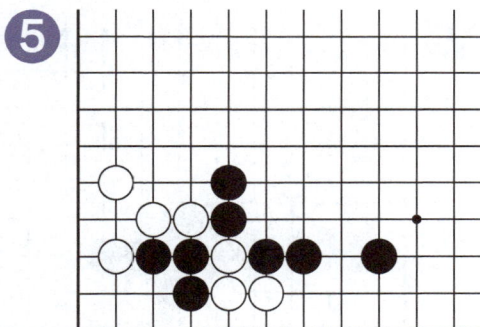

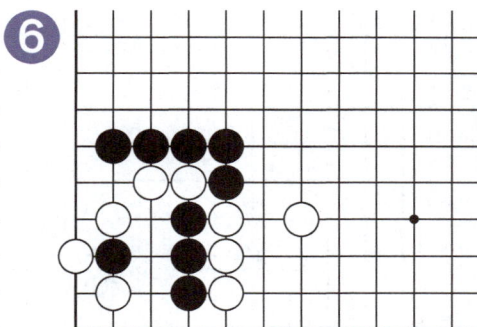

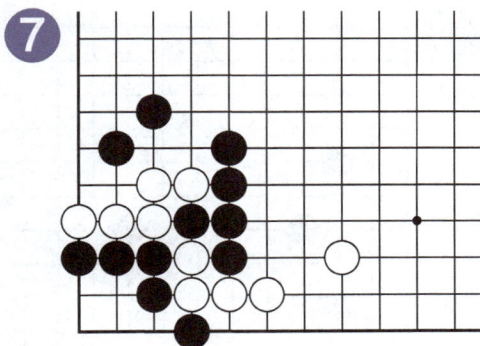

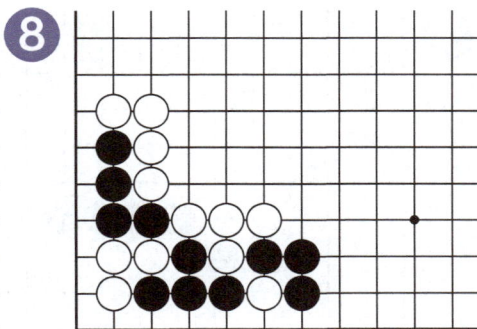

3

4

5

6

7

8

综合测试5

黑先，请写出在此局面下双方最佳的下法（至少3手）。

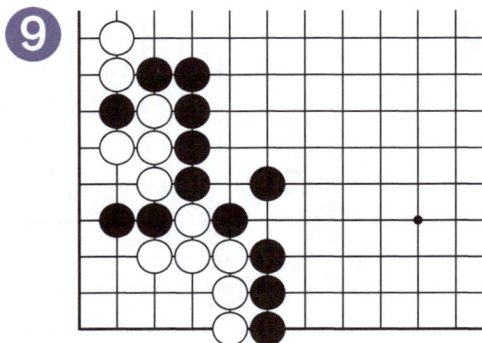

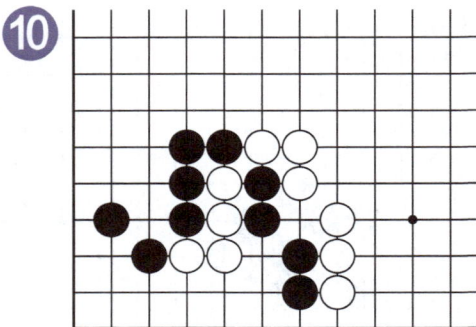

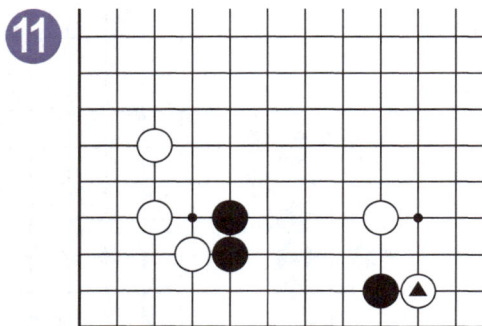

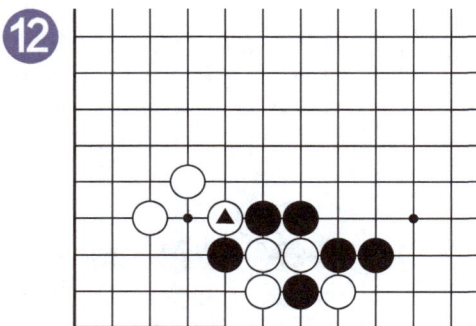

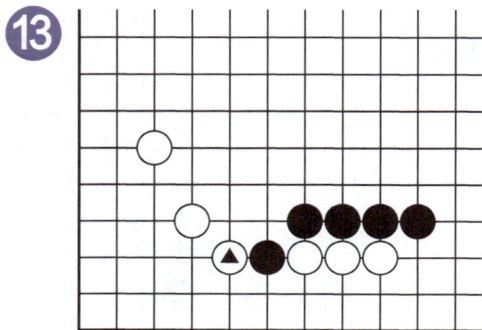

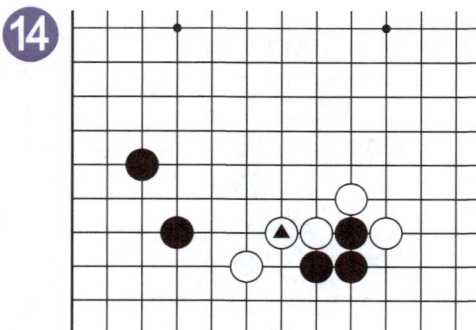

9

10

11

12

13

14

综合测试5

黑先，请写出在此局面下双方最佳的下法（至少3手）。

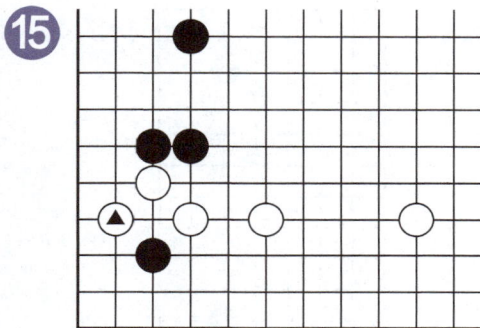

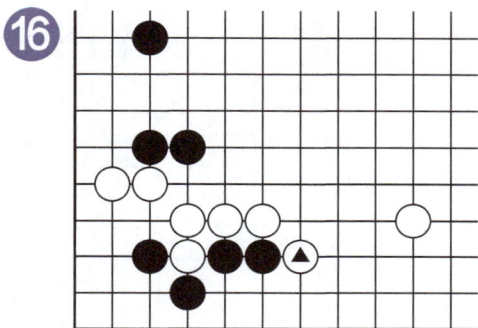

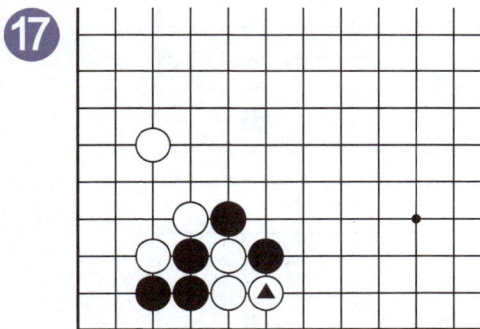

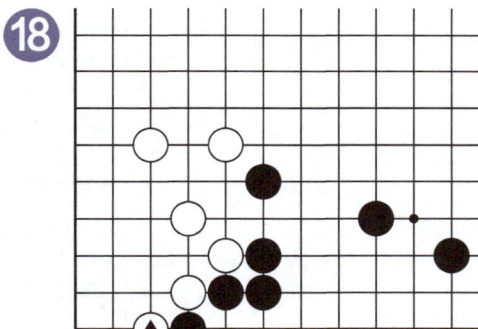

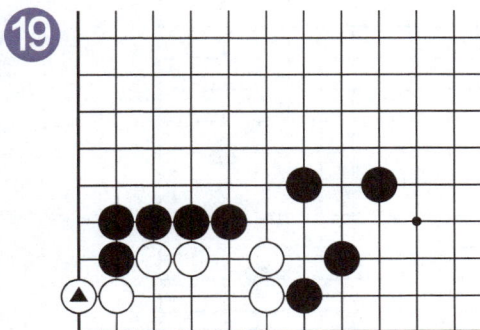

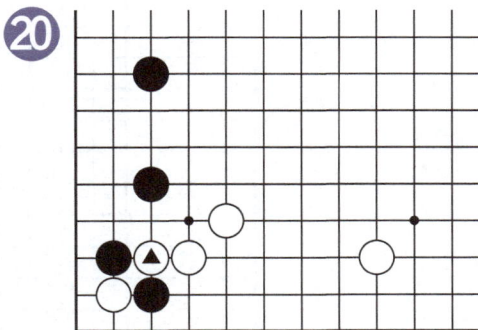

⑮

⑯

⑰

⑱

⑲

⑳

综合测试6

黑先，请写出在此局面下双方最佳的下法（至少5手）。

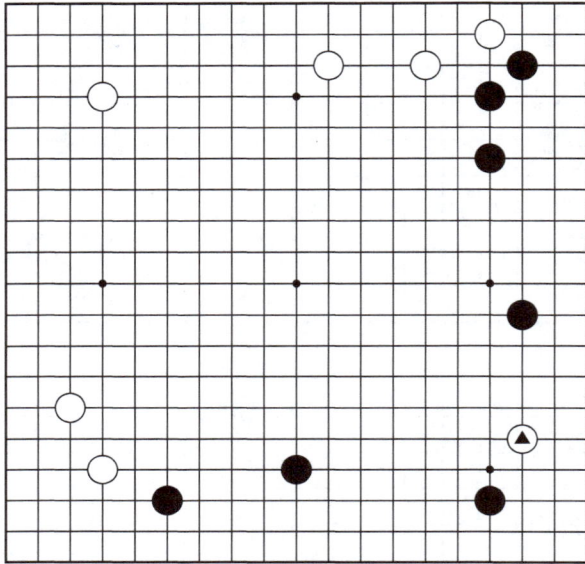

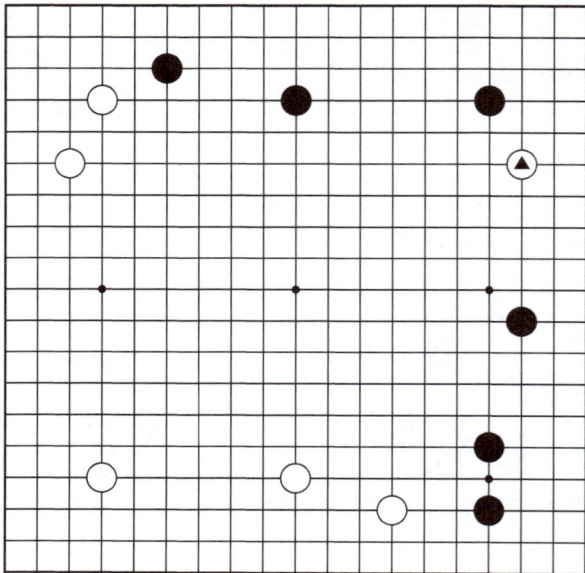

综合测试6

黑先，请写出在此局面下双方最佳的下法（至少3手）。

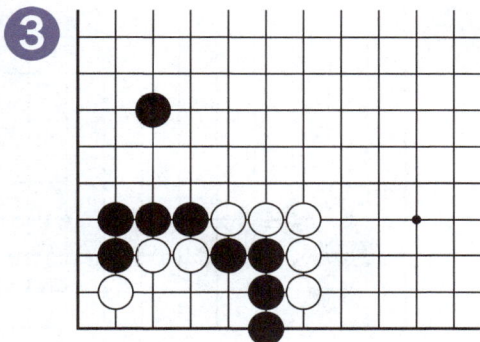

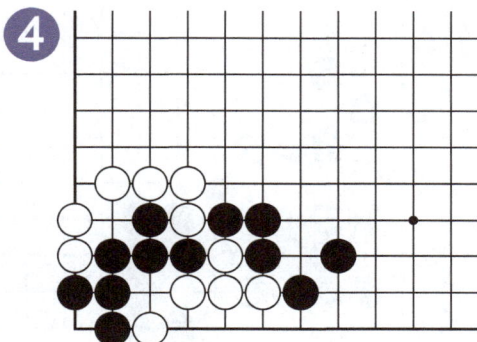

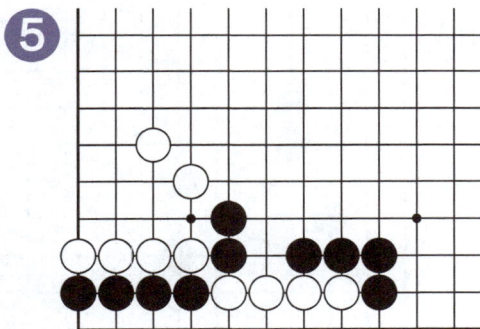

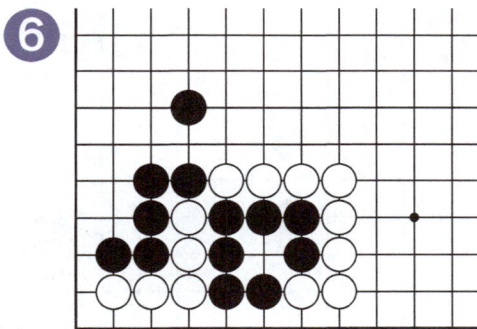

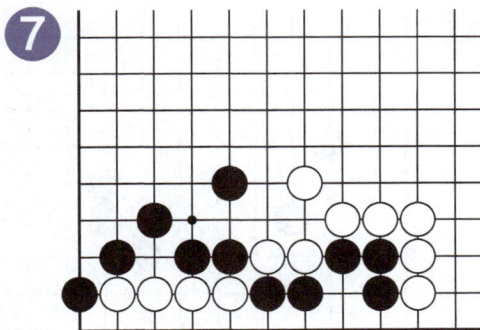

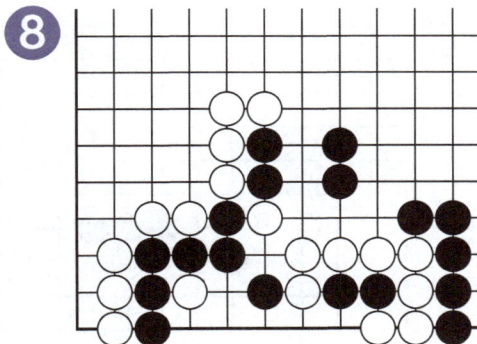

3

4

5

6

7

8

综合测试6

黑先，请写出在此局面下双方最佳的下法（至少3手）。

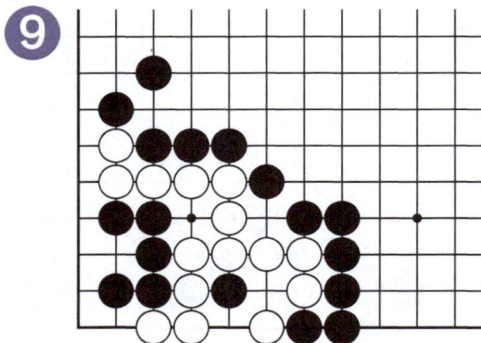

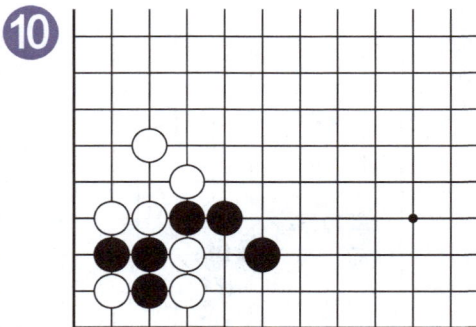

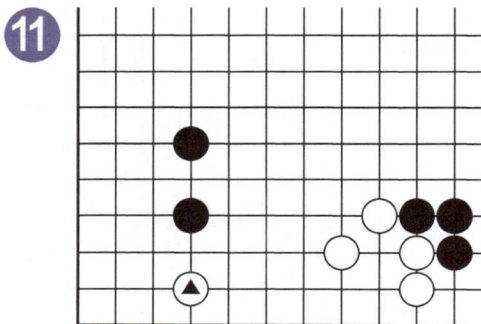

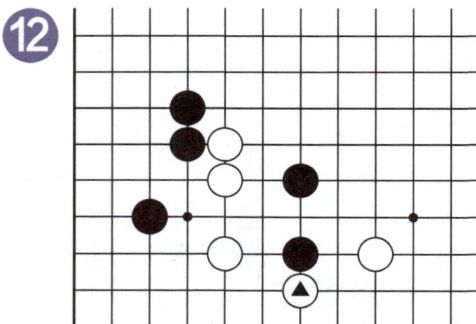

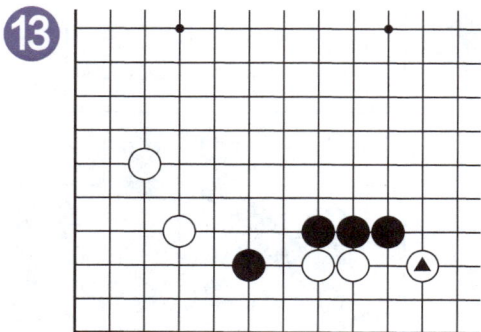

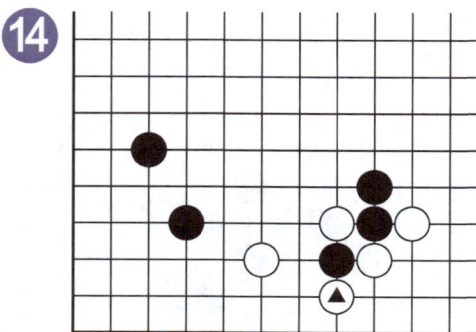

⑨

⑩

⑪

⑫

⑬

⑭

综合测试6

黑先，请写出在此局面下双方最佳的下法（至少3手）。

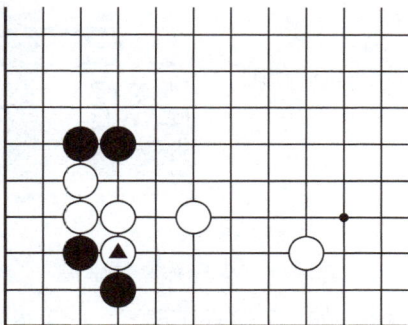

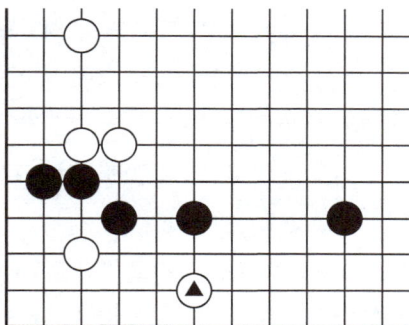

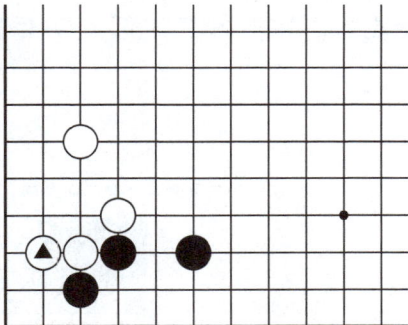

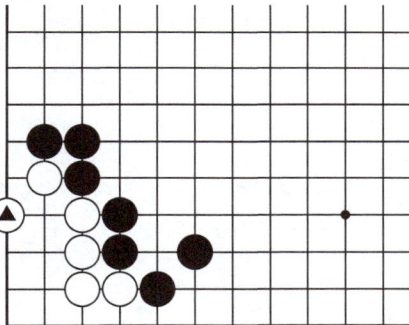

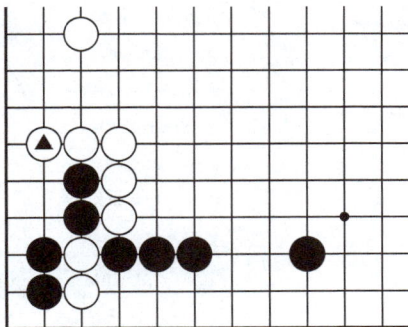

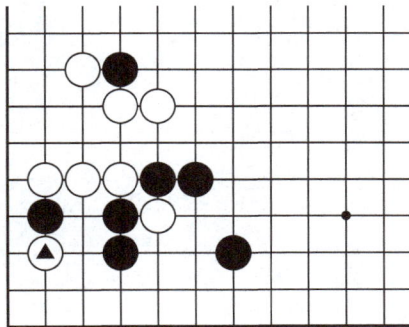

下册答案

请按以下步骤说明获取本书下册的答案。

步骤1 打开手机微信"扫一扫"。

步骤2 扫描右边"聂卫平围棋道场"或"动动吧"微信公众号的二维码，任选一个即可。

步骤3 关注该微信公众号。

步骤4

扫一扫

① 如果您关注的是"聂卫平围棋道场"，请点开"小先锋"菜单栏，选择"教材答案"，根据提示输入您想获取的答案编号，如"2-3段下册"，即可查看相应答案（如图1所示）；

② 如果您关注的是"动动吧"，请点击图2中的"资源详情"，从目录中选择您想获取的答案（如图3所示）。

图1

图2

图3

作者简介

聂卫平

中国著名围棋职业运动员，中国围棋协会副主席。1952 年出生于北京，河北深州人，北京弈友围棋文化传播有限责任公司董事长。1982 年被定为最高段位——九段棋手，是中国围棋史上唯一正式获得"棋圣"殊荣的人。中国围棋界将 1975 ～ 1979 年称为"聂卫平时代"。1979 年，聂卫平获得国家体委颁发的"十佳"运动员称号。1987 年，获北京市特等劳动模范称号，同年获得中国总工会颁发的"五一"劳动奖章，同年当选为中国二十名最佳教练员之一。1988 年，被授予围棋"棋圣"称号。1999 年，被评为"新中国棋坛十大杰出人物"。他在前四届中日围棋擂台赛中取得 11 连胜，对围棋在中国的普及产生了深远影响。在举行过的六届中日围棋擂台赛中，聂卫平一直担任中方主帅，为中国队战胜日本队立下头功。日本围棋界称他为"聂旋风"。聂卫平成为那个时代中国的"英雄人物"，使中国掀起了学围棋的热潮。2011 年，聂卫平获得陈毅杯中国围棋年度大奖终生成就奖。此外，他还被评为优秀教练员、最具影响力的新中国体育人物等。聂卫平曾任国家围棋队总教练、中国围棋协会副主席兼技术委员会主任和中国棋院技术顾问。2015 年，聂卫平被中国围棋协会授予特别贡献奖。

截至 2009 年，聂卫平共获 6 次中国个人赛冠军，8 次"新体育杯"冠军，6 次中国"十强赛"冠军，两届"天元"以及首届"国手战"冠军，3 次世界职业大赛亚军和《新民围棋》特别棋战——聂马七番棋优胜等荣誉。聂卫平著有《围棋人生》《聂卫平自战百局》等著作。

聂卫平围棋道场简介

聂卫平围棋道场成立于 1999 年，隶属于北京弈友围棋文化传播有限责任公司，是"棋圣"聂卫平九段一手创立的围棋专业培训机构，公司现有 2 支男子围甲队伍、1 支女子围甲队伍，以及遍布全国的 30 家分校区。截至 2017 年，聂卫平围棋道场共培养了 102 名职业棋手，其中世界冠军 8 位，全国冠军 12 位。从聂卫平围棋道场走出的知名棋士包括柯洁、周睿羊、檀啸、孙腾宇、王晨星等。

聂卫平围棋道场坚持"以棋育人"的理念，先教做人，再教下棋。聂卫平常说："只要对围棋有利的事情，我们就愿意去做。"围棋是中国的瑰宝，拥有几千年的历史。聂卫平围棋道场自成立以来，一直致力于发扬围棋文化，普及少儿围棋，让更多的人了解围棋之法。聂卫平围棋道场现已具备完整的教学体系，拥有从启蒙班、入门班、级位班、业余段位班，到全日制冲段班等多个课程。教练和教研团队由"棋圣"聂卫平领衔，包括著名职业棋手赵哲伦四段、赵兴华三段、腾程二段、娄洛宁五段、谢少博二段、朱仁坤二段、李嘉麒二段、唐嘉隆二段和其他具有丰富教学经验的业余教师，如刘崴 5 段、邵佳 5 段、段树勇 5 段、李响 5 段，王帅智 6 段、王守伟 5 段，魏思悦 5 段、王建华 5 段等。

聂卫平围棋 道场系列

聂卫平围棋教程

从2段到3段

（上册）

聂卫平◎主编

唐嘉隆　李嘉麒◎编

人民邮电出版社

北　京

图书在版编目（CIP）数据

聂卫平围棋教程. 从2段到3段 / 聂卫平主编；唐嘉隆，李嘉麒编. -- 北京：人民邮电出版社，2019.12
（聂卫平围棋道场系列）
ISBN 978-7-115-52219-1

Ⅰ. ①聂… Ⅱ. ①聂… ②唐… ③李… Ⅲ. ①围棋—教材 Ⅳ. ①G891.3

中国版本图书馆CIP数据核字(2019)第223353号

免责声明

内 容 提 要

本书是我国围棋职业运动员聂卫平同聂卫平围棋道场的明星教师团队联合编写的"聂卫平围棋道场系列"中的一本。"聂卫平围棋道场系列"包含了从围棋零基础入门到围棋业余5段的全部内容，循序渐进、系统性强，既有进阶教程，又有专项训练练习册，是聂卫平围棋道场的教师们多年教学经验的总结。

本书围绕业余2段到业余3段的知识点设置，讲解清晰、易懂，帮助读者深刻领会解题的思路，获得举一反三的学习效果，并避免常见的实战失误。此外，书中还提供了与该知识点相对应的课后练习题，方便读者学习后进行自测，查漏补缺。学习完本书的内容，即掌握了围棋从业余2段到业余3段的内容。

◆ 主　　编　聂卫平
　　编　　　　唐嘉隆　李嘉麒
　　责任编辑　裴　倩
　　责任印制　周昇亮

◆ 人民邮电出版社出版发行　　北京市丰台区成寿寺路 11 号
　　邮编　100164　　电子邮件　315@ptpress.com.cn
　　网址　http://www.ptpress.com.cn
　　北京天宇星印刷厂印刷

◆ 开本：700×1000　1/16
　　印张：25.25　　　　　　　　　　2019 年 12 月第 1 版
　　字数：422 千字　　　　　　　　2025 年 9 月北京第 13 次印刷

定价：128.00 元（全 2 册）

读者服务热线：(010)81055296　印装质量热线：(010)81055316
反盗版热线：(010)81055315

序一

　　围棋是中国传统文化中的瑰宝，古人留下的智慧结晶。围棋蕴含的文化底蕴丰富而深远。对于中国人来说，围棋不仅是一种休闲活动，更是对人类智慧的无止境探索。

　　20世纪90年代，我致力于创建一个围棋训练场所，让更多的人有机会了解、学习围棋，使围棋爱好者能够专心研习棋艺，成长为更优秀的职业棋手，抱着这样的初衷便有了聂卫平围棋道场。道场不仅是棋手们的家，更是他们之间相互交流学习的平台。道场成立以来，培养了许多位世界冠军和职业棋手，也实现了我当年的愿景。

　　围棋是我一生的至爱，我曾不止一次说过，对围棋有利的事情，我就会去做。作为国内第一家围棋道场，聂卫平围棋道场不光为职业棋手提供训练、对弈的场所，同时也为小朋友们打开了围棋世界的大门。围棋之法与人生开悟相辅相成，我经常对道场的老师说，既然是围棋学校，首先教做人，再教下棋。围棋的魅力也不仅在于棋局本身，还在于传递一种快乐。

　　围棋是一项竞技智力的运动，这两年随着人工智能的发展以及阿尔法围棋的横空出世，围棋再次引起了社会各界的关注。很多家长也非常认同围棋在少儿智力开发方面的作用，我也坚信围棋应该进入学校，成为校本课程，惠及更多的孩子。基于这些考虑，为了在围棋普及方面多做些贡献，传承我国优秀的传统文化，聂卫平围棋道场专门成立了教研组开发围棋教材。经过大家一年多的潜心研究，我们的成果终于可以和广大爱好者见面了。这套教材形式新颖，内容系统，讲练结合，凝聚了诸多职业棋手和明星教师的心血。

　　值得一提的是，本套教材的编写吸收了聂卫平围棋道场成立以来的成功经验和教学心得，同时充分考虑了少儿的智力发展规律。希望它能启迪智慧，带领更多的孩子走进围棋的世界，茁壮成长。

序二

小朋友们，大家好！我是柯洁哥哥。

你们喜欢下围棋吗？围棋是中国的国粹。我在6岁的时候便开始学习下围棋了，7岁来到聂卫平围棋道场接受专业的训练。记得刚来道场的时候我经常输棋，后来经过道场老师的悉心指导，进步很快。我11岁成为职业棋手，不到20岁便拿下了4个世界冠军。

我是一个在围棋上追求尽善尽美的人，从事围棋运动我从来不后悔，因为它总是能带给我快乐。每当下棋下累了的时候，我就坚定地告诉镜子里的自己："我一定能行。"我认为最幸福的事情，莫过于挑战最强大的对手，在对手面前，我从不言败。

2017年我代表人类和阿尔法围棋大战三局，让我更加惊叹围棋的无穷变化。人机大战让更多的小朋友了解了围棋、喜爱上了围棋。为了让小朋友们像当年的我一样喜欢围棋运动，聂卫平围棋道场的老师们精心编写了这套科学、合理，富有趣味性的教材。本套教材尤其适合零基础的小朋友们来学习，最大的特点是知识点与课后练习一一对应，课程内容配备相应图示，清晰、易懂。课后还有难度适宜的练习题，便于小朋友们循序渐进地进行自测，查缺补漏。

希望这套教材的出版可以帮助更多的小朋友，了解围棋，并爱上围棋。

致谢

　　本系列丛书集合了聂卫平围棋道场诸多明星教师的教学经验和心血。感谢教研团队的孙腾宇、唐嘉隆、李嘉麒、李建宇、邵佳、孙磊、王守伟、李响等八位老师对丛书提供的宝贵意见，以及赵哲伦、腾程、赵兴华、樊麾、吴昊、谢少博、刘崴、段树勇、王帅智、赵海鹰、魏思悦、王建华、郝恒志、崔旋、白雪冰等道场的各位老师在出版过程中给予的帮助与支持。最后，还要感谢人民邮电出版社为本丛书的出版所做出的不懈努力。

围

棋

目录 CONTENTS ▸

第一章 1
定式布局（一） 1

第二章 2
中盘与行棋（一） 51

第一章
定式布局（一）

　　布局是一盘棋的开始，奠定了整个棋局的骨架与脉络，同时决定了棋局的走向。在这个阶段水平的同学想要学习好布局，需要从方向、定式选择两个方面着手。

　　本章主要讲解错小目布局的常型，大家在学习时要注意此布局与一些定式的属性搭配，分析出在不同局面下正确的定式选择。

第 1 课 小目高挂一间低夹 定式应用（一）

本课主要讲解夹攻定式的应用。希望大家能掌握夹攻定式的属性，以及在什么样的场合选择夹攻的下法。

基本图

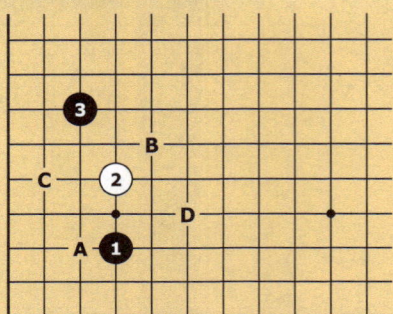

白2挂，黑3一间低夹是注重边发展的下法，以下白有A、B、C和D共4种常见下法

图1 变化图

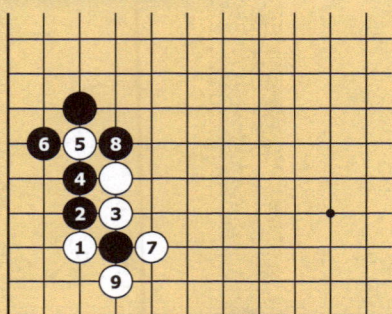

白1托是弃子的下法，黑2扳分断白棋，白5挖是适应手，至白9双方形成转换，局部两分

图1-1 变化图

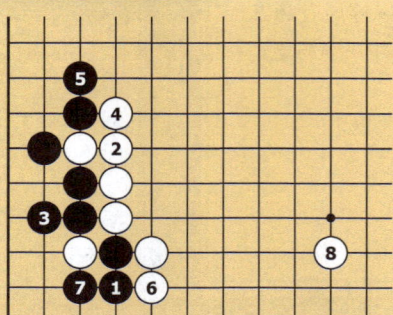

图1黑8改下黑1立是注重角上实地的下法，白2粘是必然的下法，黑3弯是补断的好手，白4先拐是好次序，至白8，黑取实地，白取外势，双方两分

图1-2 变化图

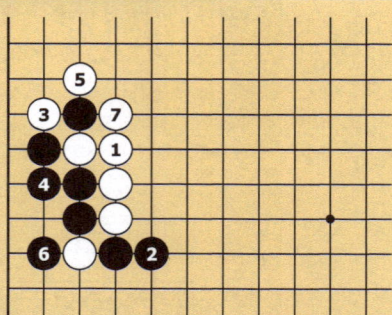

图1白7改下白1粘是征子有利时的下法，黑2长出头，白3断是必然的下法，至白7，双方形成转换，黑取实地，白取外势

图2 失败图

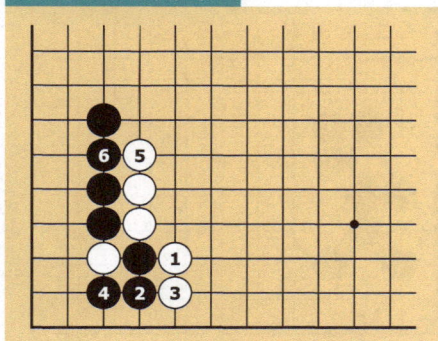

图1白5改下白1打吃次序错误，黑2立下，白3挡，黑4拐吃，至黑6，白明显吃亏

图2-1 失败图

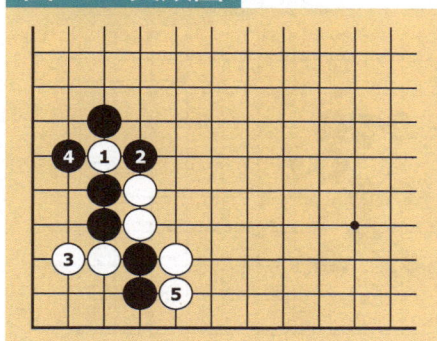

图2白3改下白1挖，次序错误，黑2断打是好手，以下至白5，白虽然吃掉角上两颗黑子，但是外面给黑棋利用太多，整体吃亏

图2-2 失败图

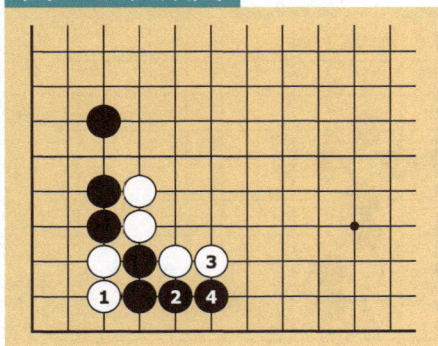

图2白3改下白1挡角也不行，黑2拐，至黑4，白局部对杀不利

图2-3 失败图

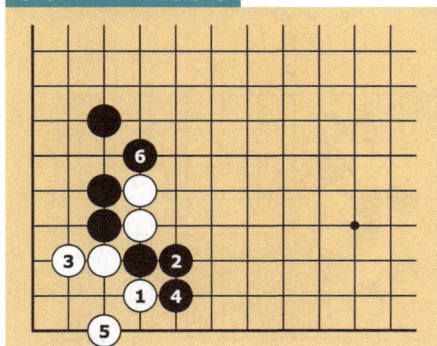

图2白1改下白1下方打吃也不好，黑2长，白3立，至黑6，白虽然活了角，但是外面黑棋太厚，白不好

图3 变化图

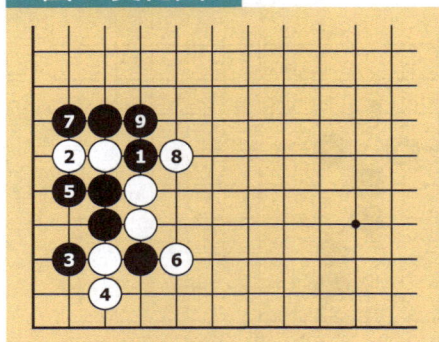

图1黑6改下黑1上打是注重外势的下法，白2立，黑3打吃，再黑5挡是必然的下法，白6打吃简明，至黑9，黑取外势，白获得先手，局部两分

图3-1 变化图

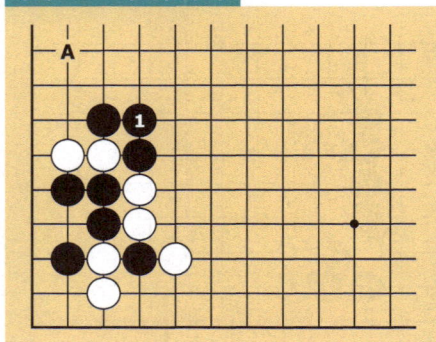

图3黑7改下黑1粘，中央的头会好一些，但是将来白棋在A位有利用手段，此变化和图3相比各有利弊

图3-2 失败图

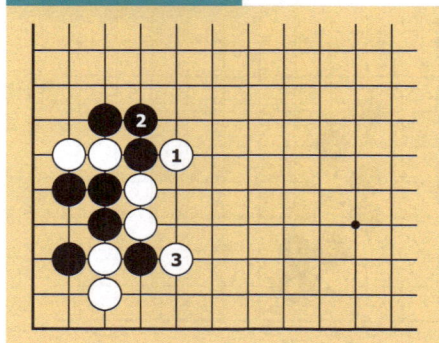

图3白6改下白1打吃次序错误，至白3，白棋落了后手，明显吃亏

图3-3 失败图

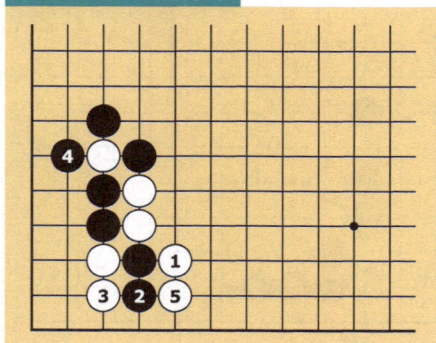

图3白2改下白1打吃也不好，黑2立，至白5，白棋虽然吃了角，但是外面有利用手段，白稍亏

图4 变化图

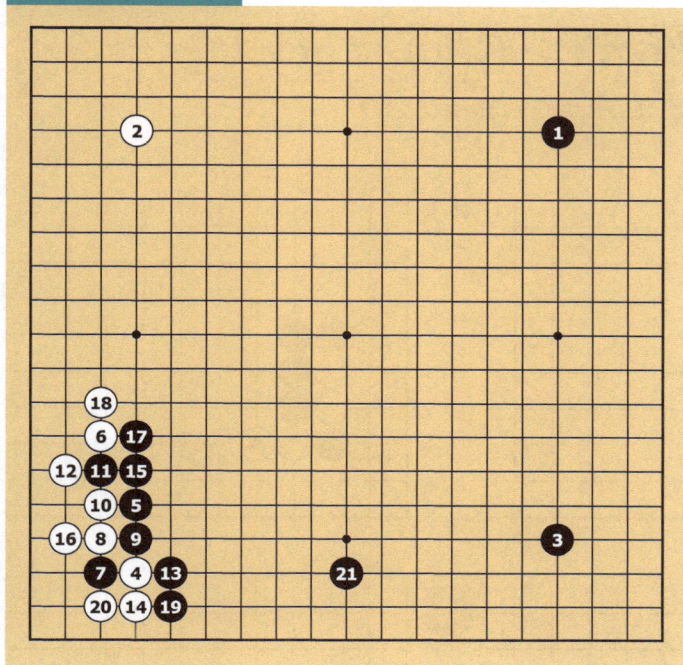

白6夹攻是注重边上发展的下法，黑7托，白8扳断，黑11挖是好次序，白12下打注重角上实地，至黑21，白取地，黑取势，双方两分

图5 变化图

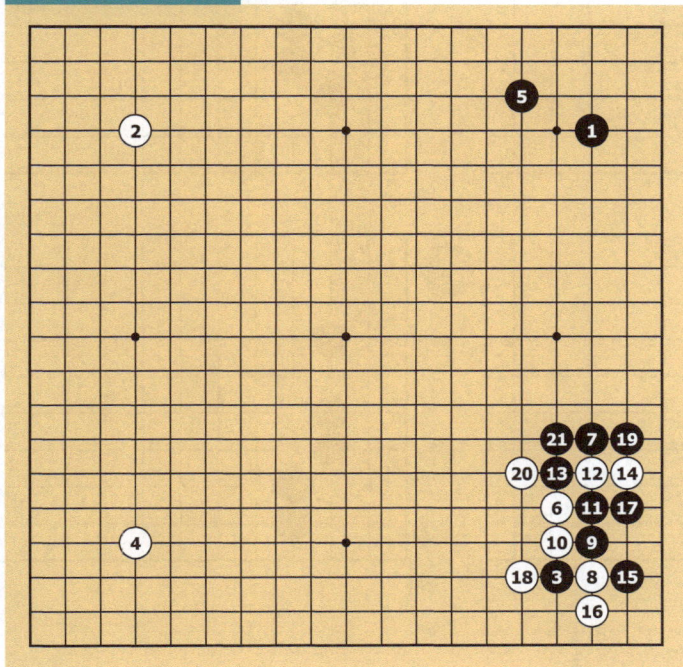

黑13上打是取势的下法，白14立，黑15打吃，黑17挡是必然的下法，至黑21，黑取外势，与上方无忧角配合还不错

小目高挂一间低夹定式应用（一）练习题

黑先，请写出在此局面下双方最佳的下法（至少3手）。

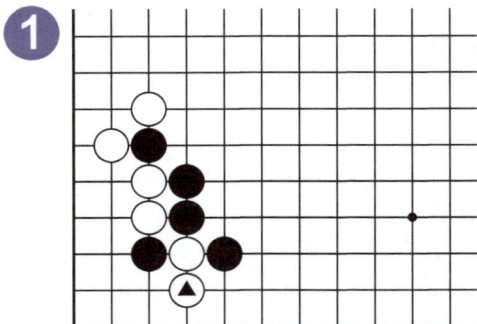

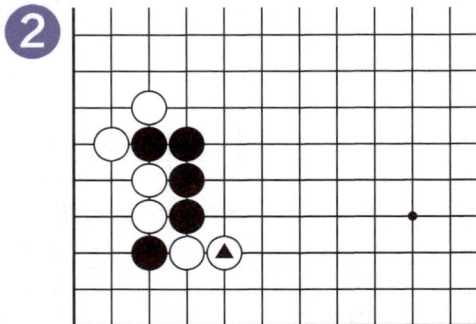

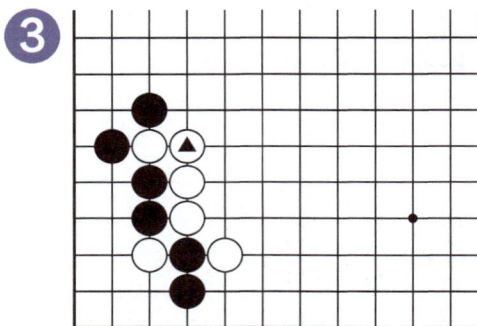

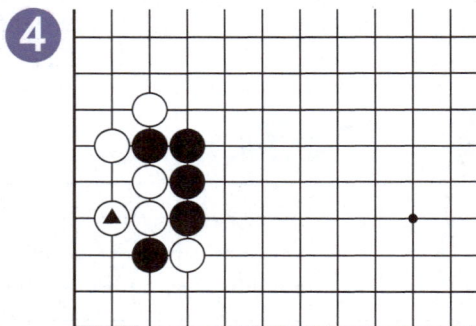

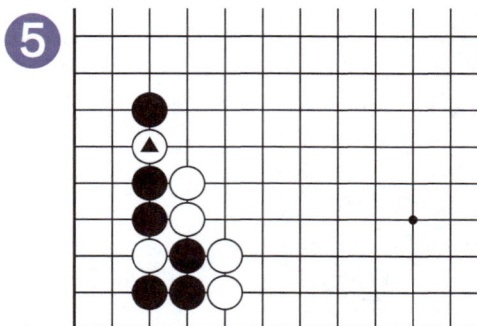

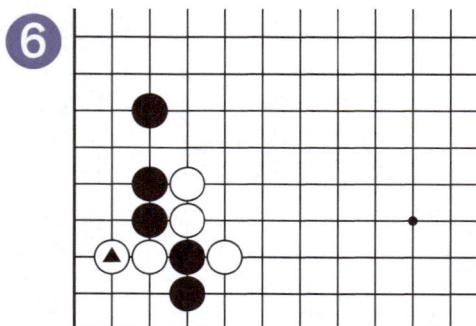

小目高挂一间低夹定式应用（一）练习题

黑先，请写出在此局面下双方最佳的下法（至少3手）。

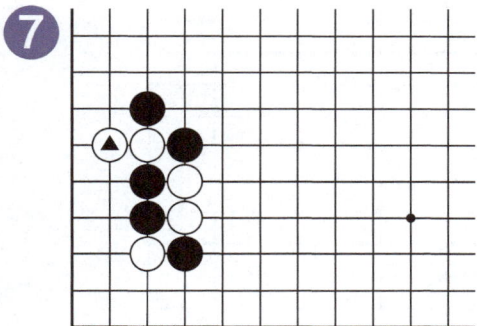

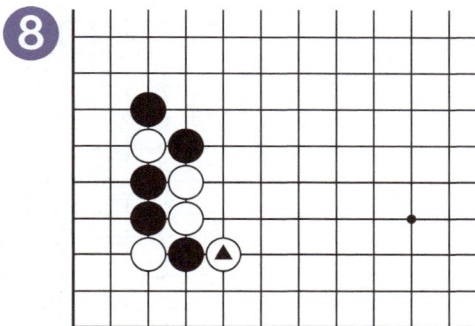

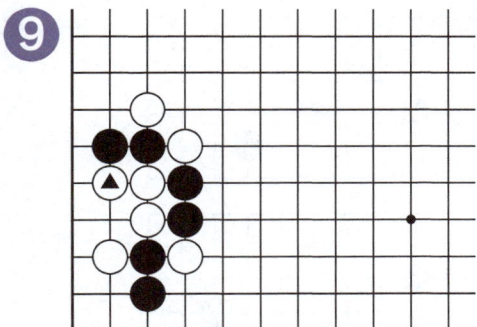

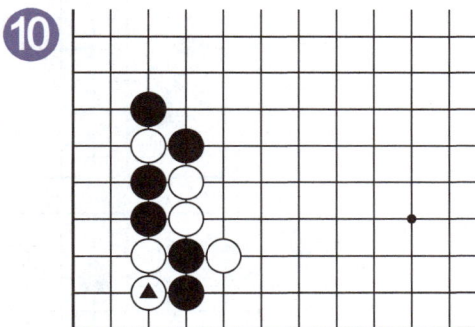

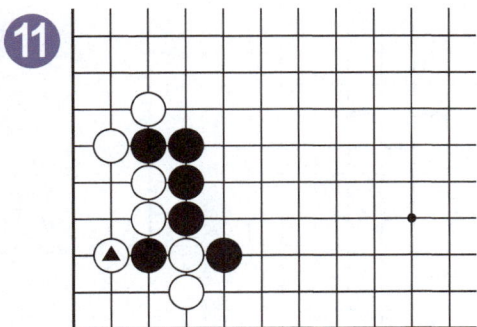

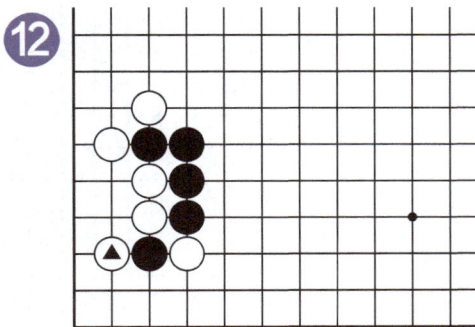

⑦

⑧

⑨

⑩

⑪

⑫

小目高挂一间低夹定式应用（一）练习题

黑先，请写出在此局面下最佳的定式选择（至少5手）。

13

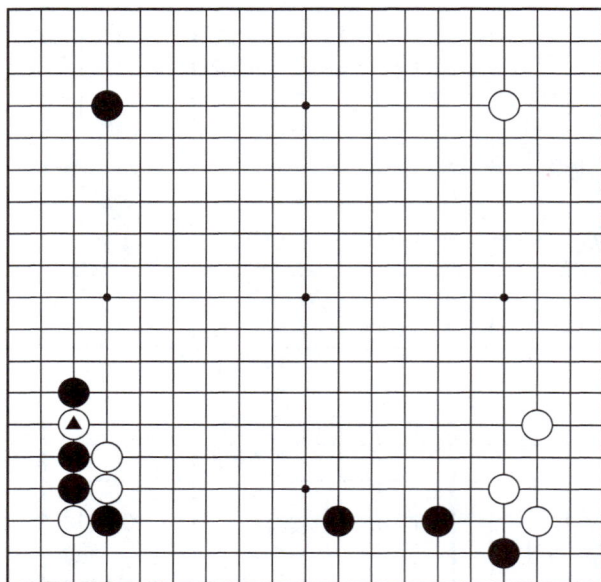

14

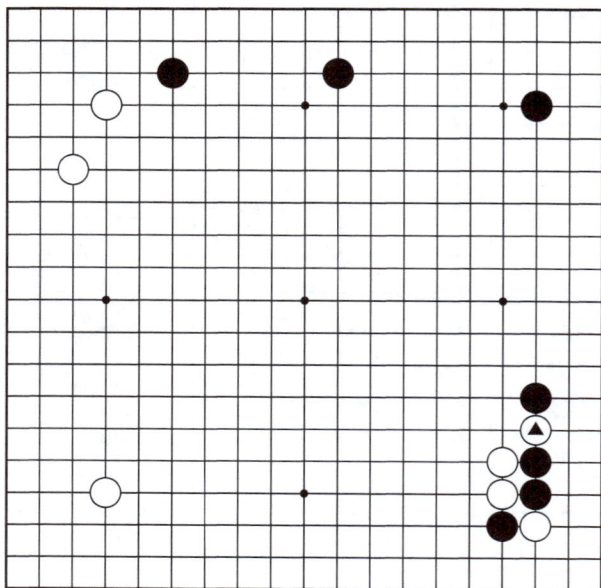

小目高挂一间低夹定式应用（一）练习题

黑先，请默写出在此局面下双方最佳的下法（至少7手）。

⑮

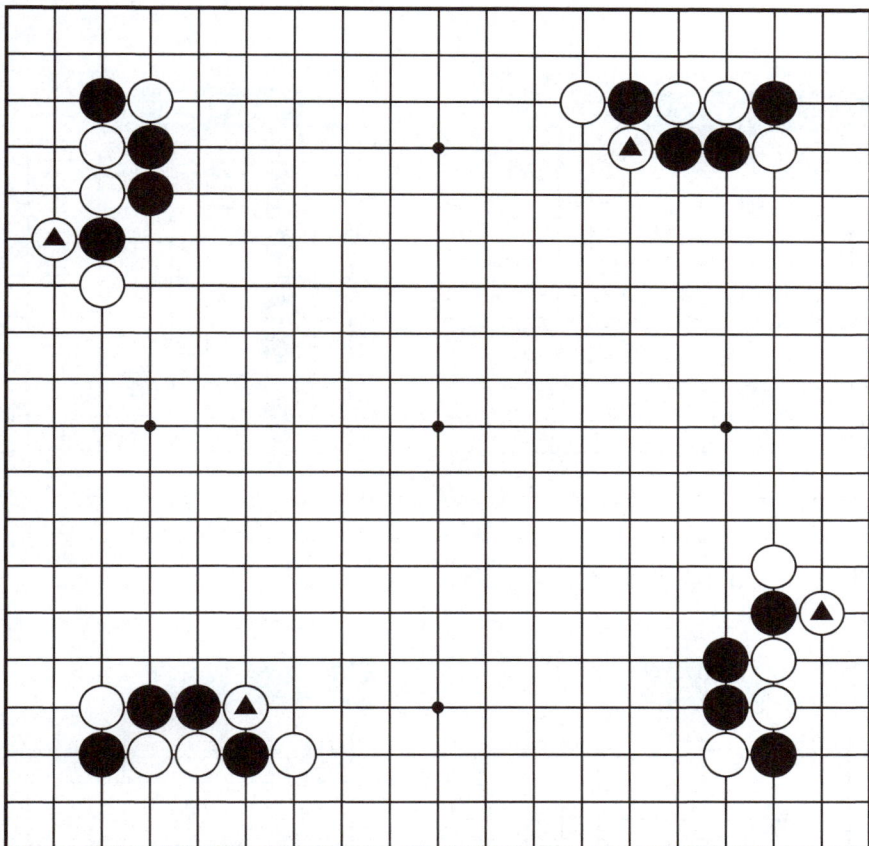

第2课 小目高挂一间低夹定式应用（二）

图1 变化图

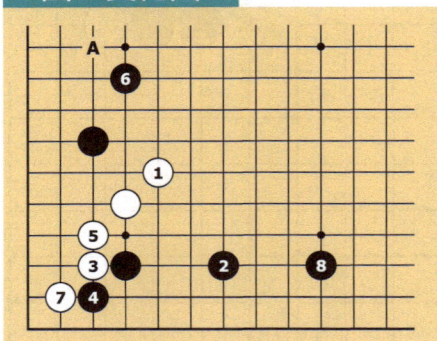

白1小尖分断黑棋，同时也是出头的好手，黑2拆二注重边上发展，白3托角，黑6小飞，也可以考虑A位拆二，至黑8，局部两分

图1-1 变化图

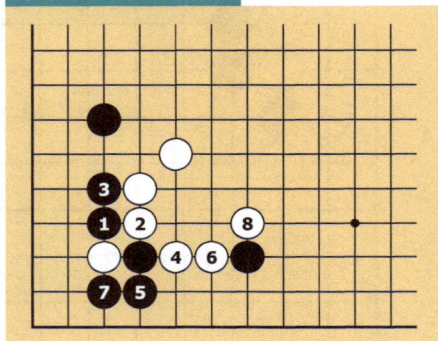

图1黑4改下黑1扳，白2断，黑3爬过，白4打吃，白6顶是好手，至白8，局部白稍好

图1-2 变化图

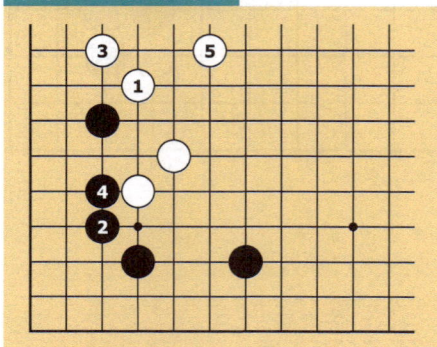

图1白3改下白1小飞是注重边上发展的下法，黑2小尖取地，白3尖封锁黑棋，至白5，白取外势，此变化白棋需要外面有一定子力配合

图1-3 变化图

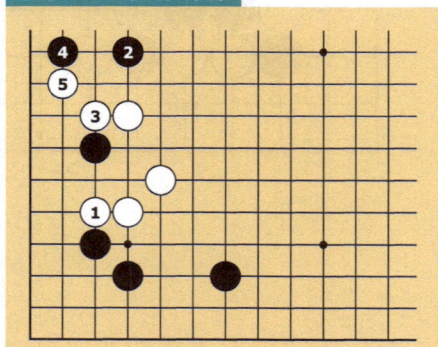

图1-2白3改下白1挡分断黑棋，黑2高位逼住白棋是弃子的下法，至白5，局部白棋显得速度有些慢，黑稍好

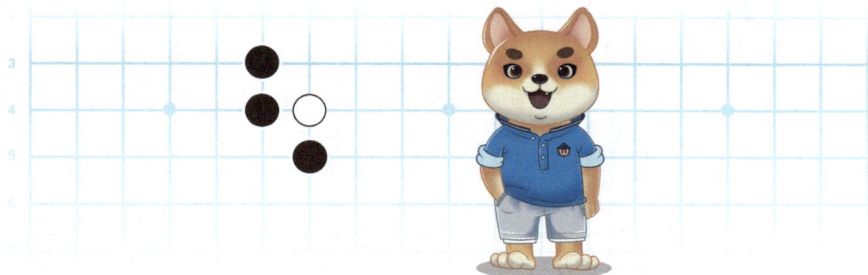

图2 变化图

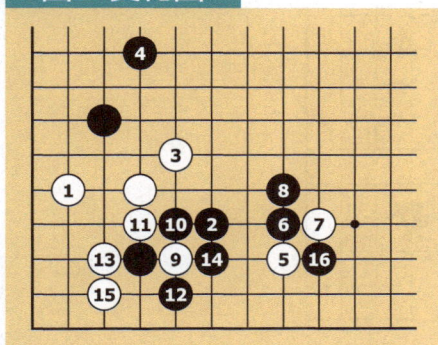

白1跳分断黑棋是想和黑棋战斗的下法，通常边上需要有一些配合，黑2飞，白3尖出头是必然的下法，白5反夹攻击黑棋，其中白9靠是局部弃子好手，以下至黑16，白角先手做活，可以满意

图2-1 变化图

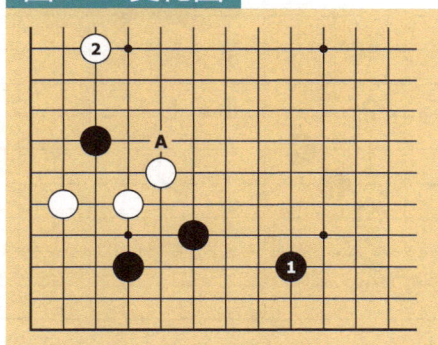

图2黑4改下黑1下方拆边也是一种选择，白2夹攻，将来黑可以在A位靠出和白战斗

图2-2 变化图

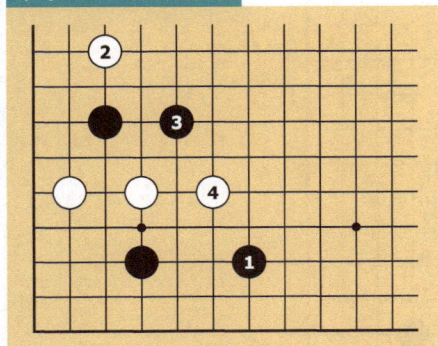

图2黑2改下黑1拆二比较稳重，白2夹攻是比较积极的下法，至白4，双方形成战斗的变化，大家可以视局面情况选择

图2-3 变化图

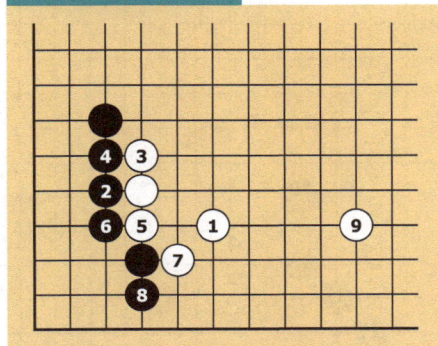

白1飞是场合下法，属于腾挪转身的一种变化，黑2托过，白3长，至白9，局部白稍亏，但是全局两分

图3 变化图

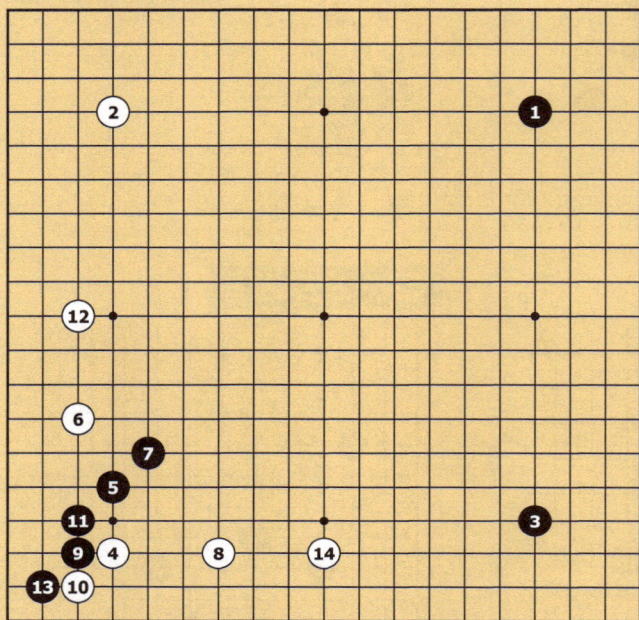

白6夹攻是注重边上发展的下法，黑7小尖，白8拆二出头，黑9托角，至白14，白棋布局速度比较快，黑局部比较厚实，双方两分

图3-1 变化图

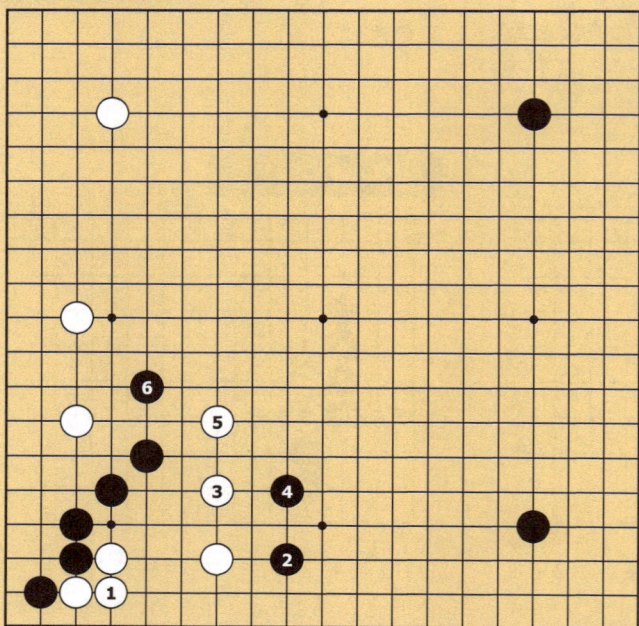

图3白14改下白1粘想攻击黑棋，黑2反夹严厉，至黑6双方形成战斗，但是黑边上有发展，此图黑棋稍好

图4 变化图

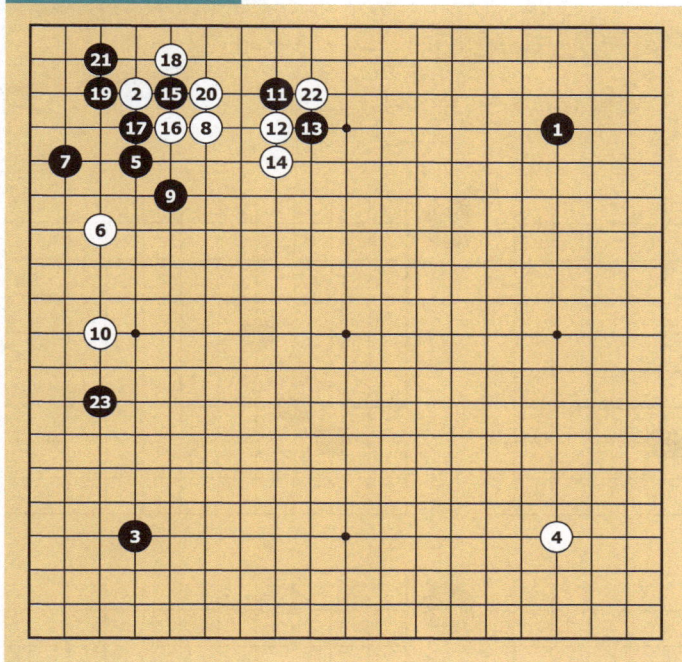

黑7跳是选择战斗的下法，因为左下和右上都是黑角，白8飞，黑9尖出头，黑11反夹严厉，以下是双方必然的下法，黑15靠是弃子好手，至黑23，全局黑不错

图5 变化图

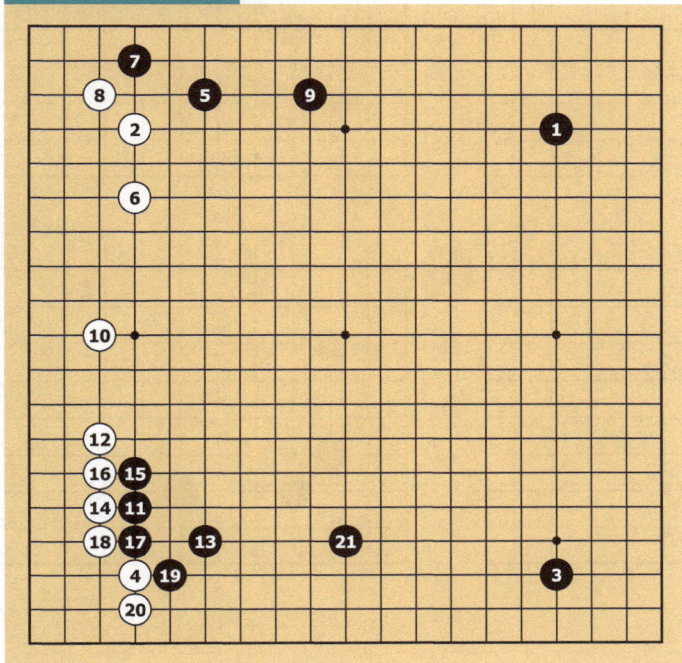

黑13飞是腾挪转身的下法，因为白10已经有一子接应，白14托过，黑15长，至黑21，局部虽然黑亏，但是由于白10拆边这颗子的效率较低，全局黑棋不错

小目高挂一间低夹定式应用（二）练习题

黑先，请写出在此局面下双方最佳的下法（至少3手）。

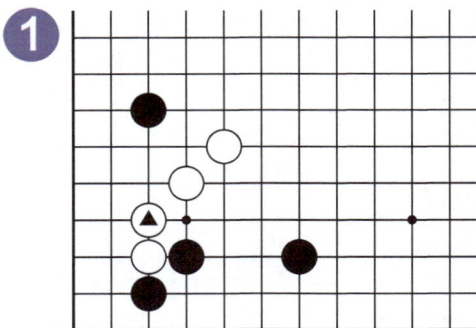

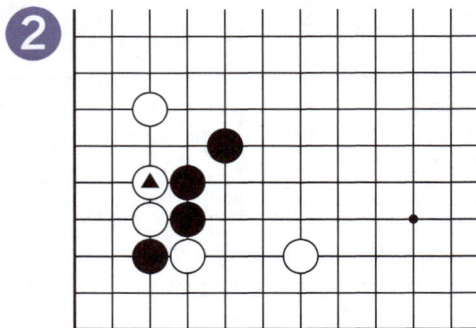

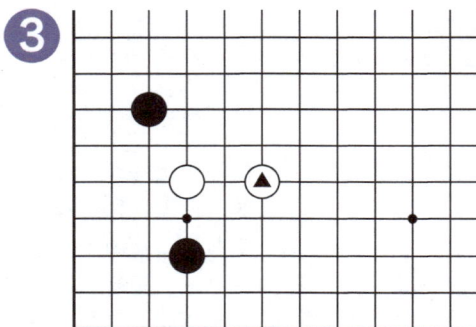

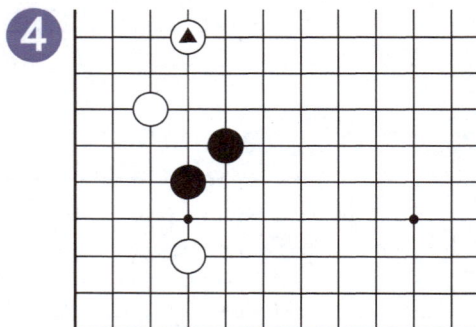

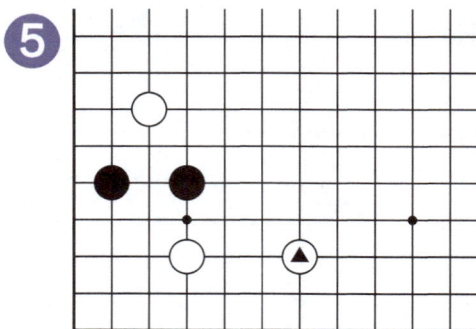

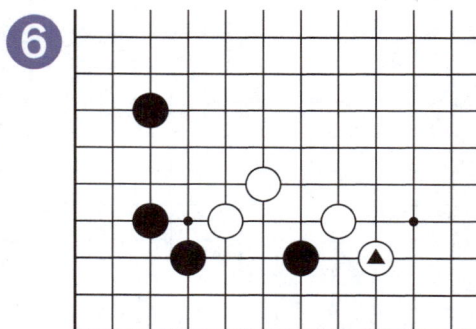

1

2

3

4

5

6

小目高挂一间低夹定式应用（二）练习题

黑先，请写出在此局面下双方最佳的下法（至少3手）。

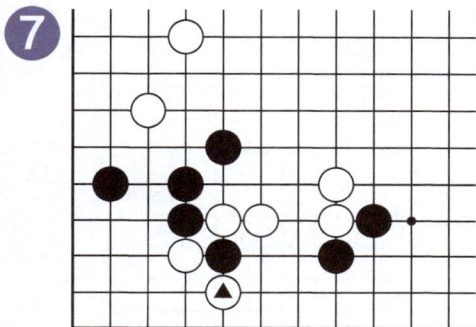

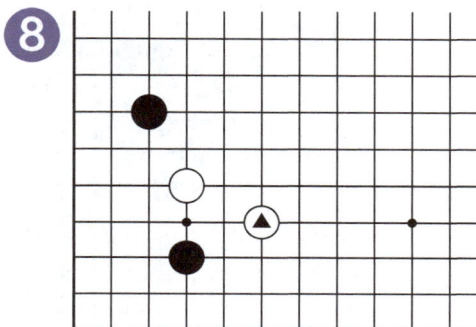

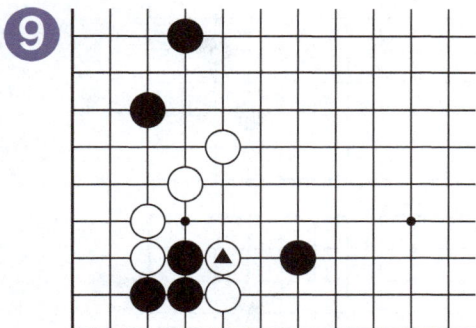

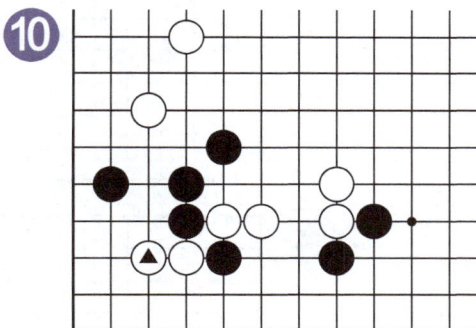

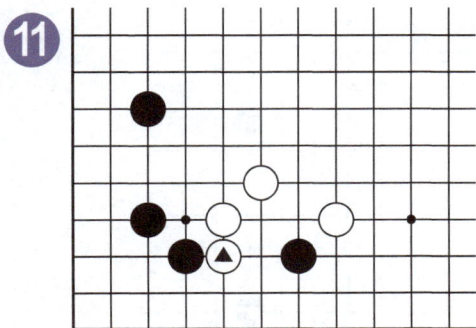

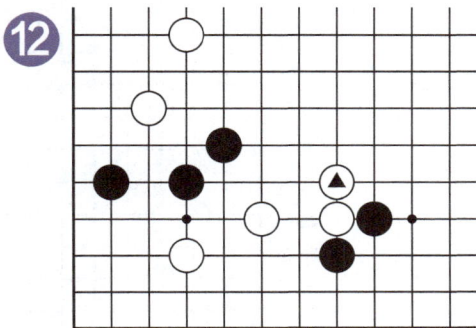

7

8

9

10

11

12

小目高挂一间低夹定式应用（二）练习题

黑先，请写出在此局面下最佳的定式选择（至少5手）。

⑬

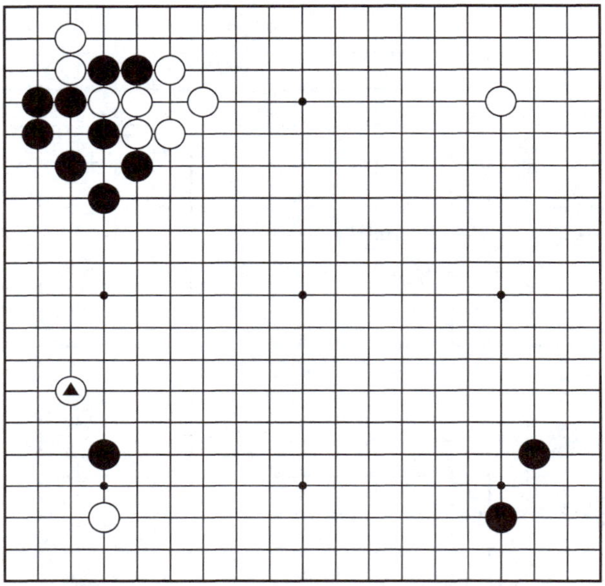

⑭

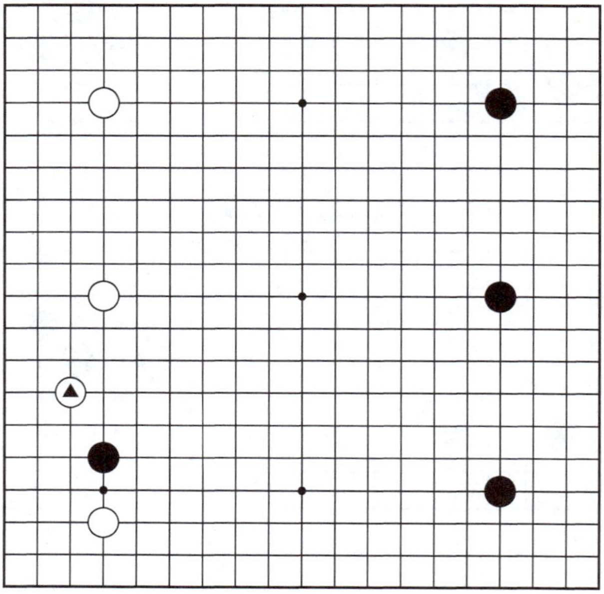

小目高挂一间低夹定式应用（二）练习题

黑先，请默写出在此局面下双方最佳的下法（至少5手）。

15

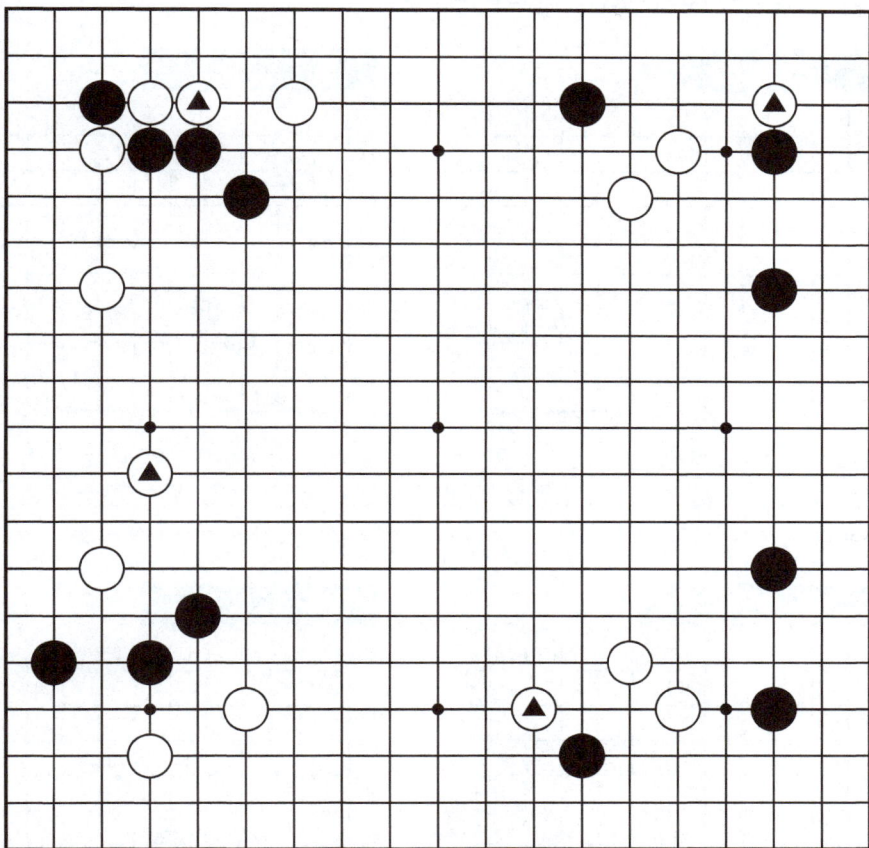

3 第3课 小目小飞挂角 定式应用（一）

本课主要讲解小目小飞挂角定式的应用。希望大家能掌握其与高挂定式的区别，以及在什么样的场合选择小飞挂角的下法。

基本图

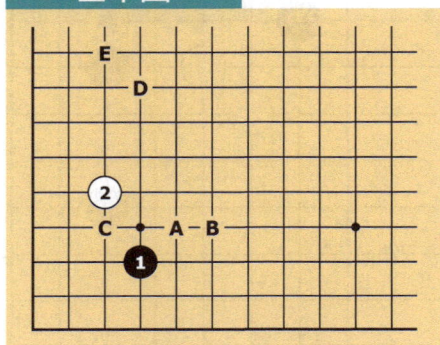

白2小飞挂角，和高挂相比更注重实地的发展，之后黑有A、B、C、D和E共5种常见选择

图1 变化图

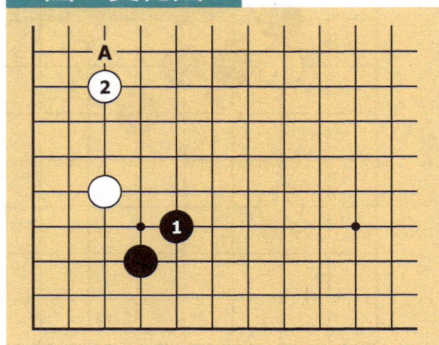

黑1小尖是注重下方发展的下法，白2拆二稳健，也可以考虑在A位拆三，之后黑棋可以脱先抢占其他大场

图2 变化图

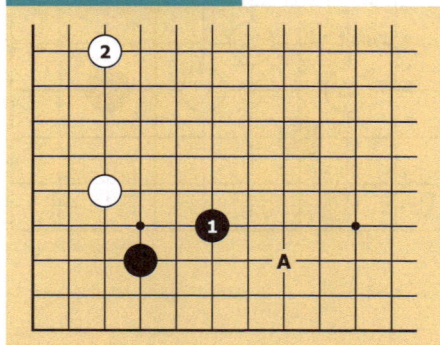

黑1小飞与小尖相比速度更快，白2拆边，将来有A位逼住黑棋的手段，此图两分

图2-1 变化图

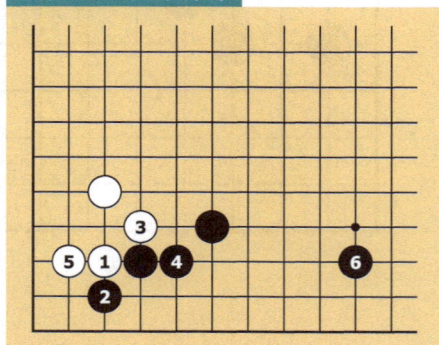

白1脱角是常用的定型下法，黑2扳，白3虎是要点，至黑6，与图2相比，黑棋下方变厚，白棋抢得先手，双方各有利弊

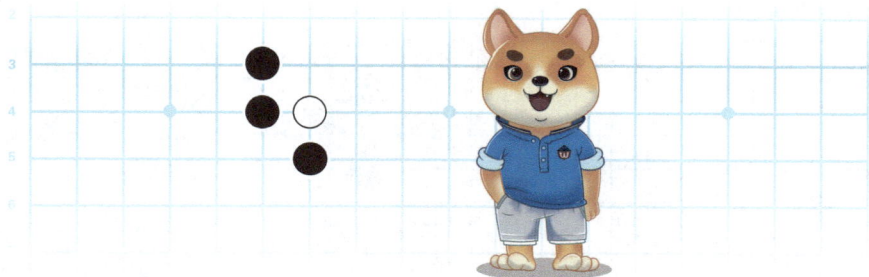

图2-2 失败图

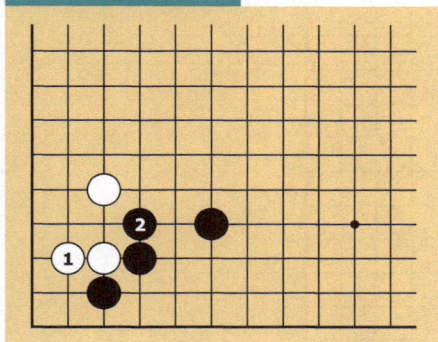

图2-1白3改下白1立不好，黑2长是要点，虽然看似缓慢，但是这是双方厚薄的要点，此图白稍亏

图2-3 变化图

⑤ = ▲

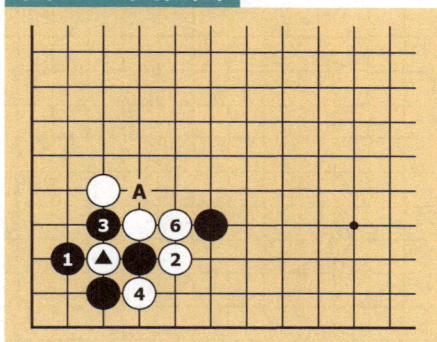

图2-1黑4改下黑1打吃属于比较积极的下法，白2反打转身，黑3提，白4打吃方向正确，至白6双方形成转换，将来白A位有断点，极为复杂，此图黑最好周围有一定配合

图2-4 失败图

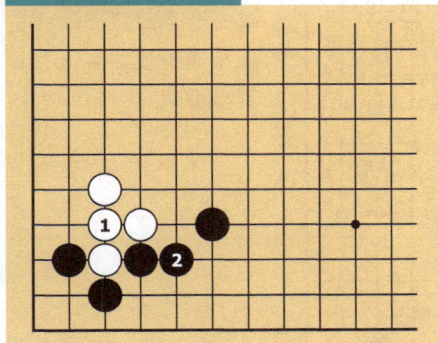

图2-3白2改下白1粘是恶手，黑2退，白棋被打成一个愚形，角上目数一无所获，白大亏

图2-5 变化图

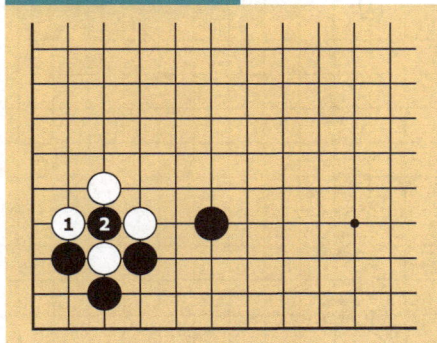

图2-3白2改下白1打劫是场合下法，通常需要劫材有利才可考虑，但是"初棋无劫"，白慎用

图3 变化图

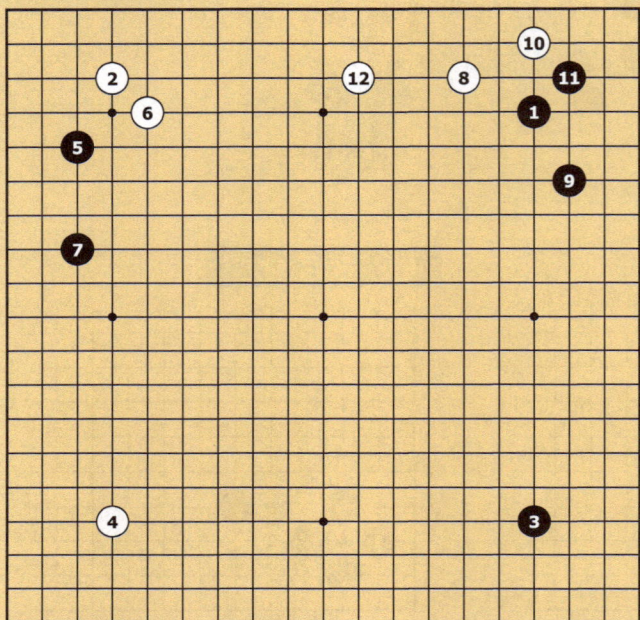

白6小尖是注重右上边发展的下法，黑7拆二，白8挂角方向正确，至白12双方两分

图4 变化图

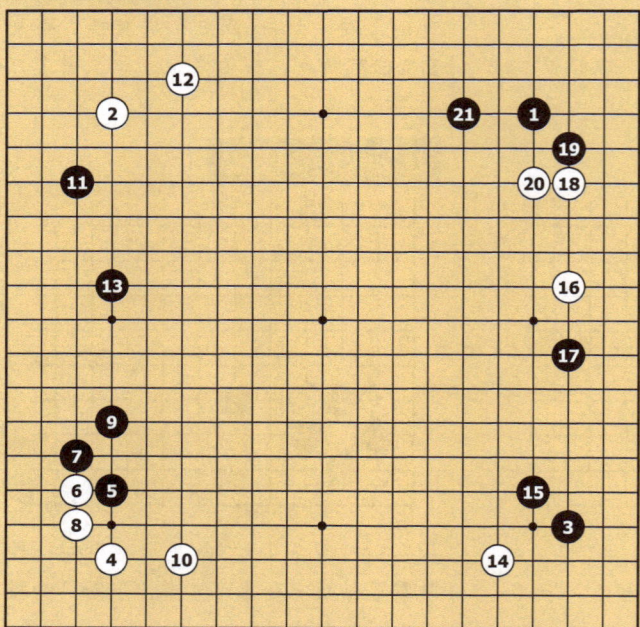

白6托是取实地的下法，黑11挂角积极，至黑13告一段落。白14挂角，黑15小尖方向正确，白16分投意图破坏黑棋发展，至黑21双方两分，此布局一度非常流行，可以尝试

图5 实战赏析

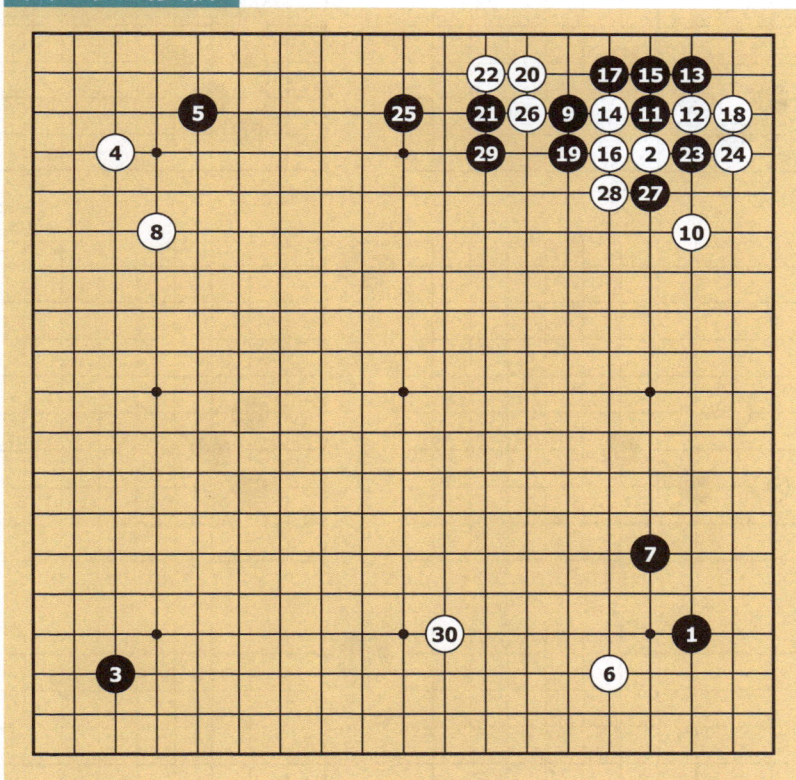

自2016年起，围棋界发生了翻天覆地的变化，开始进入人工智能时代，小目小飞挂角开始流行。黑9挂角，白10小飞，黑11直接托是人工智能时代流行的下法。白20点犀利，黑21跳，黑23断是好手，以下至黑29是双方必然的下法，非常精彩

小目小飞挂角定式应用（一）练习题

黑先，请写出在此局面下双方最佳的下法（至少3手）。

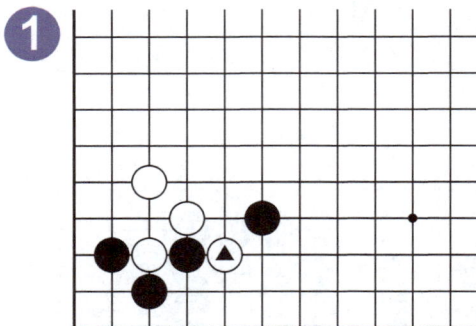

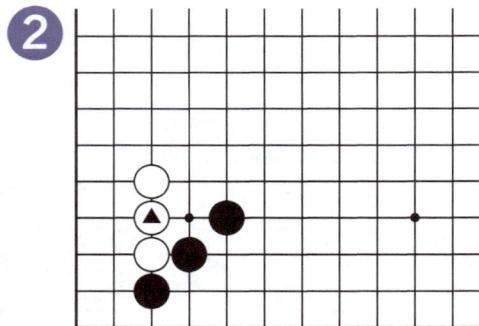

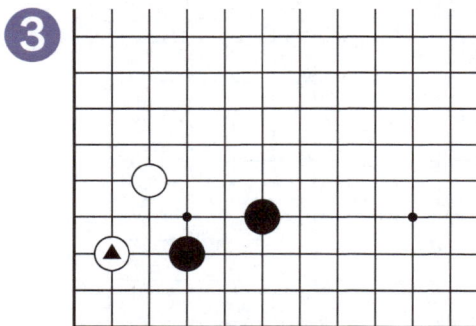

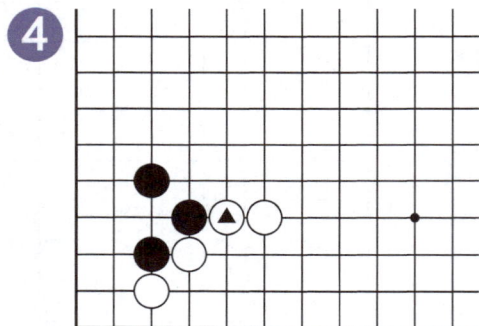

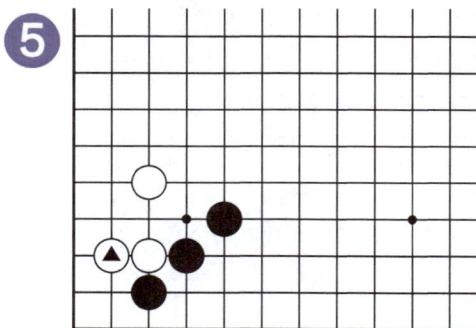

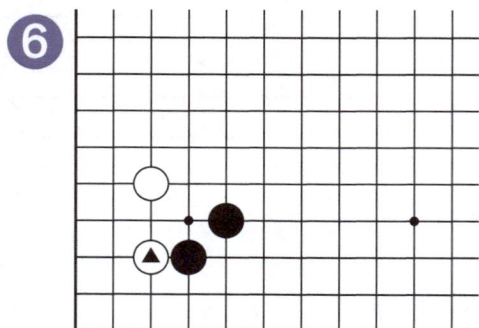

1

2

3

4

5

6

小目小飞挂角定式应用（一）练习题

黑先，请写出在此局面下双方最佳的下法（至少3手）。

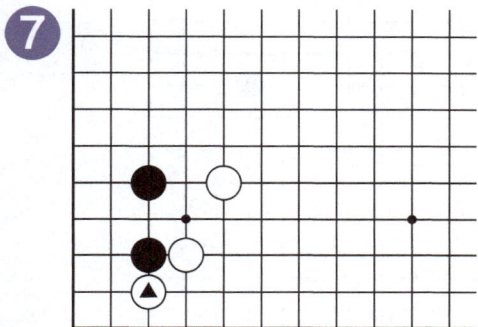

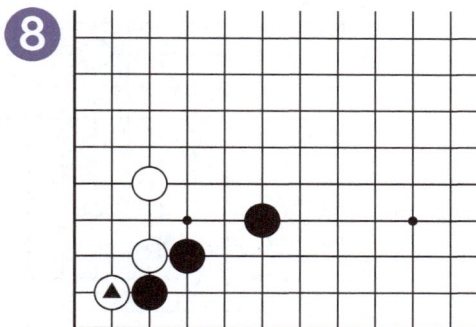

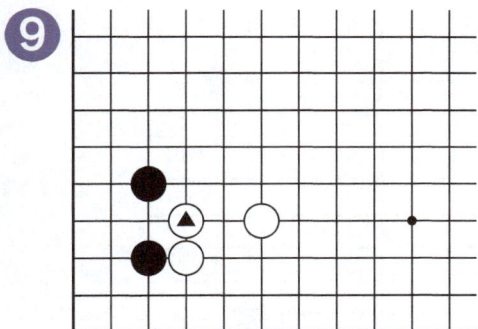

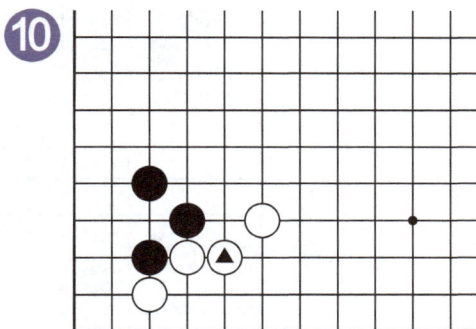

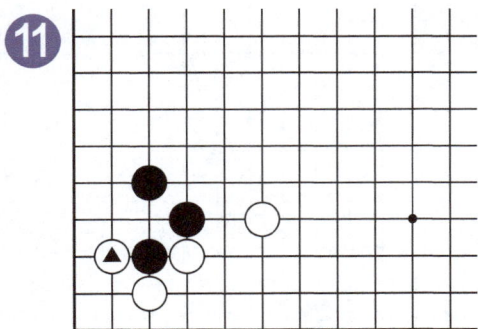

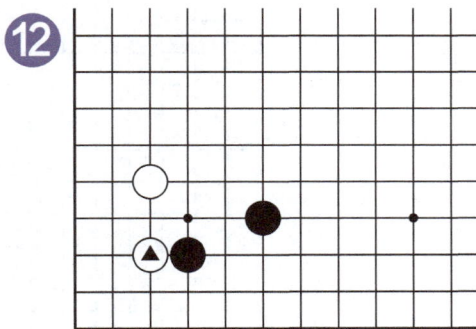

7

8

9

10

11

12

小目小飞挂角定式应用（一）练习题

黑先，请写出在此局面下最佳的定式选择（至少5手）。

13

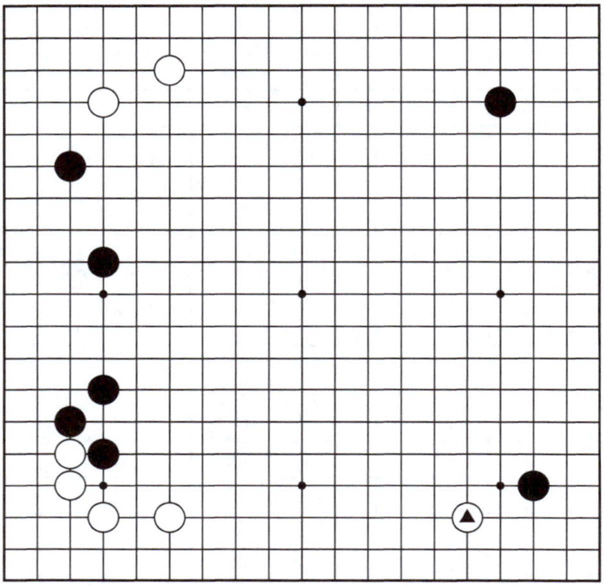

14

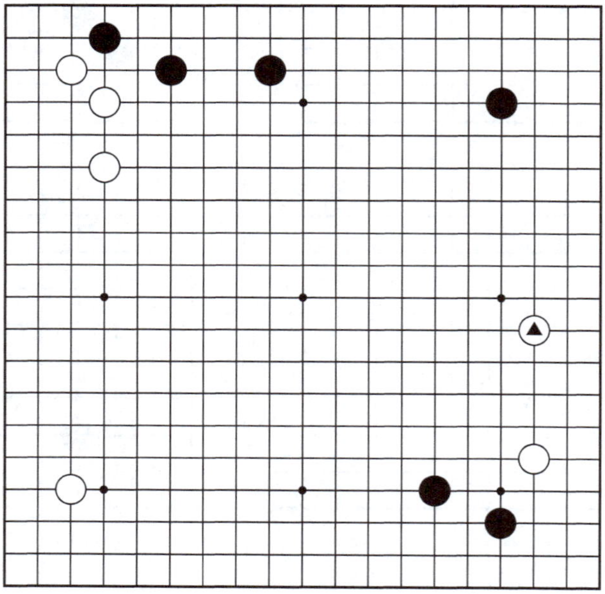

小目小飞挂角定式应用（一）练习题

黑先，请默写出在此局面下双方最佳的下法（至少7手）。

15

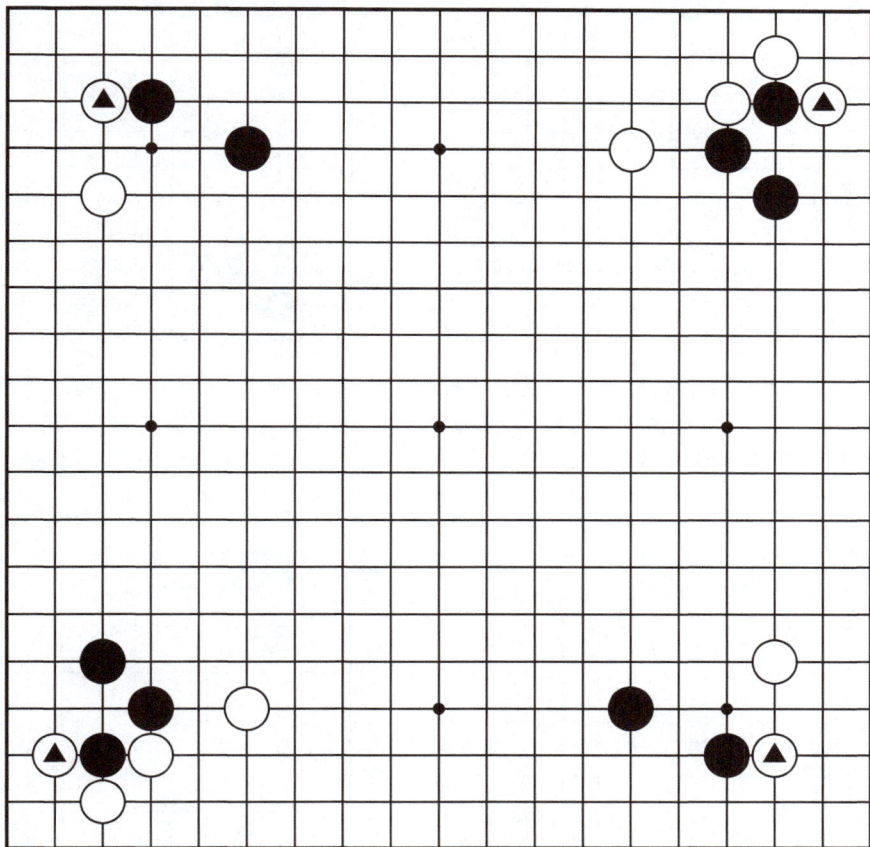

4 第4课 小目小飞挂角定式应用（二）

图1 基本图

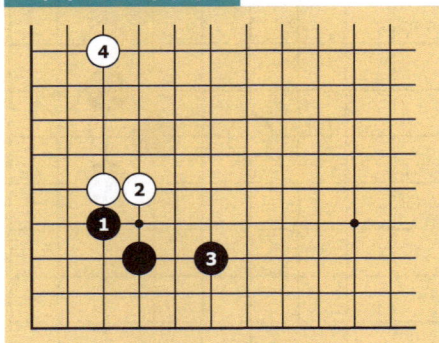

黑1尖顶是注重实地的下法，且上边价值不大的时候可以选择，白2长，黑3跳稳健，至白4双方两分

图2 变化图

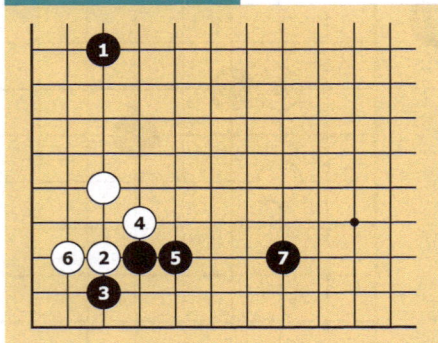

黑1三间低夹注重上边发展，通常需要有配合，白2托角是局部腾挪手筋，黑3扳，白4虎，至黑7，白先手做活，黑下方变厚，大致两分

图2-1 变化图

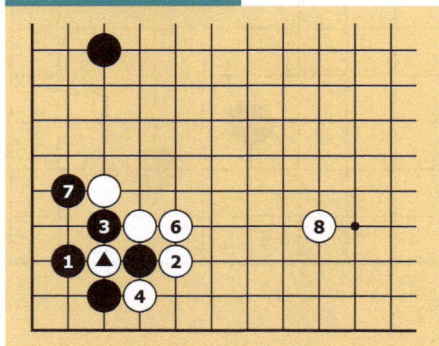

❺ = ▲

图2黑5改下黑1打吃注重实地，白2反打转身，黑3提，至白8，双方形状转换，黑取实地，白转到下边发展，局部两分

图2-2 失败图

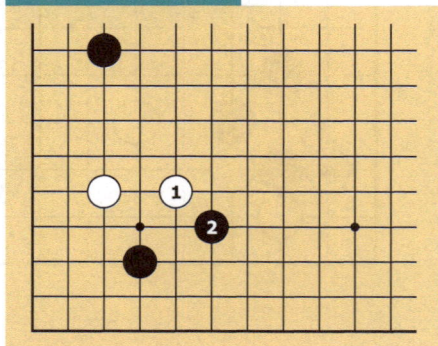

图2白2改下白1跳不好，黑2小飞，之后白局部没有很好的腾挪手段，此图白稍亏

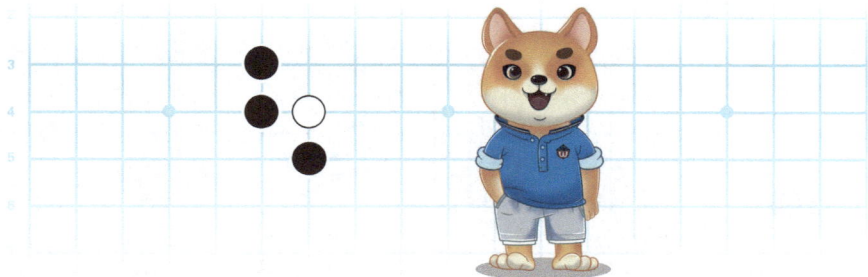

图3 变化图

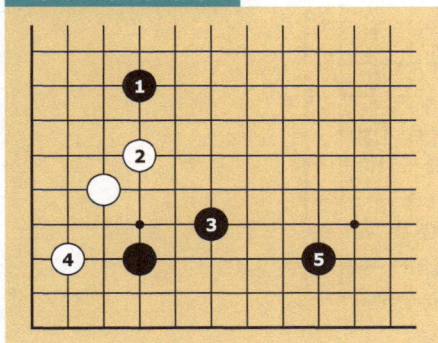

黑1二间高夹对白棋威胁更大，白2小尖稳重，黑3小飞，白4飞角做活，黑5拆边，局部两分

图3-1 变化图

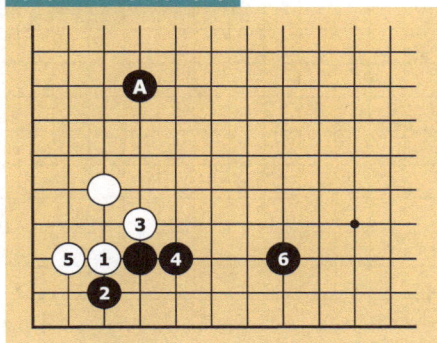

图3白2改下白1托角是局部腾挪的好手，黑4退简明，至黑6，双方两分，此图黑A位这颗子对中央更好一些

图3-2 变化图

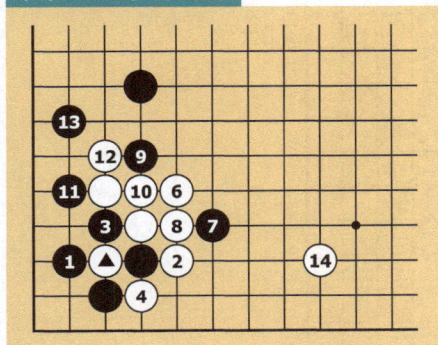

⑤ = ▲

图3-1黑4改下黑1打吃反击，白2反打转身，黑7点把白棋走重，至白14，白棋显得有些笨重，此图黑稍好

图3-3 变化图

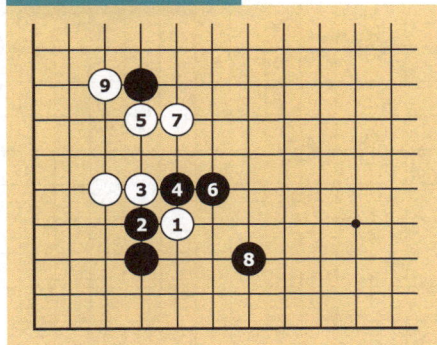

图3白2改下白1飞压是对付夹攻的常用手段，黑2冲断，白5靠是局部腾挪手筋，至白9双方形成转换，局部两分

图4 变化图

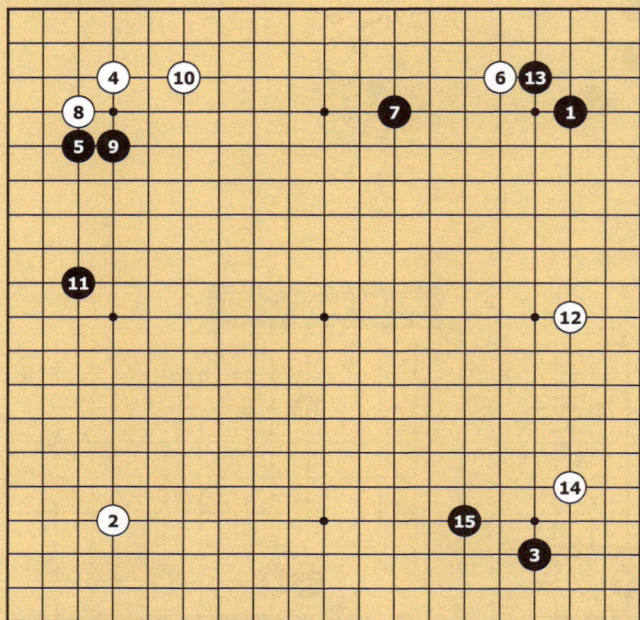

白8尖顶注重实地，同时想争先手，白12分投意图打散黑棋模样，至黑15双方两分

图5 变化图

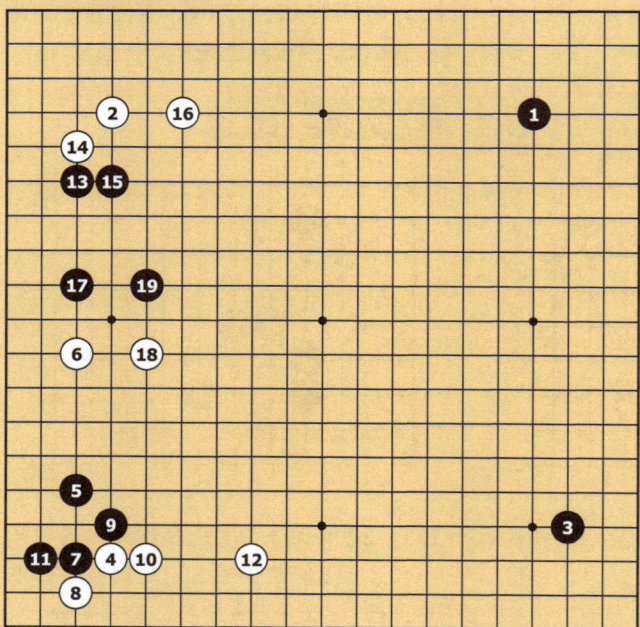

黑7托是角部定型好手，白10退重视边上发展，黑13挂角积极，白14尖顶想和黑棋战斗，至白20，双方两分

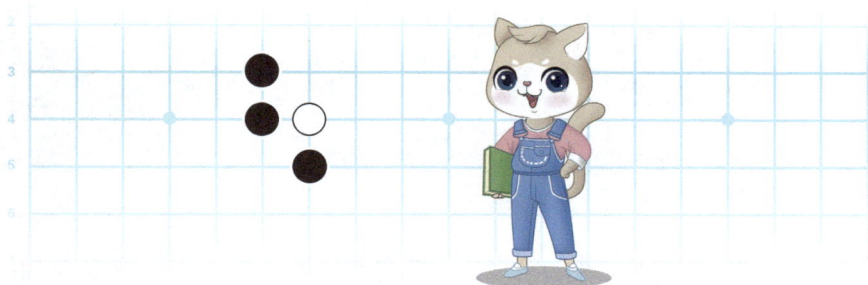

图6 实战赏析

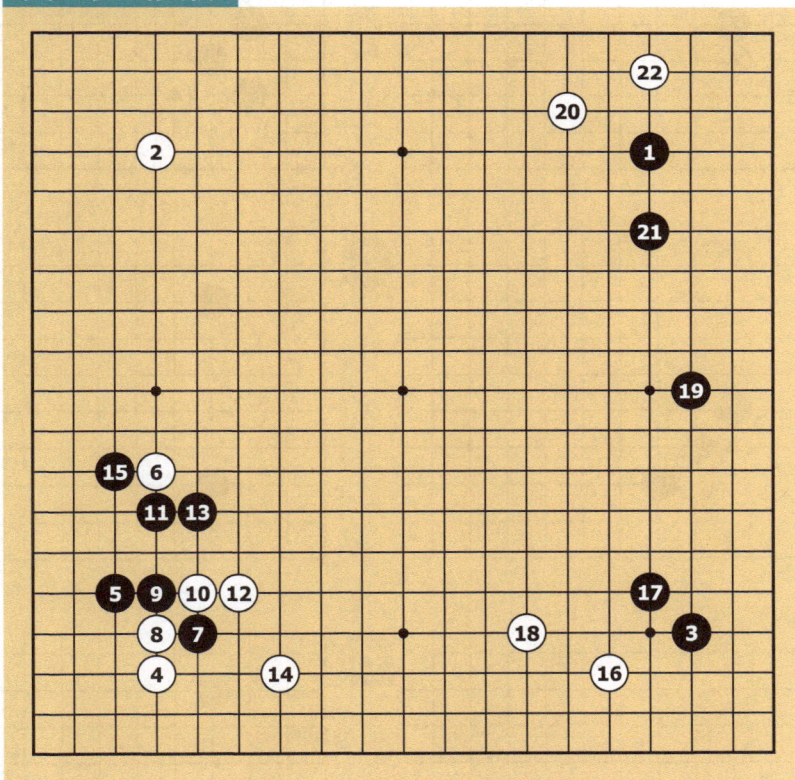

黑7飞压，白8冲断与黑棋战斗，黑11是局部腾挪手筋，至黑15局部两分，白16挂角扩张下边，以下至白22，双方大致两分

小目小飞挂角定式应用（二）练习题

黑先，请写出在此局面下双方最佳的下法（至少3手）。

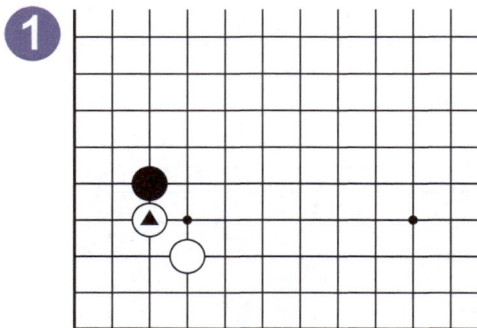

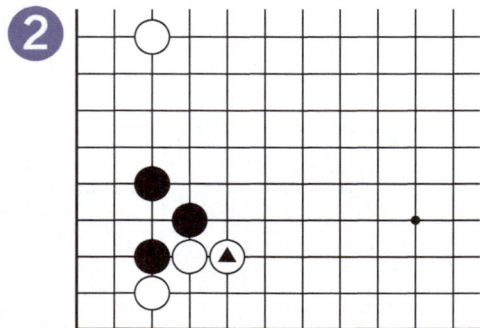

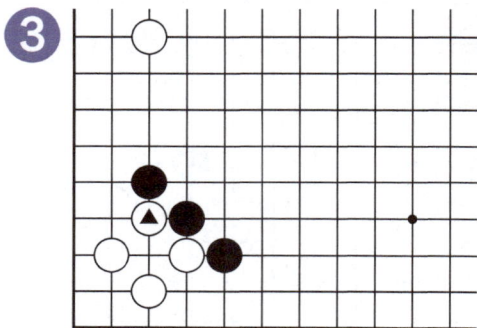

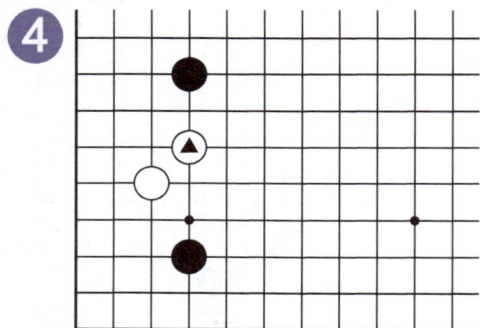

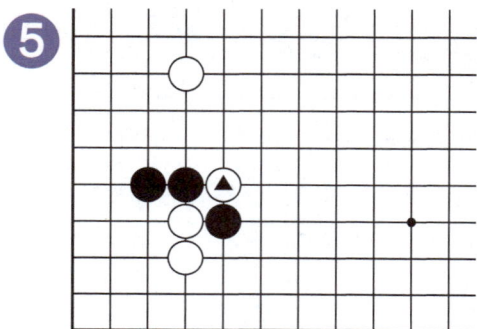

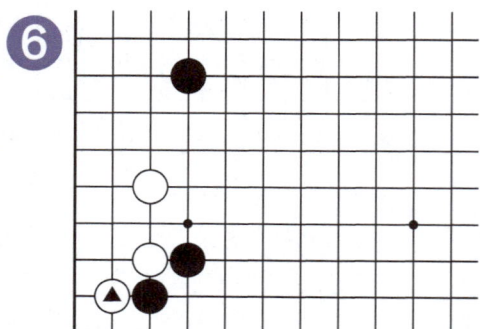

1

2

3

4

5

6

小目小飞挂角定式应用（二）练习题

黑先，请写出在此局面下双方最佳的下法（至少3手）。

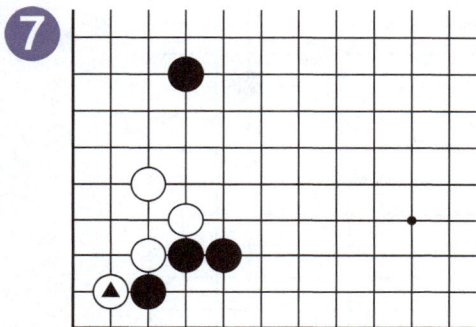

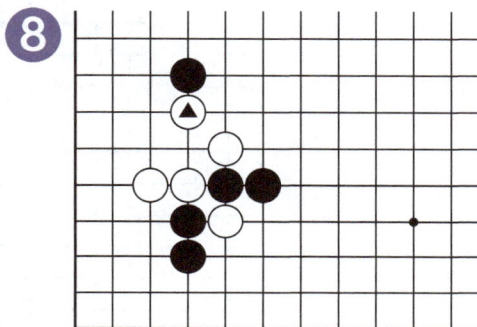

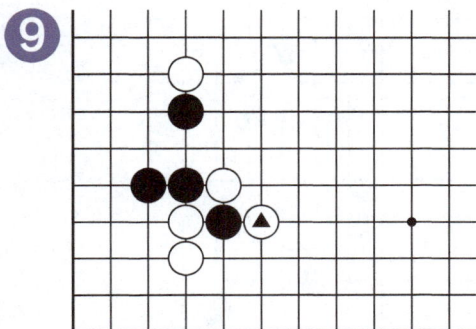

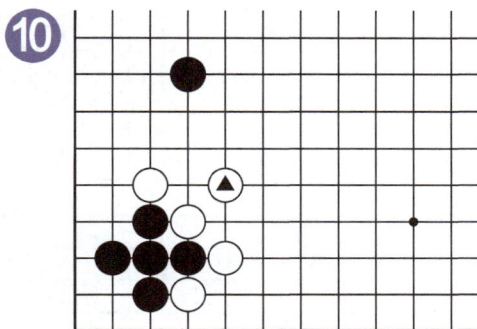

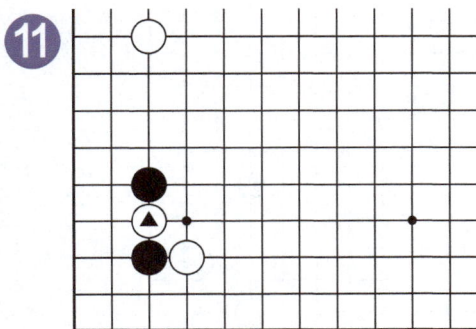

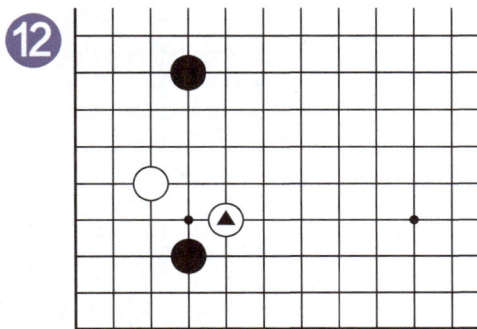

7

8

9

10

11

12

小目小飞挂角定式应用（二）练习题

黑先，请写出在此局面下最佳的定式选择（至少5手）。

13

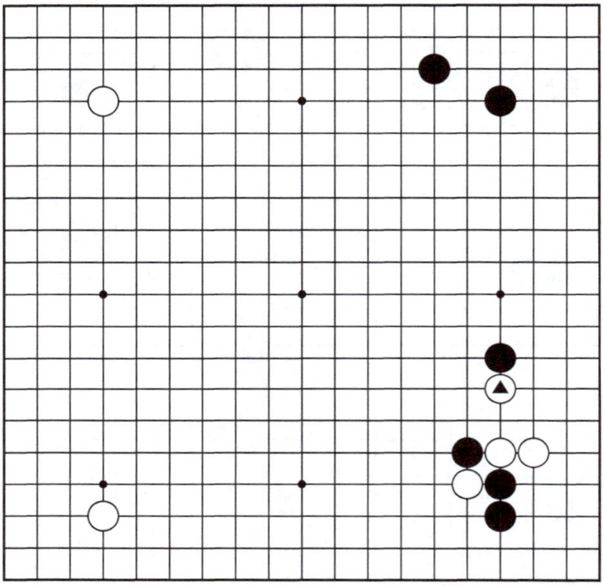

14

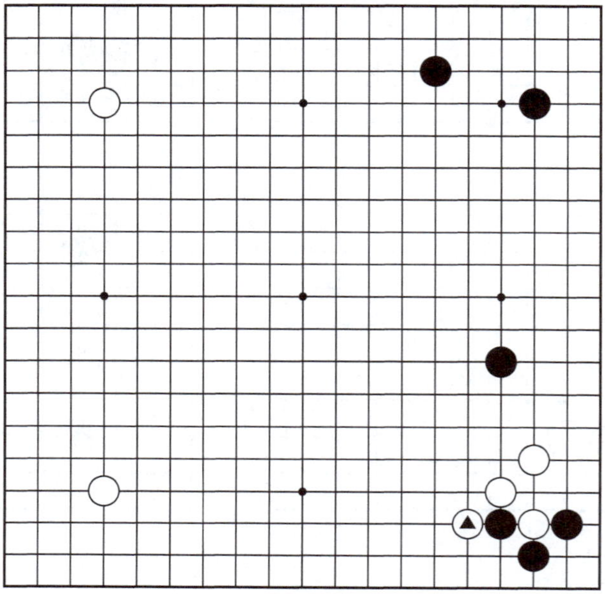

小目小飞挂角定式应用（二）练习题

黑先，请默写出在此局面下双方最佳的下法（至少7手）。

⑮

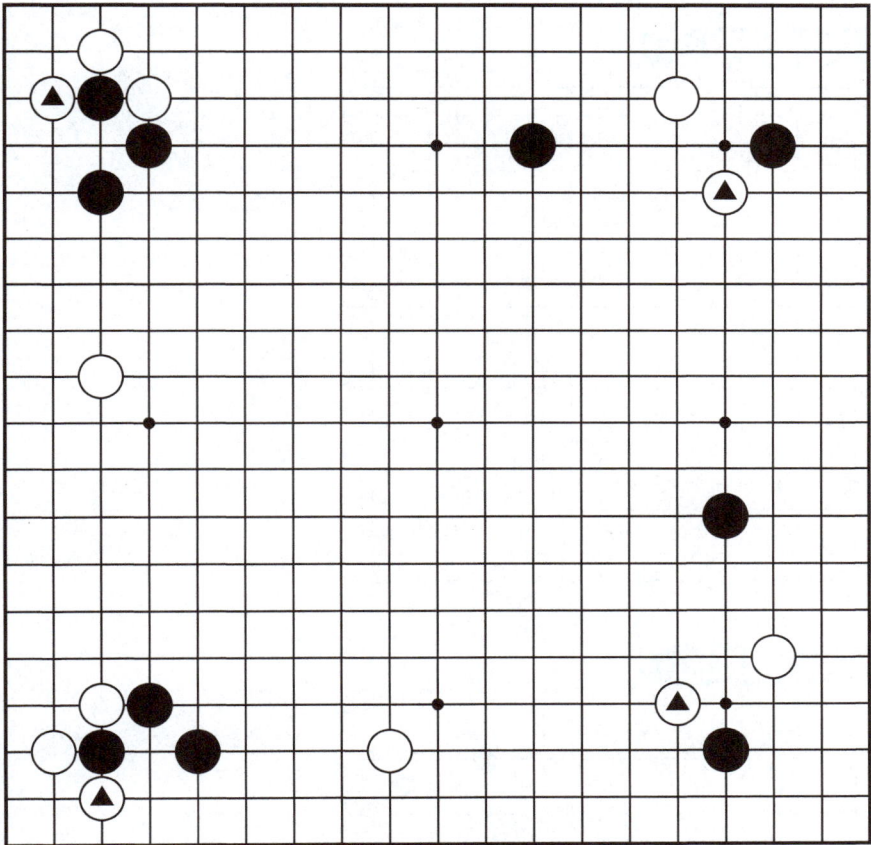

第5课 错小目布局常型（一）

本课主要讲解错小目布局的常型。希望大家掌握这个布局的特点，结合之前学习过的一些小目挂角定式，能够更好地运用到实战中。

基本图

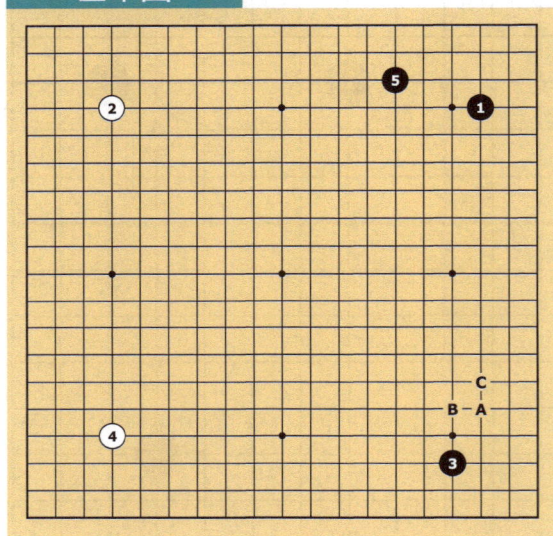

黑开局用错小目布局，黑5大飞守角是流行下法，之后白棋有A、B和C共3种常见挂角方式

图1 变化图

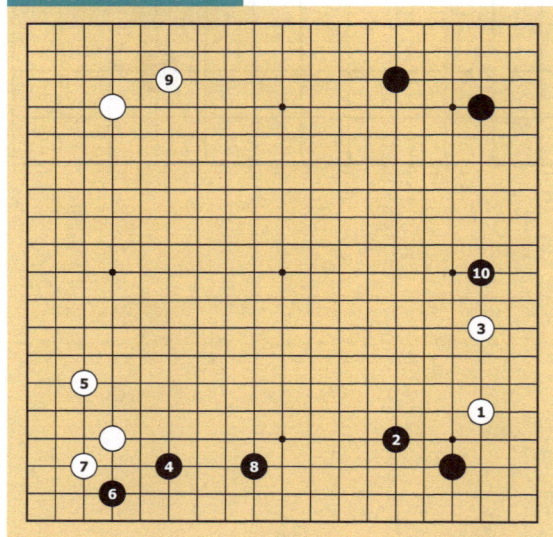

白1小飞挂角是重视实地的下法，黑2小飞应对简明，白3拆二平稳，至黑10双方两分

图2 变化图

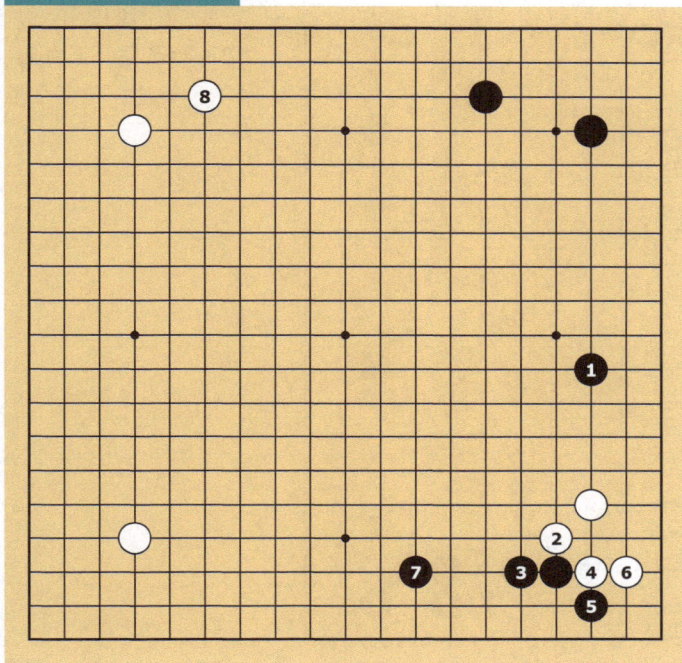

图1黑2改下黑1三间低夹注重边上发展，同时想攻击白棋，白2尖是局部定型好手，黑3长简明，白4扳，然后白6立做活，至白8，大致两分

图3 变化图

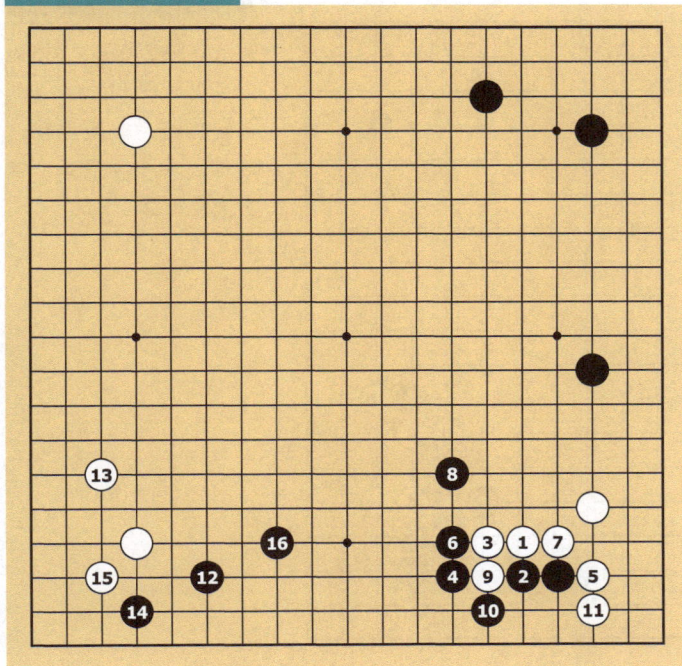

图2白2改下白1飞压压缩黑棋，黑2爬，然后黑4跳出头，白5托是征子有利时的下法，黑6贴取势，白11立做活，黑12挂角扩张模样，至黑16，全局两分

图4 失败图

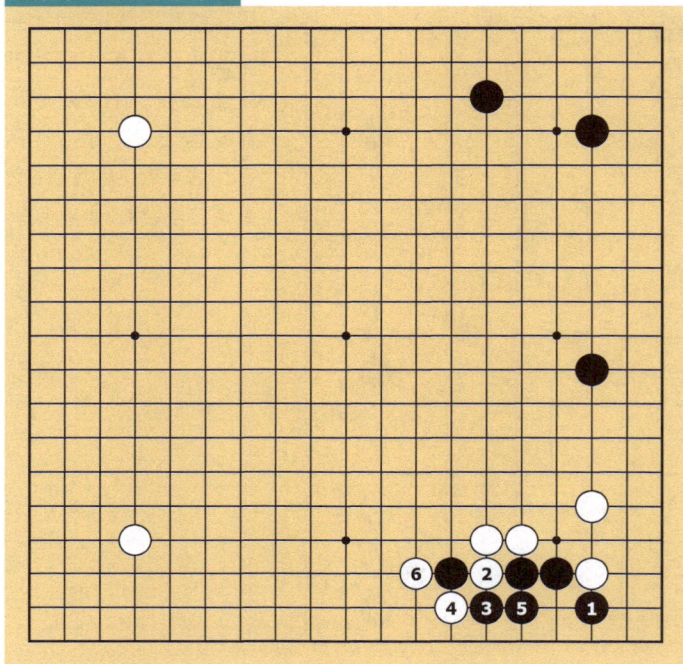

图3黑6改下黑1扳不好，白2冲断严厉，至白6，黑一子被吃，此变化黑大亏

图5 变化图

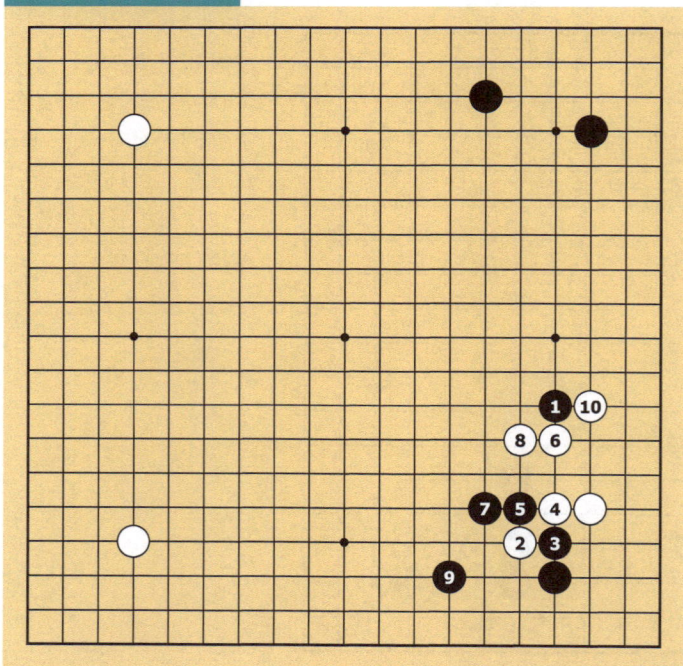

黑1二间高夹对白棋威胁更大，白2飞压，黑3此时可以冲断，白6靠是局部腾挪好手，至白10，局部战斗告一段落，双方大致两分

图6 实战赏析

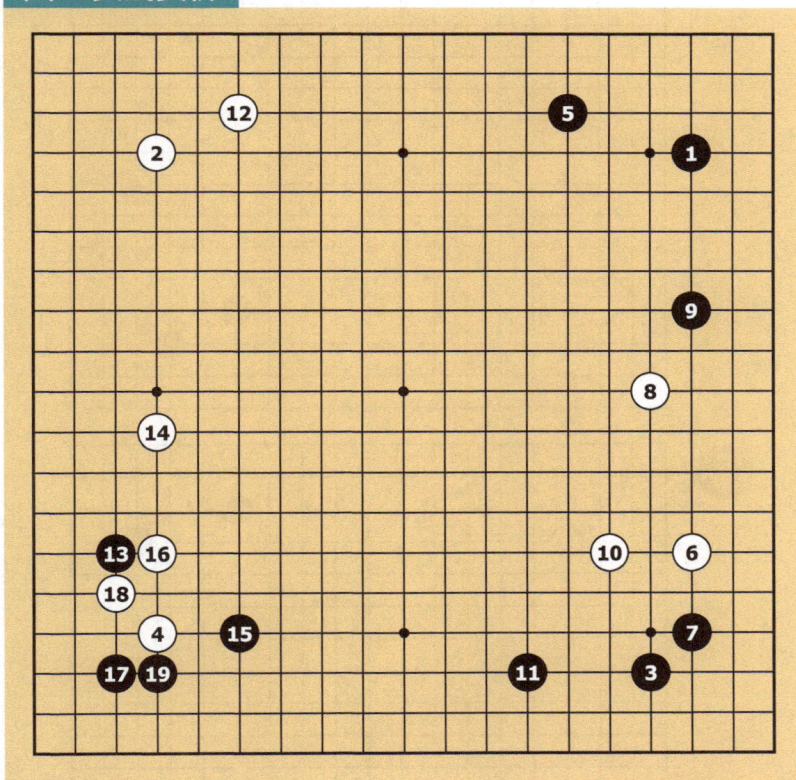

白6大飞挂角意在打散黑模样，黑7小尖取地，白8高拆三注重外势，至黑11局部两分，黑13挂角破坏白棋模样，白14夹攻方向正确，至黑19，形成黑取实地、白取外势的格局，大致两分

错小目布局常型（一）练习题

黑先，请写出在此局面下双方最佳的下法（至少3手）。

1

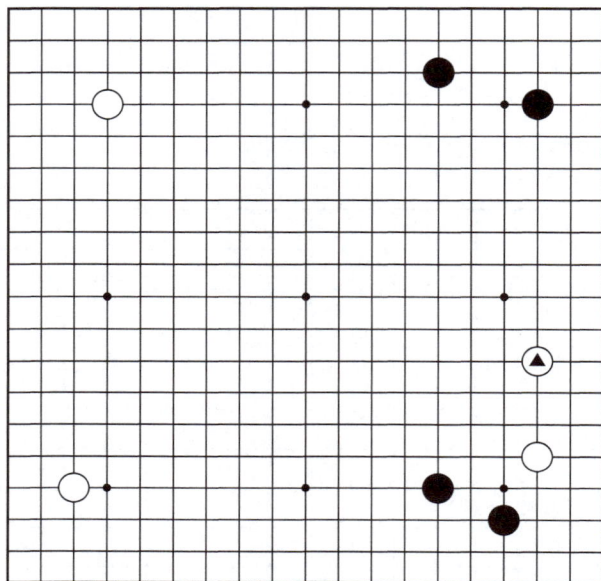

2

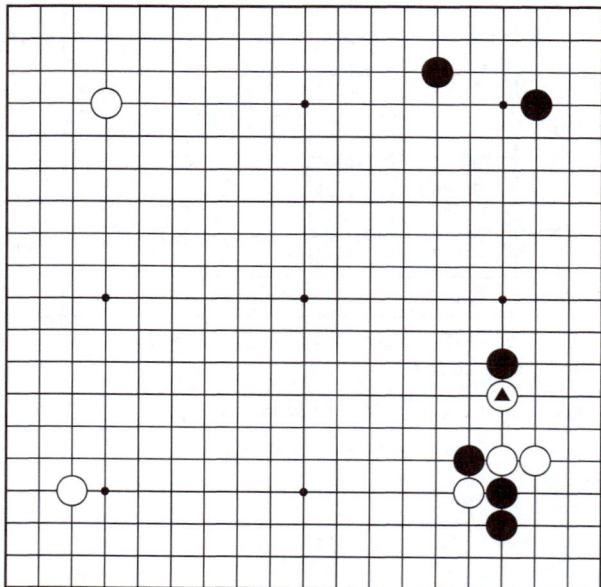

错小目布局常型（一）练习题

黑先，请写出在此局面下双方最佳的下法（至少3手）。

❸

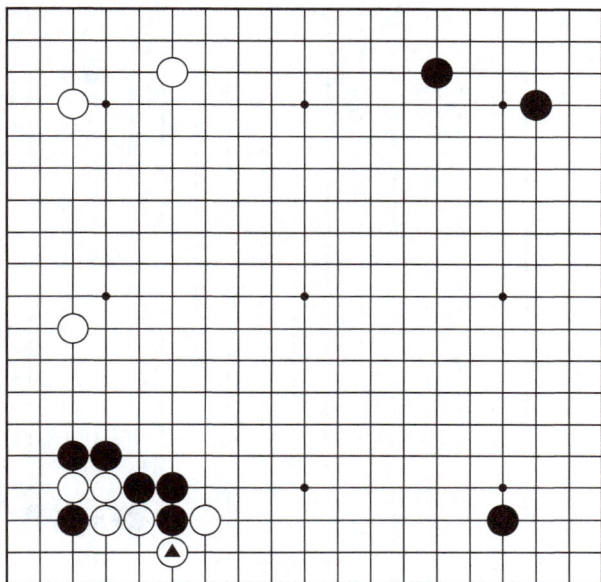

❹

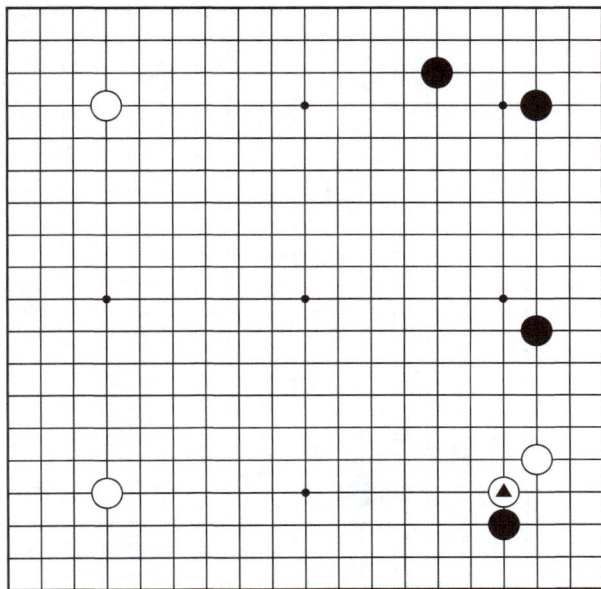

错小目布局常型（一）练习题

黑先，请写出在此局面下双方最佳的下法（至少3手）。

5

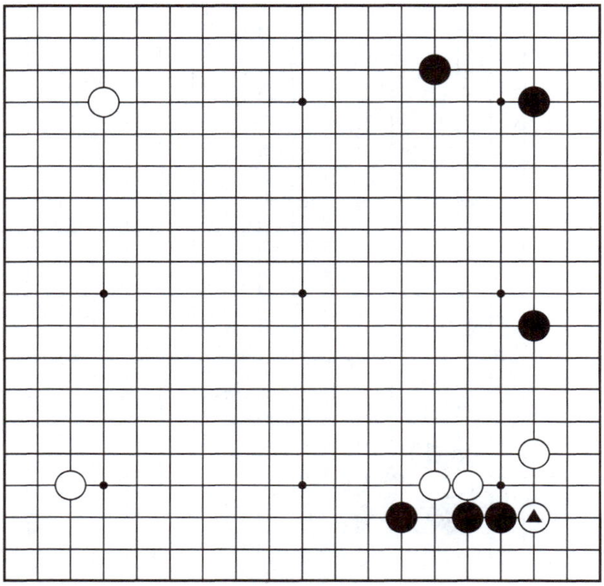

6

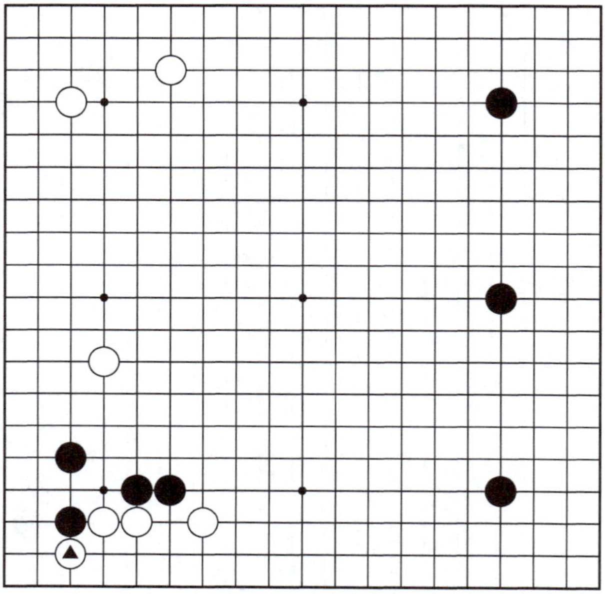

错小目布局常型（一）练习题

黑先，请写出在此局面下双方最佳的下法（至少3手）。

7

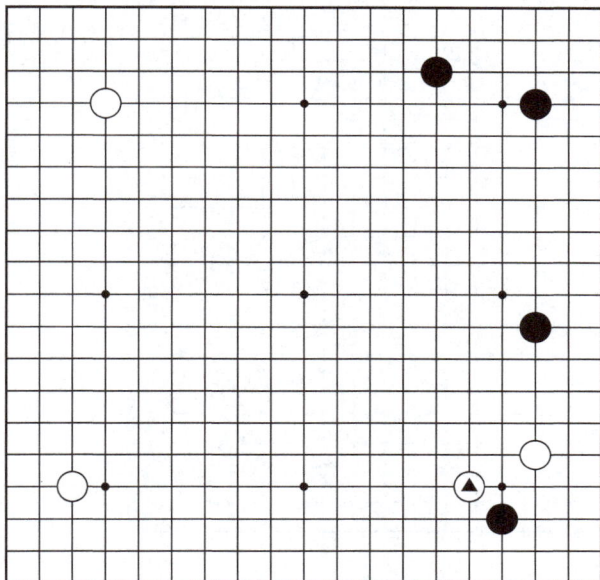

8

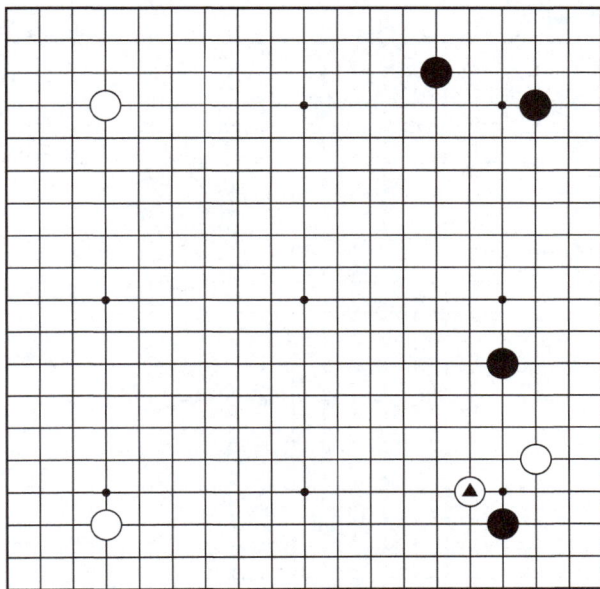

第6课 错小目布局常型（二）

图1 变化图

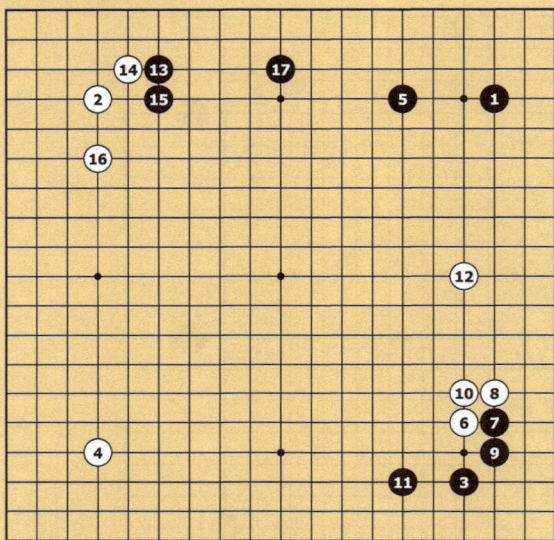

黑5二间跳守角是人工智能时代流行的下法，白6高挂，黑7托退取实地，白12拆高位是注重模样的下法，至黑17，双方两分

图2 变化图

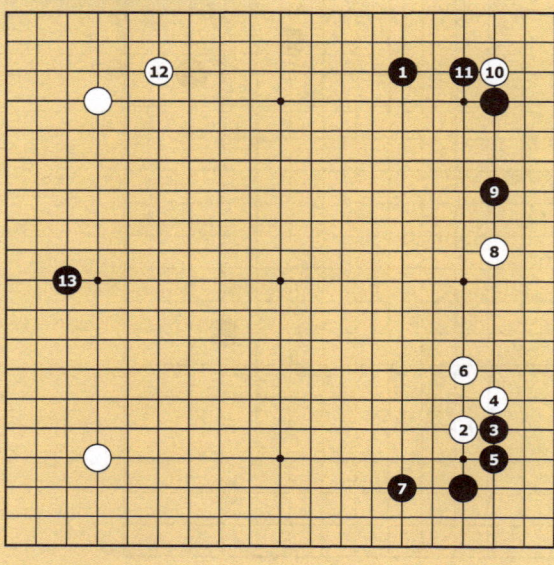

白6虎是常见下法之一，白10靠是适应手，也是为了抢先手，至黑13，双方形成拼抢实地的格局

图2-1 变化图

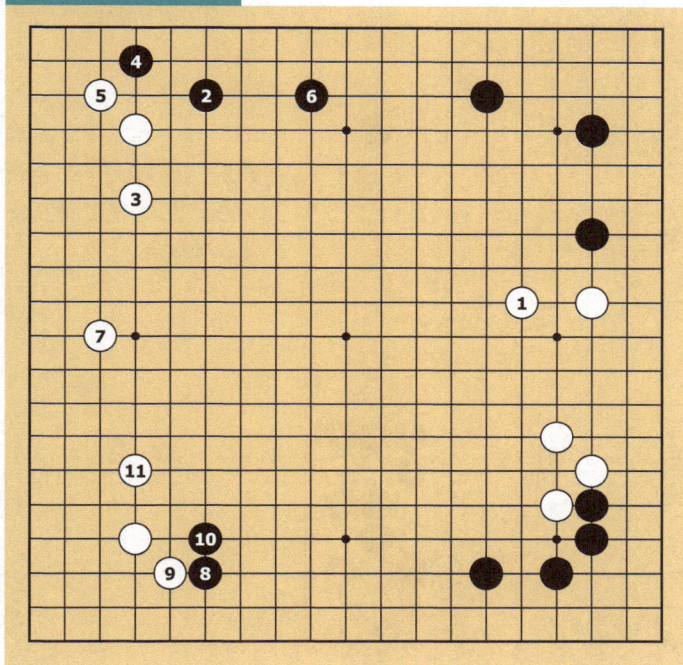

图2白10改下白1跳稳健，黑2挂角扩张自己，白9尖顶注重角上实地，至白11，双方形势差不多

图3 变化图

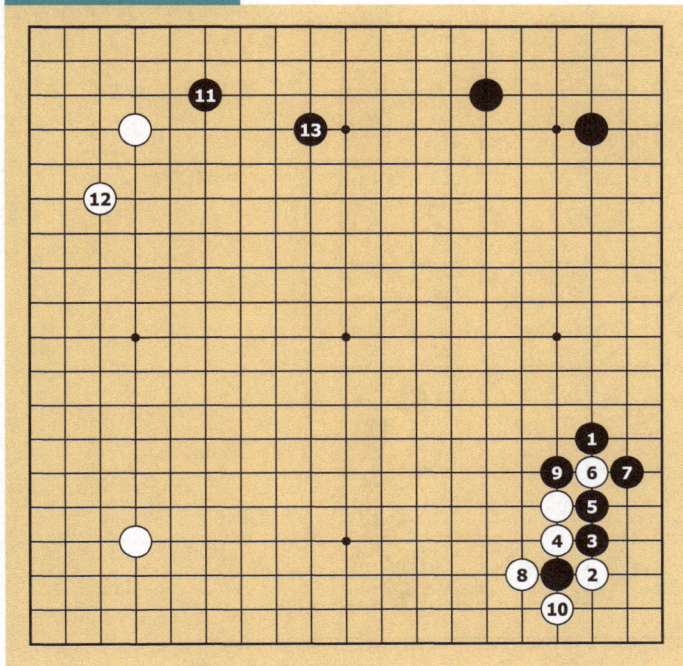

图2黑3改下黑1一间低注重了边上发展同时攻击了白棋，白2托角，黑3扳，黑9提转换是场合下法，至黑13，黑上方构成大模样，白取实地，将来白如何破坏黑棋模样是胜负关键

图3-1 变化图

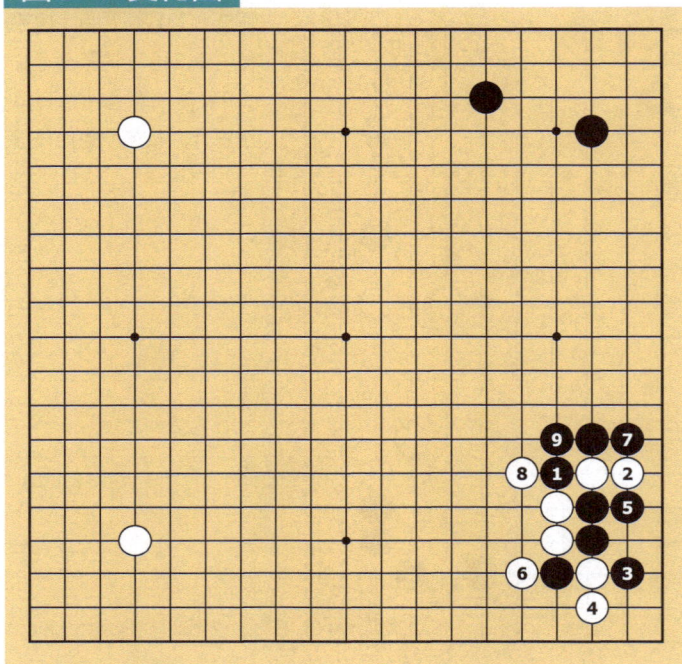

图3黑7改下黑1打上面是取势的下法，白2立，黑3打吃，再黑5挡是必然的下法，至黑9，黑取外势，和右上角配合还可以，但是速度稍显缓慢，可以去尝试

图3-2 变化图

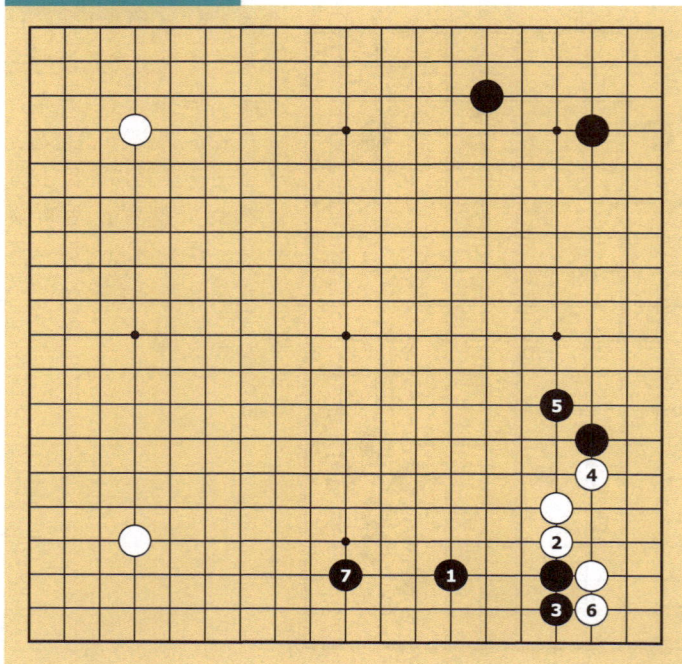

图3黑3改下黑1直接拆二是流行的下法，意图快速拆边，白2顶正确，黑3立，白4尖顶注重实地，至黑7，双方两分

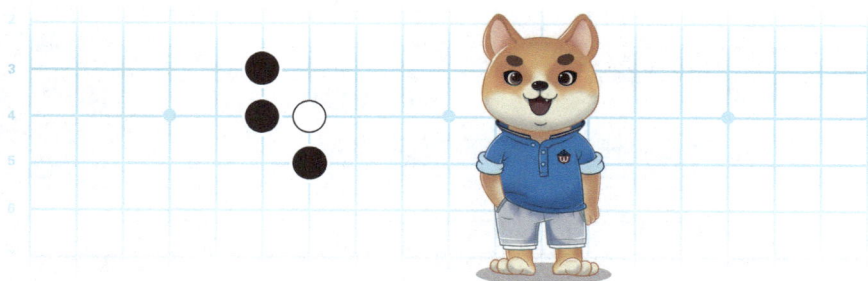

图4 实战赏析

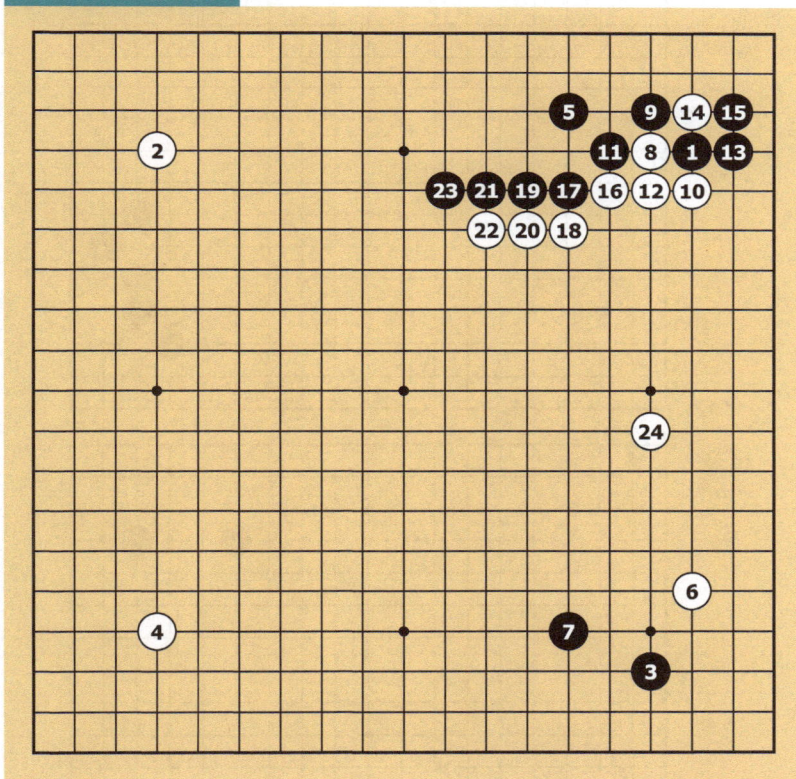

白8靠是最新下法，意图在角上占些便宜，黑9扳稳健，白14断是适应手，之后白16拐，白20再压是取势的下法，至白24，大致两分

错小目布局常型（二）练习题

黑先，请写出在此局面下双方最佳的下法（至少3手）。

1

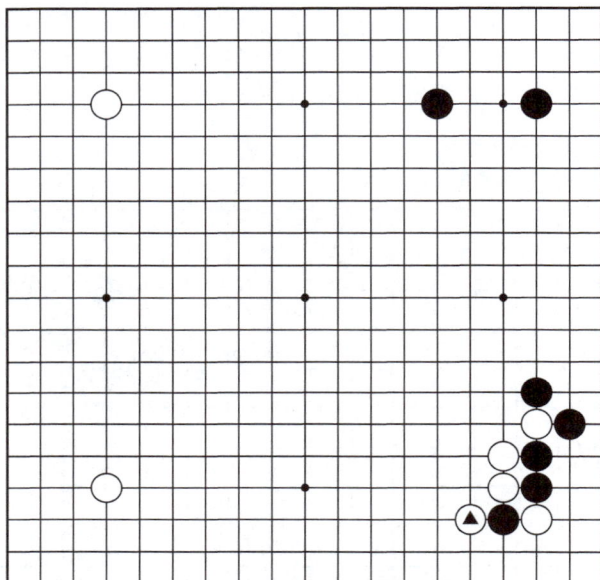

2

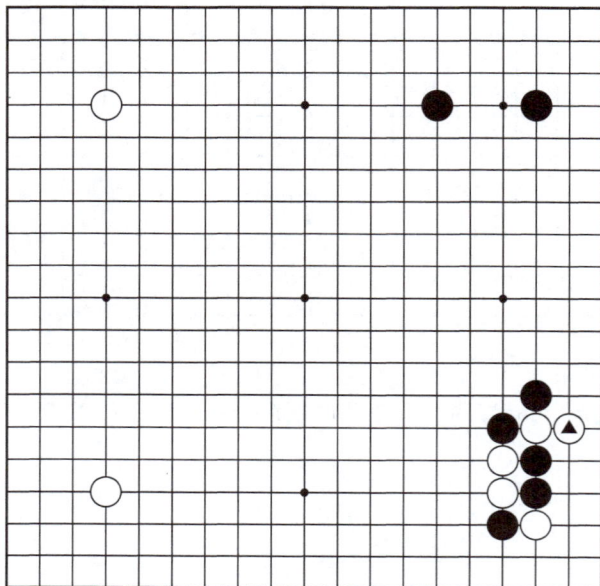

错小目布局常型（二）练习题

黑先，请写出在此局面下双方最佳的下法（至少3手）。

3

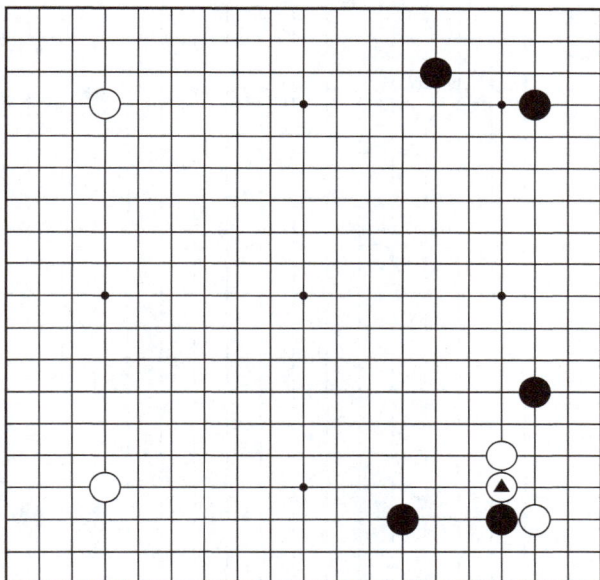

4

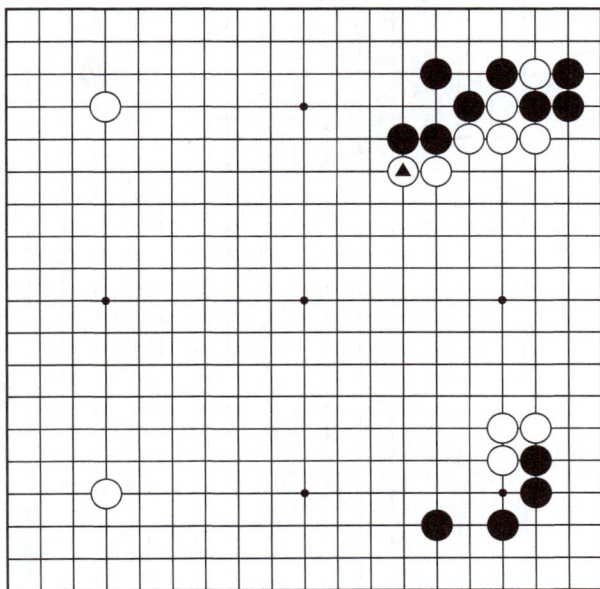

错小目布局常型（二）练习题

黑先，请写出在此局面下双方最佳的下法（至少3手）。

5

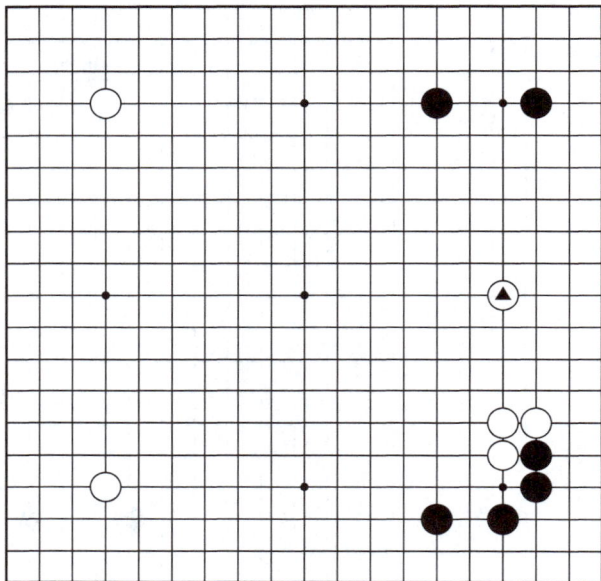

6

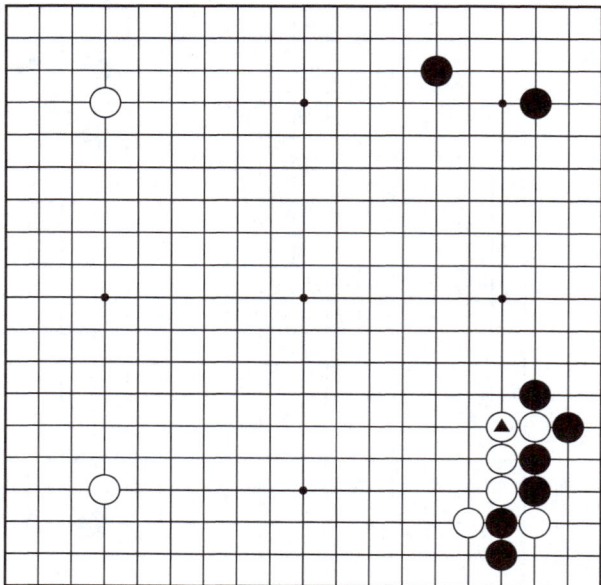

错小目布局常型（二）练习题

黑先，请写出在此局面下双方最佳的下法（至少3手）。

7

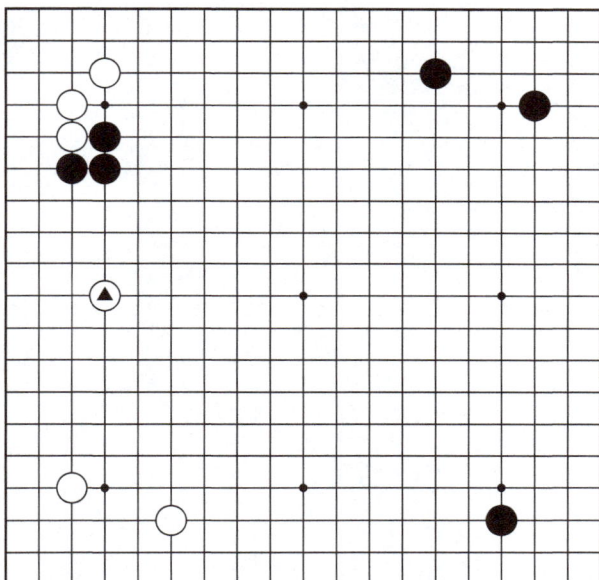

8

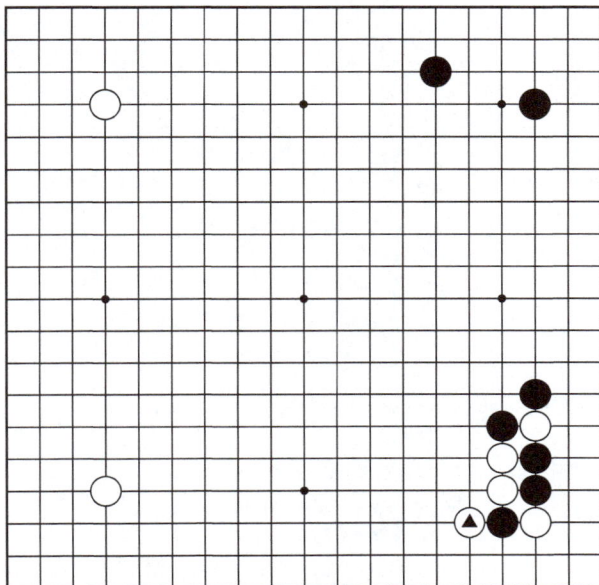

第二章
中盘与行棋（一）

中盘是一盘棋中最重要的阶段，也是一盘棋当中最复杂的阶段。

提高中盘的能力需要从两个方面着手。一方面是提高对棋子效率的认识，我们把这样的本领称之为棋感，包括正着与俗手、连接与分断、封锁与出头、打入与攻击等知识点。另一方面，则是要提高计算能力，包括吃子、对杀、死活等技巧。

本章主要帮助读者学习中盘的棋感部分的内容，大家在学习的过程中仅仅死记硬背是不行的，需要理解正确的行棋方式背后的棋理。只有如此，才能够真正提高我们的中盘水平。

第7课 实战常型——三路弃子

当三路的棋子被吃掉时，在二路长多送死一子后再进行弃子，往往可以获得不错的成果。本课介绍实战常型中三路弃子的方法。

基本图1-1

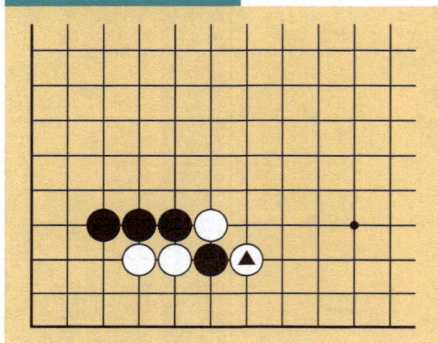

黑棋1子已经难有活路，应如何利用这颗死子来定型呢

基本图1-2

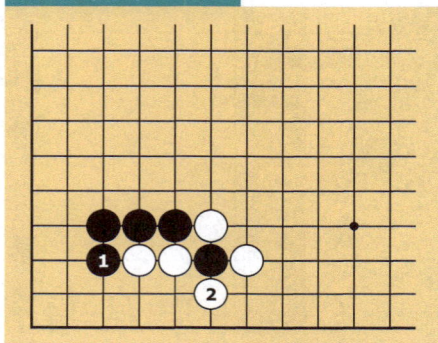

黑1直接拐是十分无谋的下法，白2提掉后，白棋非常厚实，黑棋失败

基本图1-3

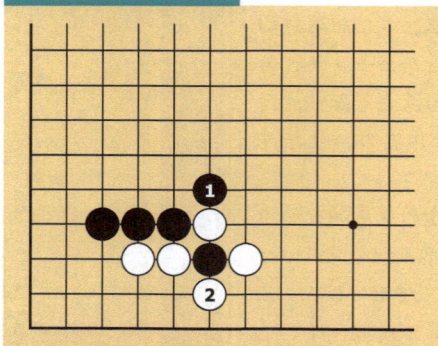

黑1打吃上方更是大俗手，需要注意的是白2还是应该提掉，黑棋局部大亏

基本图1-4

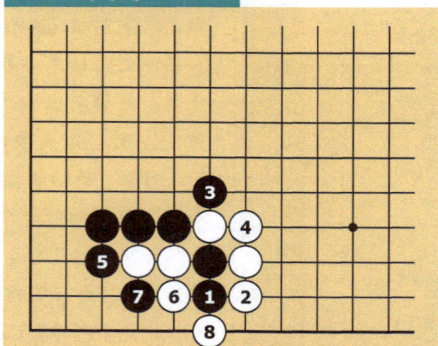

黑1先立是正着，白2挡住后，黑3打吃，白4粘上后，黑5再拐角，至白8，黑棋利用弃子上下均有所得，可以满意

基本图2-1

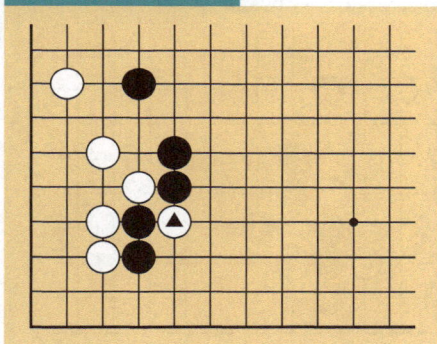

白棋断掉了黑棋，黑棋应如何处理呢

基本图2-2

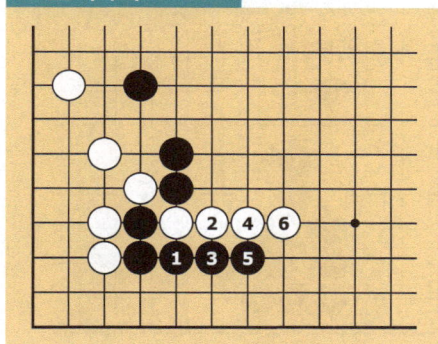

黑1打吃下面正是白棋期待的结果，白2以下一路长出，黑棋上下均不安定，白棋有利

基本图2-3

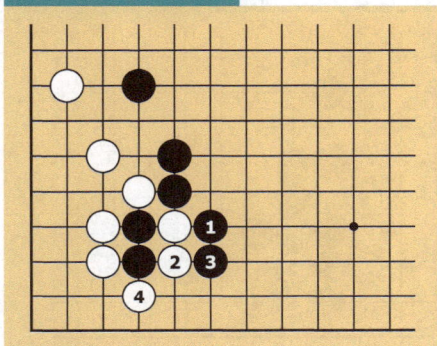

黑1打在外侧方向正确，但是接下来黑3是大俗手，白4提掉后，黑棋外势非常薄弱，明显大损

基本图2-4

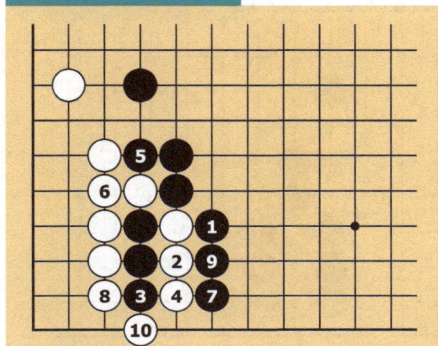

黑3应如此图下立才是正着，接下来白4若是挡住，黑5先手打吃后黑7夹住白棋，此图黑棋明显优于基本图2-3

基本图2-5

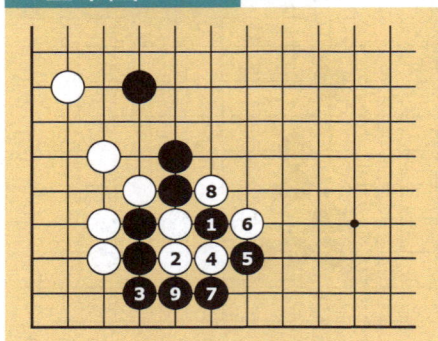

白4看似可以拐出，但是黑5连扳又是好棋，白6打吃时，黑7、黑9又是利用"滚打包收"的好手，白棋战斗很苦

基本图2-6

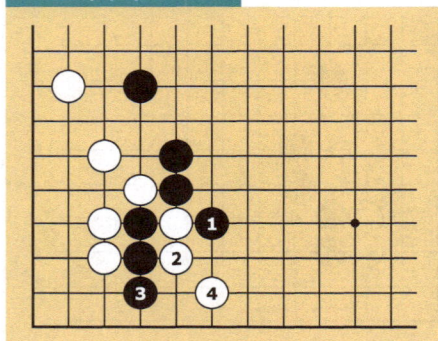

在黑3下立时，白4小尖才是局部最佳的应对方法，是漂亮的吃子手筋

基本图2-7

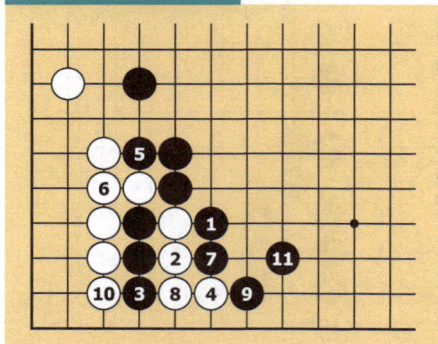

黑5先手打吃后黑7再打吃，可以封住白棋，但是可以看到，黑11还需要花一手棋补断，白棋局部获得了先手，可以接受

基本图2-8

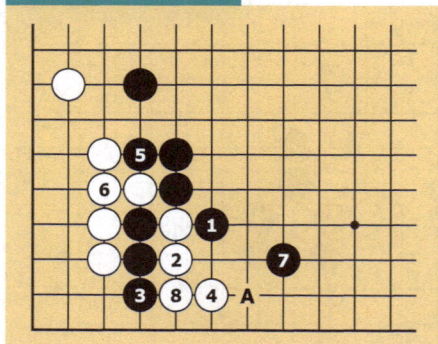

黑7小飞是封锁的巧手，对此，白8只能加补一手，局部黑棋已经可以脱先，以后黑棋在A位小尖，就可以还原基本图2-7的变化

实战常型——三路弃子练习题

黑先，写出黑白双方最佳的应对（至少3手）。

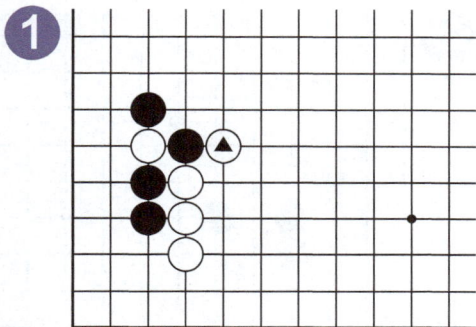

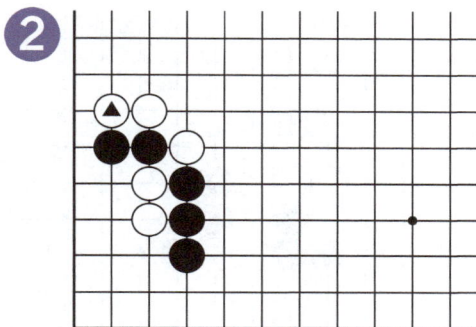

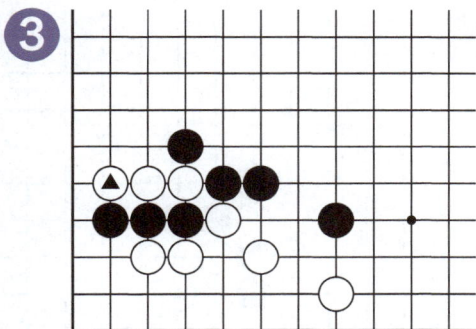

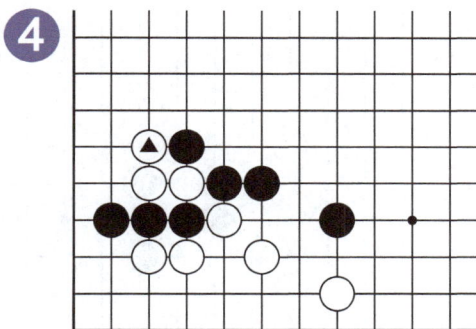

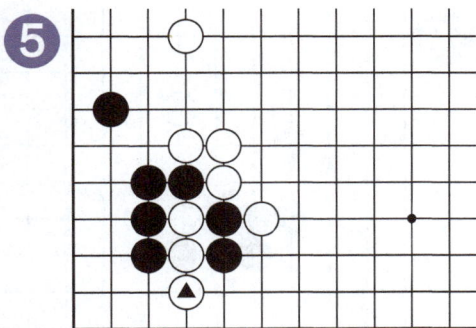

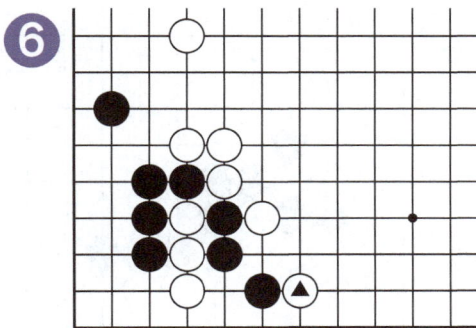

1

2

3

4

5

6

实战常型——三路弃子练习题

黑先，写出黑白双方最佳的应对（至少3手）。

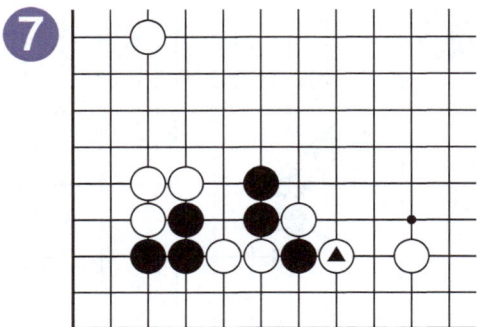

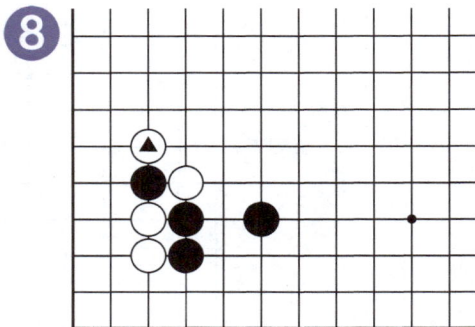

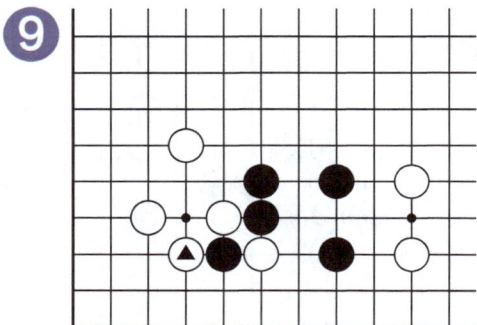

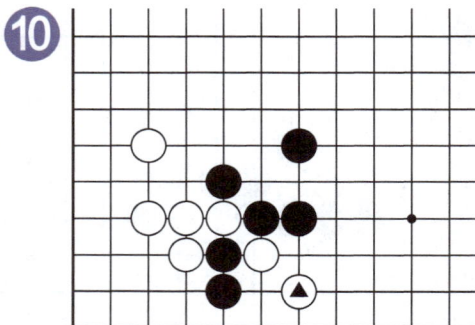

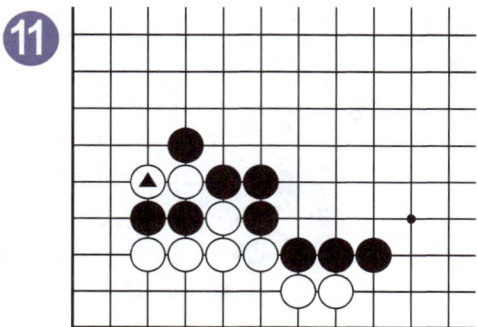

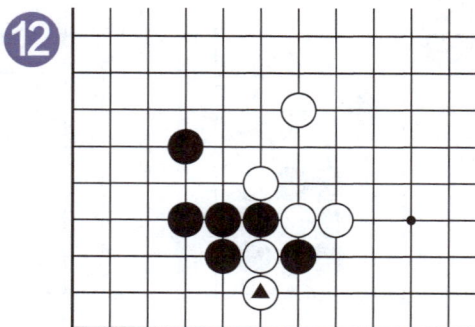

7

8

9

10

11

12

实战常型——三路弃子练习题

黑先，写出黑白双方最佳的应对（至少3手）。

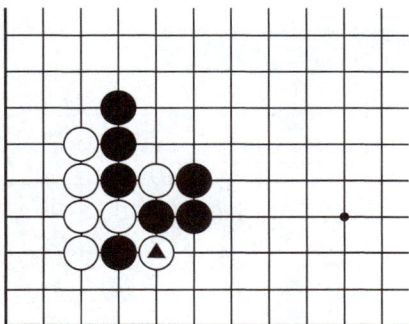

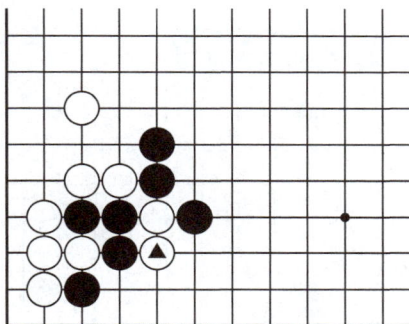

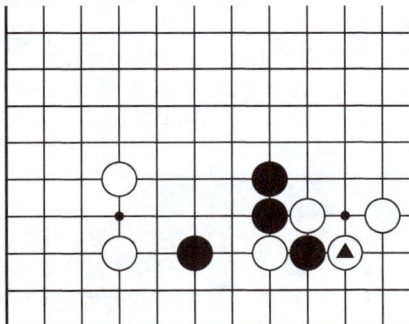

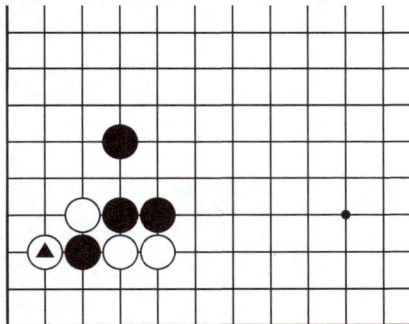

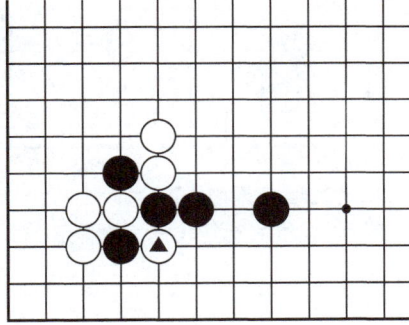

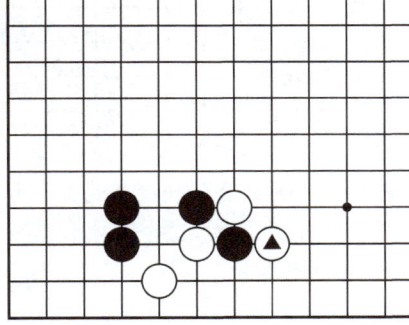

第8课 实战常型——点方的攻防

点方是实战中十分常见的进攻方法，应对点方的方法也比较多，如何正确地应对点方是本课学习的重点。

基本图1-1

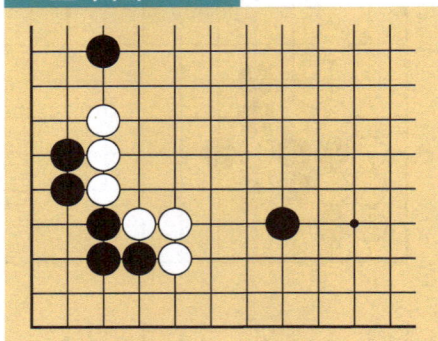

实战中常常出现类似的棋形，白棋有一个显而易见的弱点，黑棋应如何进攻白棋呢

基本图1-2

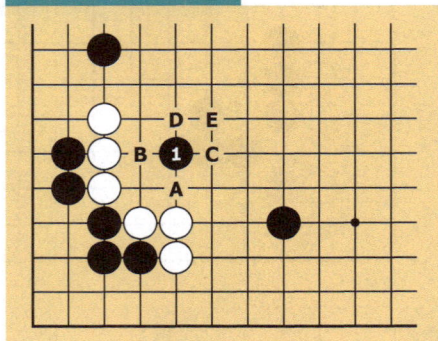

黑1点方是必然的一手，破掉白棋眼位的同时还瞄着断点。对此，白棋有A～E几种不同的应对方法

基本图1-3

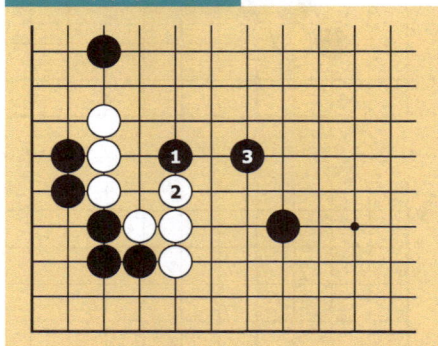

白2虎补断是最容易想到的选择，接下来黑3跳连回，白棋整块棋只能艰难出头，无法满意

基本图1-4

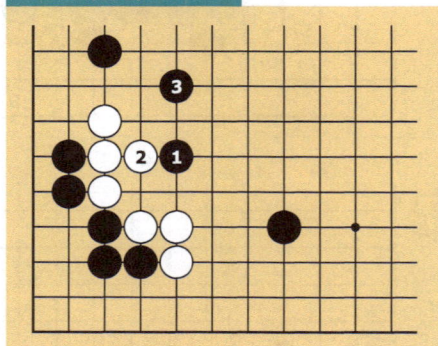

白2虎这边与基本图1-3大同小异，黑3跳回后，白棋依然是非常苦的棋形

基本图1-5

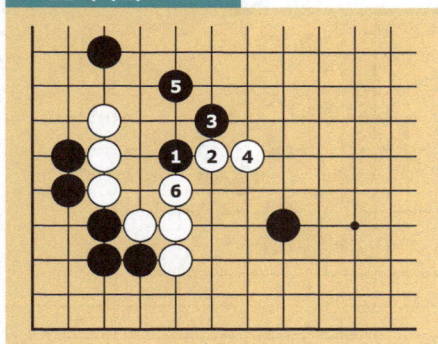

白2靠是明显优于虎的下法，黑3、黑5扳虎后，白6再补断，白棋的出头显得畅快了很多，是一个双方都可以接受的下法

基本图1-6

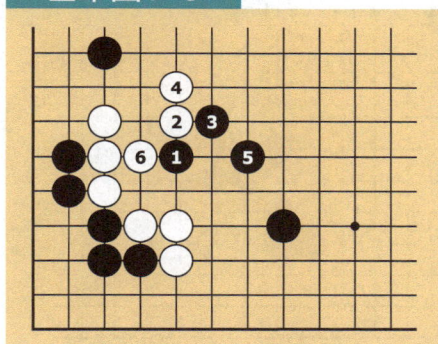

白2从左边靠同样也是不错的选择，至白6补断后，依然是两分的定型。白棋可以根据周围的配合来选择靠的方向

基本图1-7

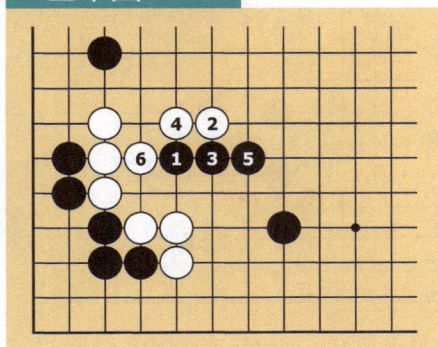

白2点则是局部效率最高的下法，黑3若从下方贴，白4则贴住上边，黑棋无法断开白棋，至白6补断，白棋的出头要优于基本图1-6

基本图1-8

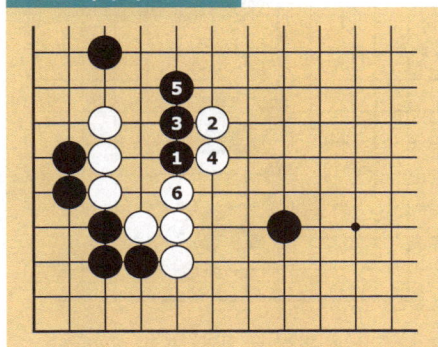

黑3若贴上边，白4贴住，至白6补断，白棋的棋形很好。但是我们需要注意，白2点把选择出头方向的权利交给了黑棋，还是得根据周围配合决定

基本图2-1

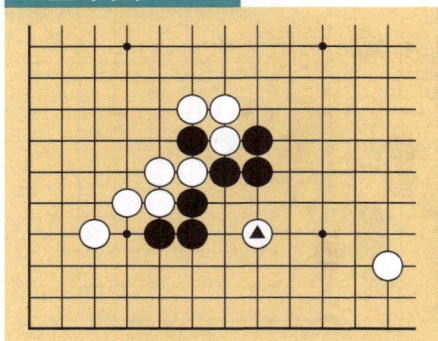

我们再来看一个边路点方的常型。白棋点方，黑棋应如何应对呢

基本图2-2

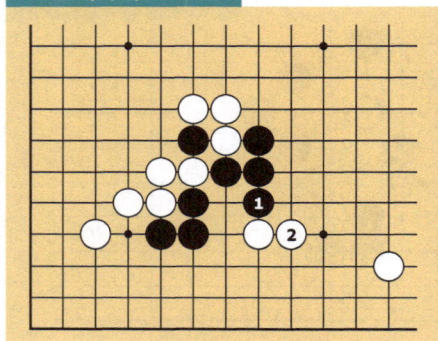

黑1虎是无谋的下法，白2长出后，黑棋整体不活，显然是失败的选择

基本图2-3

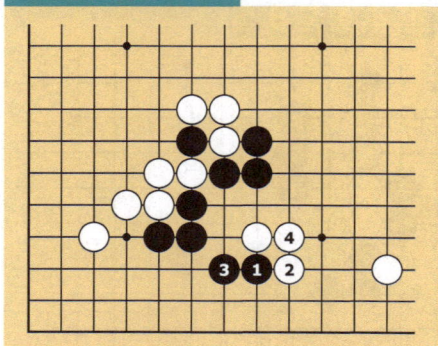

黑1托是比虎高效的补断方法，但是白2、白4扳粘后，黑棋依然不是安定的棋形，无法满意

基本图2-4

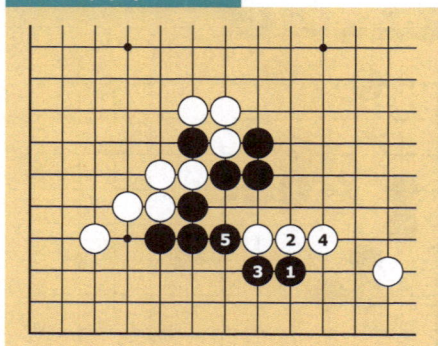

黑1点是此时唯一的好手，白2压，黑3、黑5爬回联络，局部已然获得安定，是最佳的选择

实战常型——点方的攻防练习题

黑先，写出黑白双方最佳的应对（至少3手）。

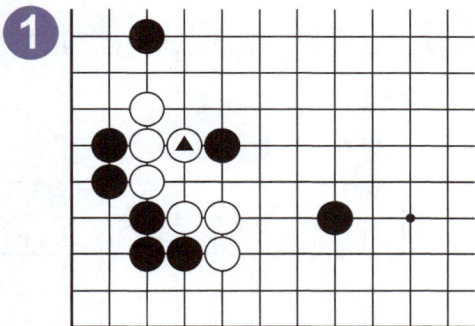

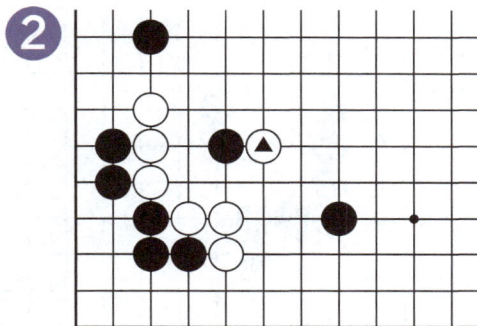

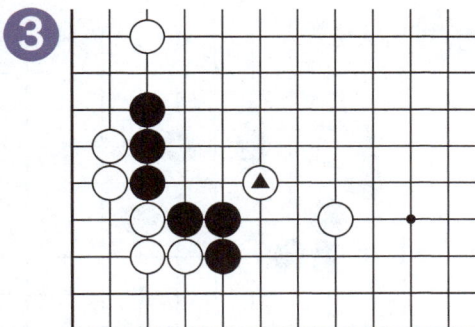

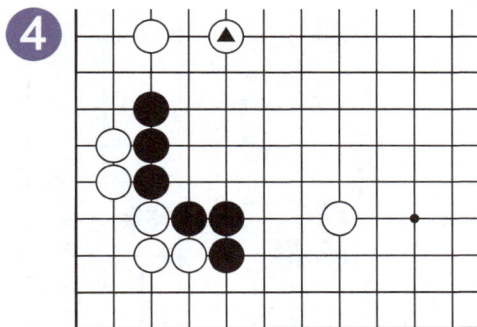

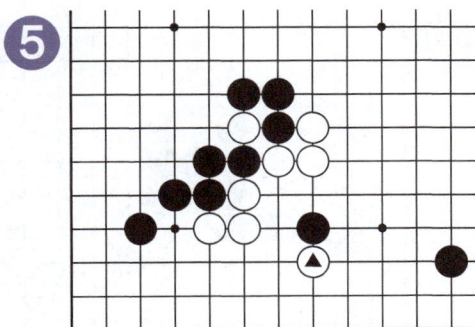

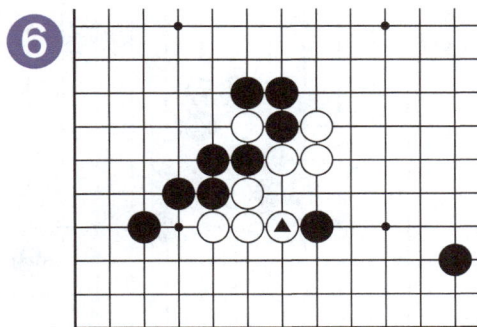

①

②

③

④

⑤

⑥

实战常型——点方的攻防练习题

黑先，写出黑白双方最佳的应对（至少3手）。

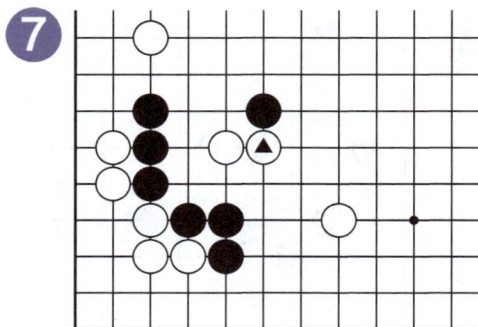

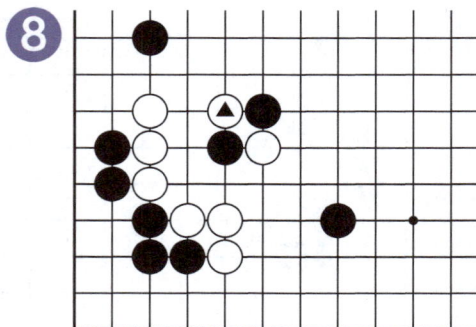

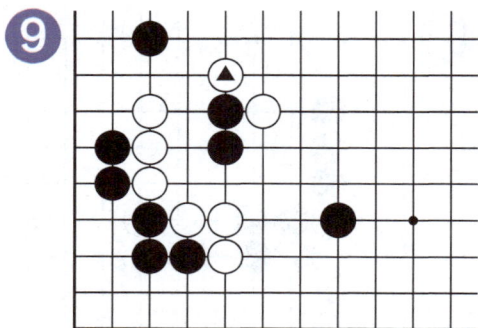

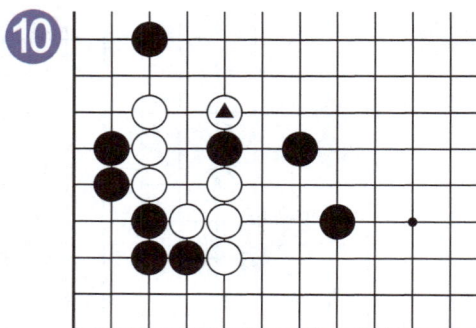

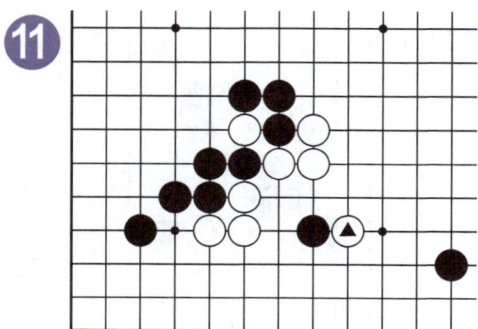

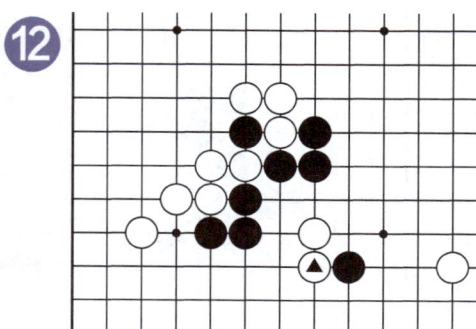

7

8

9

10

11

12

实战常型——点方的攻防练习题

黑先，写出黑白双方最佳的应对（至少3手）。

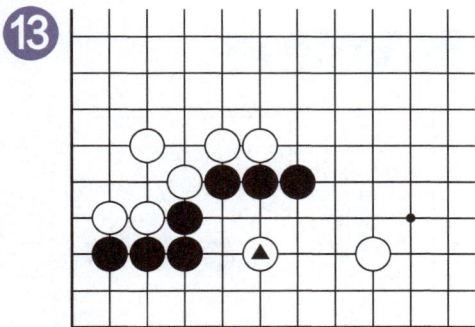

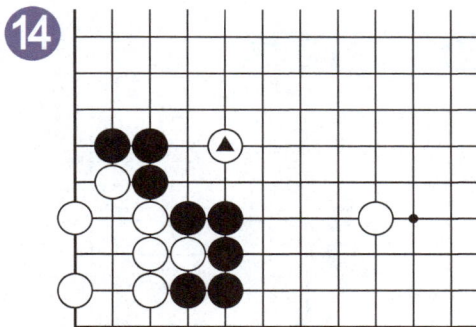

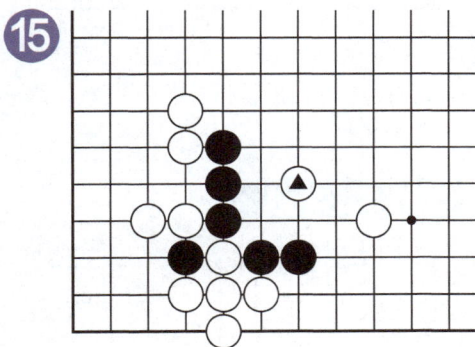

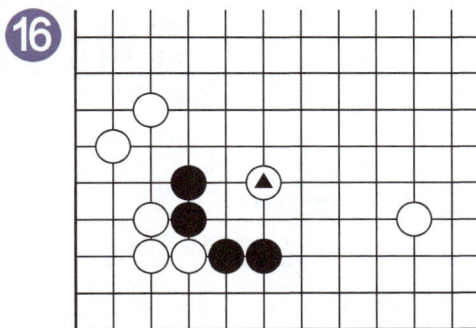

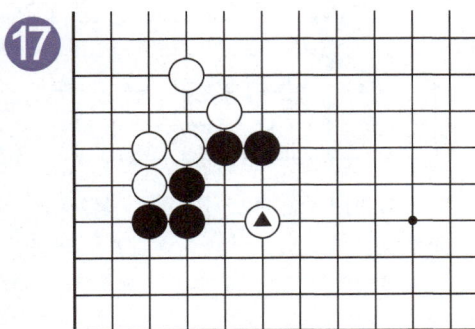

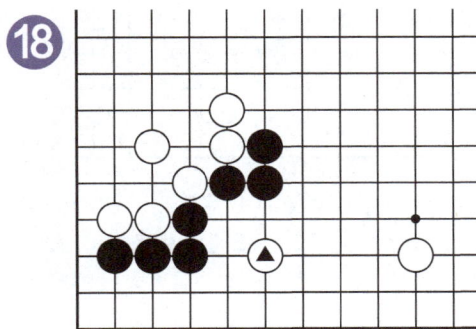

⑬

⑭

⑮

⑯

⑰

⑱

常型攻防——飞靠

飞靠是实战中经常出现的棋形，通常是攻守兼备的好棋，既能够压迫对方，又能够强化自身。本课介绍实战中一些飞靠的经典棋形。

基本图1-1

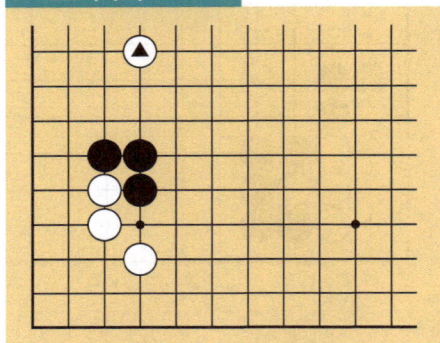

常见的托退定式，白棋下方没有跳出而是选择脱先夹击，黑棋应如何应对呢

基本图1-2

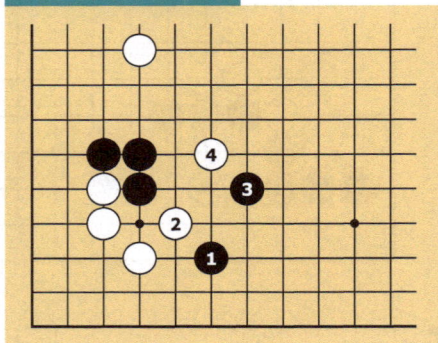

黑1一间夹不太好，白2尖出，黑3飞封，白4飞断，黑棋两边均不安定，战斗很难有利

基本图1-3

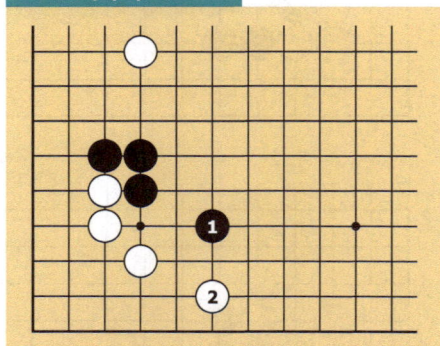

黑1小飞在有些场合下是压迫白棋的好手，不过在此局面下显得有些迟缓，白2跟着小飞后，黑棋并没有获得太大的成果

基本图1-4

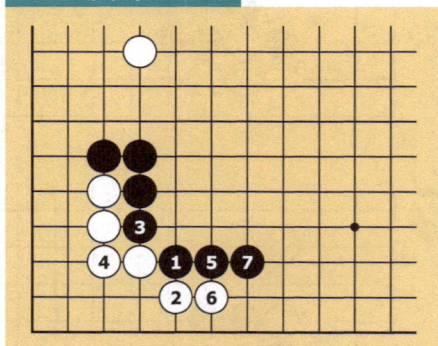

黑1飞靠是好手，白2只能下扳，黑3、黑5先手挤后再长出，黑棋走厚自身同时将白棋压迫在了二路，黑棋可以满意

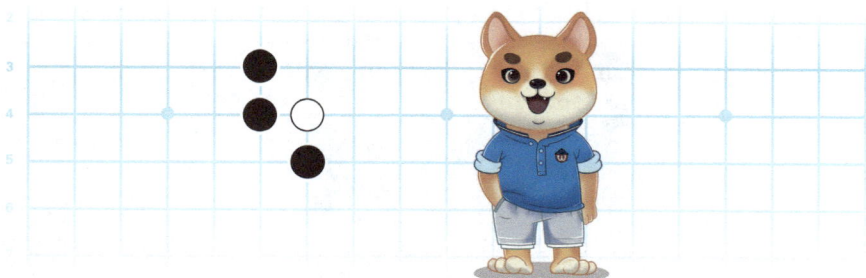

基本图1-5

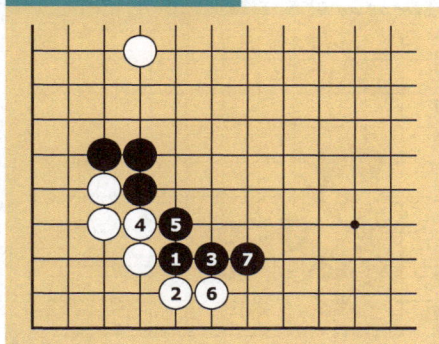

黑3若是单长，白4团则是愉快的交换，至黑7形成与基本图1-4相似的变化，黑棋的棋形不如基本图1-4厚实，黑棋不满

基本图1-6

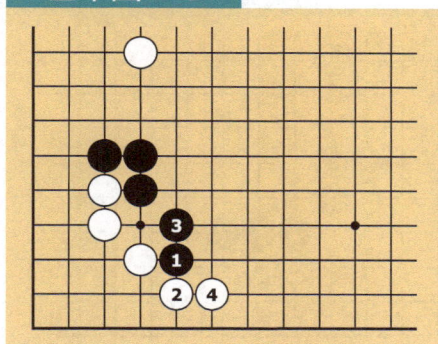

白2扳时，黑3往回退是软弱的下法，白4长出后，黑棋的子力显得非常重复，黑棋显然不能接受

基本图2-1

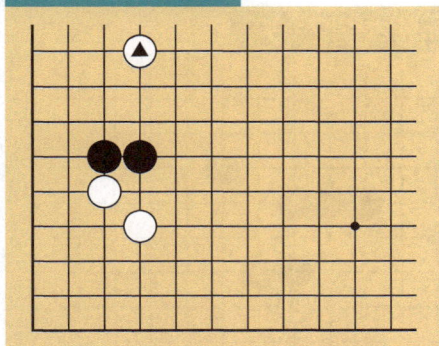

这是一个星位尖顶定式形成的棋形，白棋直接于边上夹击，黑棋应如何定型呢

基本图2-2

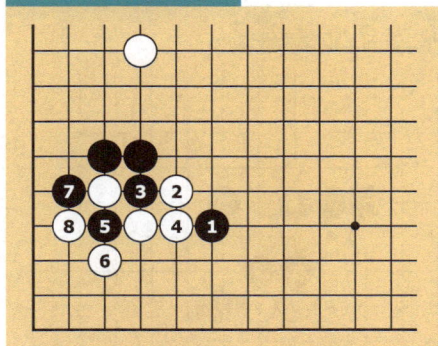

黑1夹击依然不是好棋，白2尖出是必然的下法，黑3挤看似利用了白棋的弱点，白4粘在外侧即可，至白8打吃，黑棋两边难以兼顾

基本图2-3

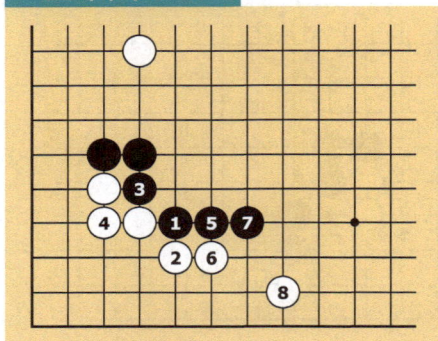

黑1飞靠依然是棋形的要点，白2下扳是必然的下法，黑3挤此时却是大俗手，帮助白棋补掉了角部的薄味。至白8飞出，黑棋并不成功

基本图2-4

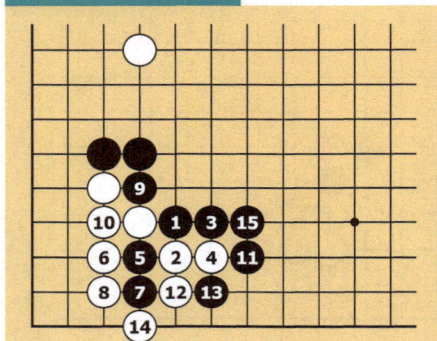

黑3单长才是正确的下法，白4若跟着爬不是好棋，黑5、黑7先断再立是弃子好手，接下来至黑15粘上，黑棋明显优于基本图2-3

基本图2-5

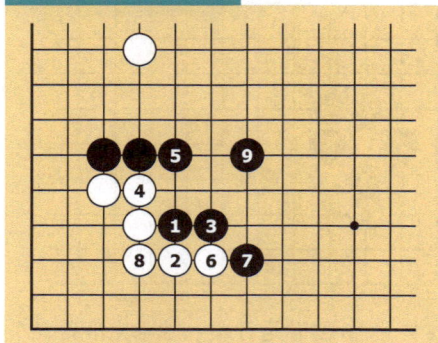

黑3长时，白4先团正确，接下来白6再爬时，黑7扳住是棋形的要点，白8粘上是必须的下法，黑9再跳补，黑棋可以满意

基本图2-6

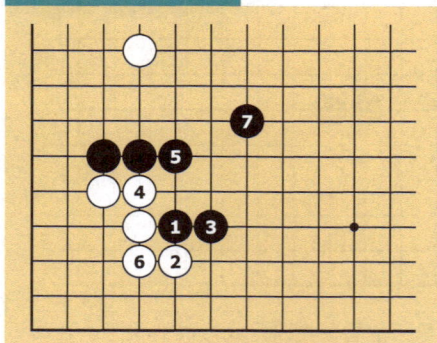

基本图2-5中白6单粘是冷静的选择，黑7小飞也是高效的补断方式，此图是双方两分的变化

常型攻防——飞靠练习题

黑先，请写出在此局面下双方最佳的下法（至少3手）。

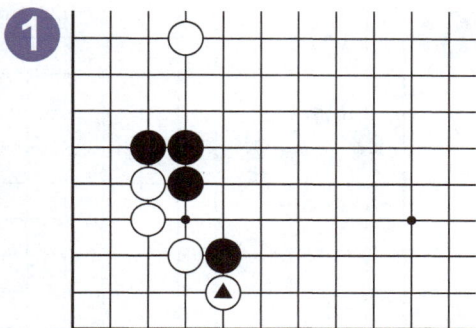

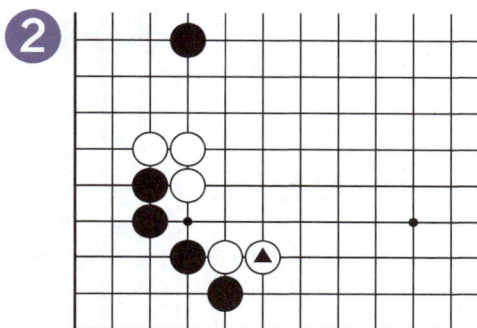

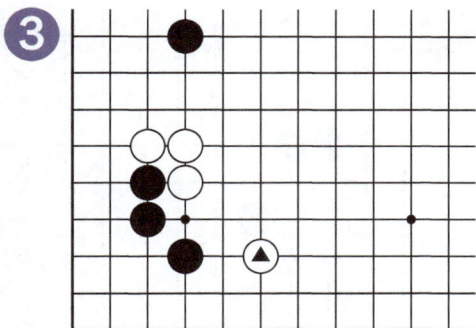

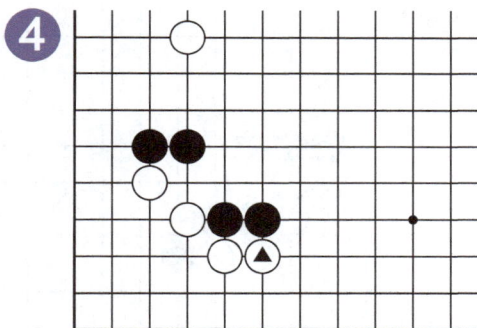

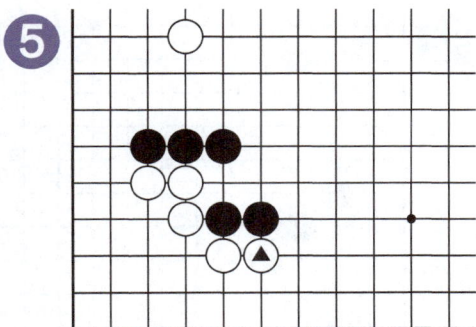

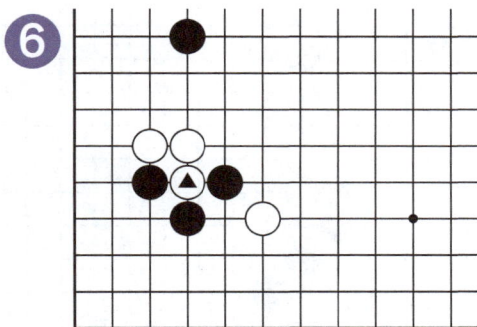

1

2

3

4

5

6

常型攻防——飞靠练习题

黑先，请写出在此局面下双方最佳的下法（至少3手）。

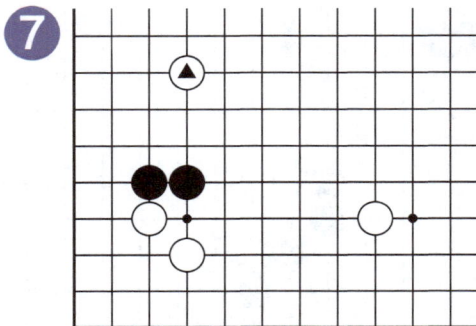

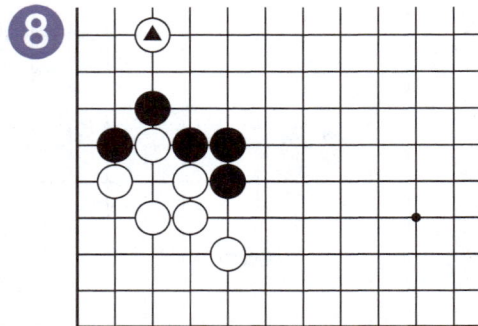

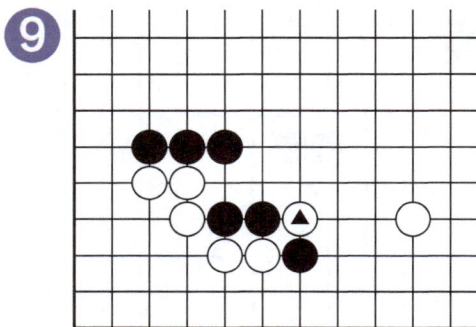

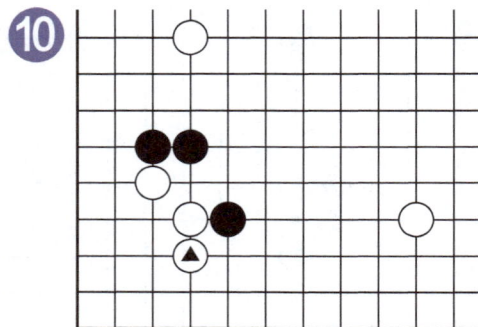

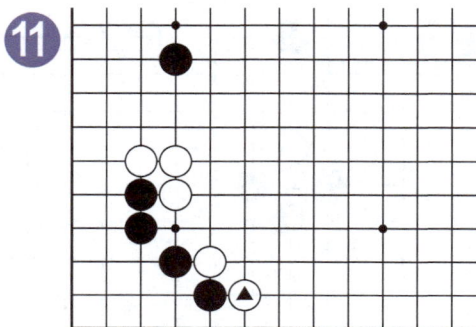

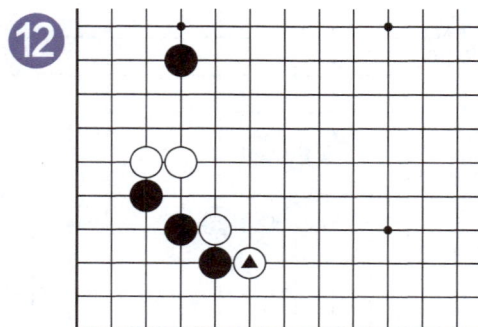

7

8

9

10

11

12

常型攻防——飞靠练习题

黑先，请写出在此局面下双方最佳的下法（至少3手）。

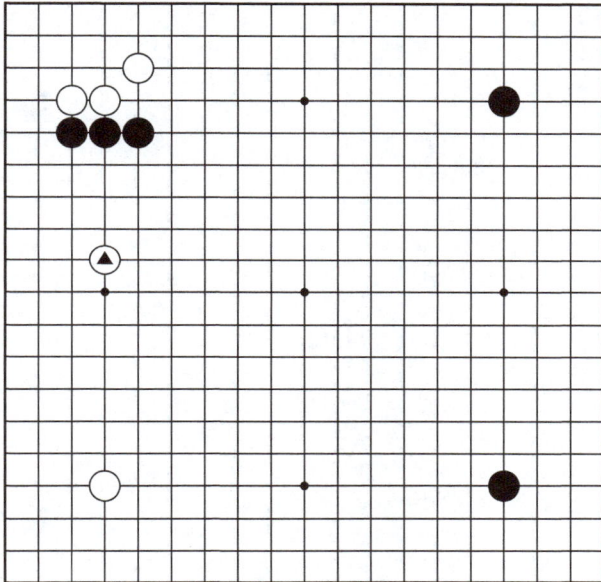

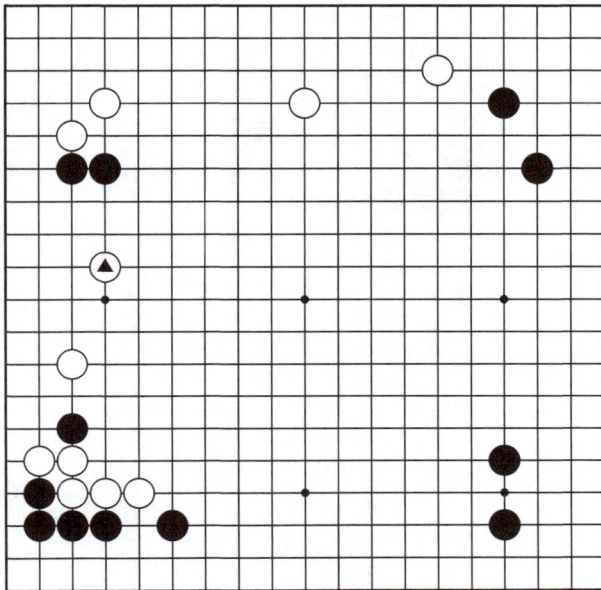

常型攻防——飞靠练习题

黑先，请写出在此局面下双方最佳的下法（至少3手）。

15

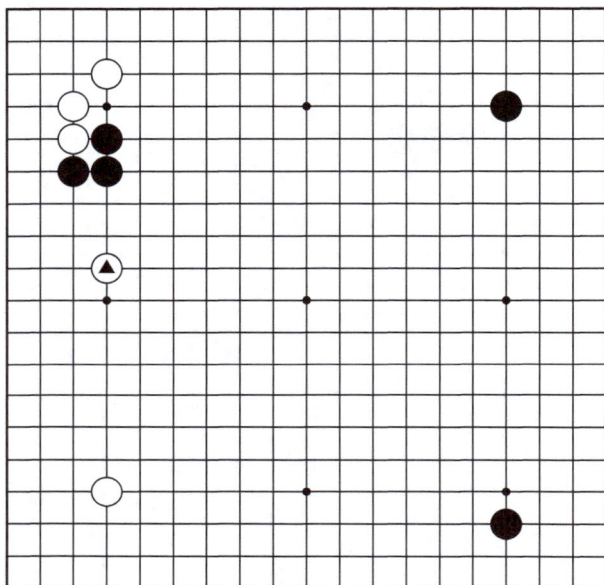

16

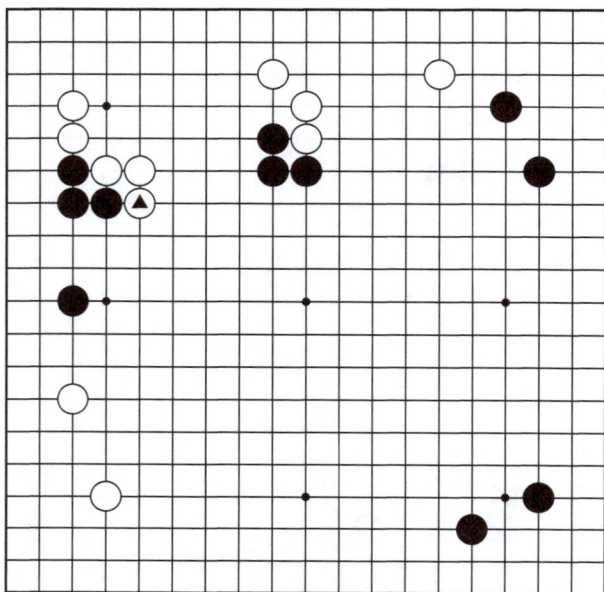

10 第 ⑩ 课 常型攻防—— 飞压

飞压是一种压迫对方的手筋，目的不在于封锁，而是将对方的子力都压迫在三线以下，来达到自己扩张模样的目的。本课介绍飞压在实战中的运用。

基本图1-1

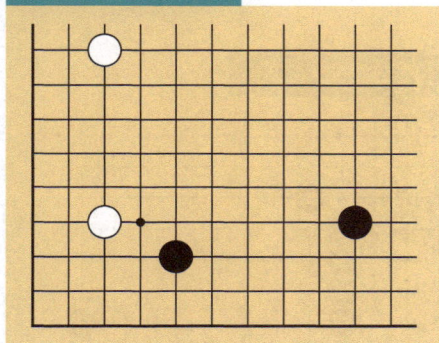

黑白双方在边角各有两子，此时黑棋压迫白棋的要点在哪里呢

基本图1-2

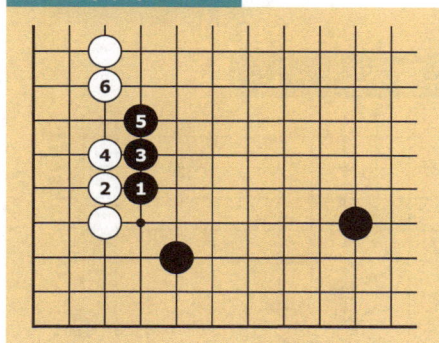

黑1飞压是好手，是压迫白棋的要点，白2以下只能从三路爬回，黑棋明显获得成功

基本图1-3

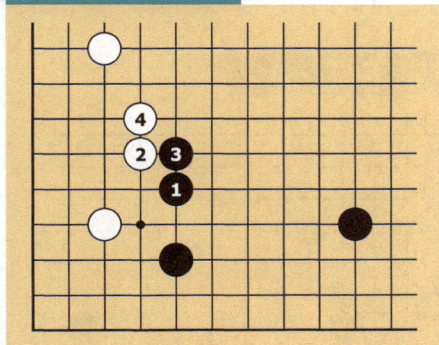

黑1跳是软弱的下法，白2于四路飞，与基本图1-2相比，白棋的实空明显大了很多，黑棋失败

基本图1-4

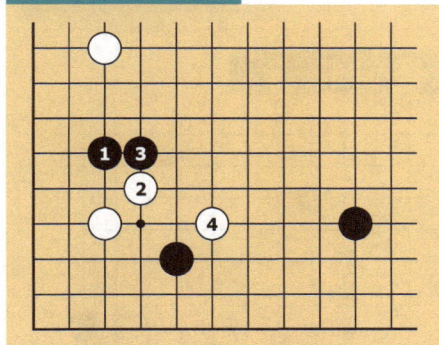

黑1打入是求战的选择，白2小尖出头，黑3贴起后，白4飞压是好手，黑棋反而陷入被动的局面

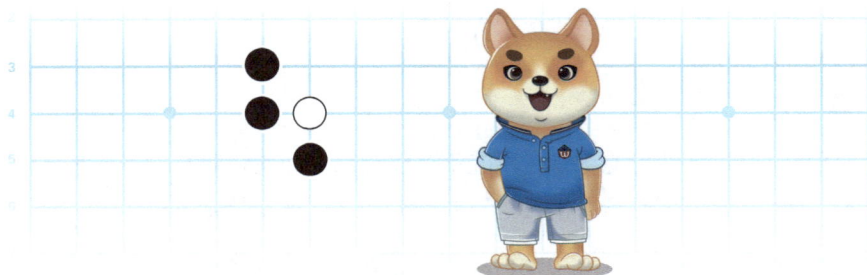

基本图2-1

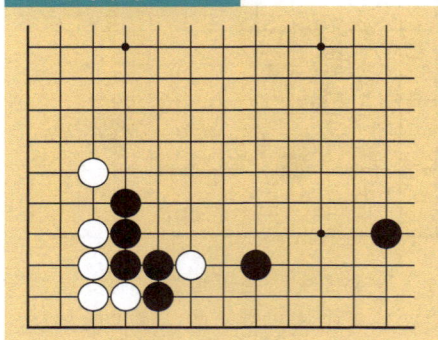

左下角是实战中非常常见的定式，今后黑棋若是要扩张下方的模样，应采取什么样的着法呢

基本图2-2

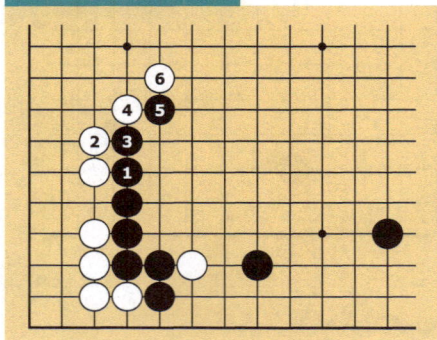

黑1、黑3连压看似气势很足，实则缓慢，白4、白6连扳后，黑棋虽得到扩张，但是同时也强化了白棋，黑棋并不好

基本图2-3

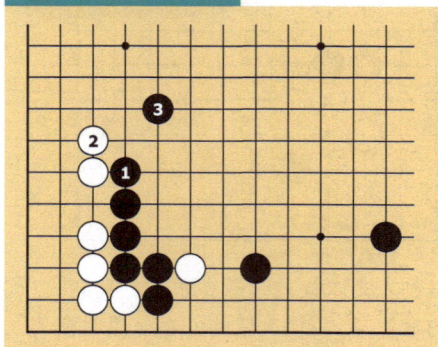

黑1压与白2长做交换后黑3再飞，这是实战中经典的错误下法，黑1把白棋的软头压成了硬头，黑3再飞时，白棋脱先即可，黑棋无趣

基本图2-4

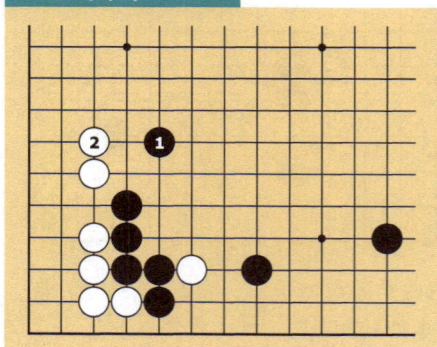

黑1单飞才是正确的下法，白2并一个也是冷静的应对，我们可以看出，黑棋已可脱先，此型黑棋明显优于基本图2-3

基本图2-5

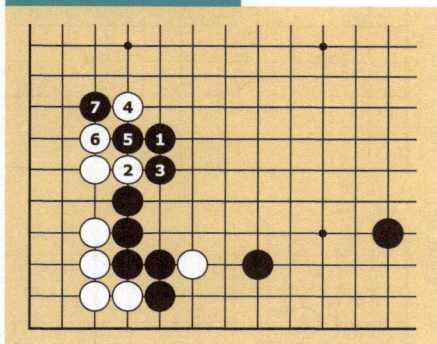

黑1飞时，白2先冲后白4再跳并不成立，黑5、黑7冲断白棋，白棋由于自身的气过紧，很难获得满意的结果

基本图2-6

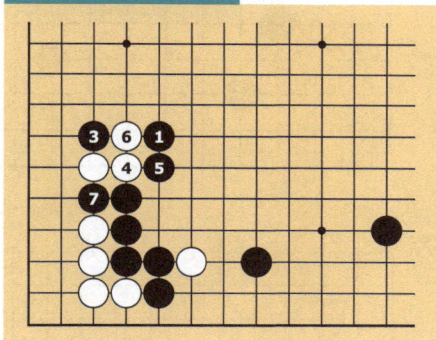

②=脱先

黑1飞时，白2若是脱先，那么今后黑在3位靠下是严厉的后续手段，白4、白6冲出不成立，黑7反冲，白棋崩溃

基本图2-7

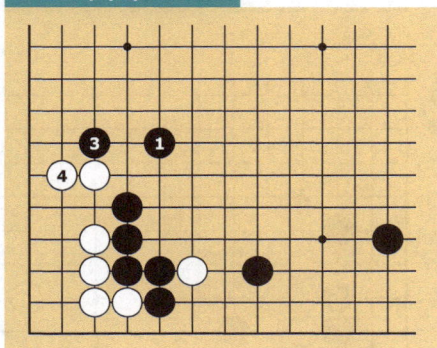

②=脱先

黑3下靠时，白4是冷静的应对，我们可以看出，黑1飞不但扩张了自身，还制造了黑3靠下的后续手段，是局部最优的下法

基本图2-8

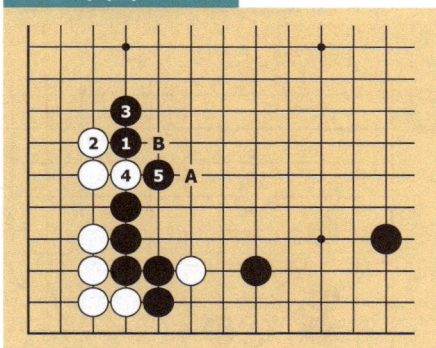

黑1跳是一个场合下法，需要注意的是，白2、白4先爬再冲后，黑棋的外势由于有A位夹、B位断的弱点，所以在一般场合下，黑棋这么下并不是很好

常型攻防——飞压练习题

黑先，请写出在此局面下双方最佳的下法（至少3手）。

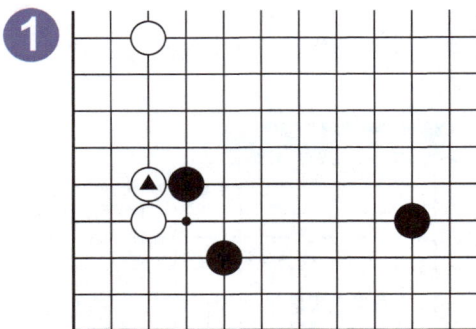

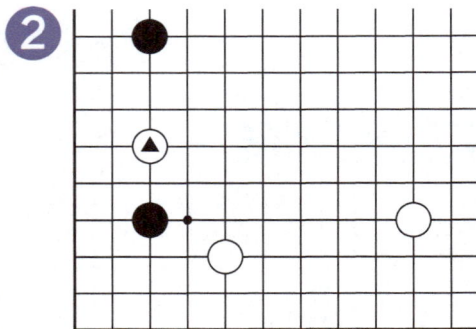

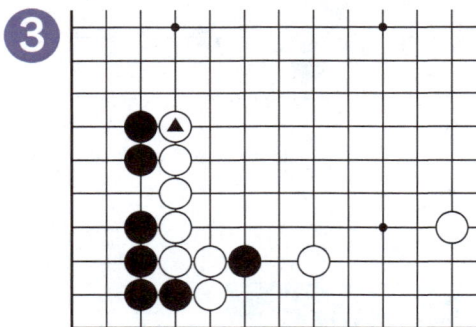

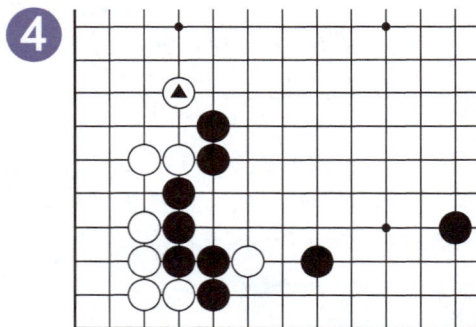

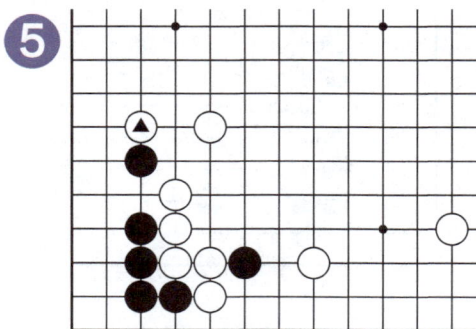

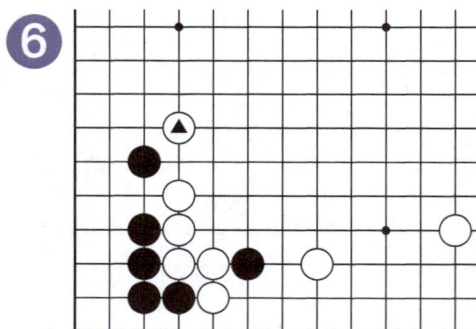

1

2

3

4

5

6

常型攻防——飞压练习题

黑先，请写出在此局面下双方最佳的下法（至少3手）。

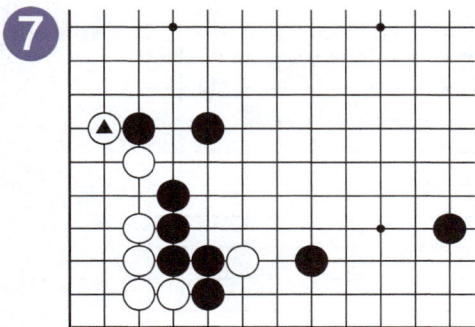

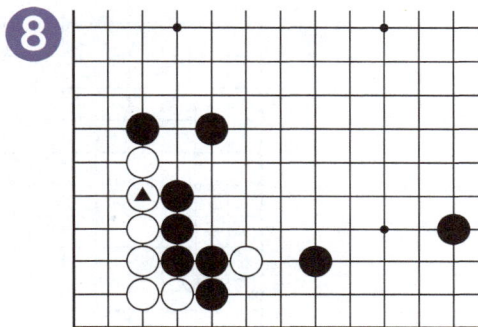

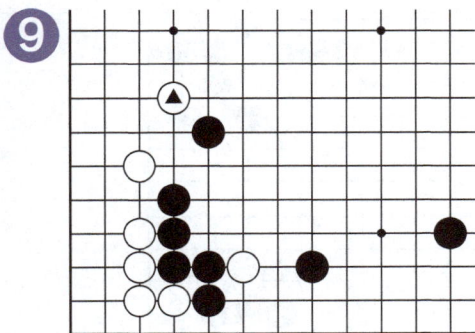

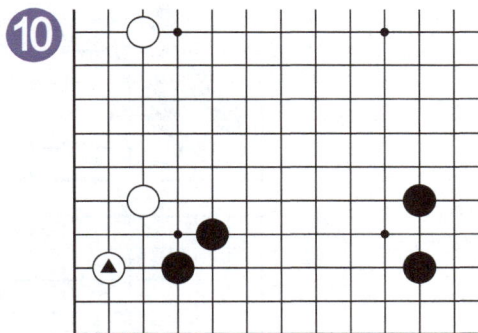

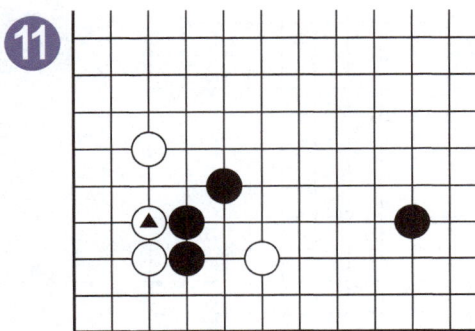

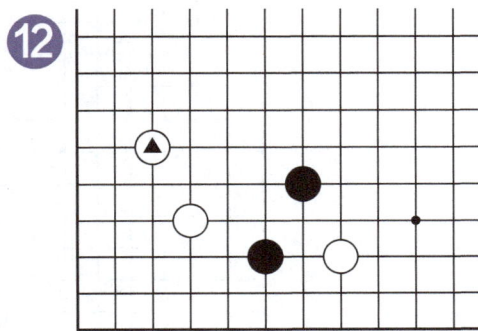

7

8

9

10

11

12

常型攻防——飞压练习题

黑先，请写出在此局面下双方最佳的下法（至少3手）。

13

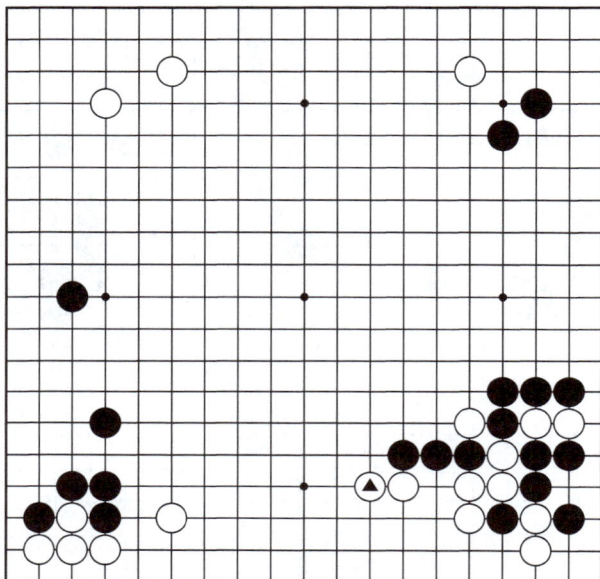

14

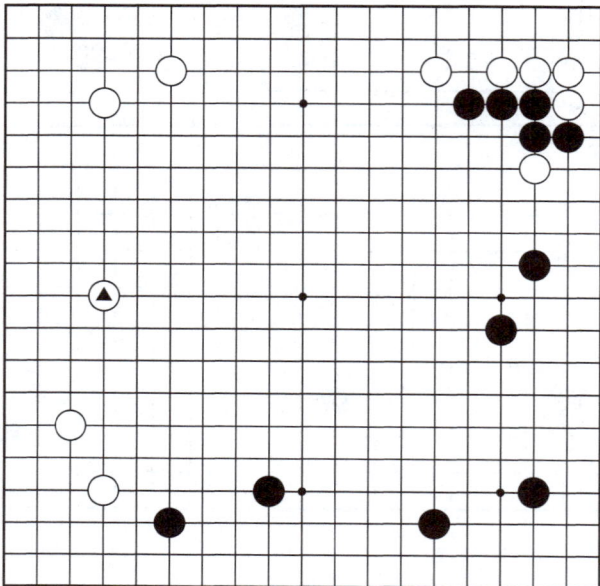

常型攻防——飞压练习题

黑先，请写出在此局面下双方最佳的下法（至少3手）。

15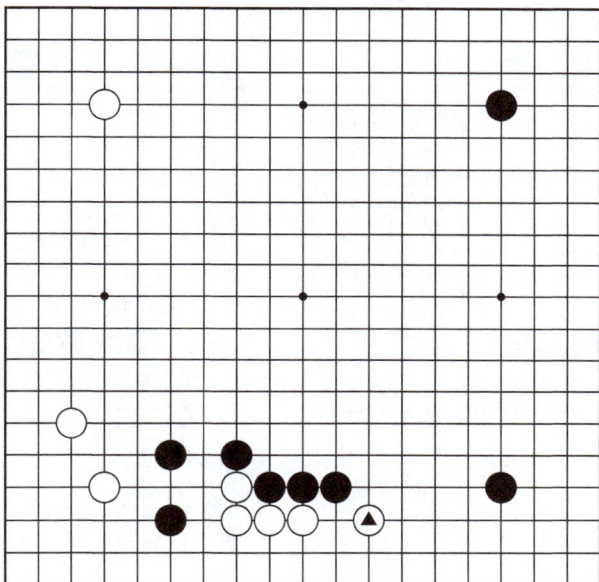

16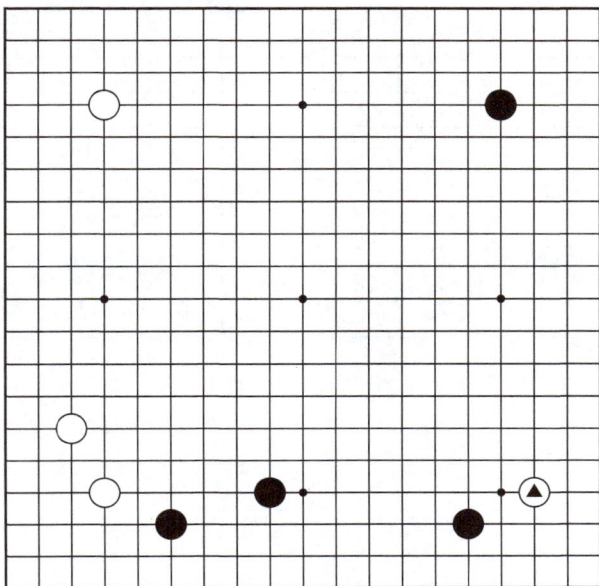

第11课 边路的封锁与出头（一）

在中盘的行棋中，封锁对方或者自身出头，都是能够提高行棋效率的着法。本课介绍大飞和大跳的出头方法。

基本图1-1

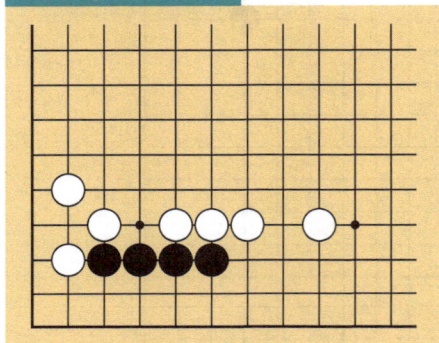

白棋周围子力很多，黑棋应如何出头呢

基本图1-2

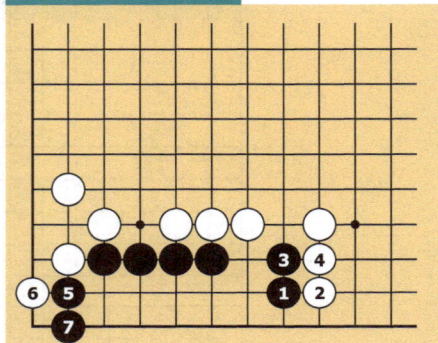

黑1小飞是很容易想到的一步棋，白2靠住是必然的下法，黑3只好长，至黑7，黑棋活棋空间很小，不能满意

基本图1-3

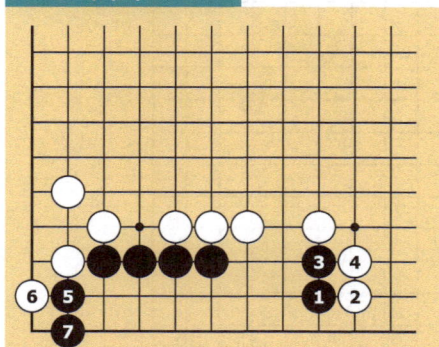

黑1大飞是此时活棋的要点，白2若是靠住，黑3顶至黑7立活棋，黑棋不但扩大了活棋空间，同时还给白棋制造了断点，可以满意

基本图1-4

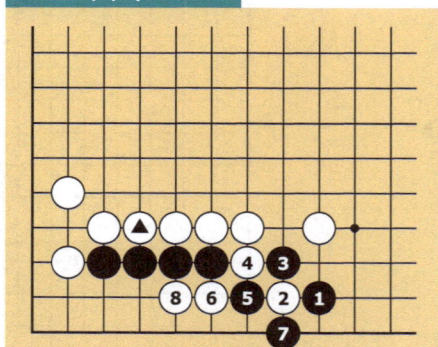

需要注意，当黑棋气紧时，黑1大飞就不成立了，白2靠断是好棋，至白8，黑棋4颗子被杀，局部失败

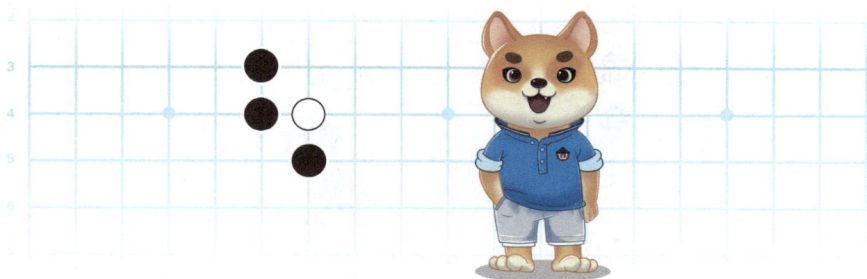

基本图2-1

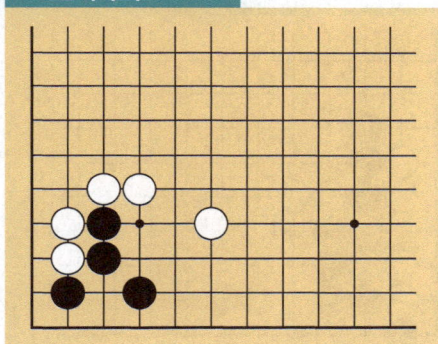

黑棋4子受到了白棋压迫，虽然活棋没有问题，但如果能够出头，显然会更加有利，黑棋应如何出头呢

基本图2-2

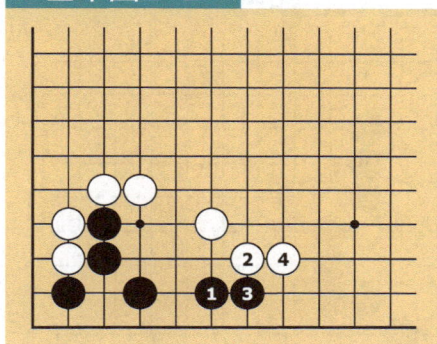

黑1跳显然是软弱的着法，白2、白4继续压迫，黑棋落在了二路，显然不利

基本图2-3

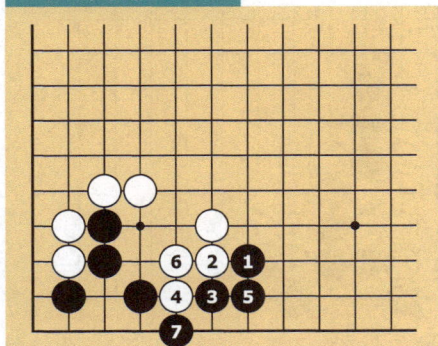

黑1大飞是出头的好手，白4挖时，黑5可以粘在外侧，至黑7渡过，黑棋成功出头，明显要优于基本图2-2的变化

基本图2-4

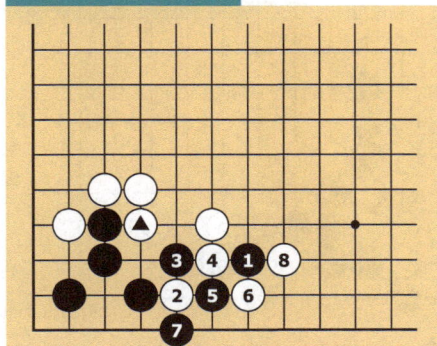

大飞出头需要小心对方分断的手段，当白棋有一个拐时，黑1大飞则会遭到白2的靠断，黑棋无法连回

基本图3-1

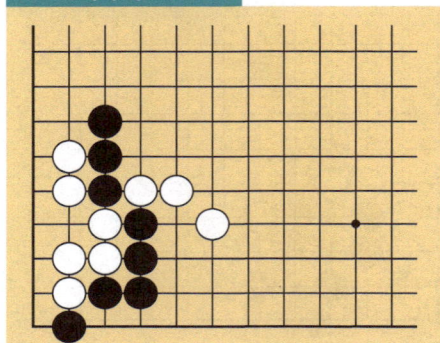

这是一个高目定式，此时黑棋下方应采取什么样的手段出头呢

基本图3-2

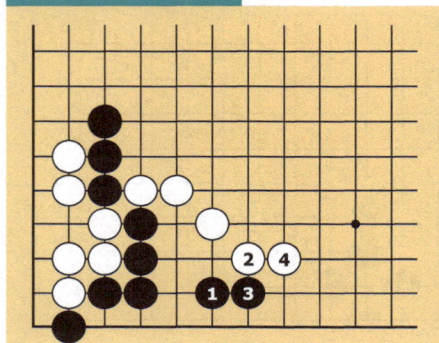

黑1跳在二路无谋，白2小尖非常愉快，黑棋只能靠二路爬活，局部大亏

基本图3-3

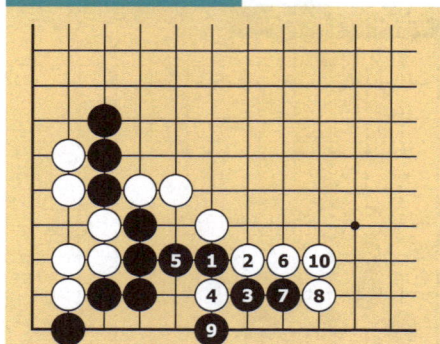

黑1、黑3先托再扳是出头的手筋之一，不过在此场合下并不好，白4打吃后再走白6长出，黑棋被完整地封在里面，无法接受

基本图3-4

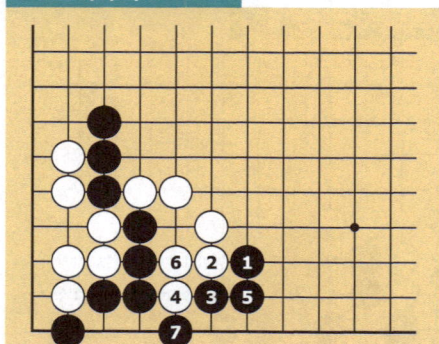

在黑棋有二路硬腿的情况下，黑1大跳是出头的好手，白4挖时，黑5可以粘在外侧，成功出头

边路的封锁与出头（一）练习题

黑先，请写出在此局面下双方最佳的下法（至少3手）。

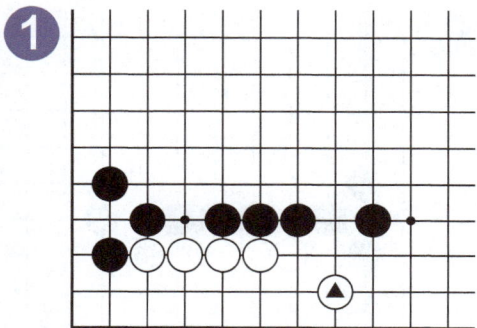

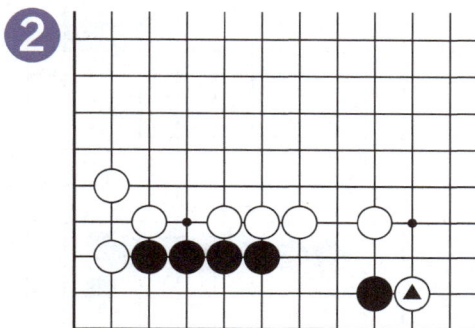

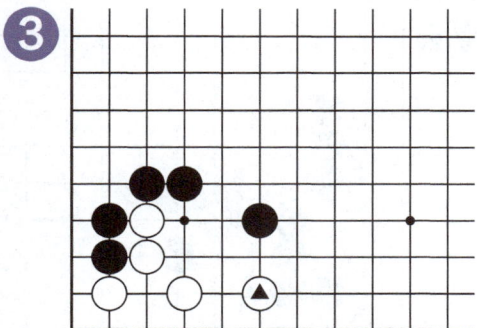

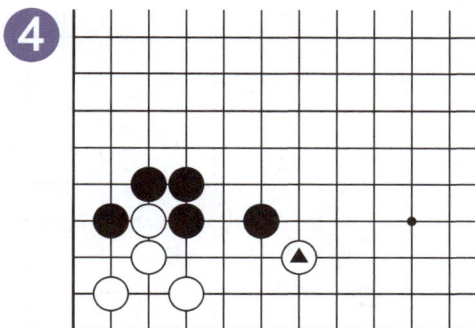

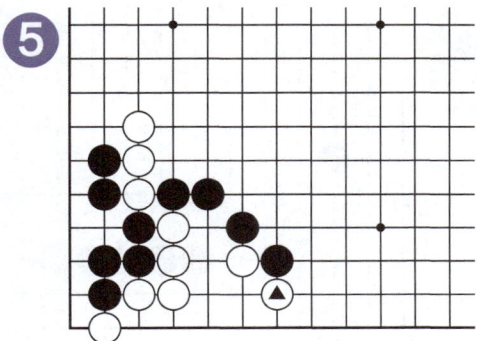

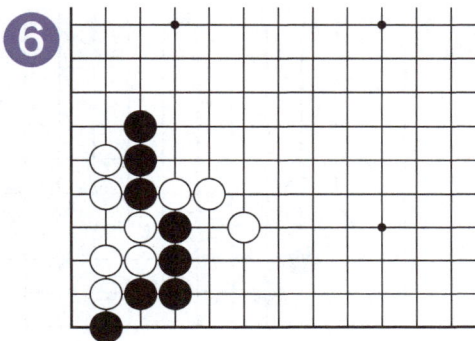

1

2

3

4

5

6

边路的封锁与出头（一）练习题

黑先，请写出在此局面下双方最佳的下法（至少3手）。

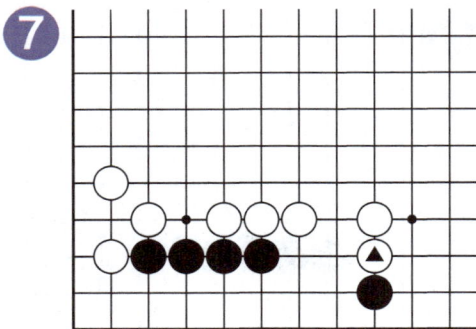

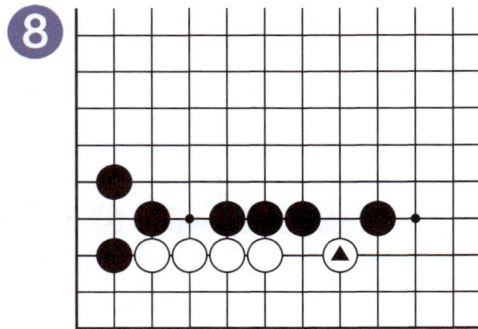

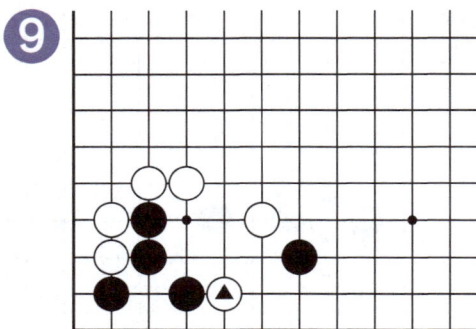

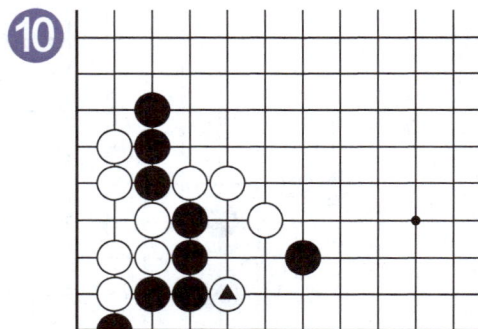

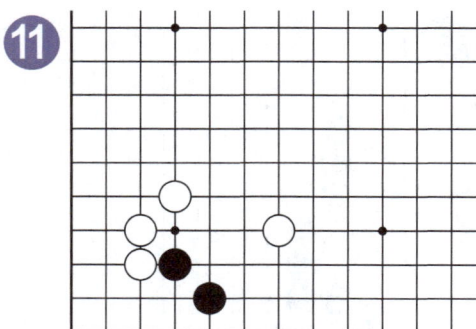

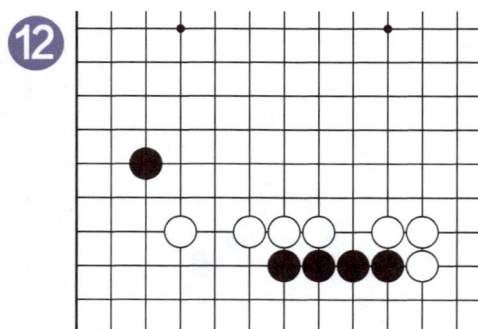

7

8

9

10

11

12

边路的封锁与出头（一）练习题

黑先，请写出在此局面下双方最佳的下法（至少3手）。

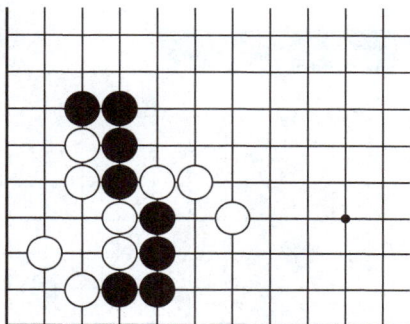

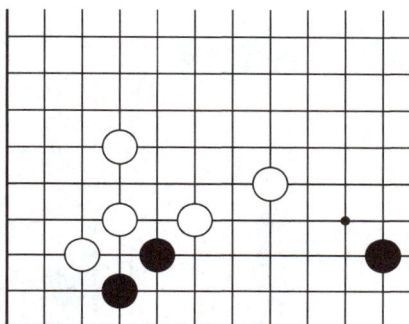

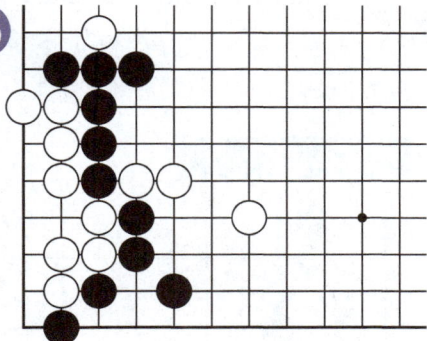

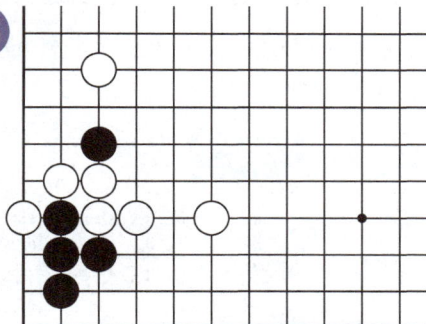

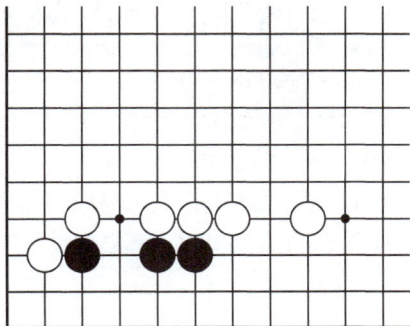

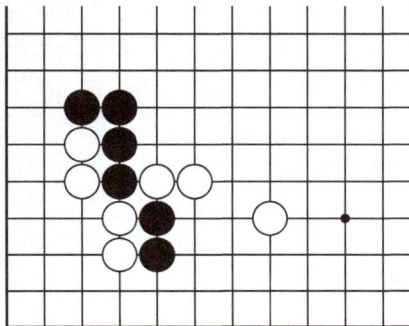

第12课 边路的封锁与出头（二）

在实战中有很多棋形，直接封锁往往很困难，但是如果能够利用弃子，经常能获得意想不到的成果。本课介绍利用弃子来进行封锁的手筋。

基本图1-1

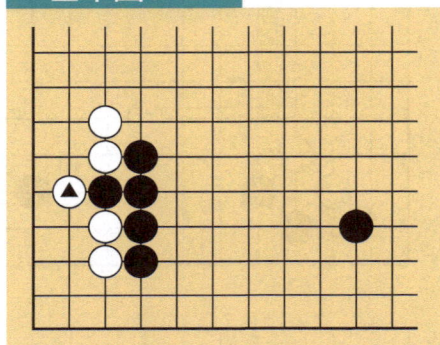

角上常见的棋形，黑棋如何能够利用手筋封锁白棋呢

基本图1-2

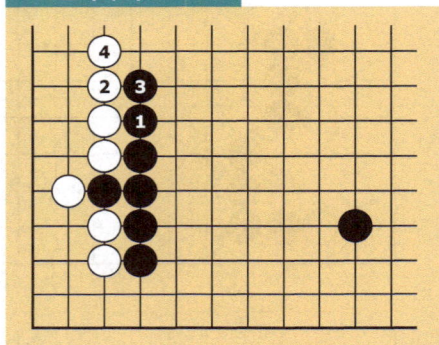

黑1直接压显然是无谋的下法，白2就简单跟着长，黑棋已经无法封锁白棋了

基本图1-3

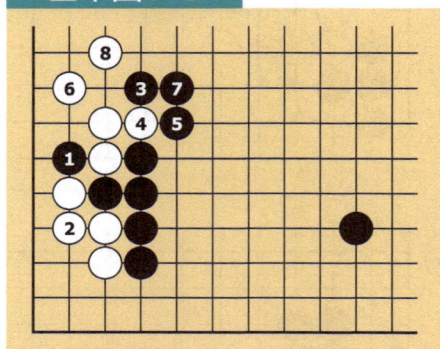

黑1先断是好手，白2粘上是必然的下法，接下来黑3跳枷看似好棋，但在此型并不好，白4、白6先冲再尖是好手，黑棋依然无法封锁白棋

基本图1-4

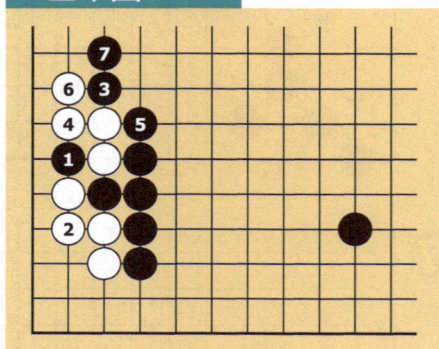

黑1断后，黑3鼻顶是连贯的手筋，白4只能吃一子，黑5再压住，黑棋利用弃子将白棋压迫在二路，显然可以满意

基本图2-1

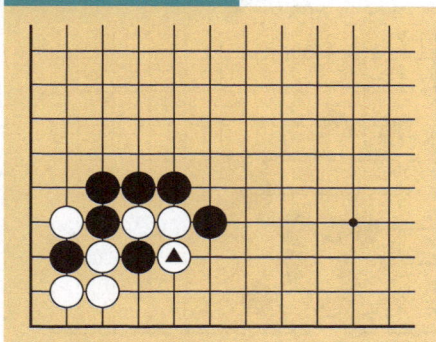

黑棋看起来很容易就可以封锁住白棋，但是想找到最佳的封锁方法还需要多多斟酌

基本图2-2

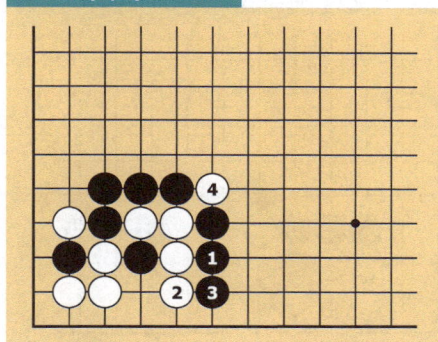

黑1打吃后再走黑3下挡这手棋显然过于简单，白4断掉后，黑棋的外势并不厚实，无法满意

基本图2-3

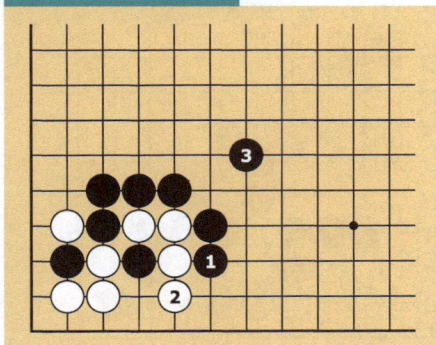

黑1直接打吃是一眼就可以看到的下法，白2立后，黑3飞补，可以看到黑棋下方是漏风之形，依然无法满意

基本图2-4

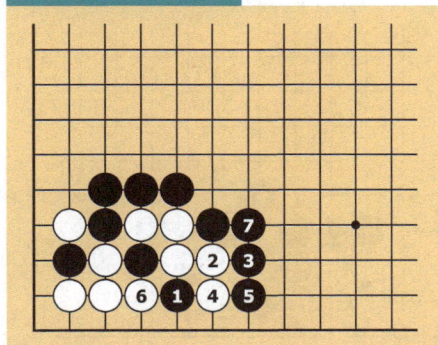

黑1下打才是正确的手筋，白2拐出，黑3再打，至黑7粘上，黑棋利用弃子取得了比基本图2-3更加厚实的外势，黑棋可以满意

基本图3-1

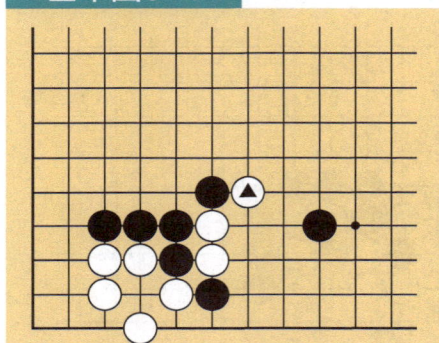

这是一个星位二间高夹定式，黑棋应如何封锁白棋呢

基本图3-2

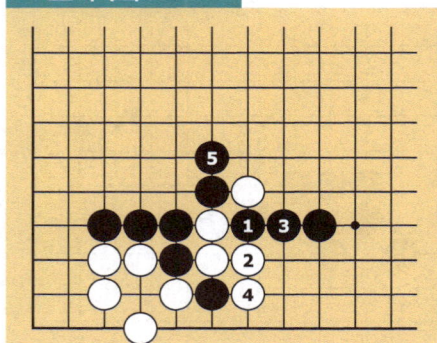

黑1断吃是必然的下法，但是接下来黑3粘上过于简单，白4吃掉后，黑5还是补断，下方黑棋是一个漏风之形，黑棋不好

基本图3-3

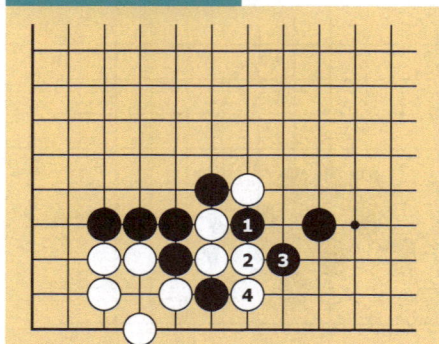

白2拐吃时，黑3虎吃看似好棋，实则不然，白4简单吃掉一子，黑棋外势已难以收拾

基本图3-4

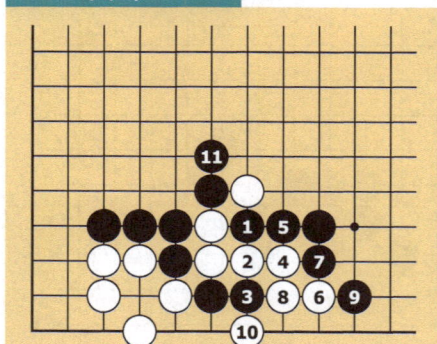

白2拐吃时，黑3下打多弃一子才是正确的下法，接下来白6小尖也是局部的好棋，至黑11，局部形成双方两分的变化

边路的封锁与出头（二）练习题

黑先，请写出在此局面下双方最佳的下法（至少3手）。

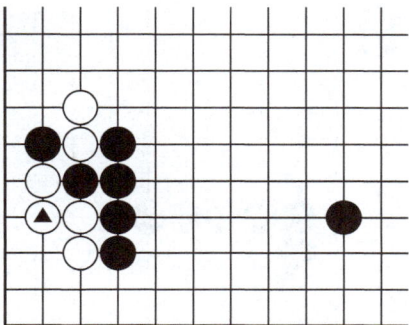

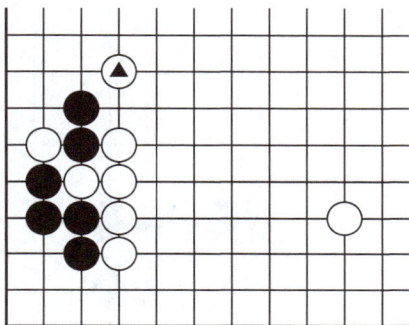

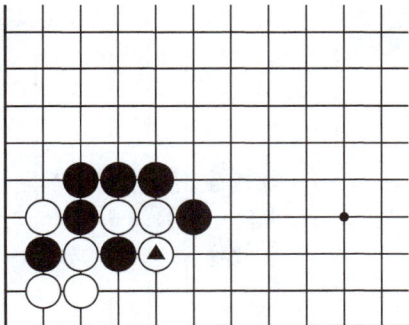

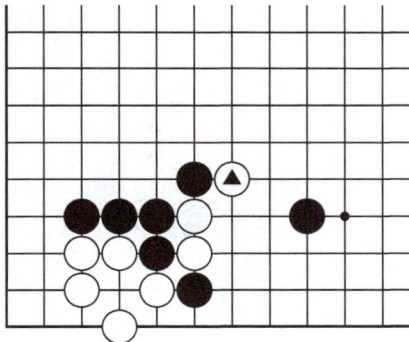

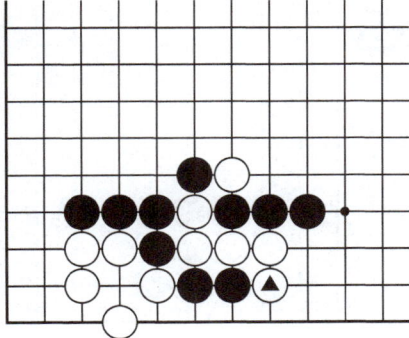

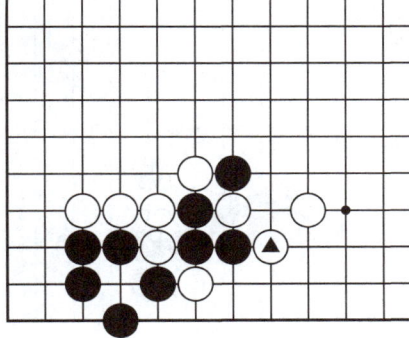

边路的封锁与出头（二）练习题

黑先，请写出在此局面下双方最佳的下法（至少3手）。

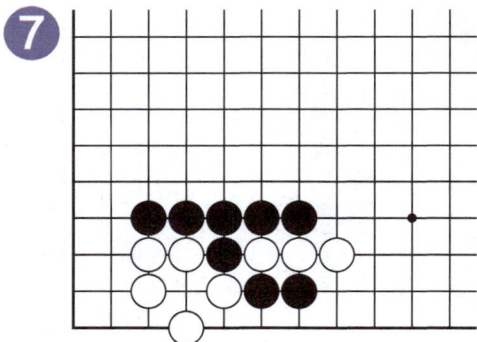

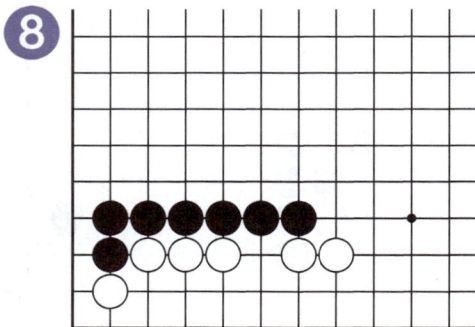

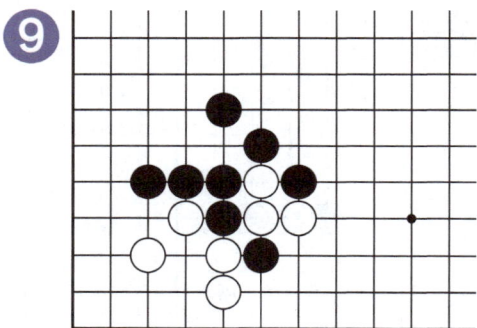

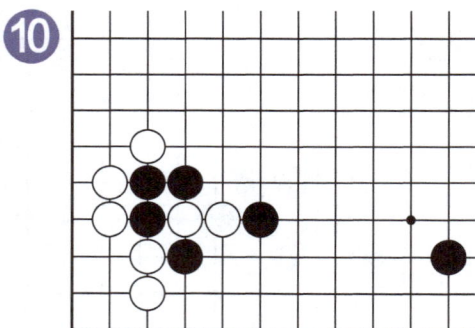

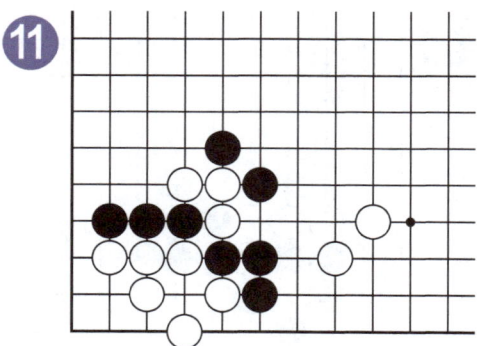

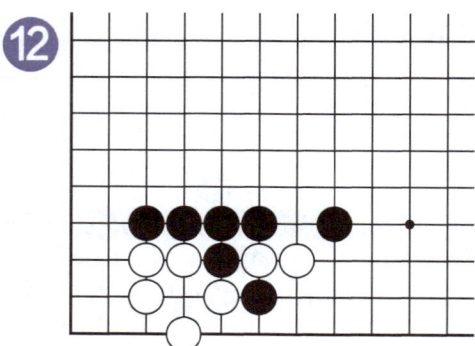

7

8

9

10

11

12

边路的封锁与出头（二）练习题

黑先，请写出在此局面下双方最佳的下法（至少3手）。

⑬

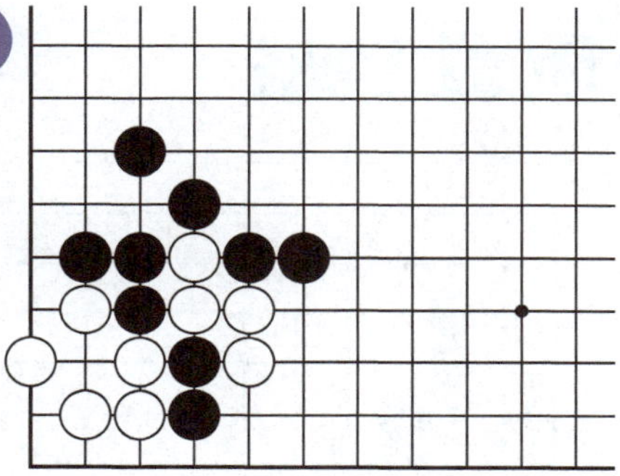

⑭

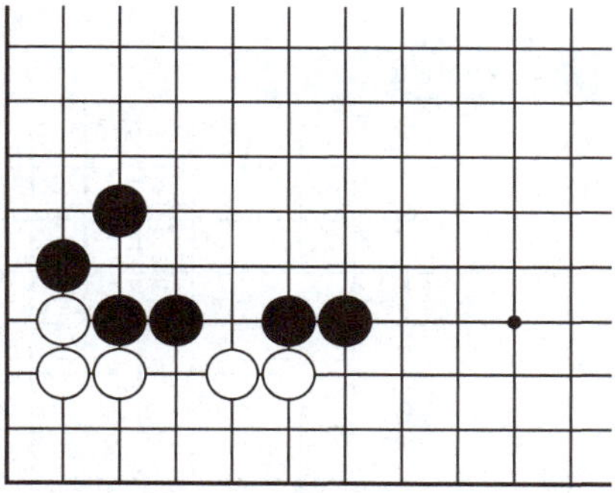

⑮

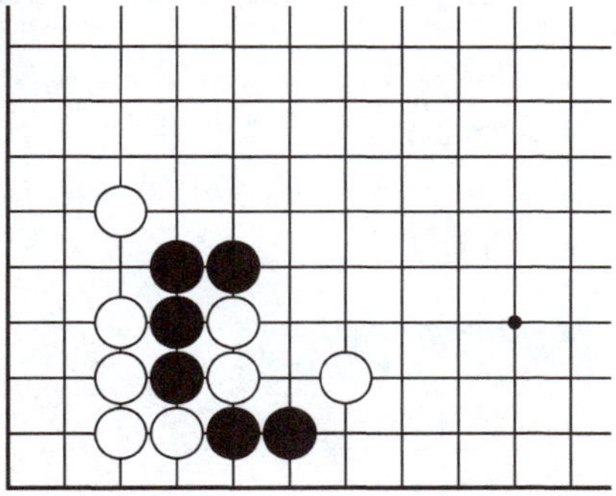

⑯

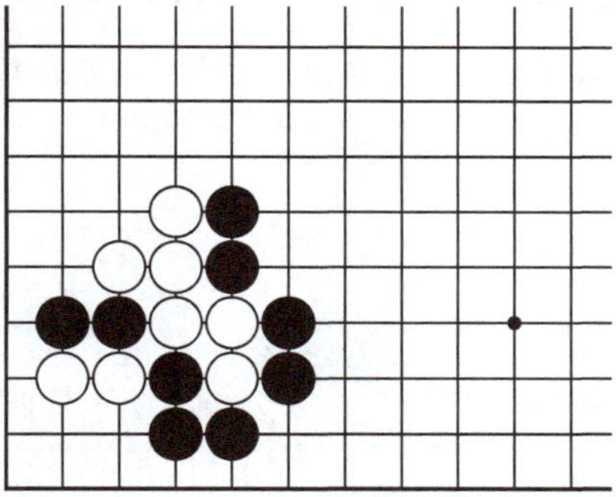

⑰

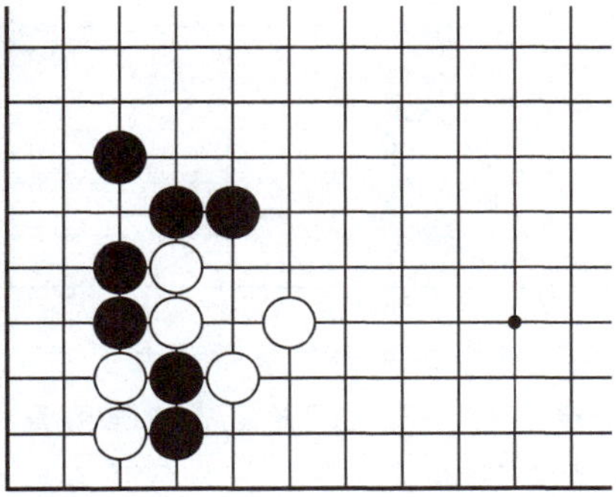

⑱

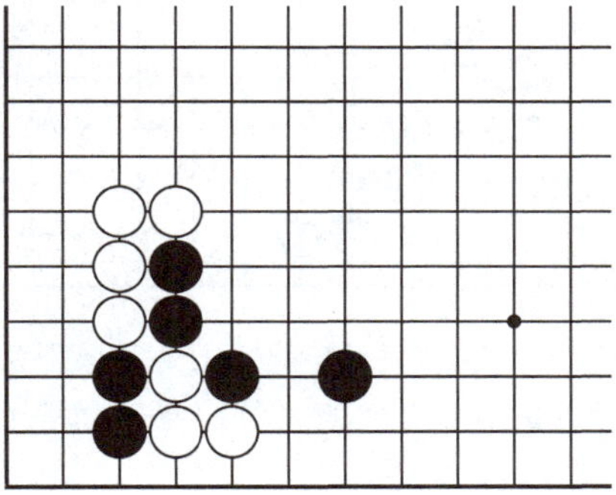

13 第⑬课 小飞、单关点三三

星位小飞守角和单关守角是最常见的守角方式，今后角部点三三的攻防是非常重要的知识点。本课介绍点三三以后双方的最佳应对。

基本图1-1

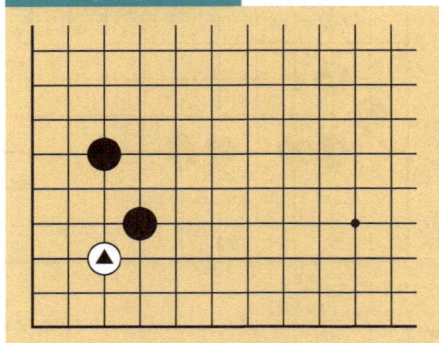

黑棋星位小飞守角，白棋点三三，角部双方最佳的攻防是什么结果呢

基本图1-2

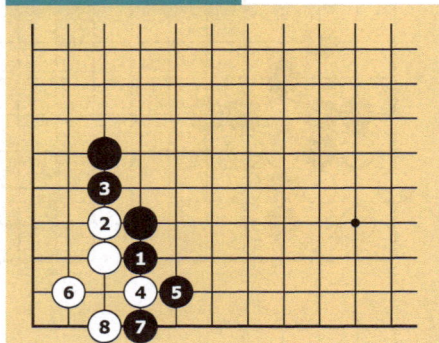

黑1挡是必然的下法，白2、白4先爬再扳是好次序，接下来白6再虎，局部形成打劫，这也是双方最佳的定型方式，优劣得看劫材

基本图1-3

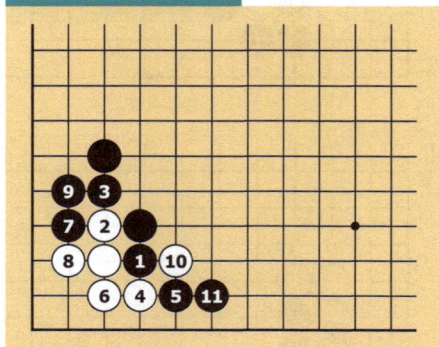

基本图1-2中白6若是粘上是错误下法，黑7扳缩小白棋的眼位，局部白棋无法做活，白棋不行

基本图1-4

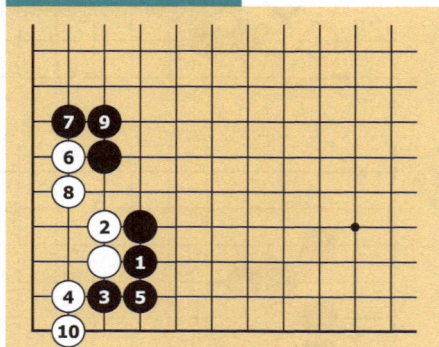

黑3扳在二路是错误的下法，白4扳后接下来白6、白8托退是活棋的好手，至白10做活，黑棋的外势还有弱点，黑棋不好

基本图1-5

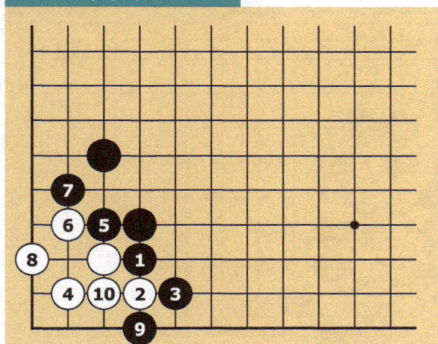

白2、白4直接扳虎也是可以考虑的下法，黑5在9位打吃则同样成劫，同时黑5也可以选择拐一个取势，至白10，也是两分

基本图1-6

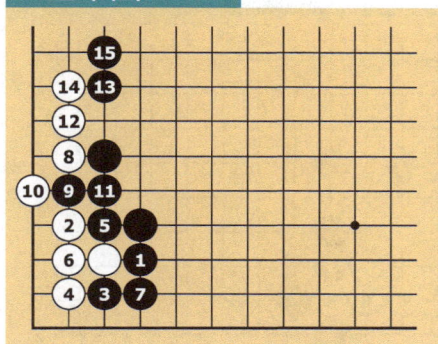

白2小尖则是错误的下法，黑3、黑5先扳再打是好手，至黑15，白棋的子力都在一路二路，即使做活也是大损

基本图2-1

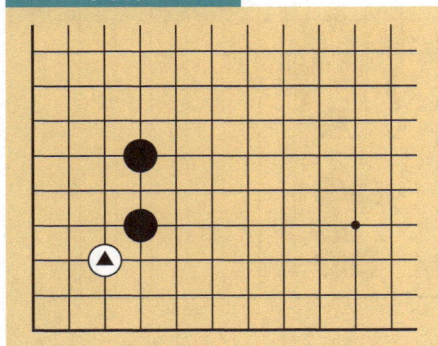

黑棋单关守角也是常见的守角方式之一，白棋点三三后，局部双方的最佳变化又是什么呢

基本图2-2

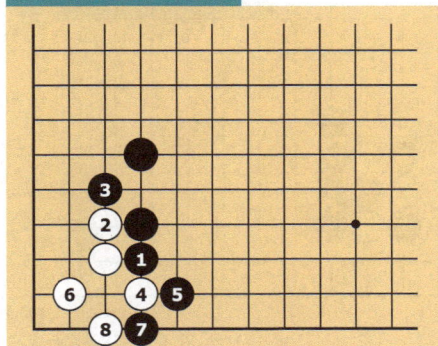

黑1挡是必然的下法，白2爬此时就不是好棋了，黑3虎住后，白4、白6只能选择扳虎打劫做活，这个变化白棋并不能满意

基本图2-3

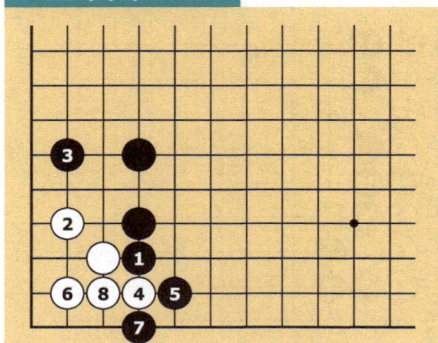

白2小尖才是此时白棋的最佳选择，黑3下跳封锁正确，白4再扳至白8粘上，局部白棋已经是安定的棋形

基本图2-4

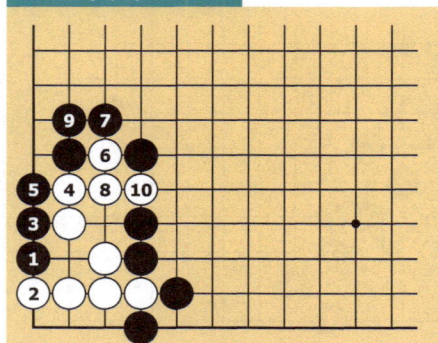

基本图2-3中如果黑棋想点杀白棋并不成立，白4顶后再白6挖是好棋，至白10冲，黑棋已经无法再封住白棋了

基本图2-5

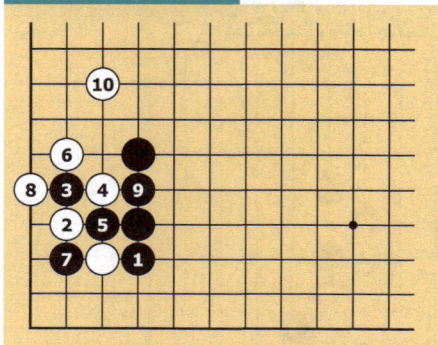

在白2小尖时，黑3靠住不是好棋，白4扳是必然的下法，黑5若是断则形成转换，至白10飞出，局部黑棋不能满意

基本图2-6

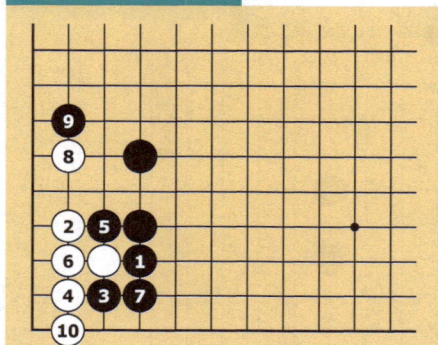

黑3、黑5先扳再打白棋并不害怕，白8跳出，黑9靠住，白10立则简明做活，黑棋的外势并不厚实，白棋满意

小飞、单关点三三练习题

黑先，请写出在此局面下双方最佳的下法（至少3手）。

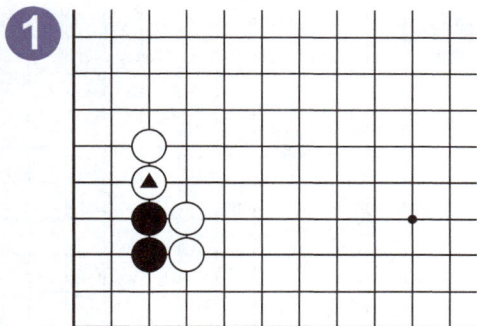

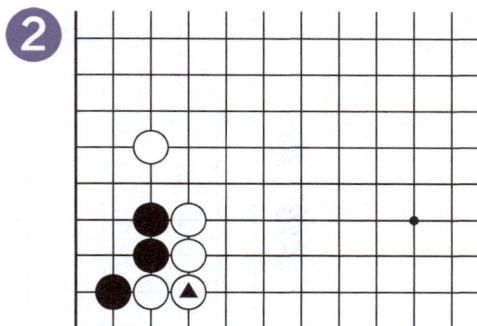

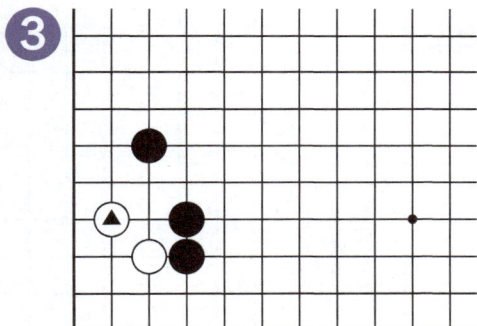

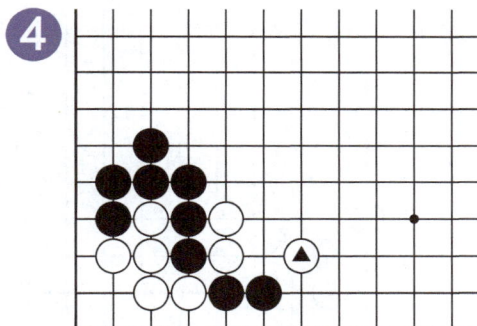

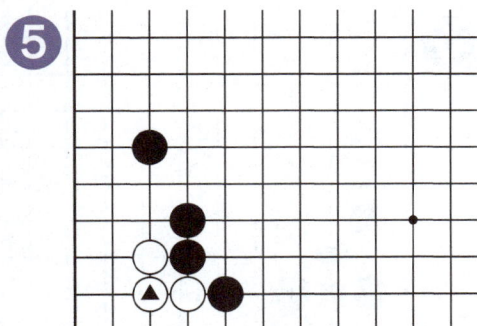

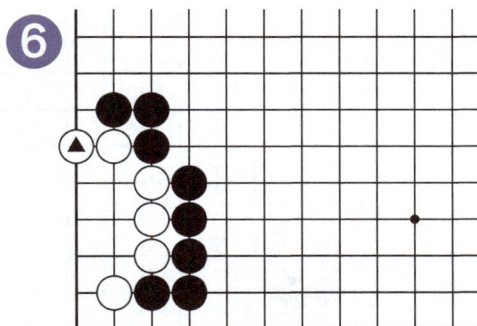

1

2

3

4

5

6

小飞、单关点三三练习题

黑先，请写出在此局面下双方最佳的下法（至少3手）。

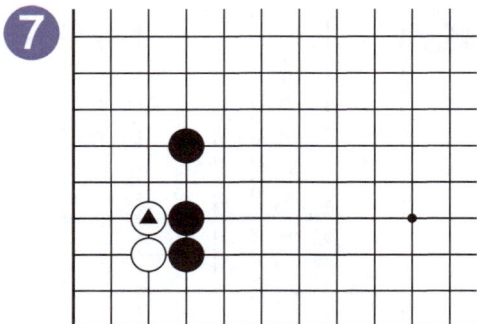

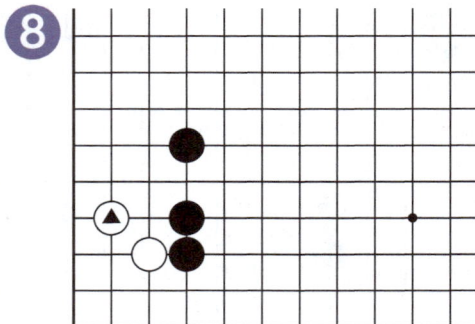

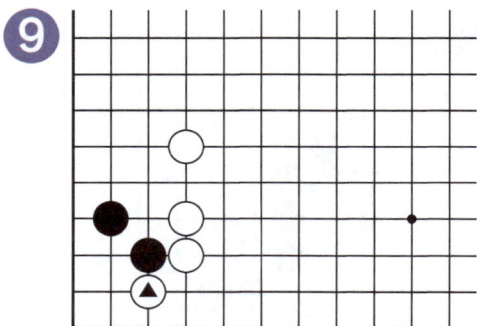

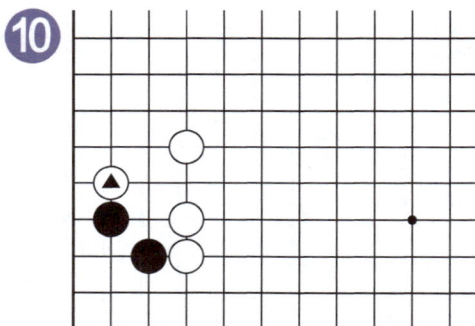

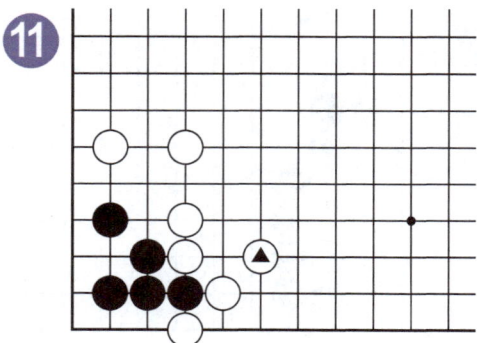

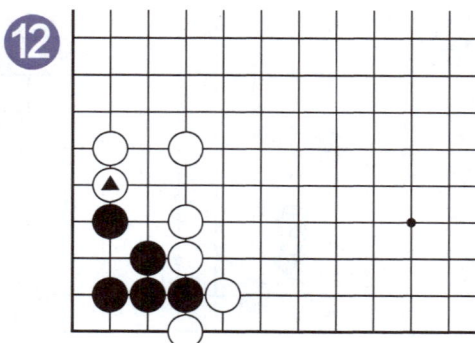

小飞、单关点三三练习题

黑先，请写出在此局面下双方最佳的下法（至少3手）。

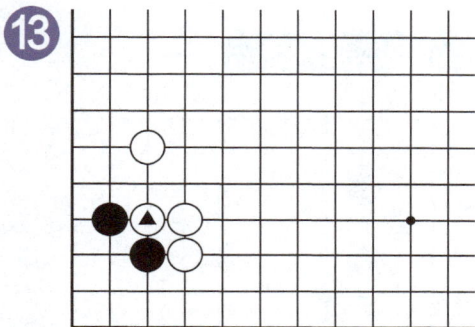

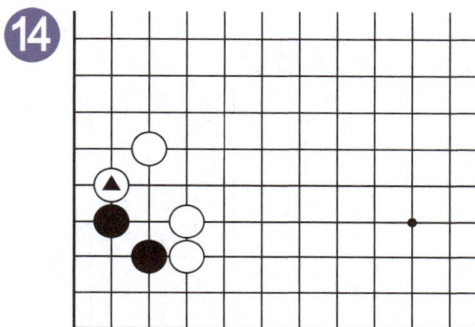

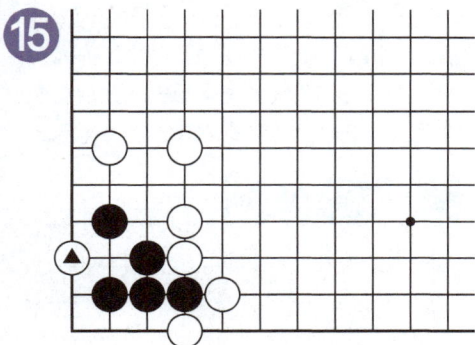

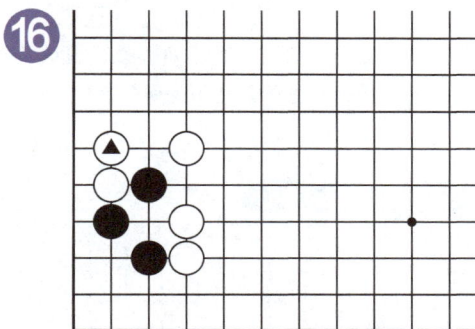

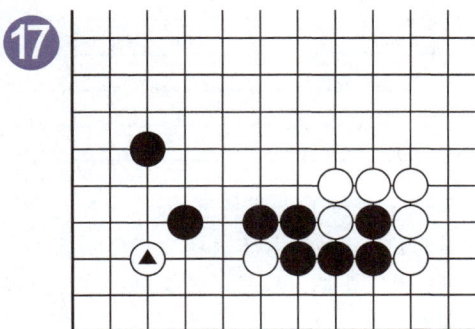

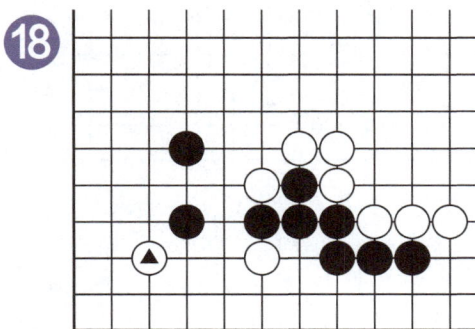

第14课 大飞、大跳点三三

星位大飞守角和大跳守角是重视外势与发展的选择，今后角部点三三的变化与小飞小跳截然不同。本课介绍大飞大跳后点三三的应对方法。

基本图1-1

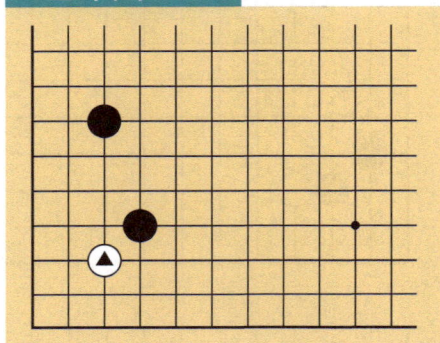

大飞守角也是非常常见的守角方法，白棋点三三，局部双方的最佳下法是什么呢

基本图1-2

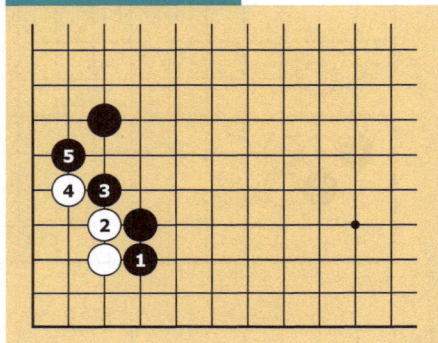

黑1挡外侧是必然的下法，白2爬扩大眼位，黑3、黑5先扳再虎是局部最佳的封锁方法，接下来白棋需要注意活棋的次序

基本图1-3

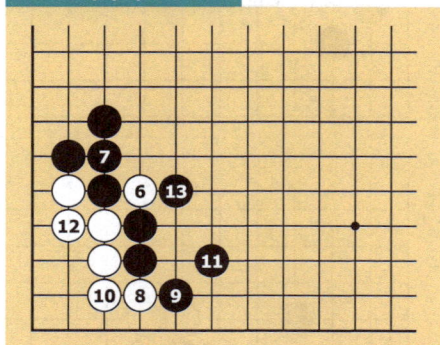

白6打吃正确，黑7粘上后，白8、白10先手扳粘，至黑13，白棋先手获得安定，而黑棋则获得非常厚实的外势，此型双方两分

基本图1-4

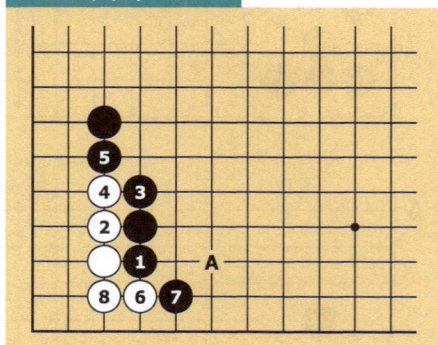

黑3单退是争取先手的下法，白4若爬，黑5顶住，白6、白8扳粘后，黑棋既可以在A位补强，也可以选择脱先，可以满意

基本图1-5

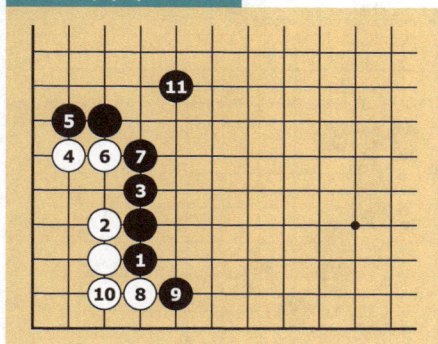

白4小飞相对基本图1-4的爬要好一些，黑5若是挡住，白6先手冲后再白8、白10扳粘，黑11必须补断，依然是白棋先手活角，黑棋取势的变化

基本图1-6

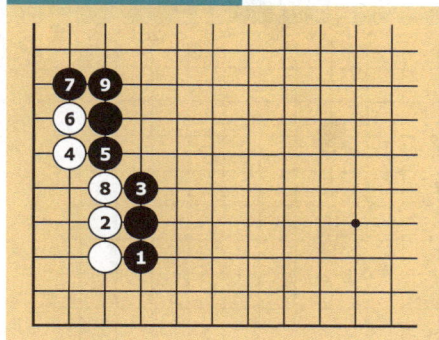

基本图1-5黑5若是选择上压大同小异，白6爬重要，至黑9粘上，白棋局部已经是活棋，同样两分

基本图1-7

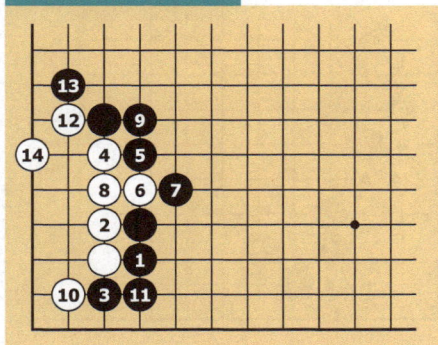

黑3下扳是不常见的选择，不过白棋需要小心应对。白4单靠正确，黑5扳后，白6挖是棋形的要点，至白14活棋，黑棋外势断点过多，黑棋显然无法满意

基本图1-8

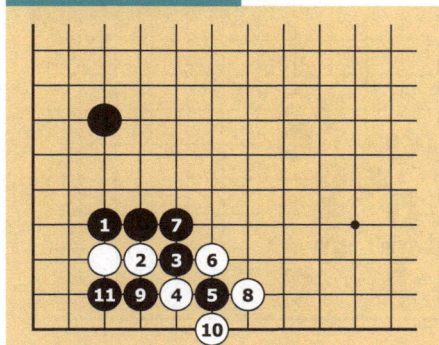

黑1挡在左边是特殊场合下的选择，接下来黑3、黑5连扳是必然的下法，至黑11转换，当初黑棋大飞一子变成了拆二，效率不高

基本图2-1

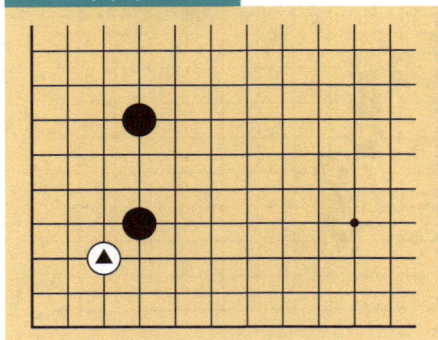

二间大跳是少见的守角方式，白棋点三三后，局部双方的最佳应对是什么样的呢

基本图2-2

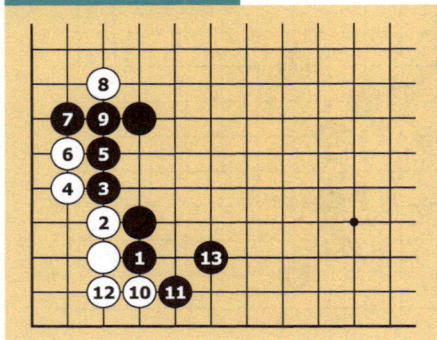

黑1挡是必然的下法，白2爬到，黑3、黑5扳退是平稳的下法，至黑13，依然是白棋先手活角，黑棋取势的定型

基本图2-3

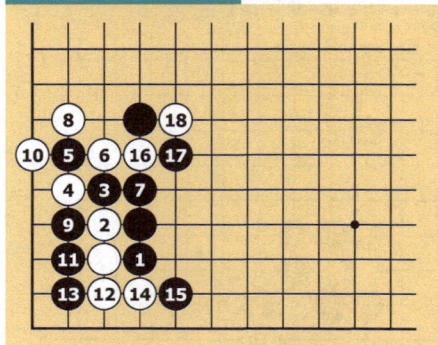

基本图2-2黑5若是连扳是错误的下法，白6至白10吃掉一子后，可以利用白12、白14的先手撞紧黑棋的气，然后白16、白18再冲断，黑棋外势支离破碎

基本图2-4

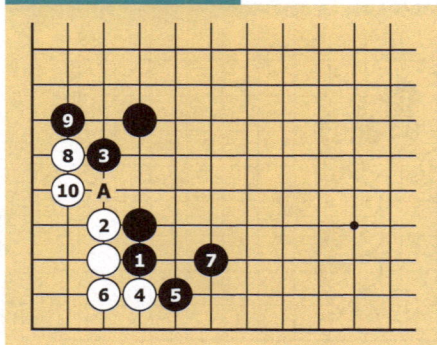

黑3单尖是局部的好手，白4、白6扳粘后，白8单托后再退回是活棋的最佳手段，黑棋可以根据场合来决定是否在A位加补一手，此图是黑棋的最佳选择

大飞、大跳点三三练习题

黑先，请写出在此局面下双方最佳的下法（至少3手）。

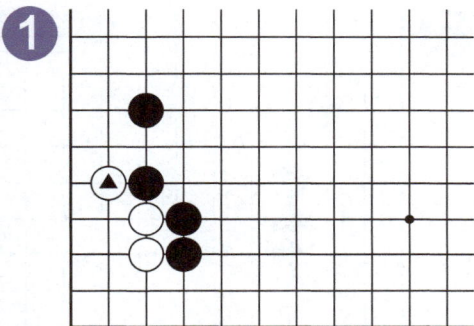

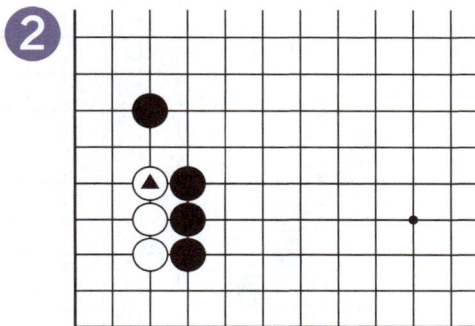

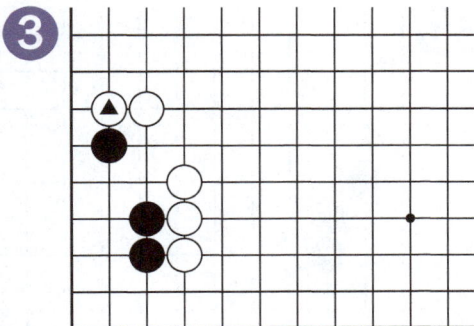

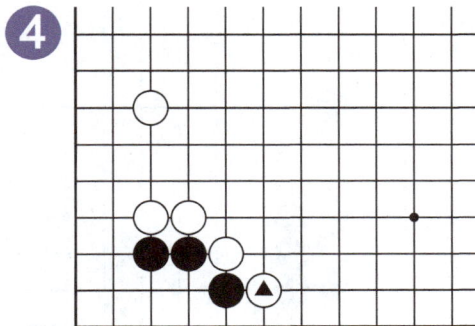

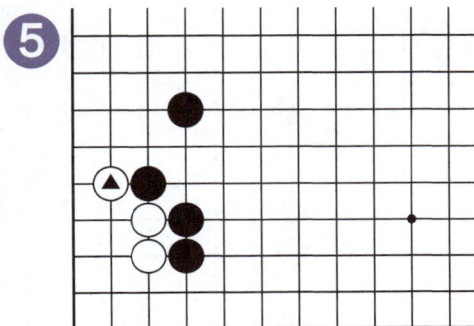

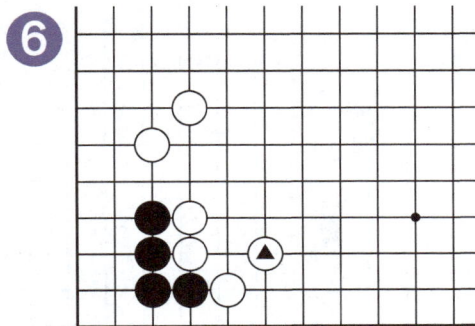

1

2

3

4

5

6

大飞、大跳点三三练习题

黑先，请写出在此局面下双方最佳的下法（至少3手）。

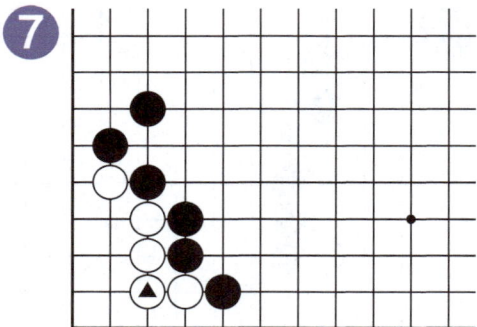

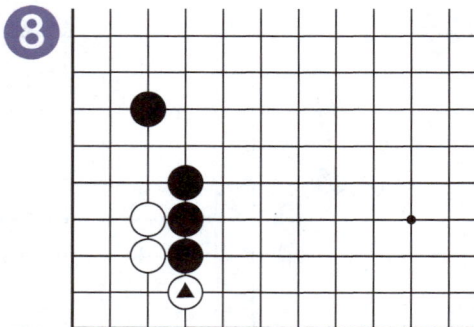

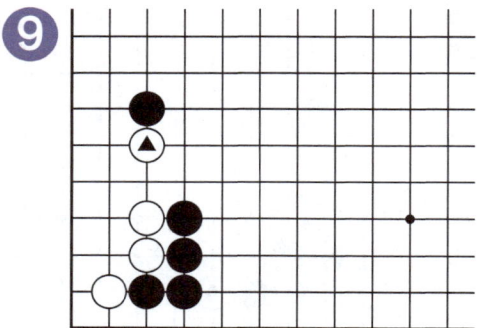

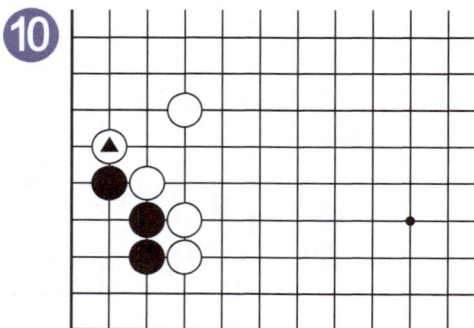

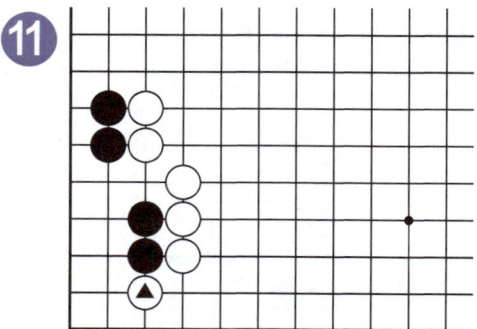

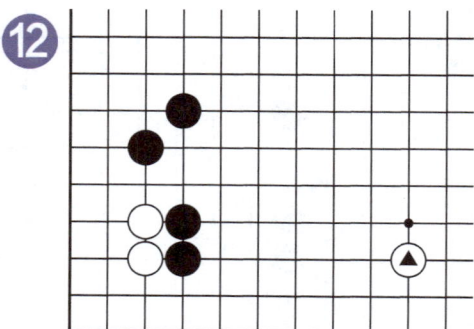

7

8

9

10

11

12

大飞、大跳点三三练习题

黑先，请写出在此局面下双方最佳的下法（至少3手）。

⑬

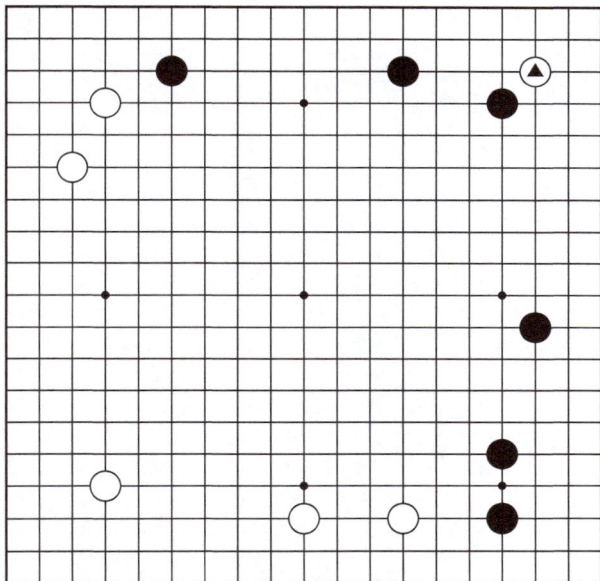

⑭

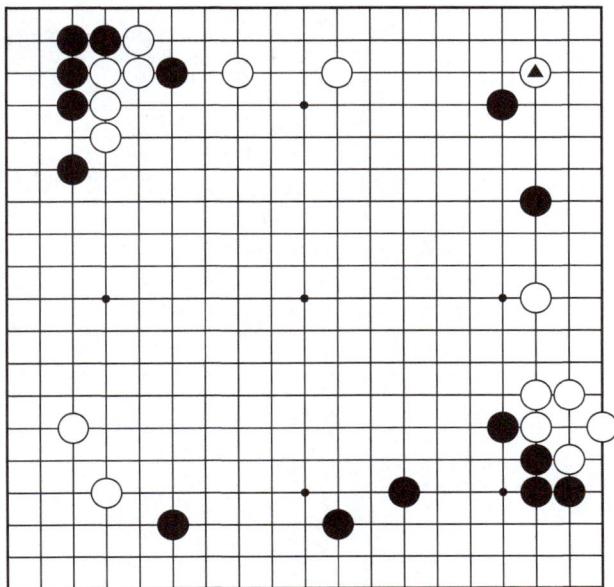

第三章
常见死活计算

死活是围棋对局中非常重要的一个环节。尤其对于这个水平阶段的同学来说，死活计算力的强弱往往决定了棋局的胜负。如何才能提高死活能力呢？解题思考的过程非常重要，在做题时应尽可能地多去想一些变化，不要一厢情愿。

本章列举了实战中经典的死活常型，希望大家在解题时注意解题思路和方法，最后通过观察分析，找出正确下法。

第15课 角上板八

"板八"这个棋形在实战中很常见，相比"板六"形更为复杂。本课包括打劫的题目，希望大家通过学习，掌握其中要领。

例1

图1 问题图

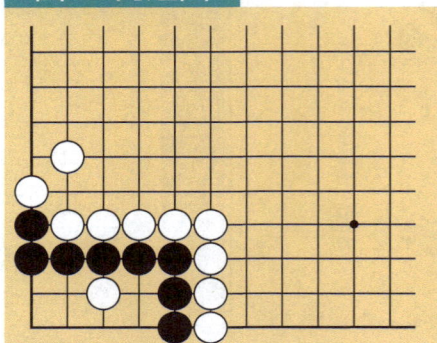

黑先，如何做活呢

图2 正解图

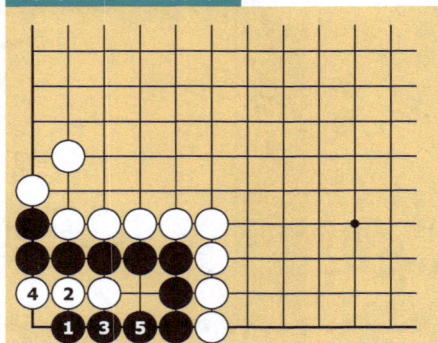

黑1跳是要点，白2冲的时候，黑3夹是好手，至黑5，黑净活

图3 失败图1

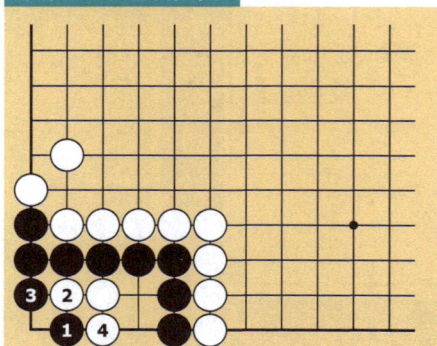

黑3如果挡，白4打吃，局部成万年劫，黑失败

图4 失败图2

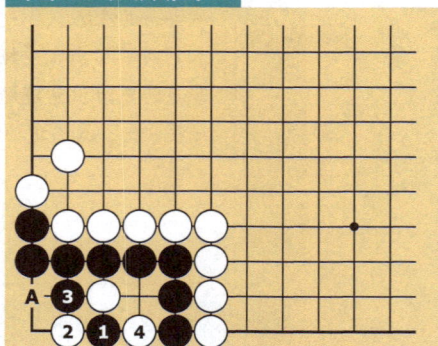

黑1夹不好，白2打吃，至白4，以后白棋可在A位扑劫，黑失败

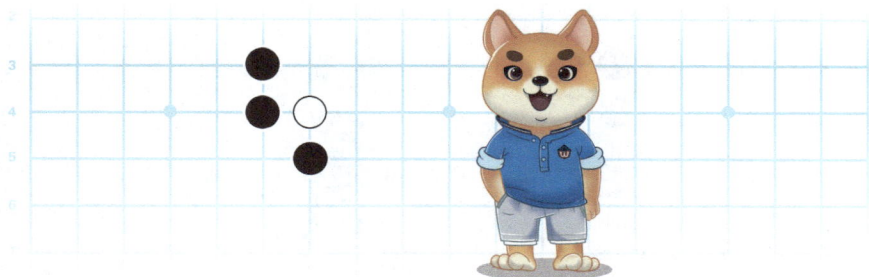

例2

图1 问题图

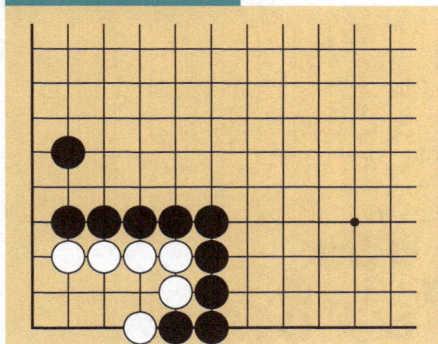

黑先，如何杀白呢

图2 正解图

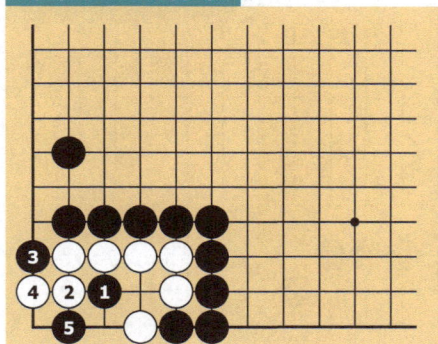

黑1点是好手，白2拐，黑3扳是好次序，至黑5，白净死

图3 变化图

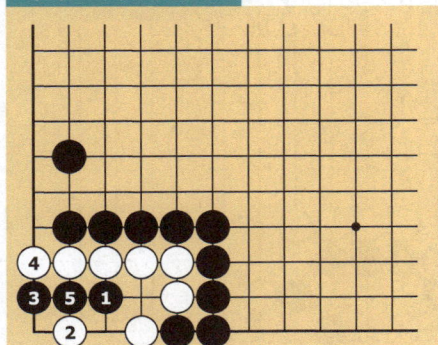

白2如果跳，黑3点，至黑5，白棋也不行

图4 失败图

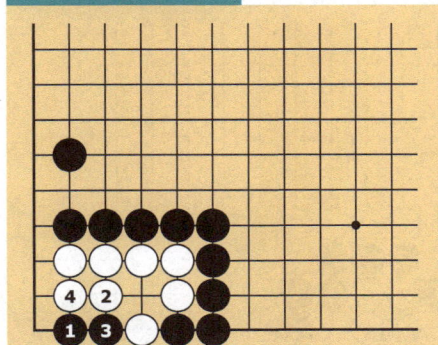

黑1点不好，白2做眼，黑3打吃，至白4成打劫，黑失败

例3

图1　问题图

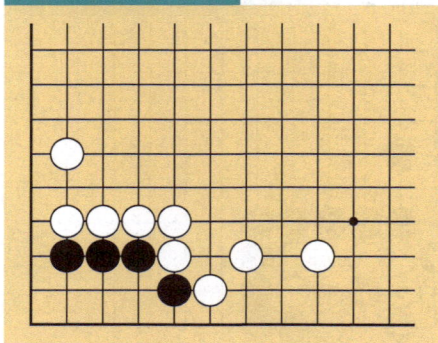

黑先，如何做活呢

图2　正解图

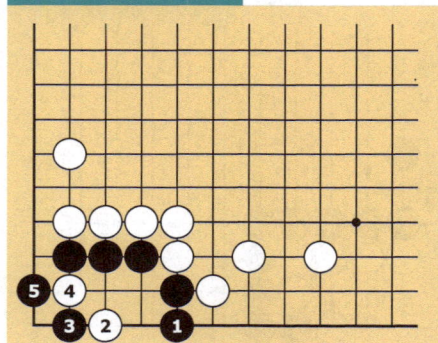

黑1立只此一手，白2点方，黑3靠，至黑5，成劫活

图3　变化图

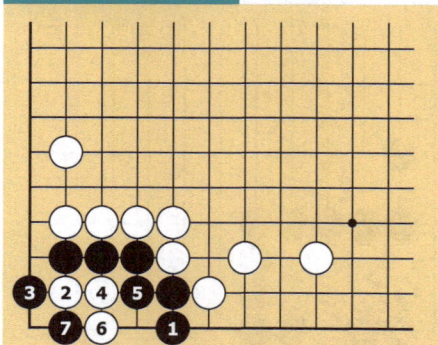

白2如果夹，黑3扳，至黑7，也是劫活

图4　失败图

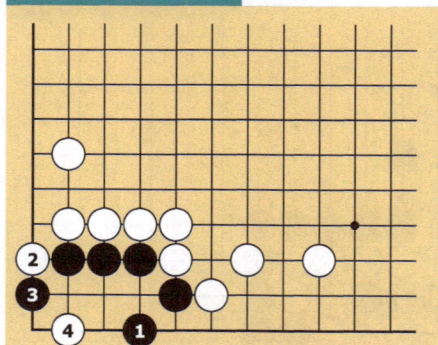

黑1虎不好，白2扳，黑3挡，至白4成"大猪嘴"，黑失败

例4

图1 问题图

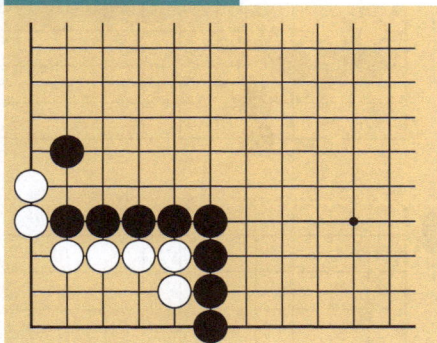

黑先，如何杀白呢

图2 正解图

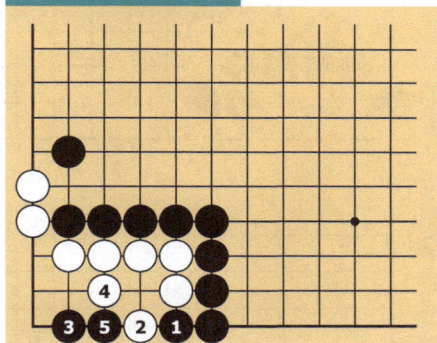

黑1拐缩小眼位，白2挡，黑3点是好手，至黑5，成劫杀

图3 变化图

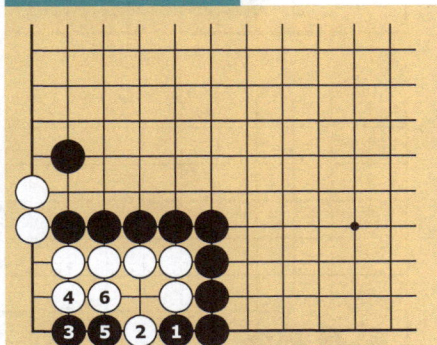

白4如果顶，黑5打吃，至白6，也是劫杀

图4 失败图

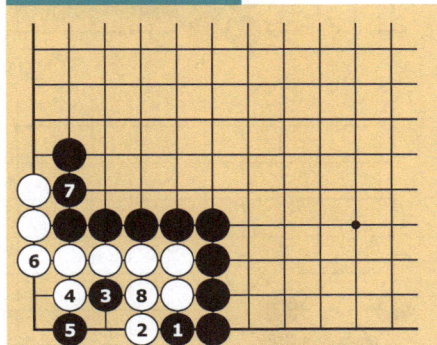

黑3点不好，白4拐，黑5扳，至白8是净活，黑失败

角上板八练习题

黑先，做活。

1
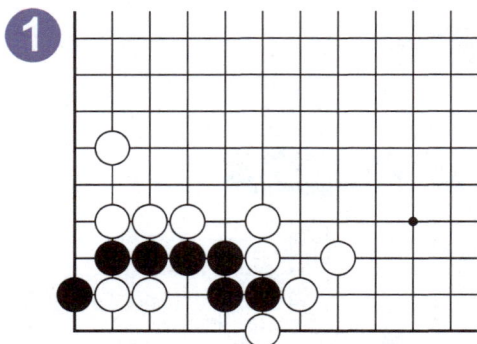

2
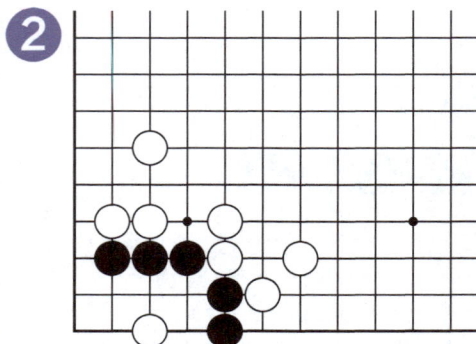

3
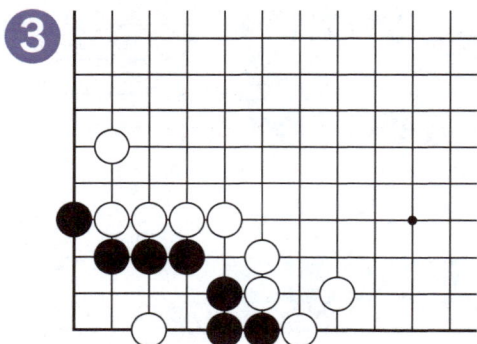

4
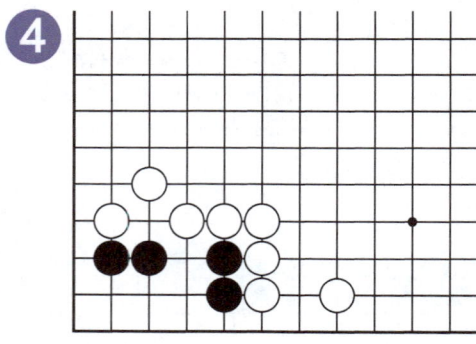

5
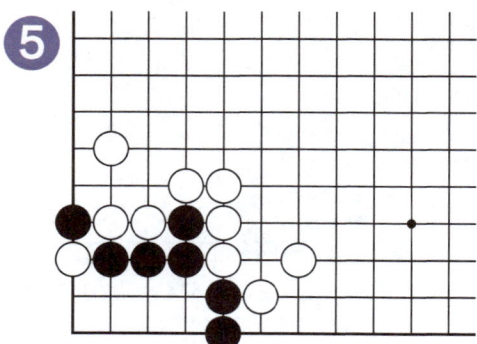

6
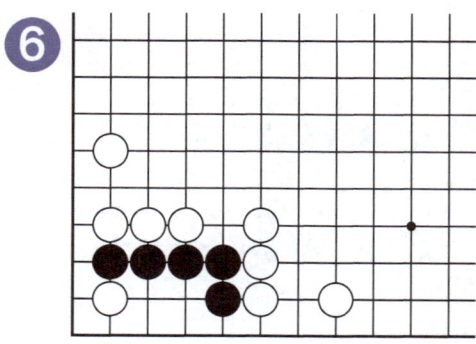

角上板八练习题

黑先，杀白。

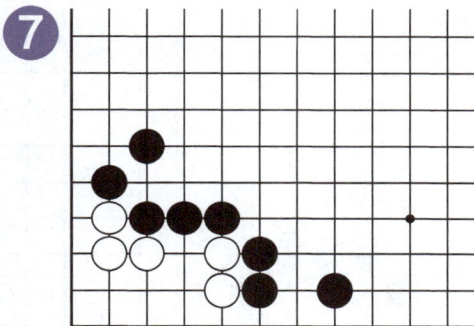

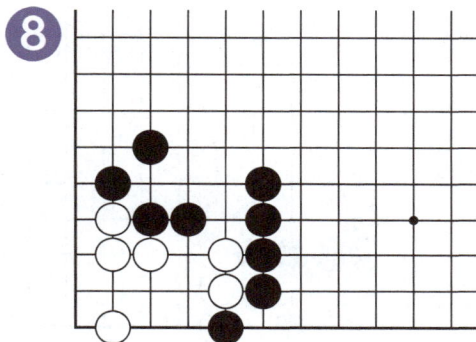

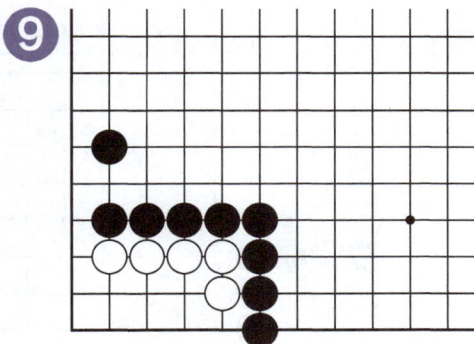

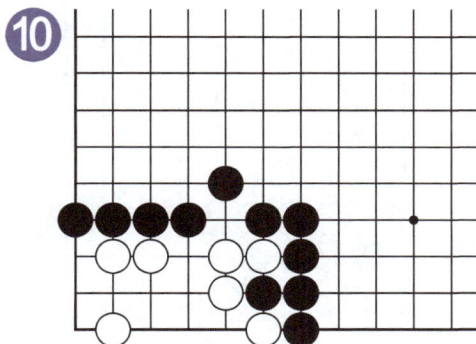

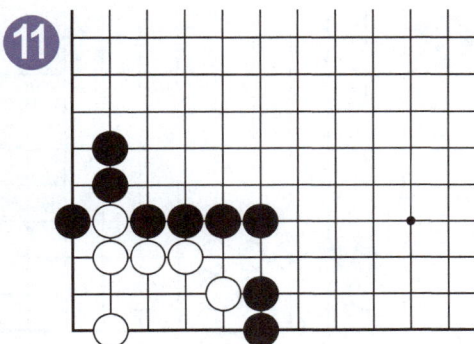

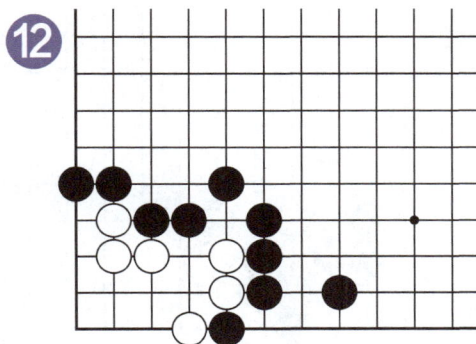

角上板八练习题

黑先，劫活。

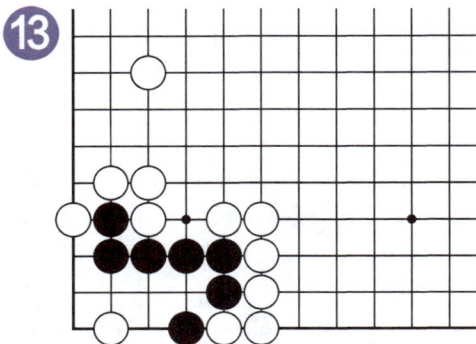

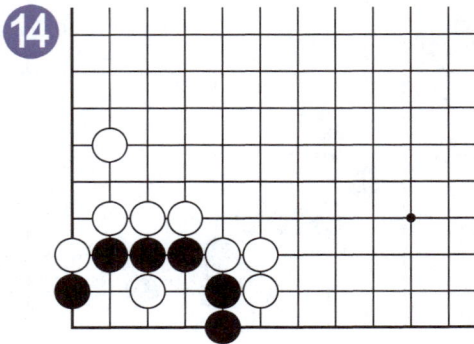

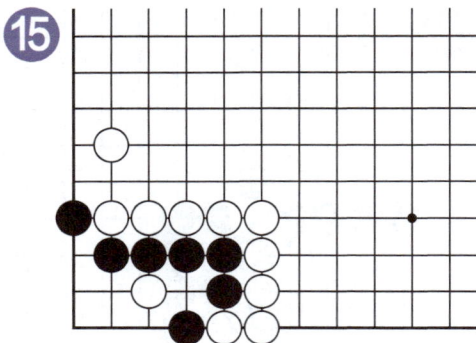

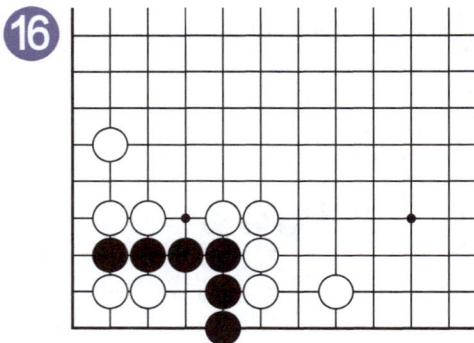

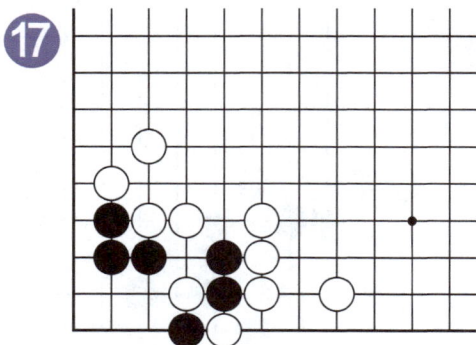

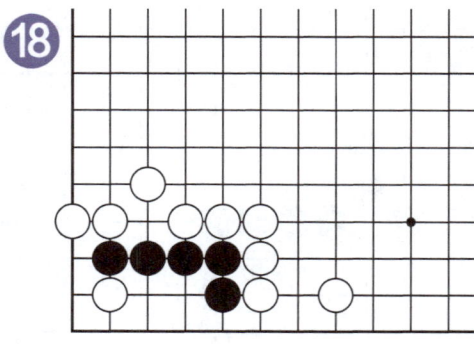

角上板八练习题

黑先，劫杀。

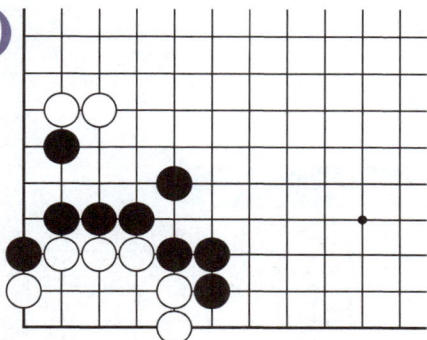

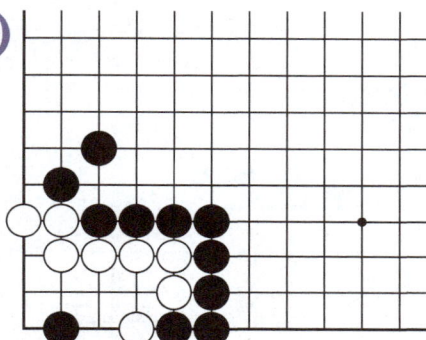

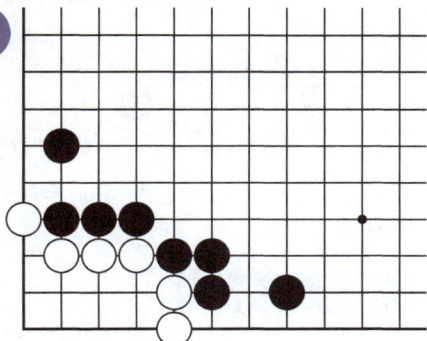

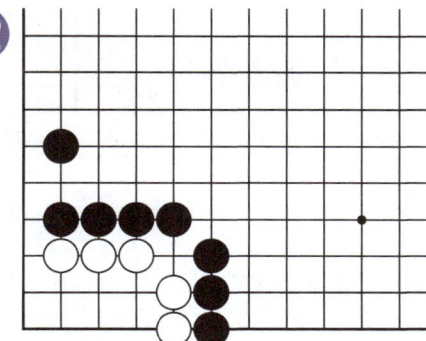

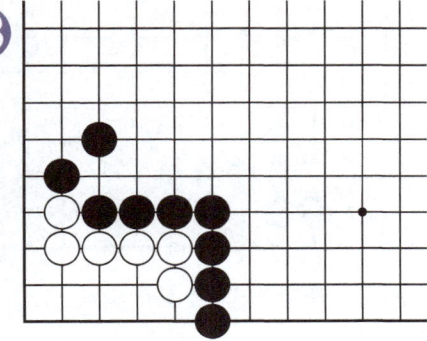

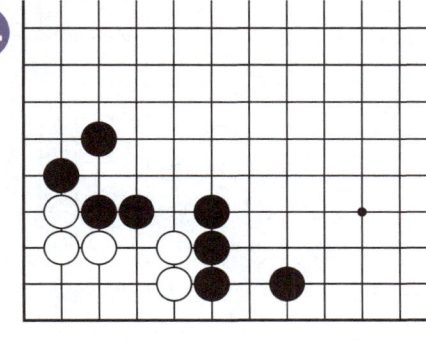

第16课 边上板八

"边上板八"在边上攻防中是一个很常见的棋形，它与角上板八有相似之处，但是位置不同攻杀也有所区别。本课包含一些打劫的题型，希望大家可以掌握好这个知识点，并运用到实战当中。

例1

图1 问题图

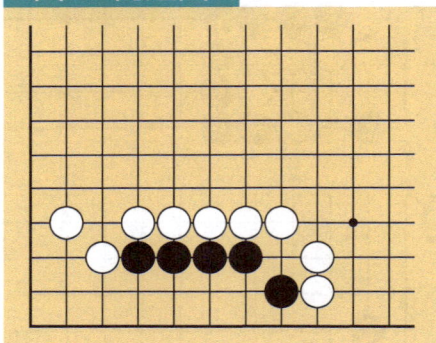

黑先，如何做活呢

图2 正解图

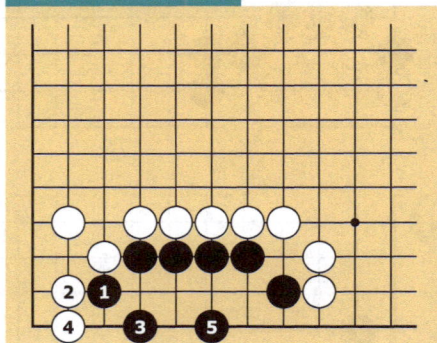

黑1扳是要点，白2挡，黑3虎，至黑5，黑活棋

图3 变化图

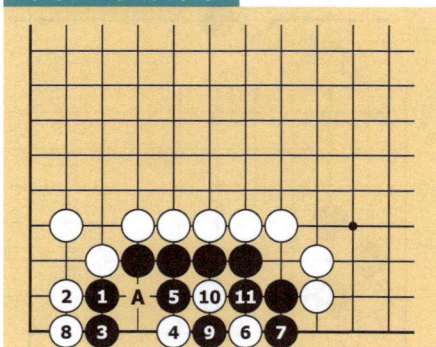

黑3立也可做活，白4点方，以下至黑11，白以后有A位吃两子的手段，黑虽然能活，但是目数稍差

图4 失败图

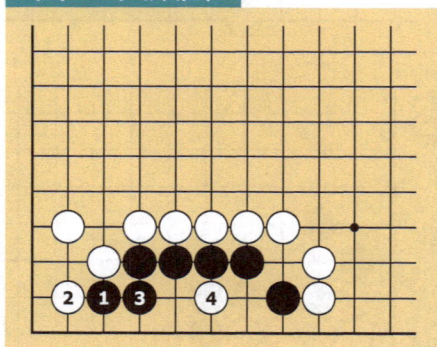

黑3粘不好，白4点，黑净死

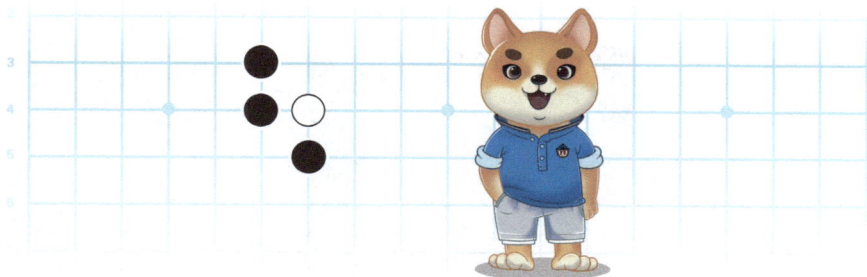

例2

图1 问题图

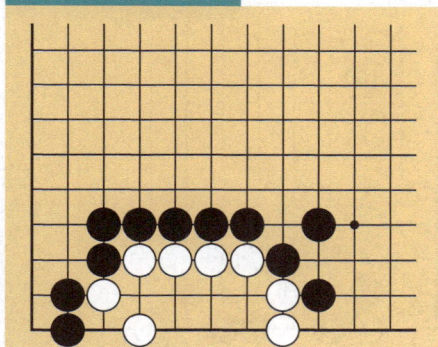

黑先，如何杀白呢

图2 正解图

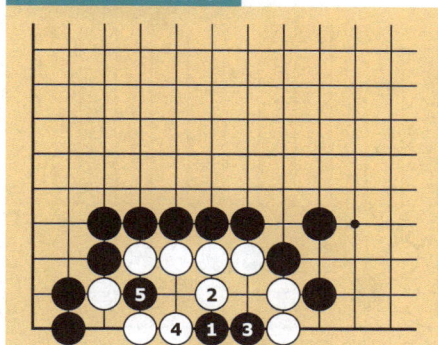

黑1点方是要点，白2顶，黑3长，至黑5，白死

图3 变化图

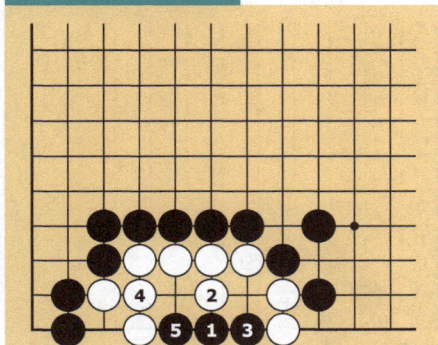

白4如果粘，黑5长，白不行

图4 失败图

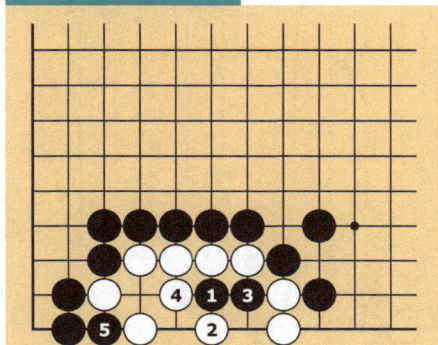

黑1靠不好，白2夹是要点，至黑5成打劫，黑失败

例3

图1 问题图

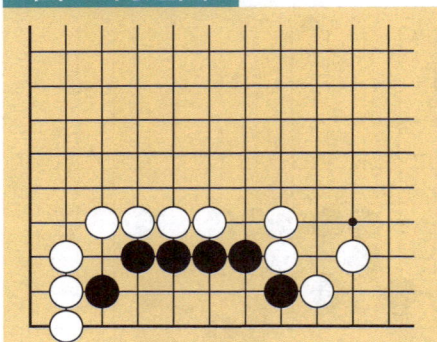

黑先，如何做活呢

图2 正解图

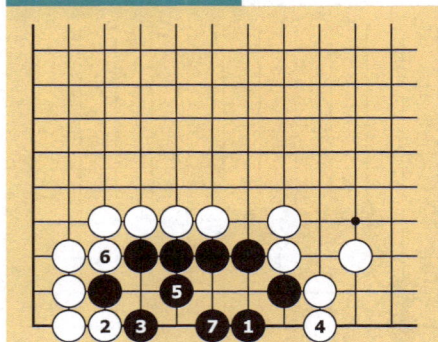

黑1虎是好手，白2拐，黑3挡，至黑7，
是打劫活

图3 变化图

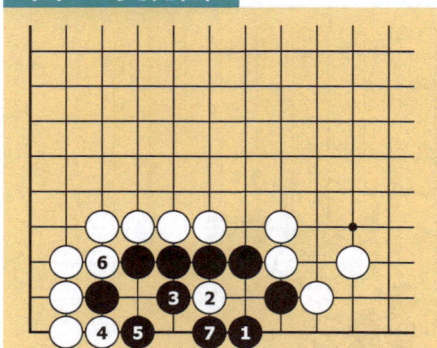

白2如果点，黑3挡，至黑7，也是打
劫活

图4 失败图

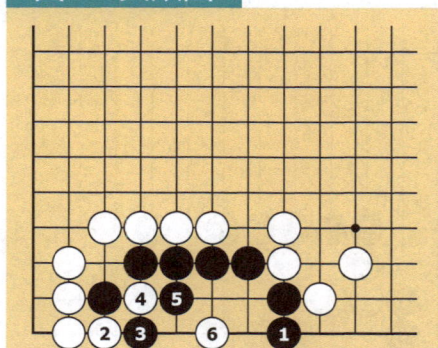

黑1立不好，白2拐，黑3挡，白4扑是好
手，至白6，黑失败

例4

图1 问题图

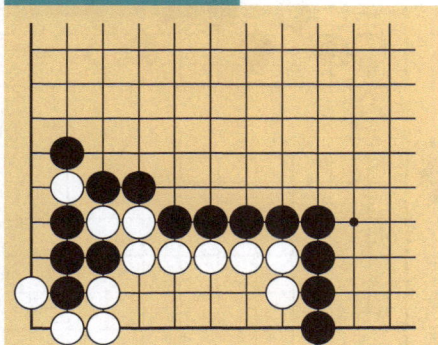

黑先，如何杀白呢

图2 正解图

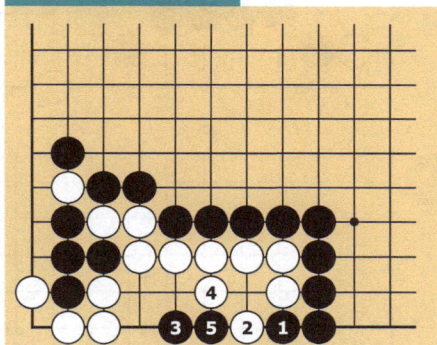

黑1拐是好手，白2挡，黑3点是要点，至黑5，成劫杀

图3 变化图

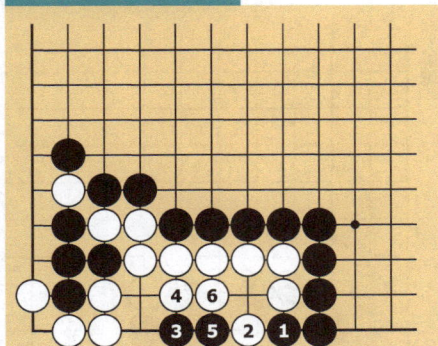

白4如果顶，黑5打吃，至白6，也是劫杀

图4 失败图

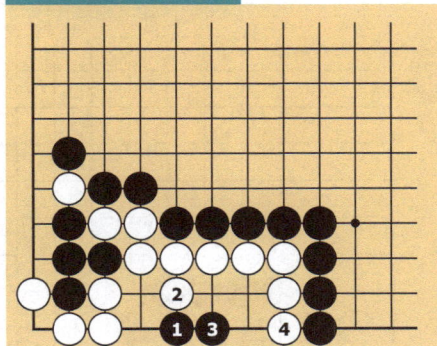

黑1直接点不好，白2顶，黑3长，白4挡，黑无法杀白

边上板八练习题

黑先，做活。

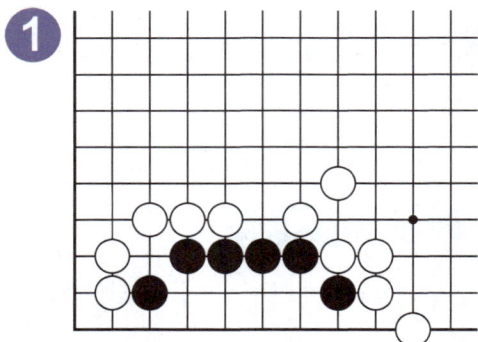

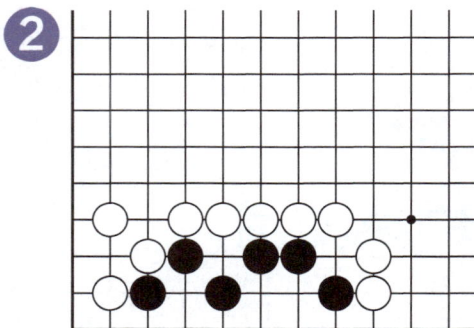

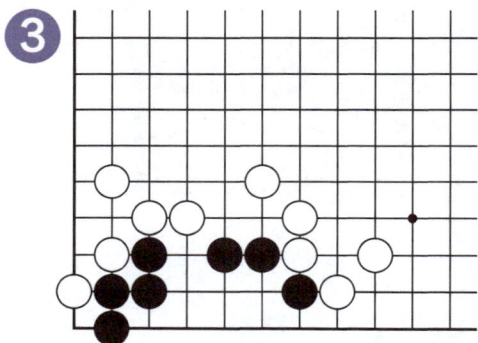

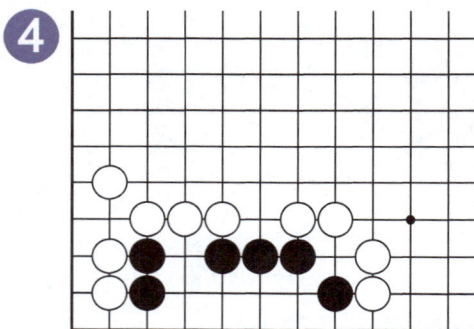

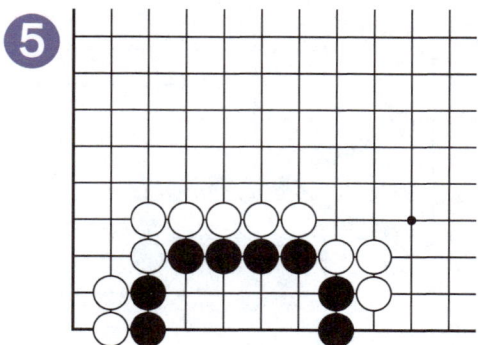

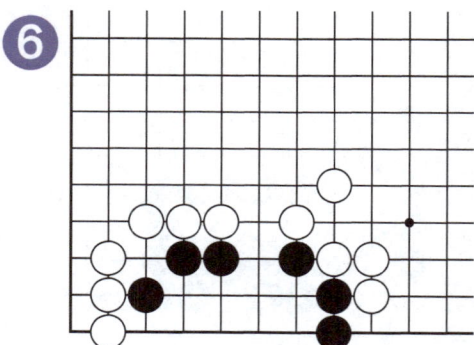

边上板八练习题

黑先，杀白。

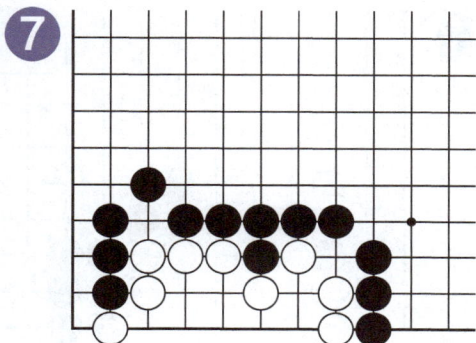

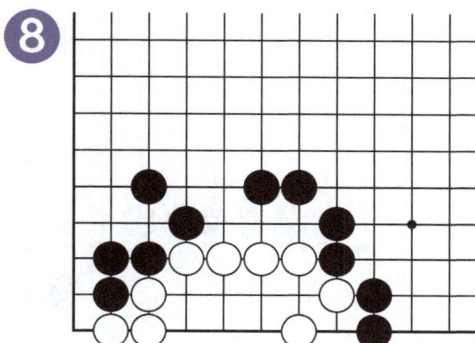

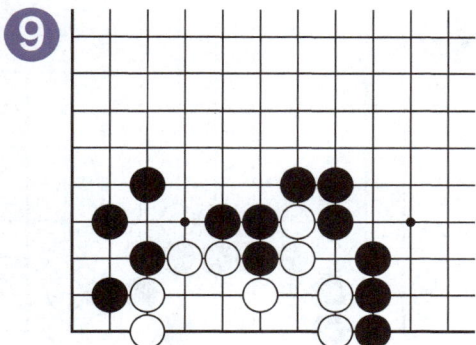

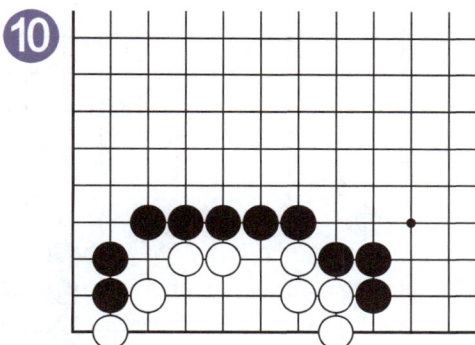

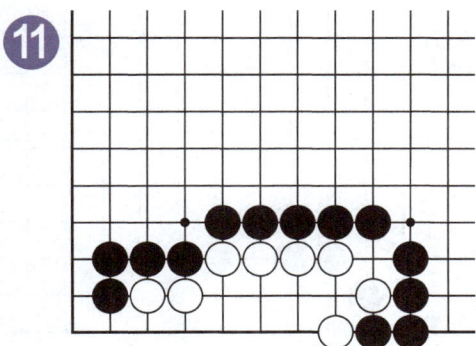

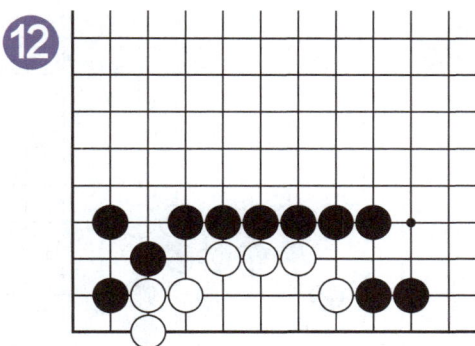

边上板八练习题

黑先，杀棋或做活。

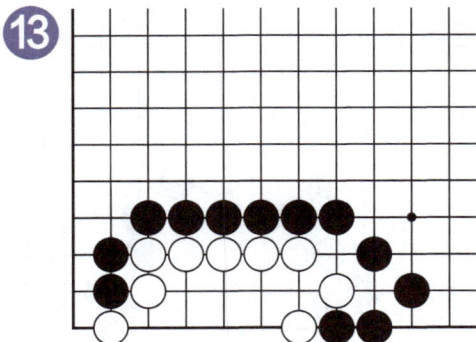

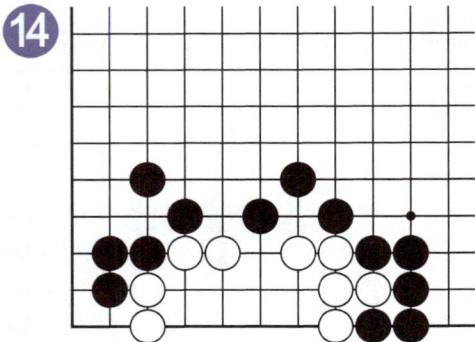

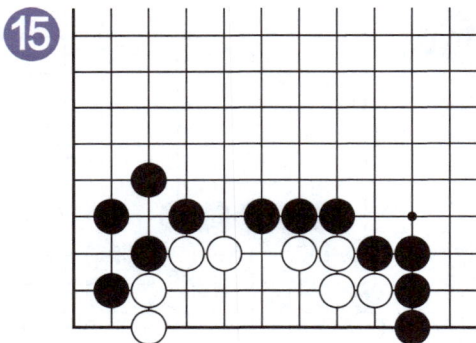

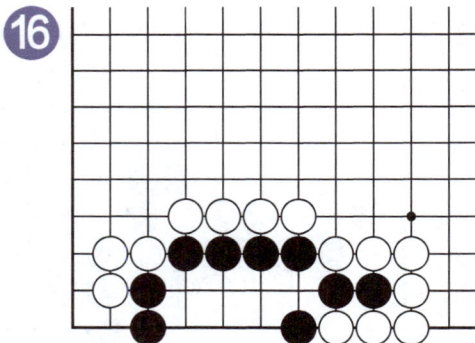

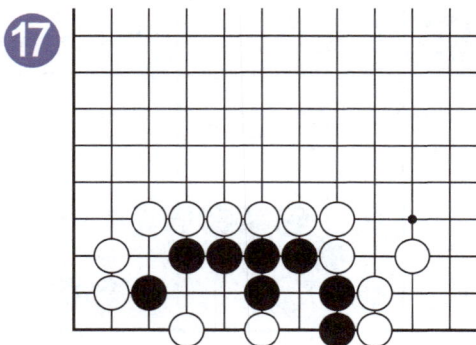

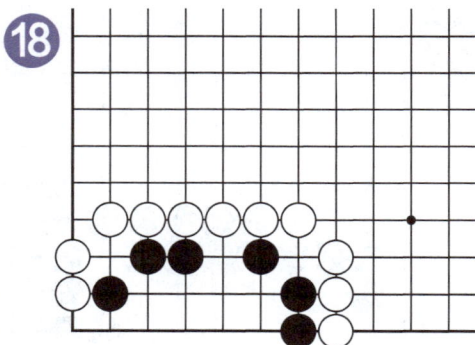

13

14

15

16

17

18

边上板八练习题

黑先，打劫。

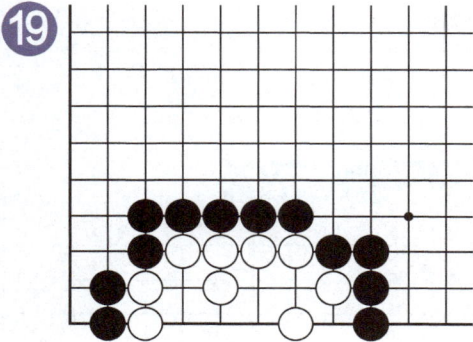

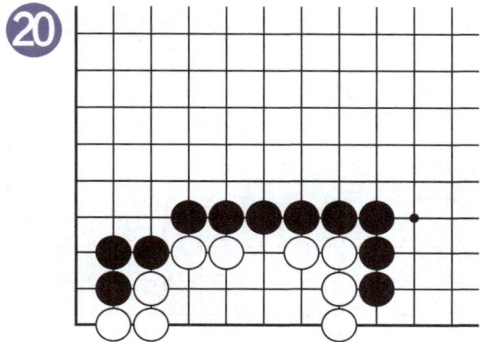

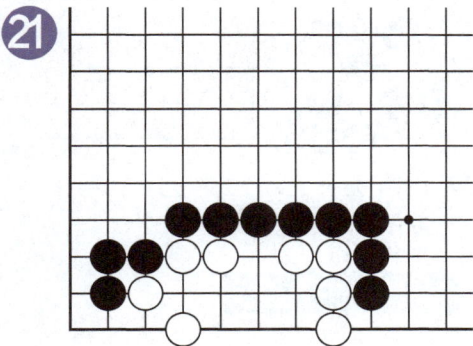

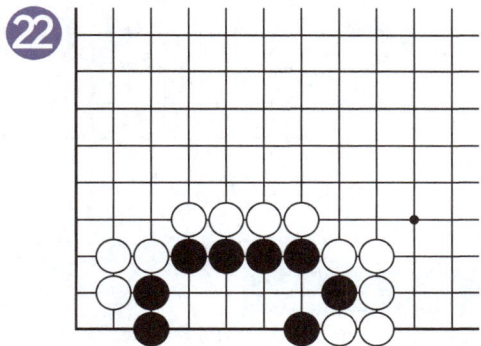

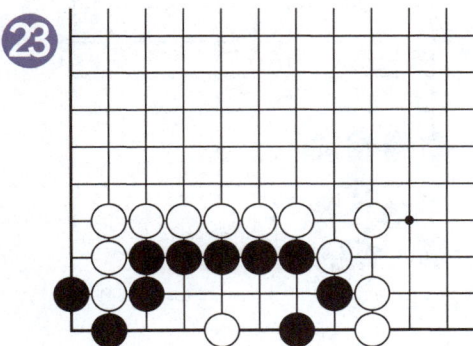

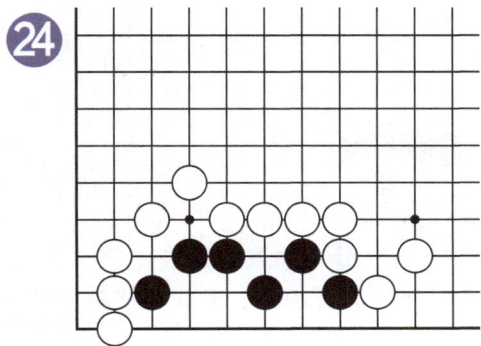

第17课 扩大眼位

在对局当中，我们经常会碰到自身的眼无法直接做活的棋形，这时我们需要扩大自身的眼位空间来达到做活的目的。这里给大家一点提示：扩大眼位通常是从自身眼位的最外部开始，并要注意做眼时的方向。

例1

图1 问题图

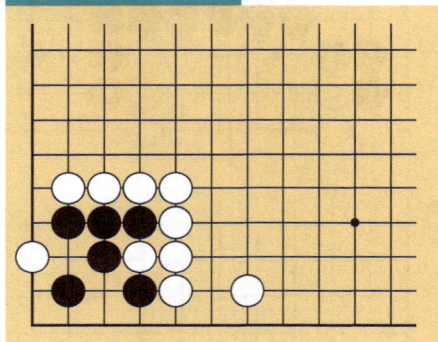

黑先，要如何扩大自己的眼位呢

图2 正解图

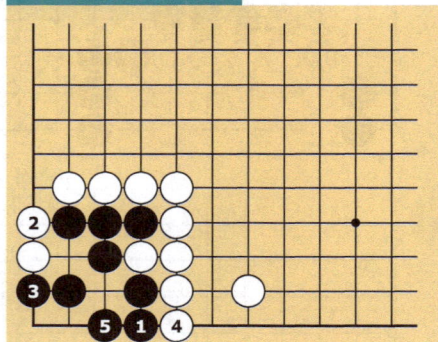

黑1立下是好手，白2渡过，黑3挡住，至黑5，黑净活

图3 变化图

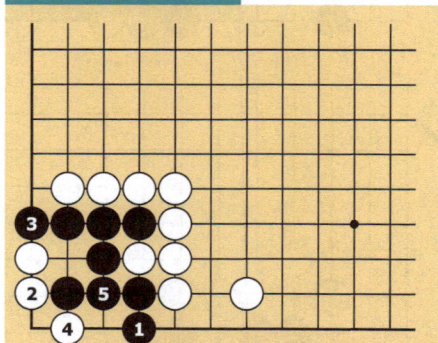

白2如果爬，黑3切断，至黑5形成双活

图4 失败图

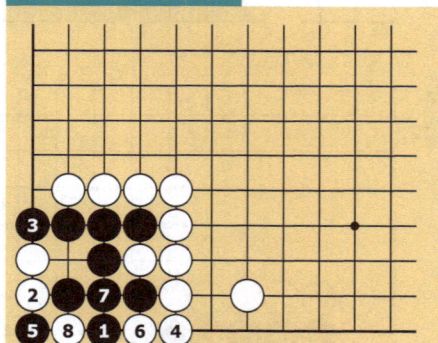

黑1做眼不好，白2爬是好手，黑3挡，至白8成打劫，黑失败

例2

图1 问题图

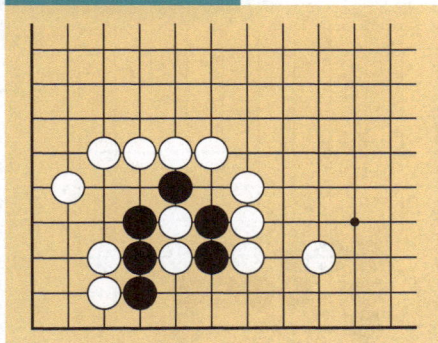

黑先，要如何扩大自己的眼位呢

图2 正解图

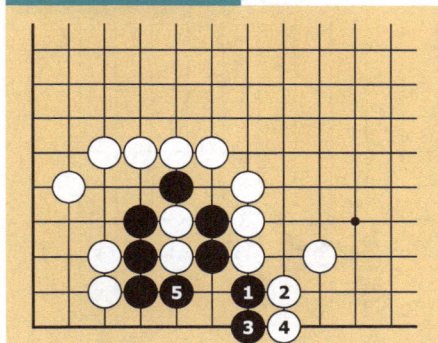

黑1扳是要点，白2挡住，黑3立是好手，至黑5，黑净活

图3 变化图

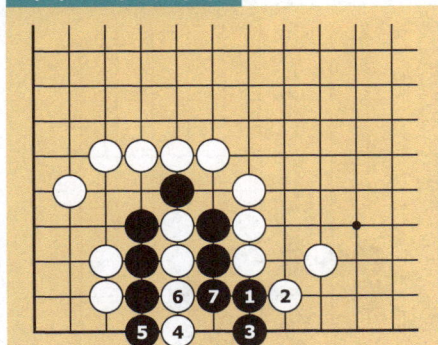

白4如果点，黑5挡下，至黑7也是活棋

图4 失败图

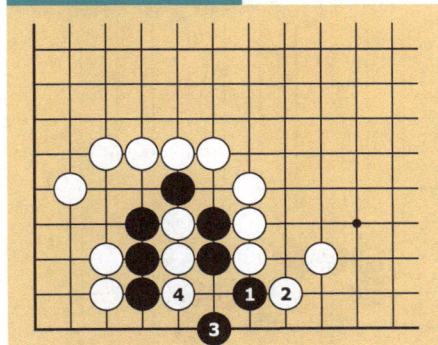

黑3虎不好，白4冲，黑已无法做活

例3

图1 问题图

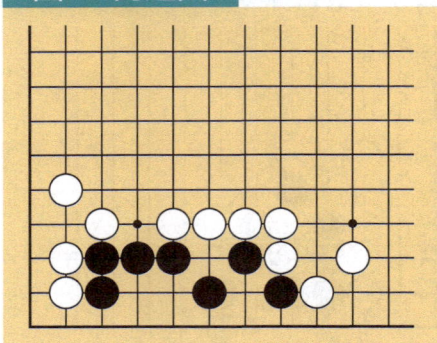

黑先，要如何扩大自己的眼位呢

图2 正解图

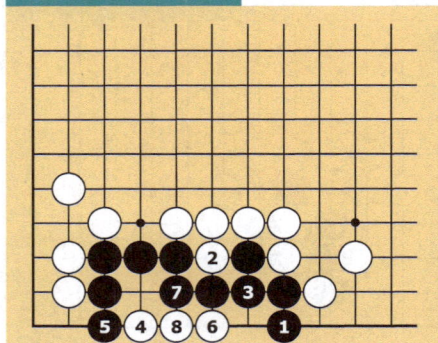

黑1立是要点，白2打吃，黑3接，至白8，形成双活

图3 变化图

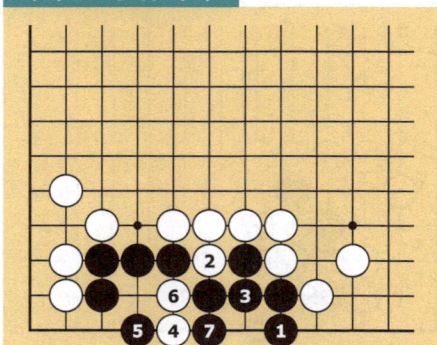

白4如果点，黑5小尖，至黑7也是活棋

图4 失败图

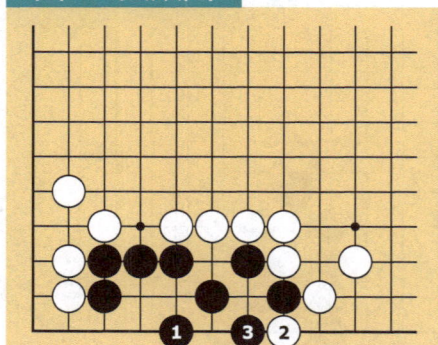

黑1虎不好，白2打吃，黑3挡住，成打劫活，黑失败

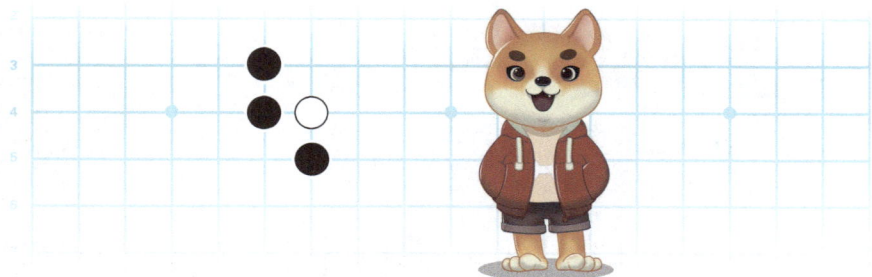

例4

图1　问题图

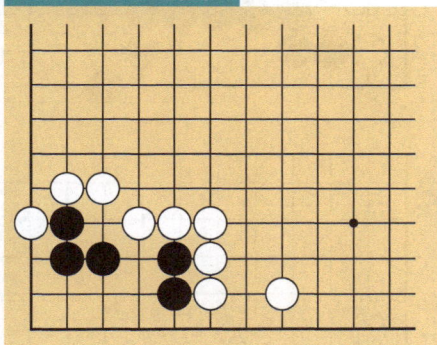

黑先，要如何扩大自己的眼位呢

图2　正解图

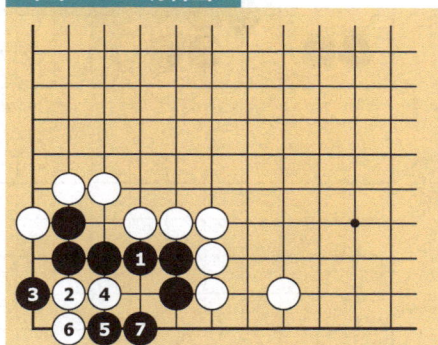

黑1粘是要点，白2靠，黑3扳，至黑7，
形成双活

图3　变化图

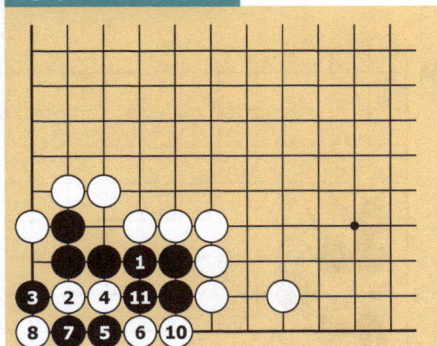

❾ = ❼

白6如果打吃，黑7送吃是好手，至黑
11也是活棋

图4　失败图

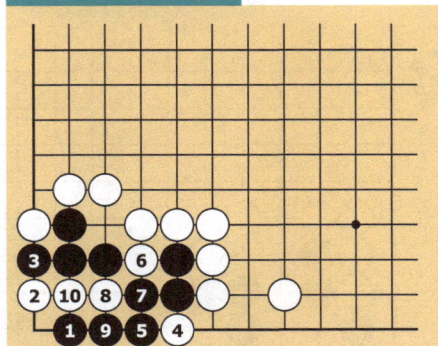

黑1跳不好，白2点，黑3挡住，至白10，
黑净死

扩大眼位练习题

黑先，扩大眼位做活。

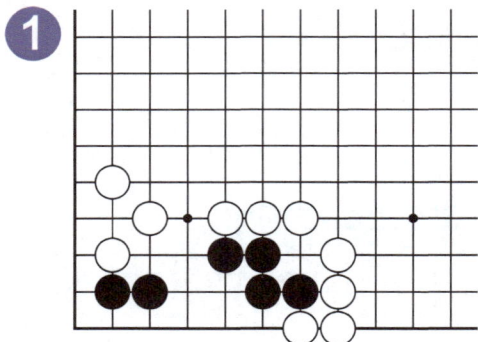

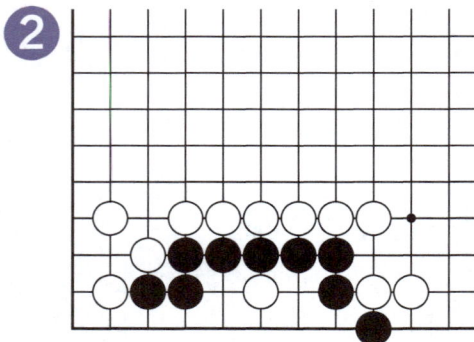

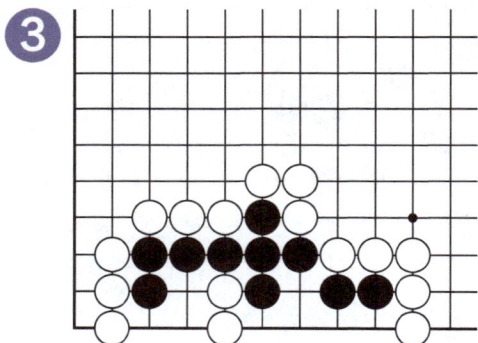

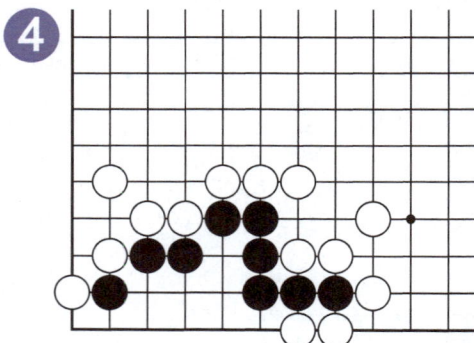

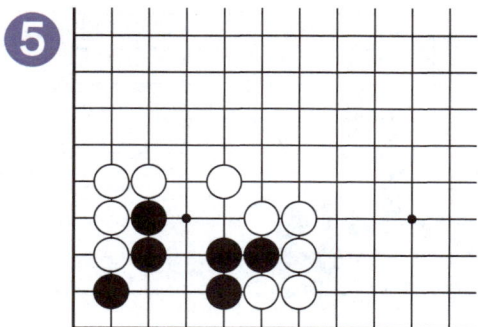

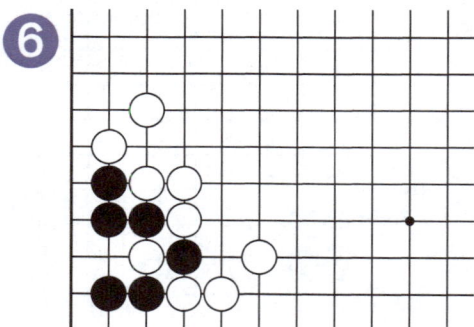

1

2

3

4

5

6

扩大眼位练习题

黑先，扩大眼位做活。

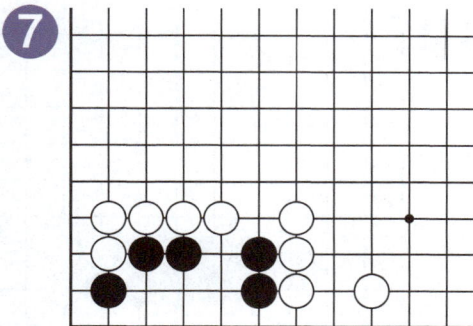

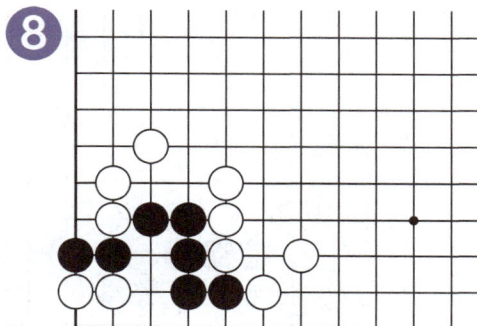

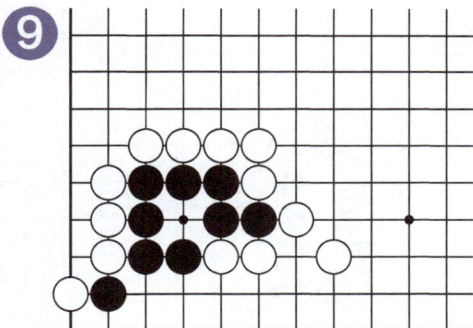

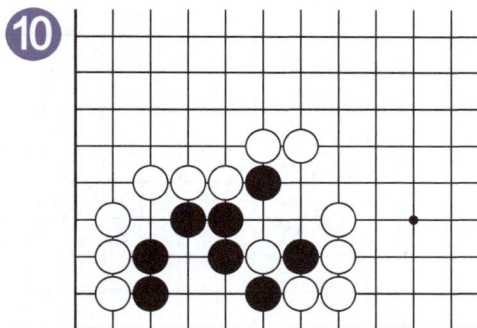

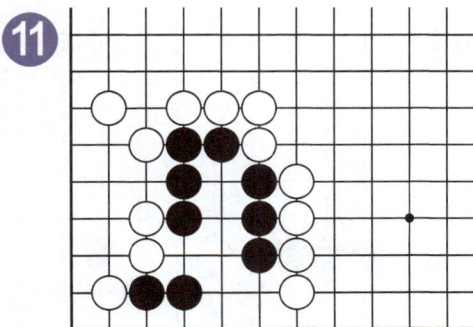

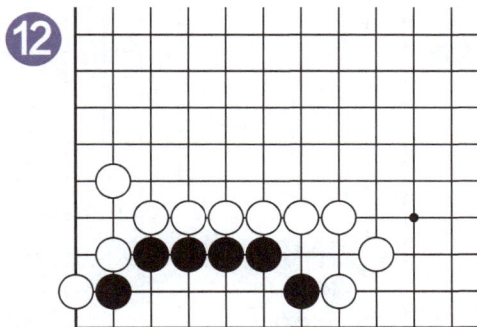

⑦

⑧

⑨

⑩

⑪

⑫

扩大眼位练习题

黑先，扩大眼位做活。

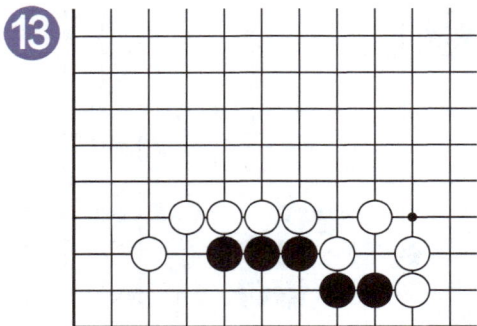

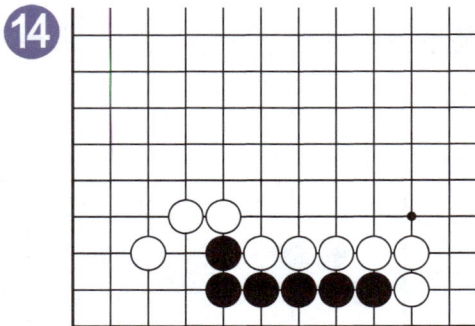

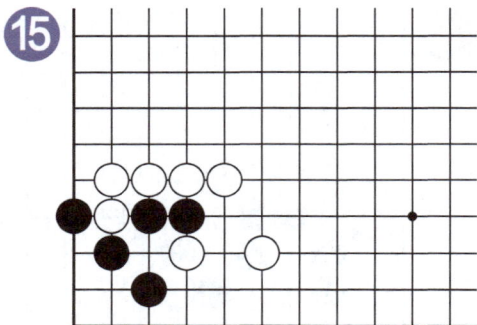

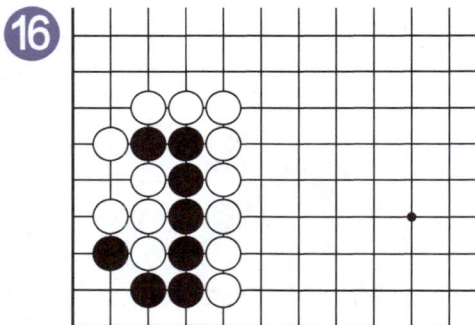

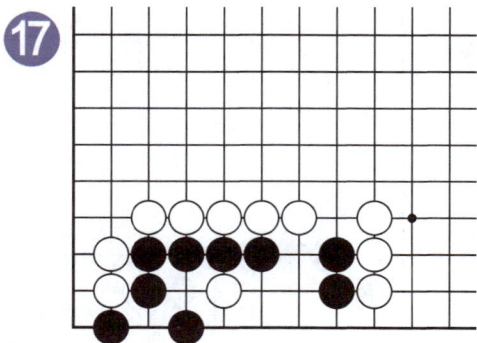

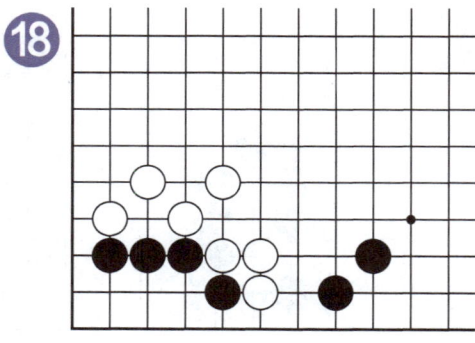

13

14

15

16

17

18

扩大眼位练习题

黑先，扩大眼位做活。

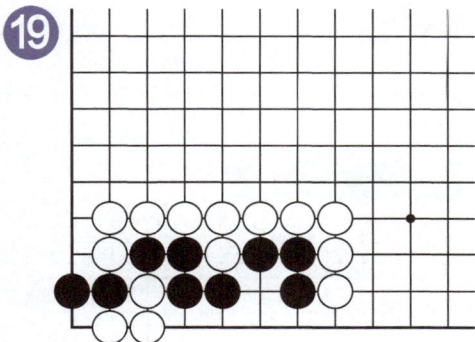

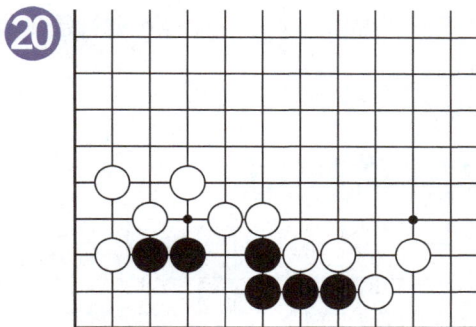

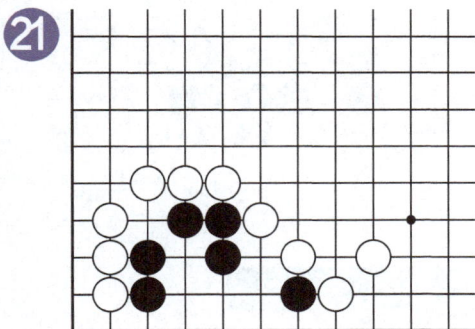

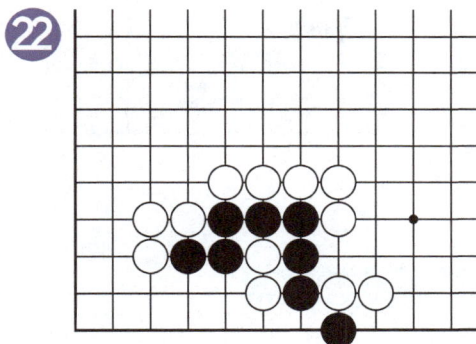

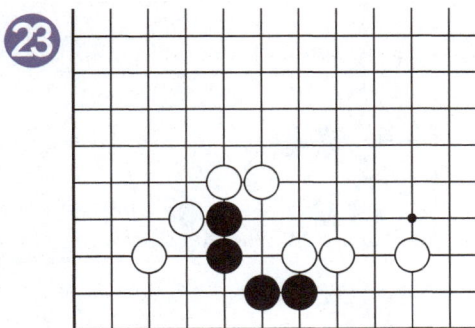

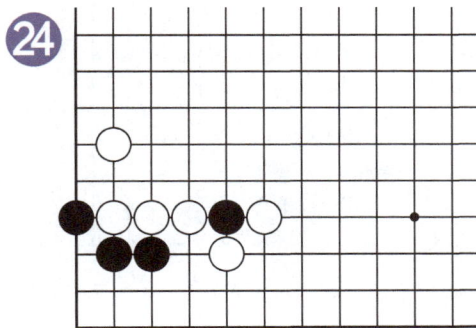

19

20

21

22

23

24

18 第⑱课 占据要点

占据要点通常是指占据双方必争之点，正所谓"敌之要点即我之要点"。在这里给大家一点提示：在做活时可以换位思考，想想如果是对方来杀你，下在哪最容易吃掉你的棋，那么那个点可能就是你做活的要点。

例1

图1　问题图

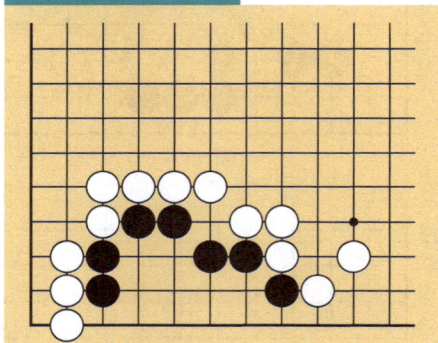

黑先，要如何做活呢

图2　正解图

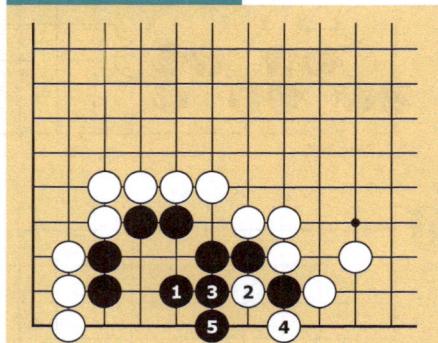

黑1虎是要点，白2断打，黑3打吃，以下至黑5，黑棋净活

图3　变化图

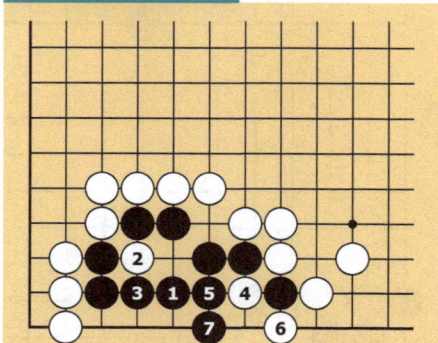

白2如果断，黑3接，至黑7，也是活棋

图4　失败图

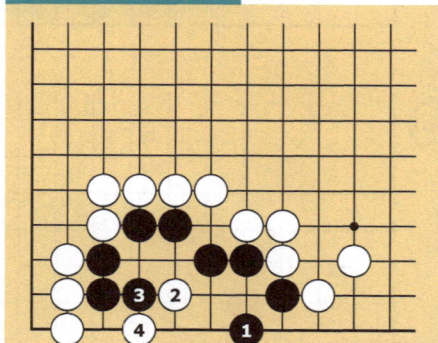

黑1虎右边不好，被白2点入，黑眼位不足，至白4，黑净死

例2

图1 问题图

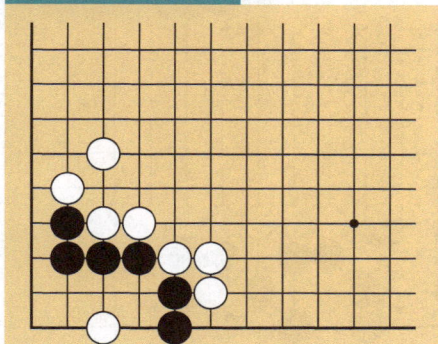

黑先，要如何做活呢

图2 正解图

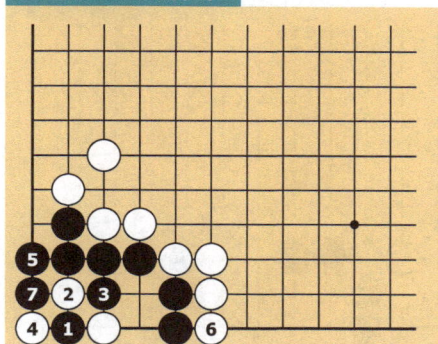

黑1靠是好手，白2打吃，黑3断吃，至黑7，黑净活

图3 失败图1

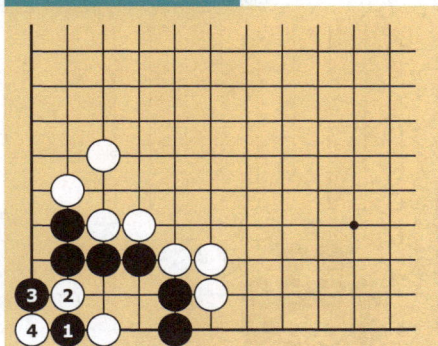

黑3如果打吃下面不好，白4提劫，将来是打劫活，黑失败

图4 失败图2

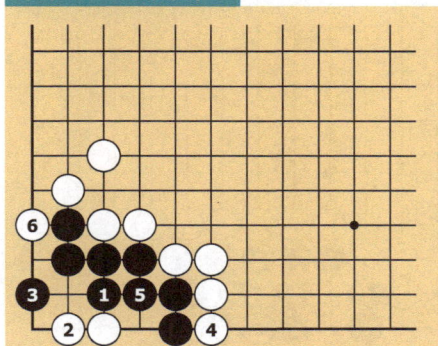

黑1顶也不好，白2长，黑3小尖，至白6，黑净死

例3

图1　问题图

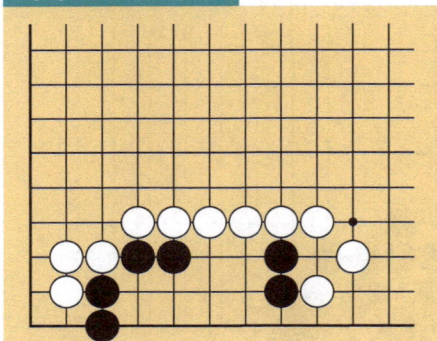

黑先，要如何做活呢

图2　正解图

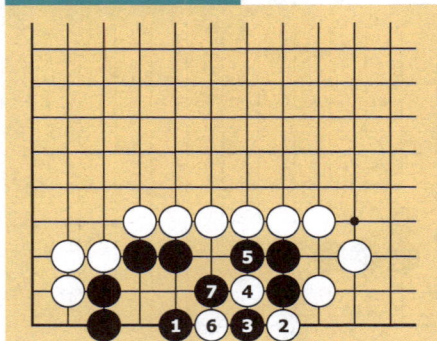

黑1跳只此一手，白2扳，黑3打吃，以下至黑7，黑棋净活

图3　变化图

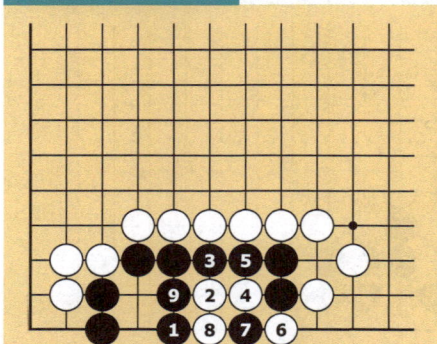

白2点，黑3冲，白4顶，至黑9，白接不归，黑也是活棋

图4　失败图

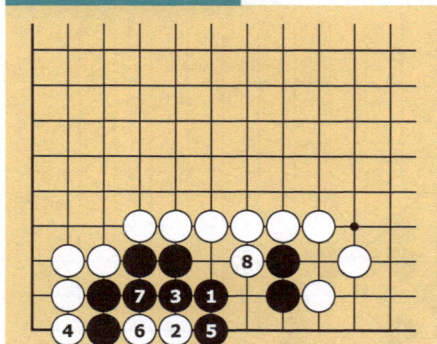

黑1小尖错误，白2点入，黑3团，至白8，黑净死

例4

图1 问题图

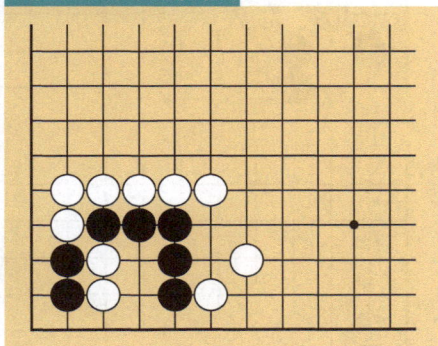

黑先，要如何做活呢

图2 正解图

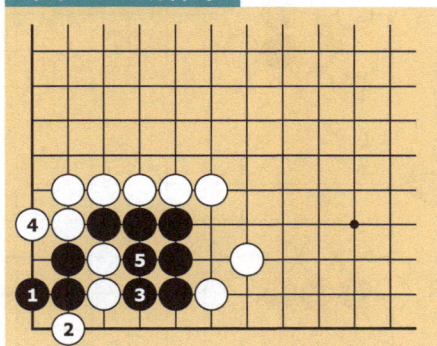

黑1弯是要点，白2扳，黑3紧气，以下
至黑5，黑棋净活

图3 变化图

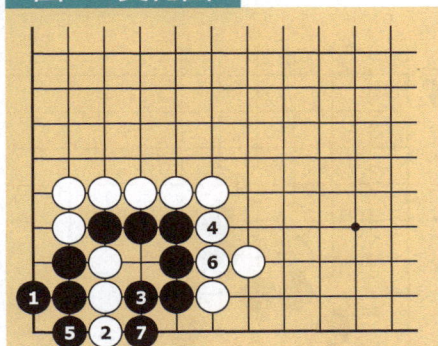

白2立，黑3顶，以下至黑7，黑也是
活棋

图4 失败图

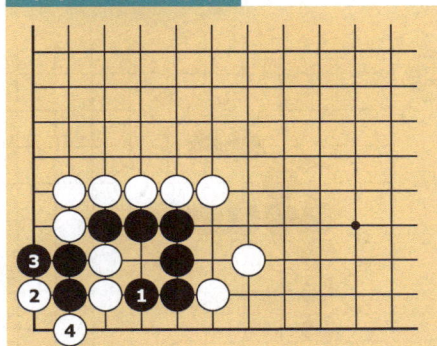

黑1顶不好，白2夹严厉，黑3打吃，至
白4，成劫活

占据要点练习题

黑先，占据要点做活。

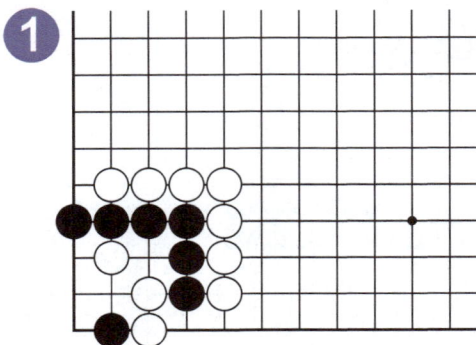

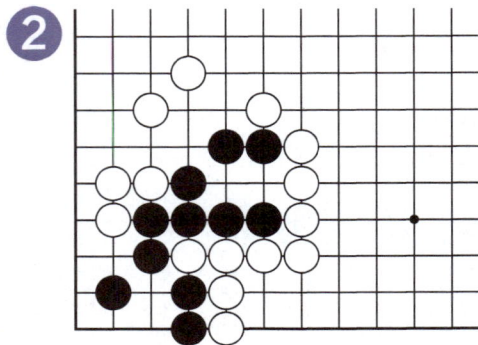

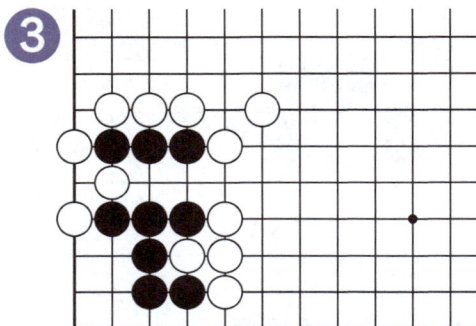

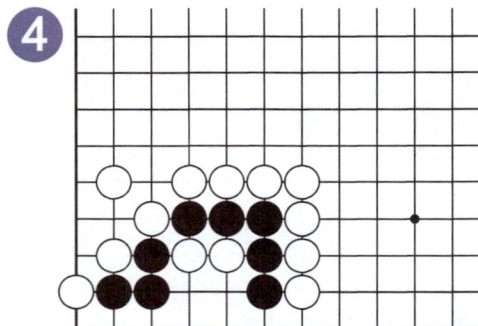

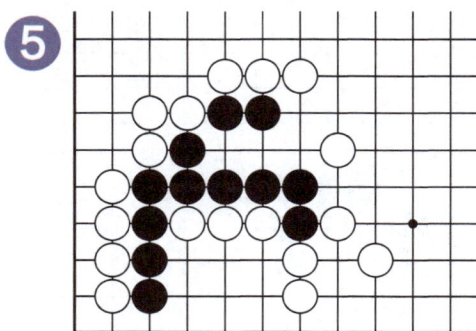

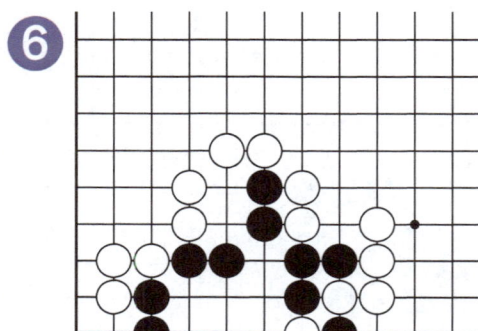

1

2

3

4

5

6

占据要点练习题

黑先，占据要点做活。

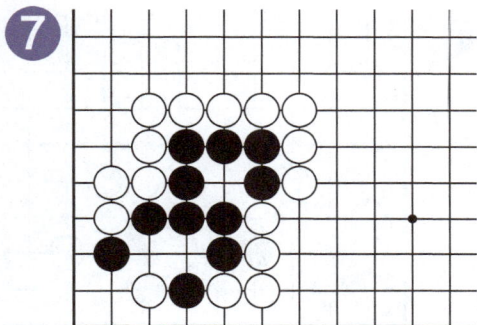

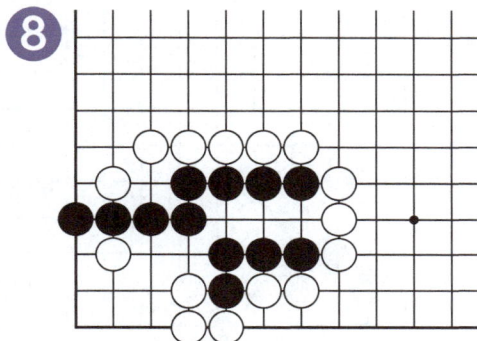

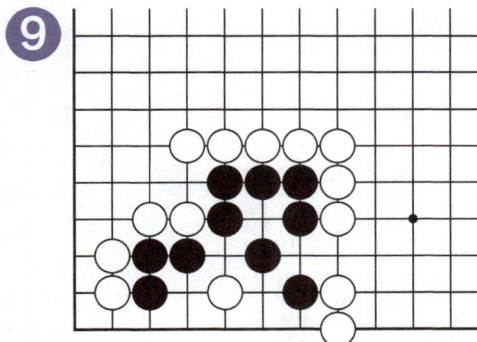

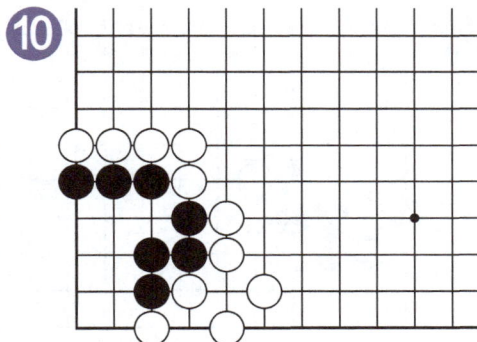

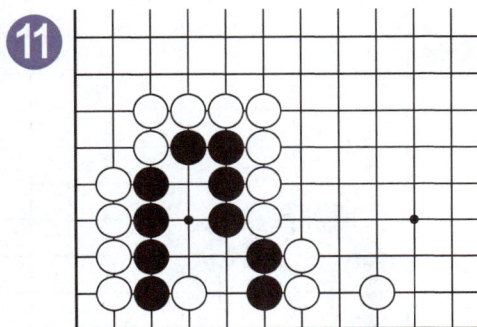

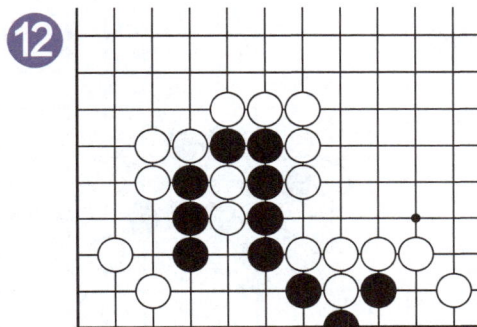

7

8

9

10

11

12

占据要点练习题

黑先，占据要点做活。

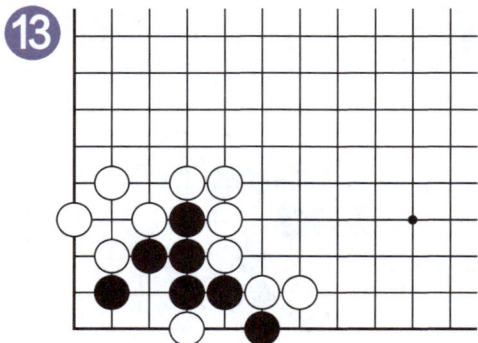

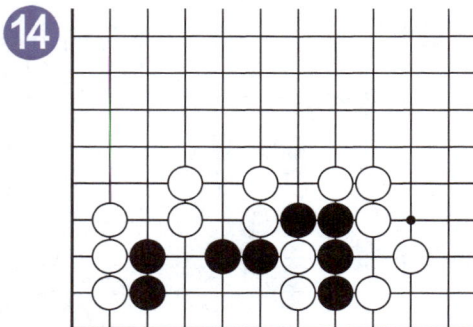

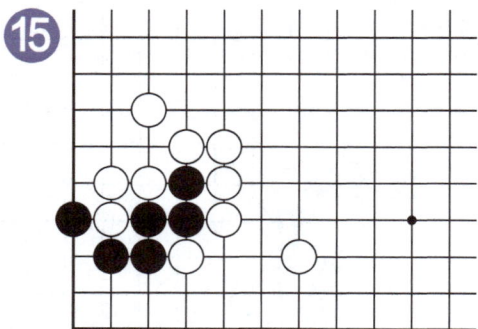

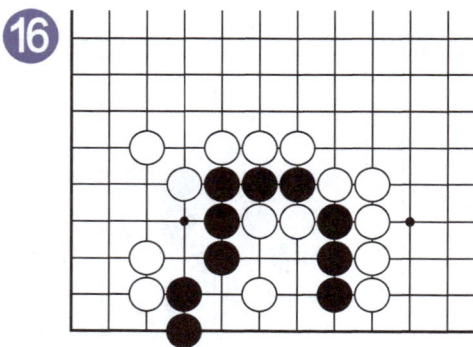

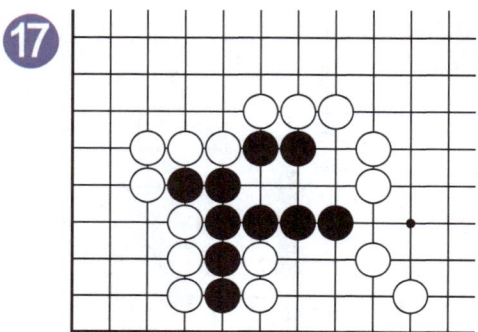

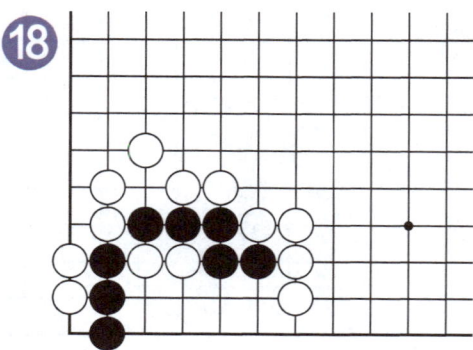

13

14

15

16

17

18

占据要点练习题

黑先，占据要点做活。

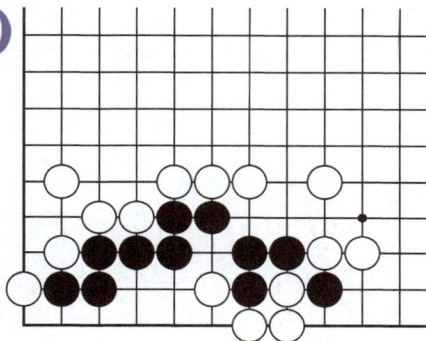 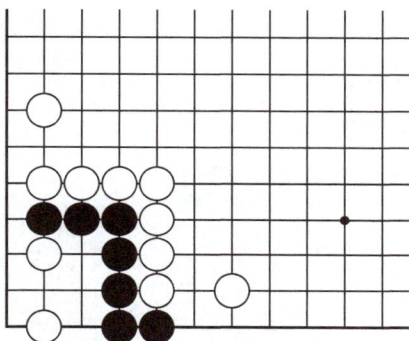

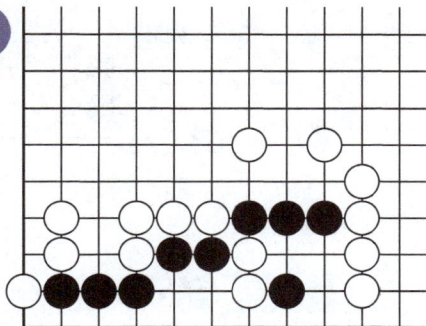 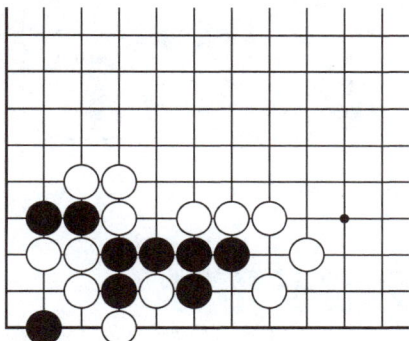

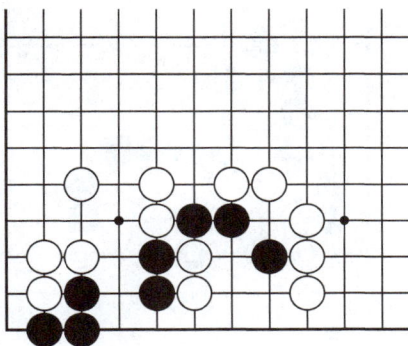 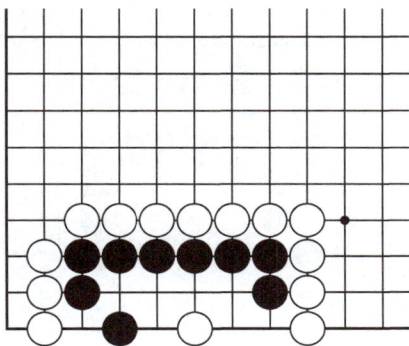

第19课 缩小眼位

缩小眼位是指在杀棋过程中通过将对方的眼位缩小，来达到吃掉对方的手段。给大家一点提示：对付眼位空间大的棋形通常适合用此方法，并且要从外侧来压缩对方眼位空间。

例1

图1 问题图

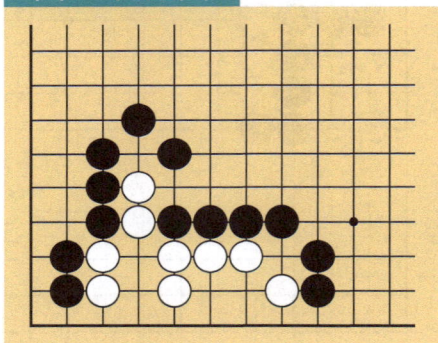

黑先，要如何杀白呢

图2 正解图

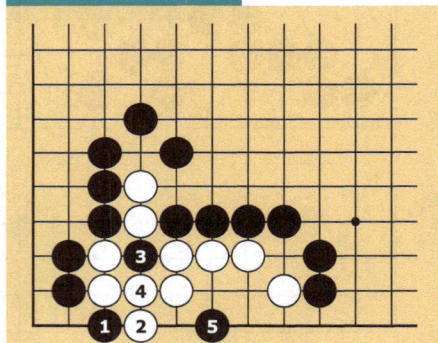

黑1扳是要点，白2挡，黑3扑，以下至黑5，白净死

图3 变化图

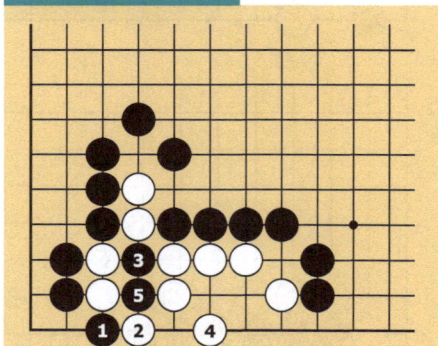

白4如果虎，黑5吃两子，白棋也不行

图4 失败图

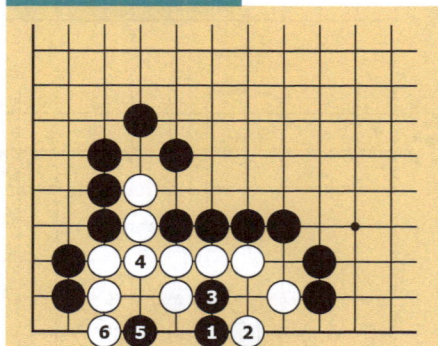

黑1点不好，白2尖，黑3长，至白6，黑失败

例2

图1 问题图

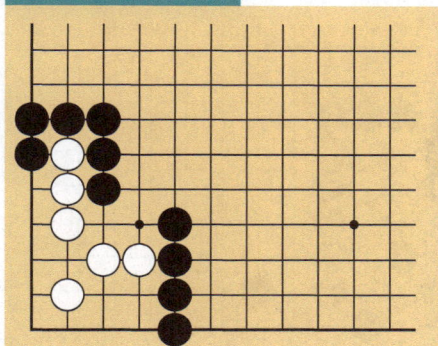

黑先，要如何杀白呢

图2 正解图

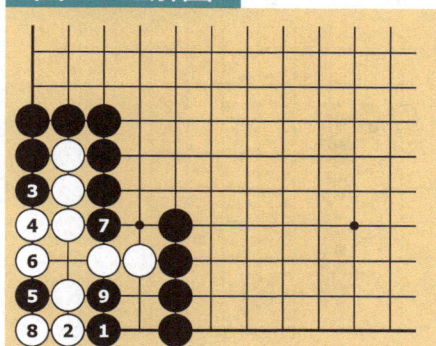

黑1跳是好手，白2挡，黑3冲，以下至黑9，白净死

图3 变化图

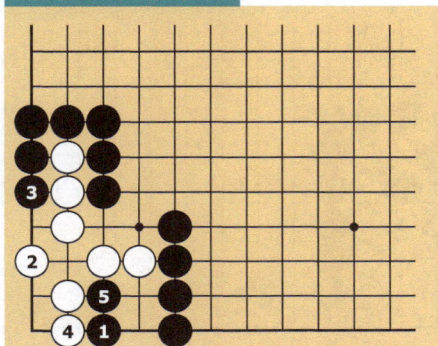

白2做眼，黑3冲，白4挡，黑5挤，白也不行

图4 失败图

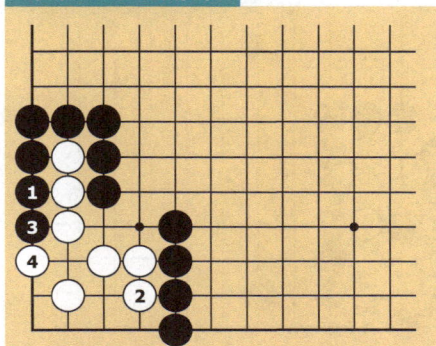

黑1方向错误，白2挡，黑3冲，至白4，黑失败

例3

图1 问题图

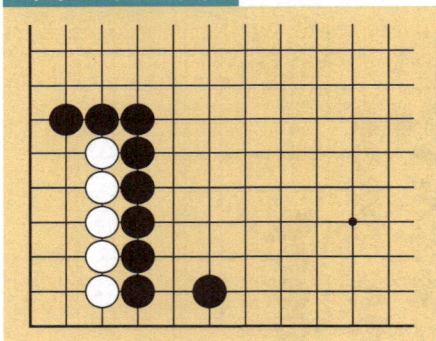

黑先，要如何杀白呢

图2 正解图

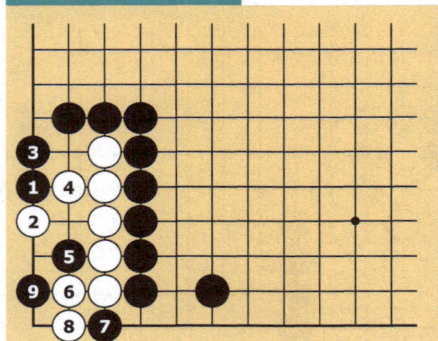

黑1小飞是好手，白2靠，黑3退，黑5点是要点，至黑9，白净死

图3 变化图

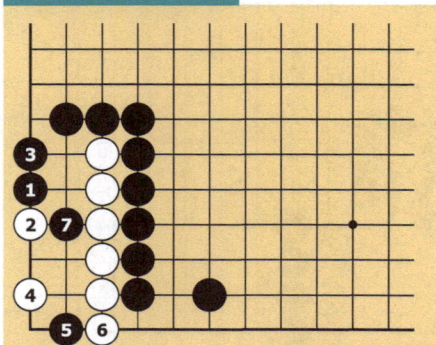

白4如果跳，黑5点，白6挡，黑7打吃，白也不行

图4 失败图

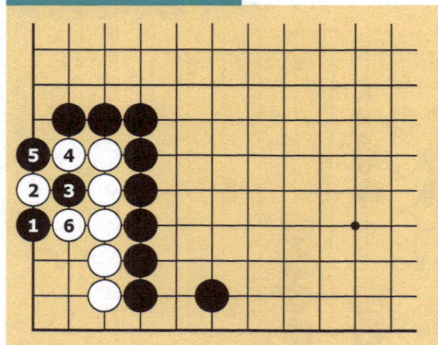

黑1大飞不好，白2靠，黑3打吃，至白6，成劫杀

例4

图1 问题图

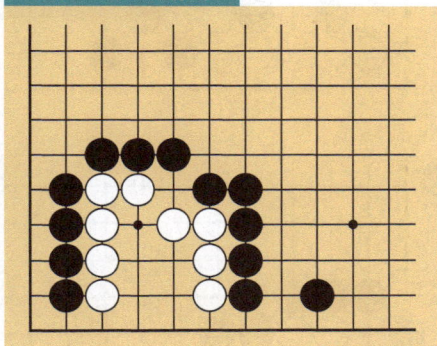

黑先，要如何杀白呢

图2 正解图

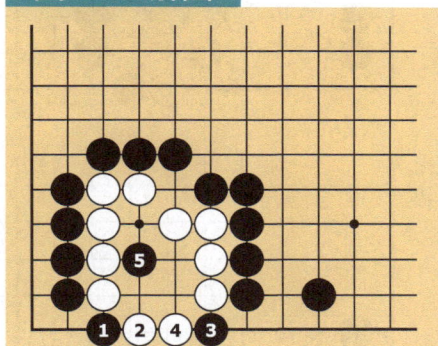

黑1、黑3扳完再扳是缩小眼位的好手，至黑5，白净死

图3 变化图

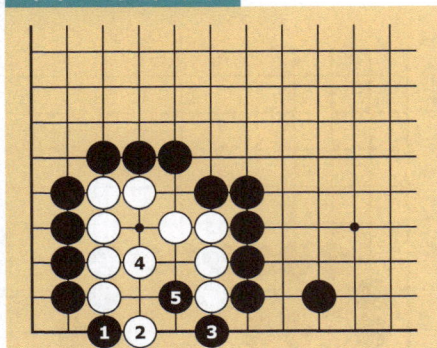

白4如果做眼，黑5扳，白也是死棋

图4 失败图

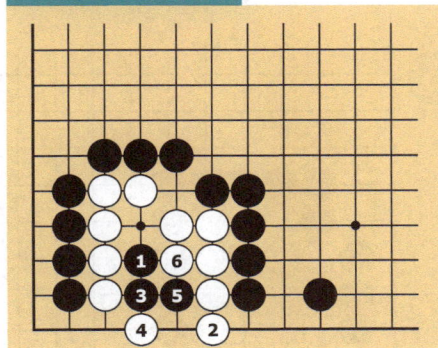

黑1靠不好，白2立扩大眼位，黑3夹，至白6，成双活，黑失败

缩小眼位练习题

黑先，利用缩小眼位杀棋。

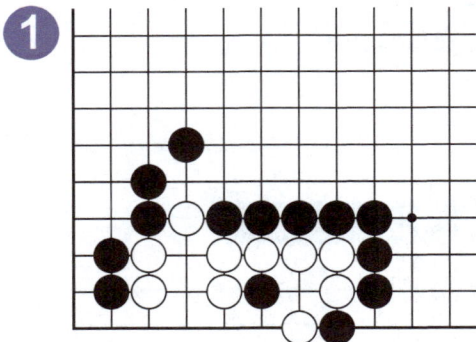

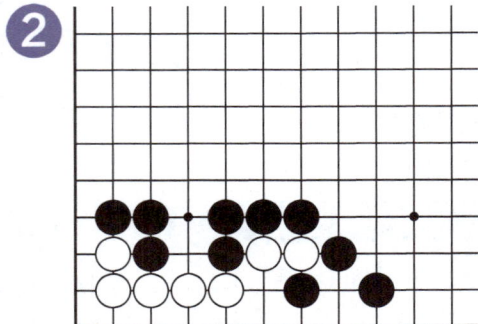

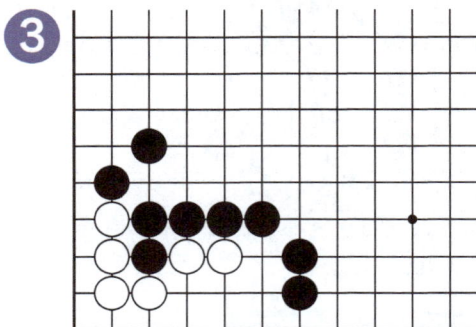

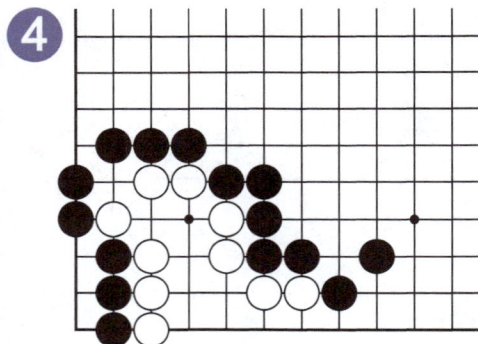

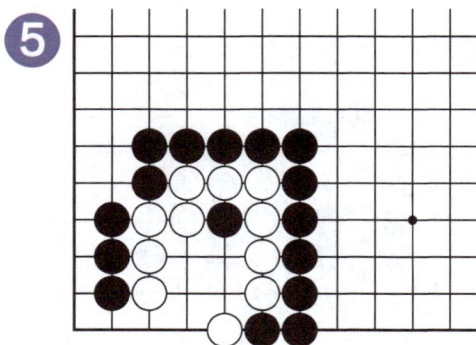

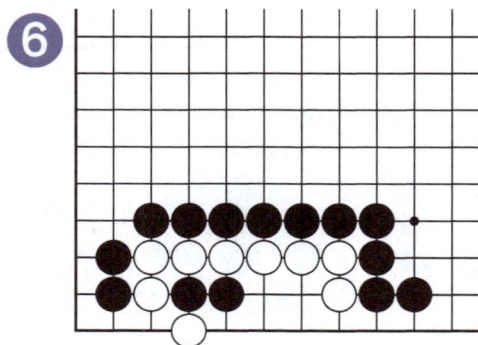

1

2

3

4

5

6

缩小眼位练习题

黑先，利用缩小眼位杀棋。

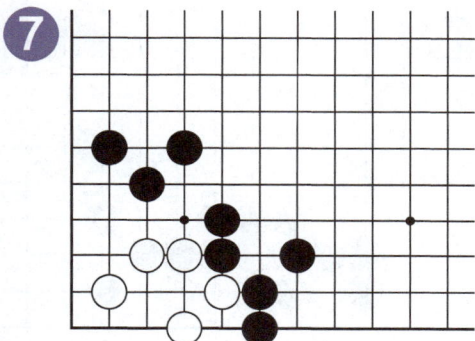

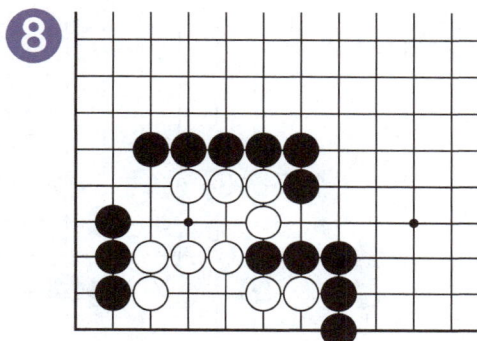

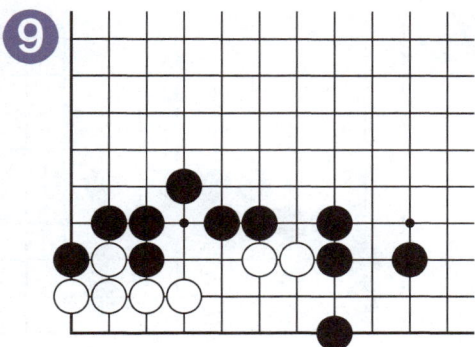

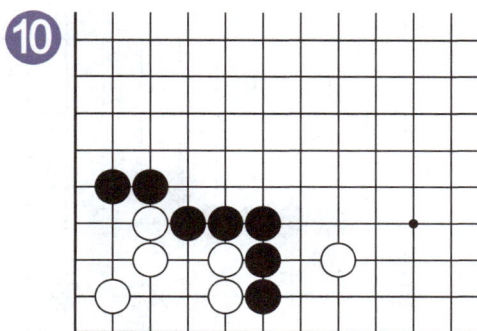

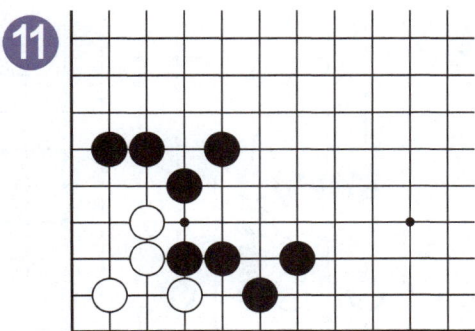

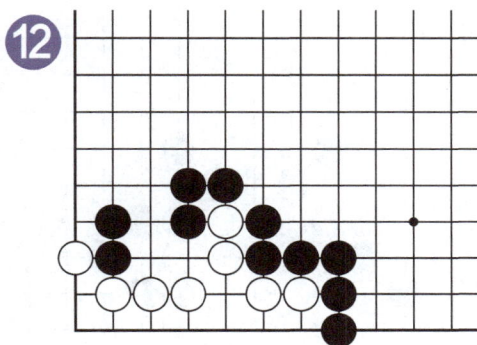

⑦

⑧

⑨

⑩

⑪

⑫

缩小眼位练习题

黑先，利用缩小眼位杀棋。

13

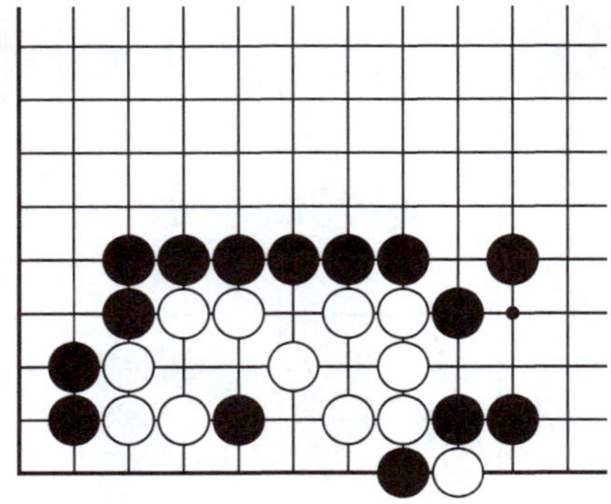

14

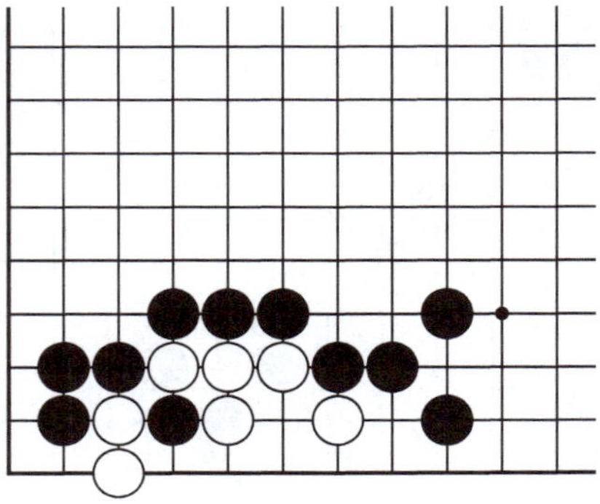

15

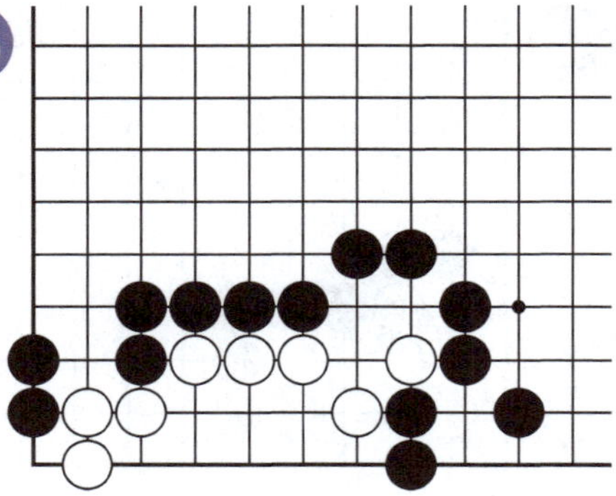

16

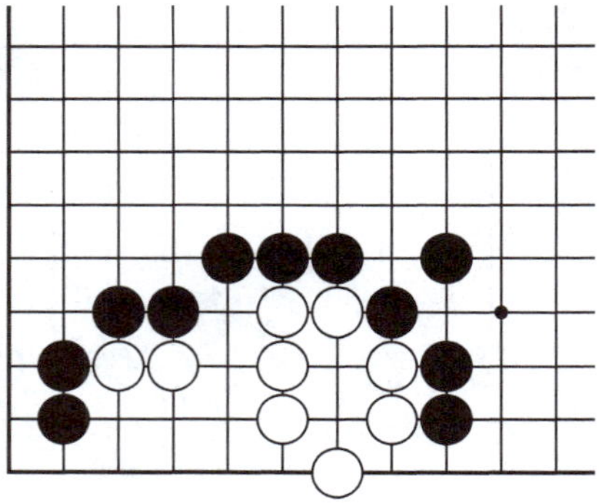

17

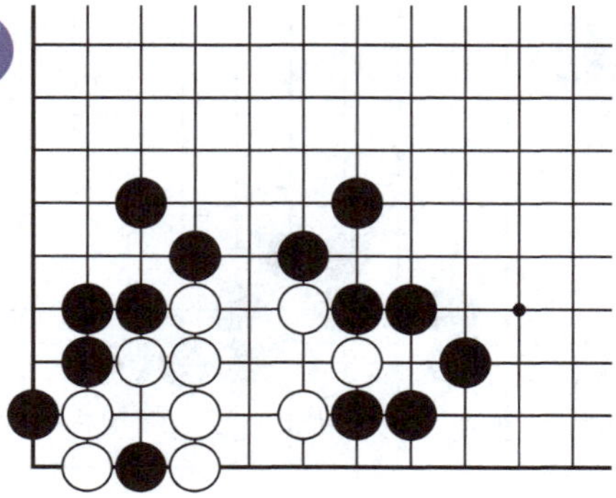

18

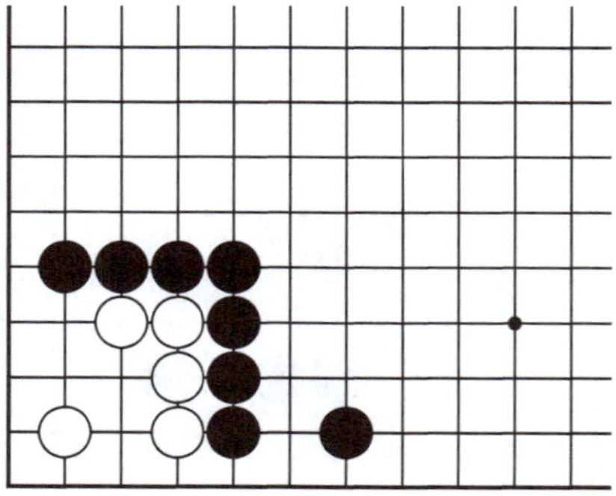

缩小眼位练习题

黑先，利用缩小眼位杀棋。

⑲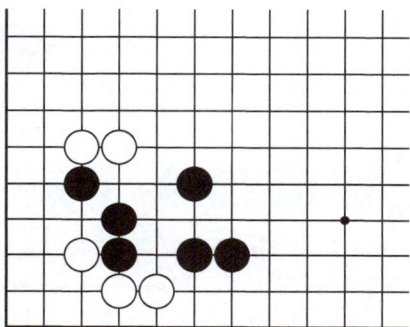

⑳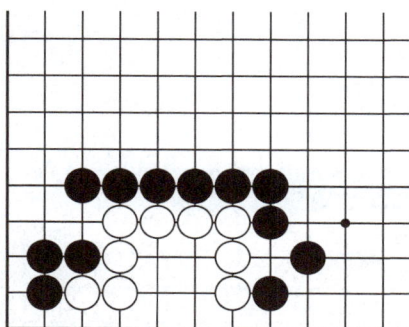

㉑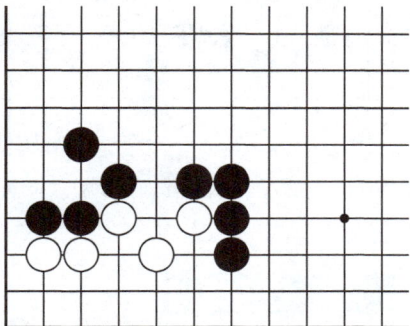

㉒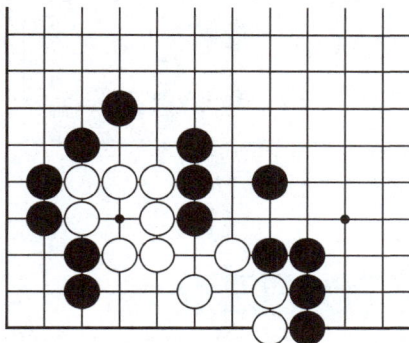

㉓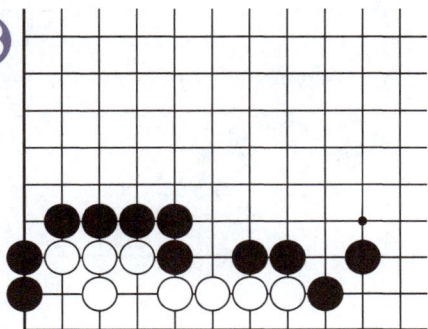

㉔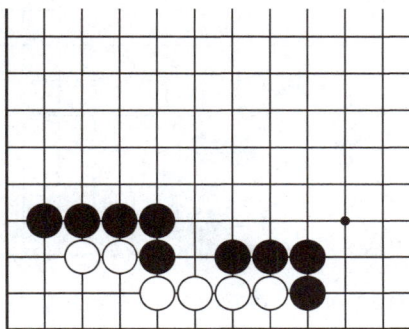

20 第20课 内部动手

　　"内部动手"，顾名思义，是从对方眼位内部进行破眼的一种方法，包括占据要点、利用棋形缺陷等杀棋方法。希望大家通过学习，可以将其应用到实战中。

例1

图1　问题图

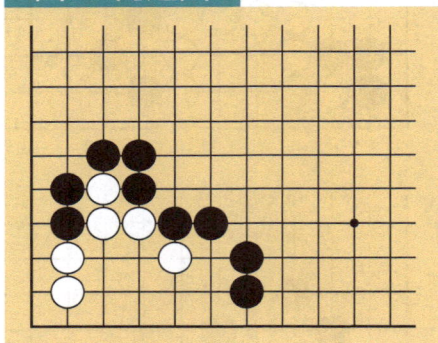

黑先，要如何杀白呢

图2　正解图

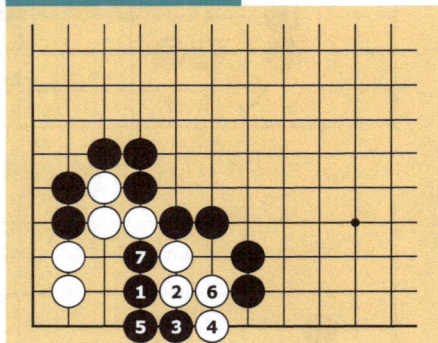

黑1点是好手，白2挡，黑3扳，至黑7，白净死

图3　变化图

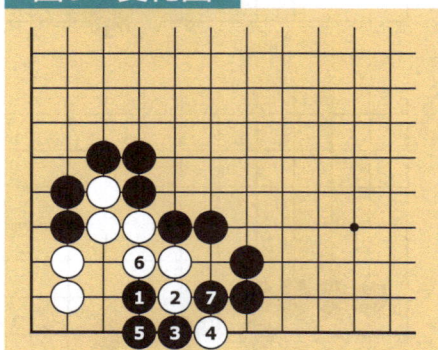

白6如果粘，黑7断吃，白棋也不行

图4　失败图

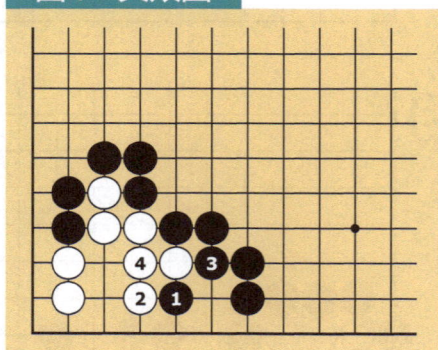

黑1夹不好，白2挡，黑3打吃，白4粘，黑无法杀白

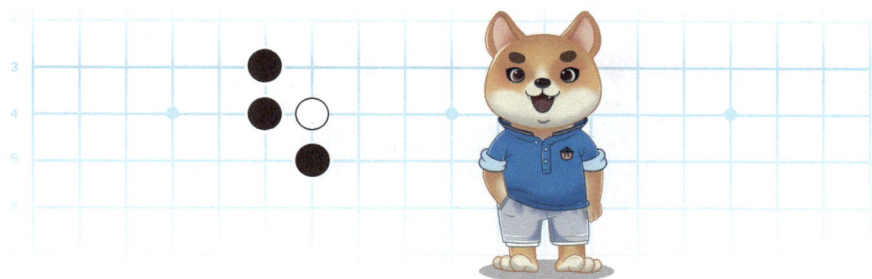

例2

图1 问题图

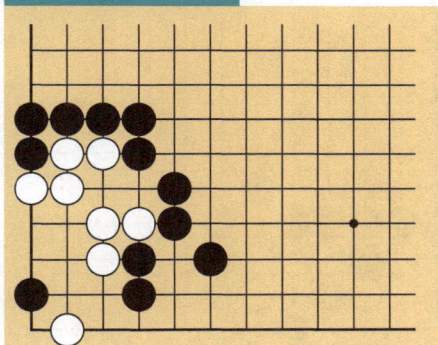

黑先，要如何杀白呢

图2 正解图

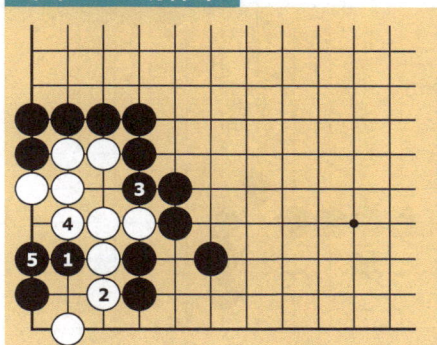

黑1小尖是要点，白2贴，黑3团，至黑5，白净死

图3 变化图

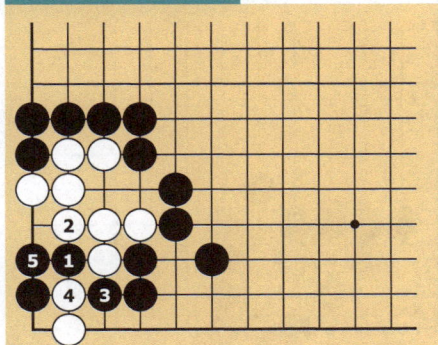

白2如果团，黑3冲，至黑5，白棋也不行

图4 失败图

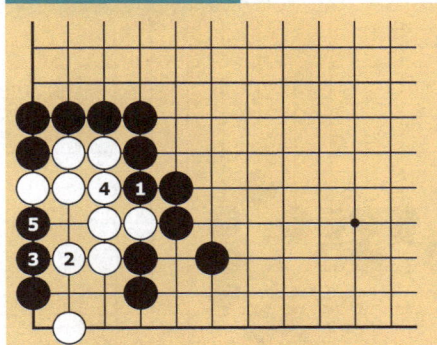

黑1团不好，白2弯是要点，黑3爬，至黑5，形成双活，黑失败

例3

图1 问题图

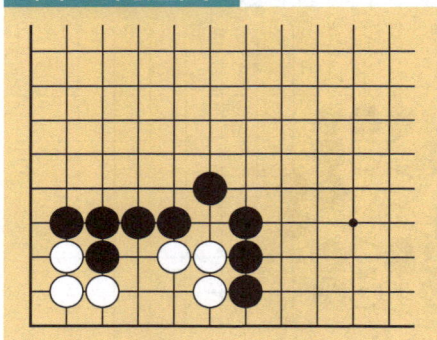

黑先，要如何杀白呢

图2 正解图

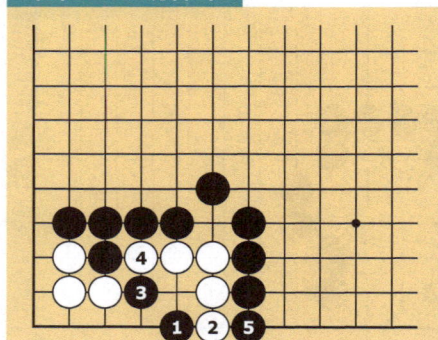

黑1点是好手，白2挡，黑3扳，至黑5，白净死

图3 变化图

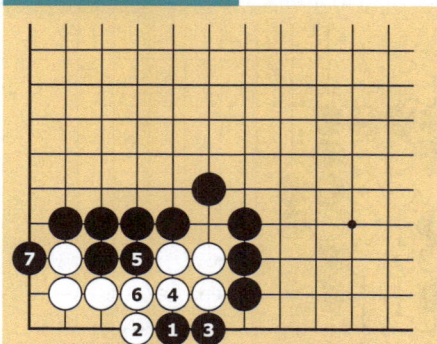

白2小尖，黑3渡过，白4打吃，至黑7，白不行

图4 失败图

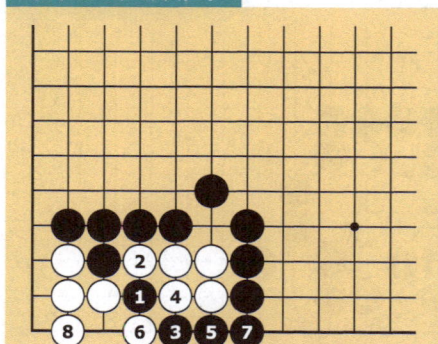

黑1直接扳不好，白2断，黑3小尖，白4打吃，至白8，黑失败

例4

图1 问题图

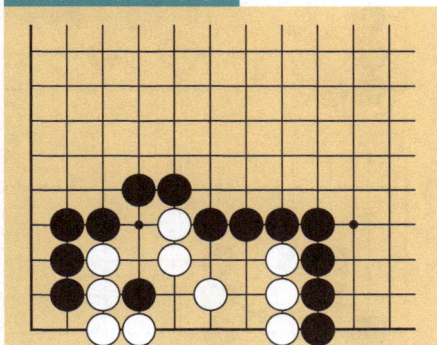

黑先，要如何杀白呢

图2 正解图

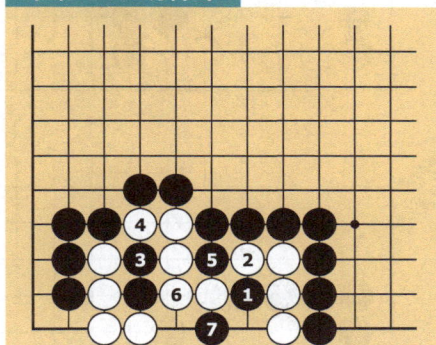

黑1挖是妙手，白2打吃，黑3冲是好次序，至黑7，白净死

图3 变化图

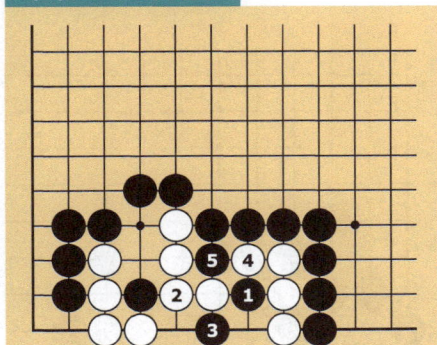

白2如果打吃，黑3扳，至黑5，白棋也不行

图4 失败图

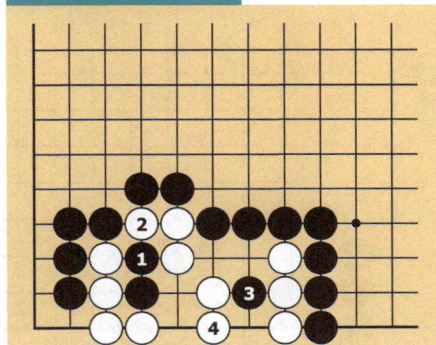

黑1冲不好，白2断吃，黑3再挖，白4立，黑无法杀白

内部动手练习题

黑先，利用内部动手杀棋。

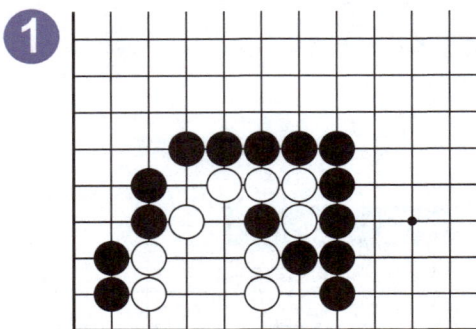

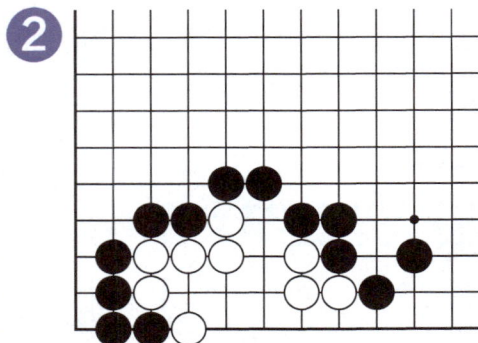

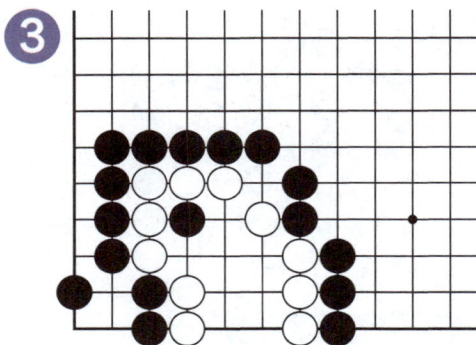

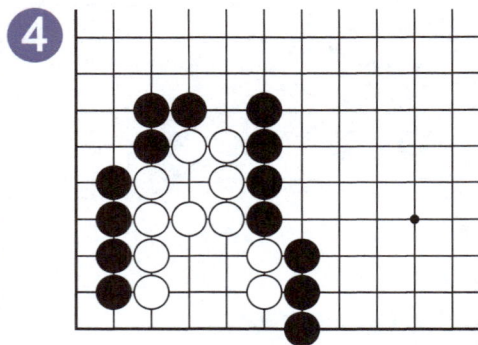

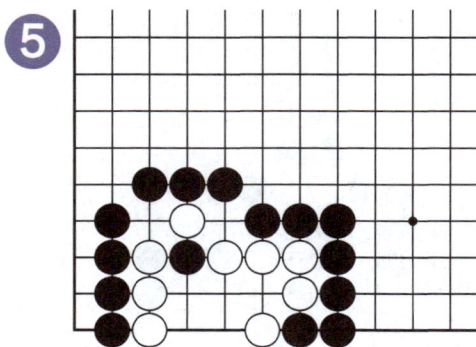

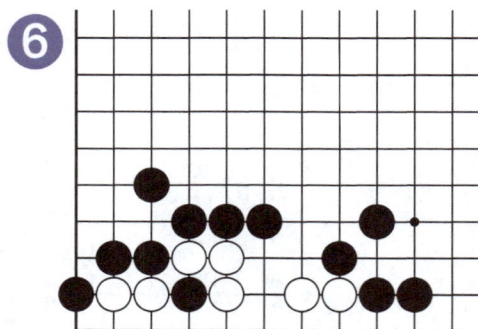

1

2

3

4

5

6

内部动手练习题

黑先，利用内部动手杀棋。

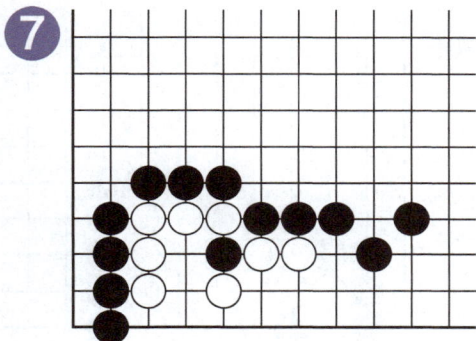

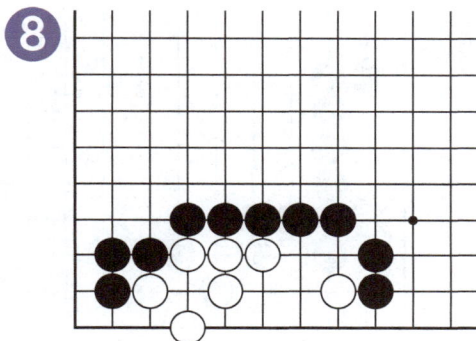

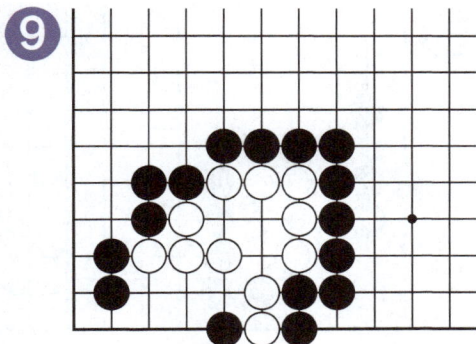

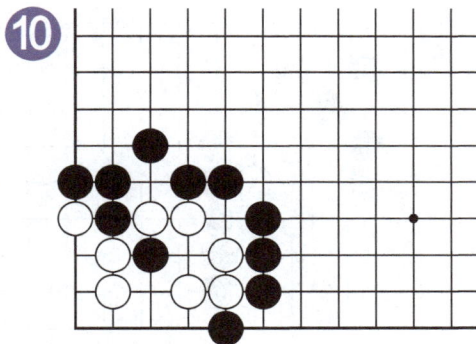

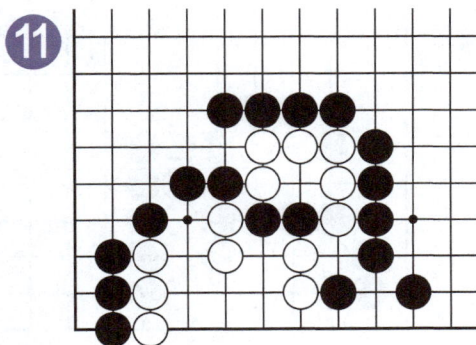

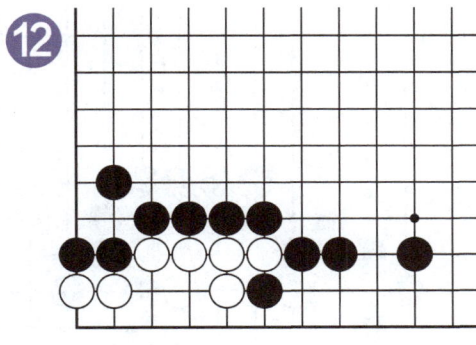

7

8

9

10

11

12

内部动手练习题

黑先，利用内部动手杀棋。

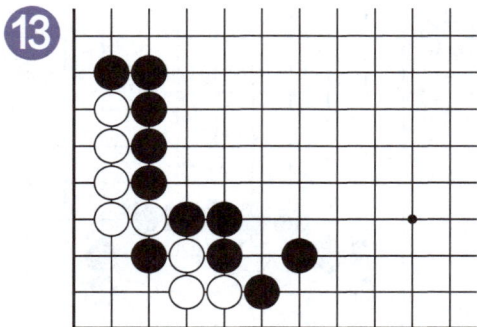

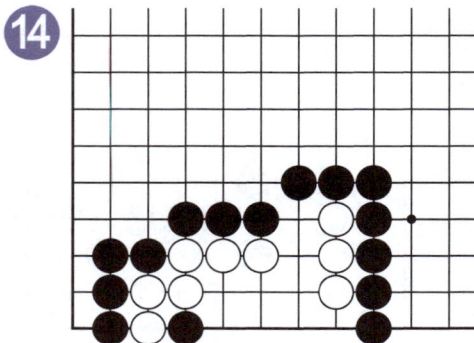

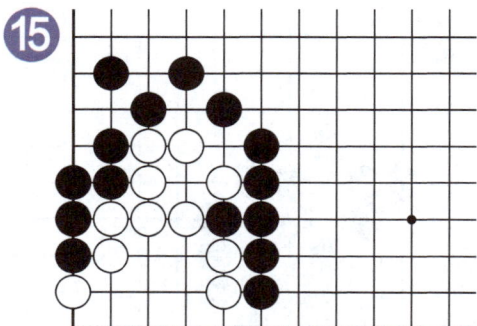

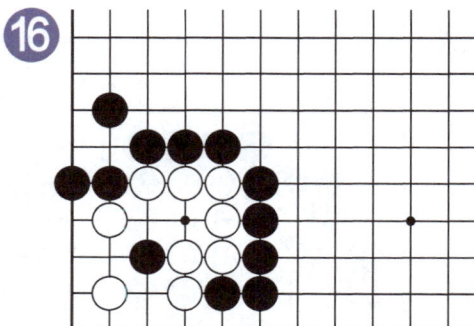

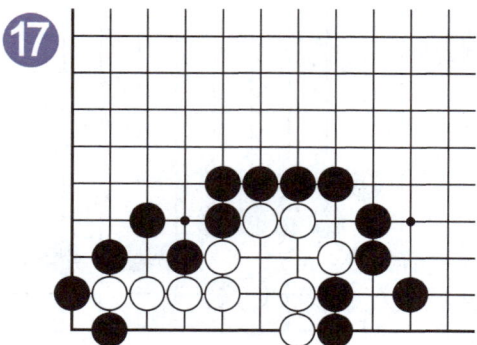

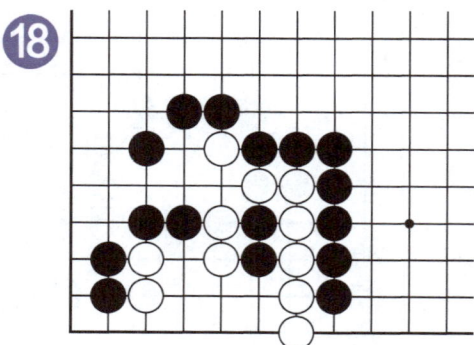

13

14

15

16

17

18

内部动手练习题

黑先，利用内部动手杀棋。

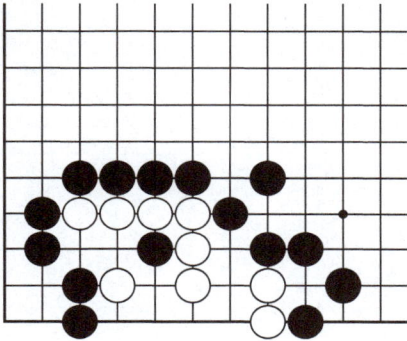

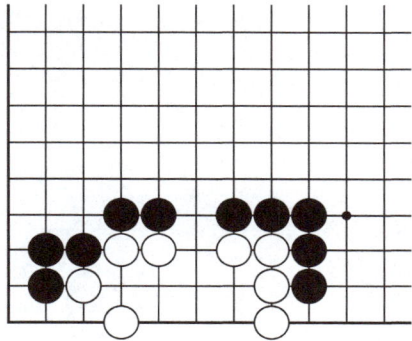

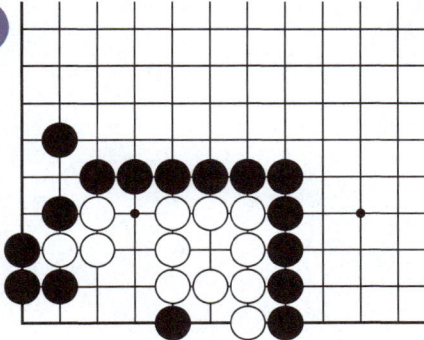

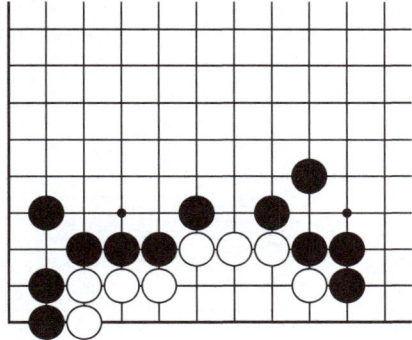

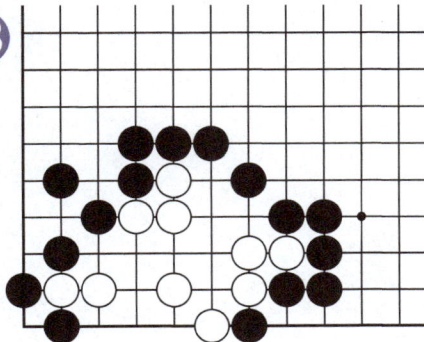

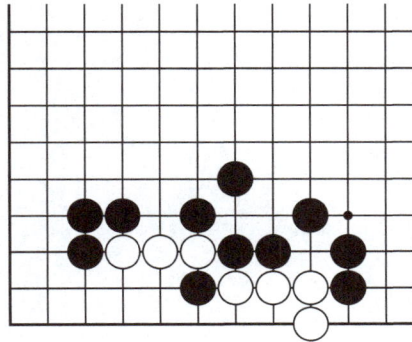

第四章
官子的技巧（一）

官子是一盘棋的终局阶段，在双方局面接近的情况下，收官水平的高低对一局棋的胜负往往有决定性的影响。随着大家水平的提高，哪怕只有一目棋的差距，也经常能够左右一盘棋的胜负。

官子的知识点主要有目数的计算、收官的次序、收官的方法等内容。本章将重点讲解实战常用的收官技巧与官子手筋。

21 第21课 官子手筋——赚取目数（一）

本课讲解通过正确的防守来赚取目数的手筋。希望通过本课的学习，大家能够熟练掌握这些常型的收官方式。

基本图1-1

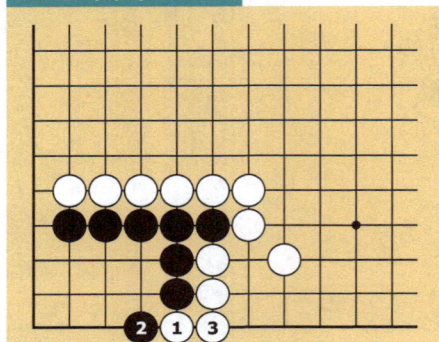

白1、白3扳粘收官，黑棋应如何补断呢

基本图1-2

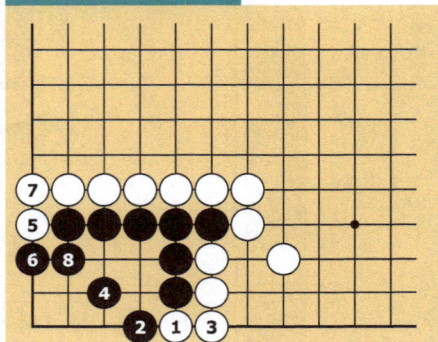

黑4虎一个是错误的应对方法，白5、白7扳粘依然是先手，黑棋被两边搜刮，不能接受

基本图1-3

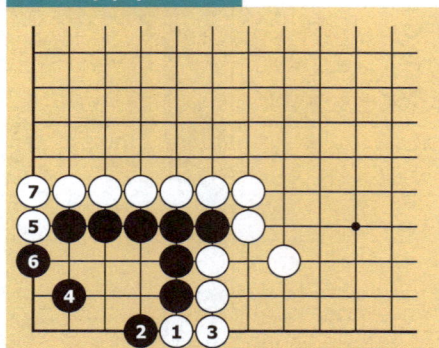

黑4跳是官子好手，补住断点的同时，当白5、白7再扳粘时，黑4也刚好在补断的位置，此图黑棋不但目数优于基本图1-2，还得到了先手，是明显有利的变化

基本图1-4

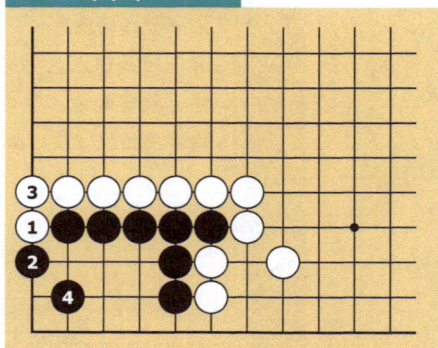

同样，当白1、白3在左边扳粘时，黑4虎也是最佳的选择，这样白棋将来在下方扳粘，黑棋依然不需要再补棋了

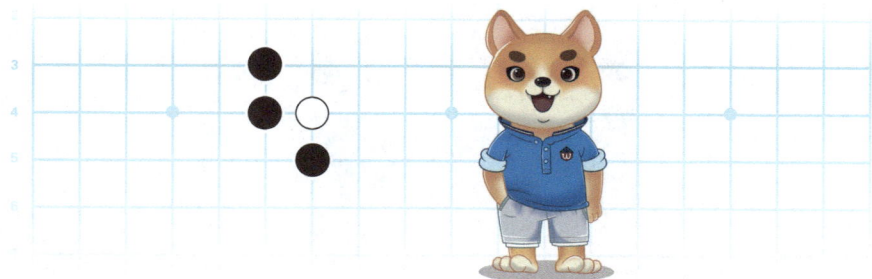

基本图2-1

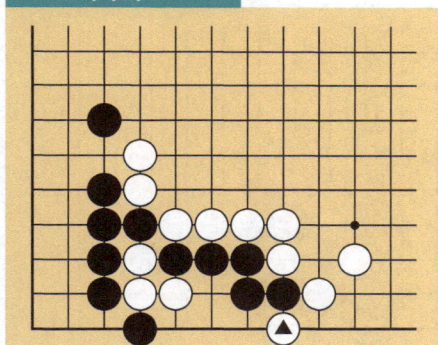

这是一个实战中很常见的棋形，白棋在下方扳收气，黑棋应如何应对才能获得官子的最大利益呢

基本图2-2

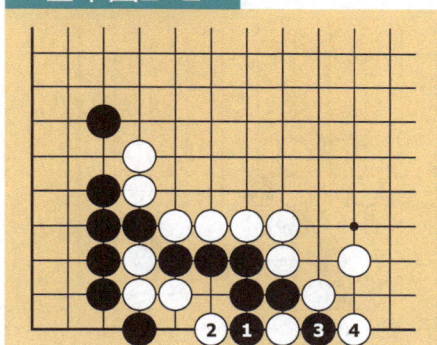

黑1打吃显然是一厢情愿了，白2尖吃是好手，黑3提，白4再打，局部形成了打劫，黑棋明显失败

基本图2-3

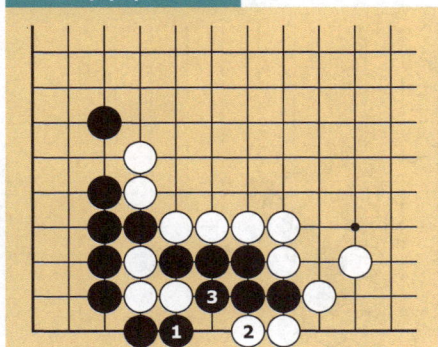

黑1直接吃3子则过于保守，白2打吃，黑3提掉后，黑棋只是吃掉了白棋3子，并不是目数最佳的选择

基本图2-4

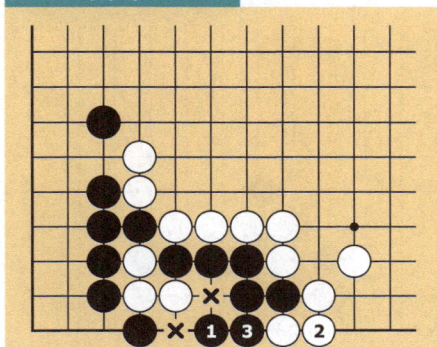

黑1小尖是局部的最佳手段，白2粘上后，黑3也粘上。与基本图2-3相比，黑棋在✗的位置要多出两目，是局部的最佳收官方法

基本图3-1

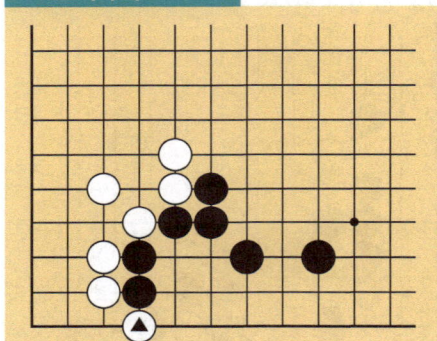

白棋在一路扳，黑棋应如何应对呢

基本图3-2

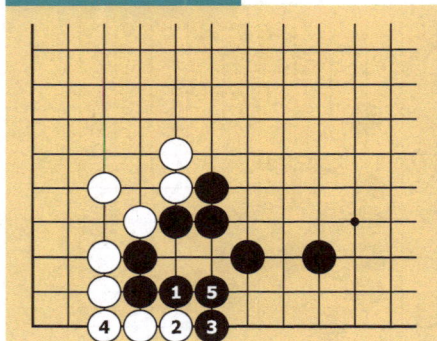

黑1弯是最容易想到的选择，白2、白4先爬再粘，至黑5，白棋获得了先手，黑棋并不能满意

基本图3-3

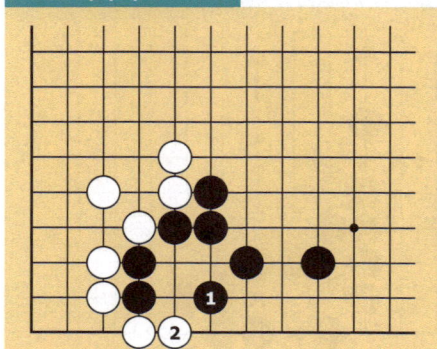

黑1直接小尖是好棋，白2若是长，黑棋直接脱先即可，与基本图3-2比，黑棋的目数仅少一目棋，但是获得了先手，明显有利

基本图3-4

②＝脱先

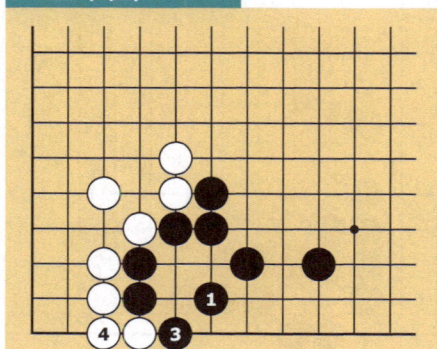

黑1尖时，白2若是脱先，那么将来黑3打吃是黑棋的先手权利，显然黑棋这个结果要优于基本图3-2的变化

官子手筋——赚取目数（一）练习题

黑先，请写出在此局面下双方最佳的下法（至少3手）。

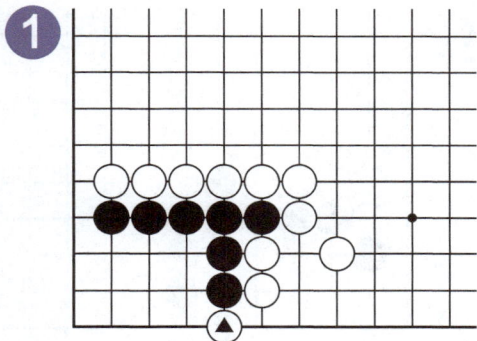

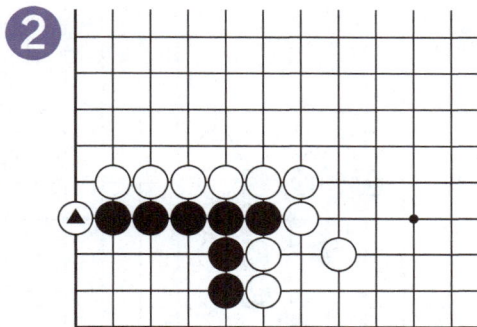

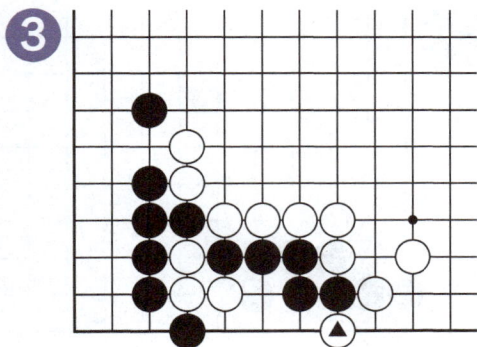

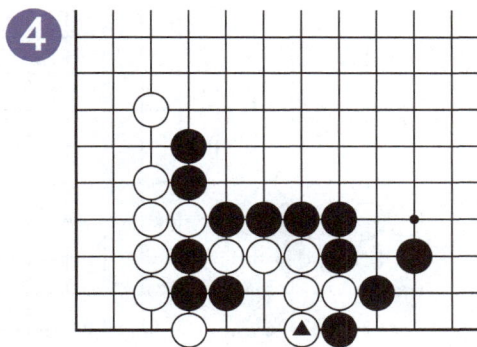

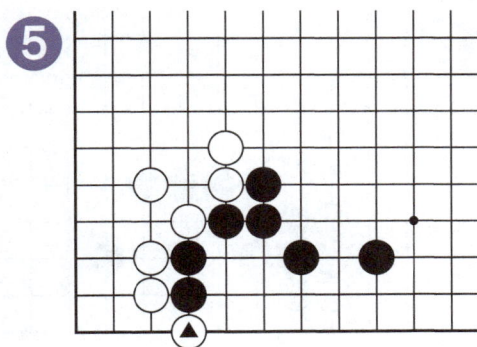

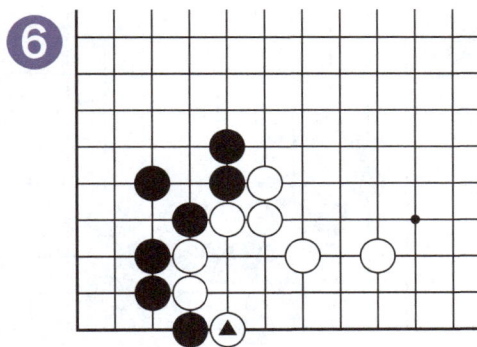

1

2

3

4

5

6

官子手筋——赚取目数（一）练习题

黑先，请写出在此局面下双方最佳的下法（至少3手）。

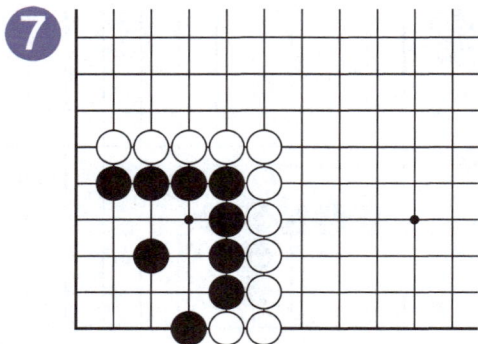

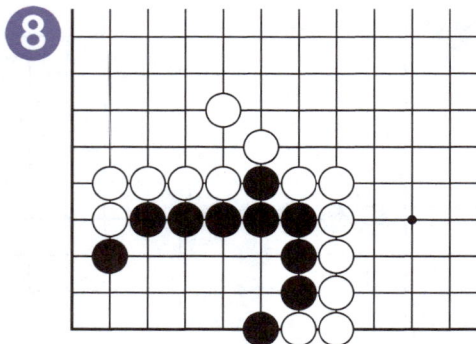

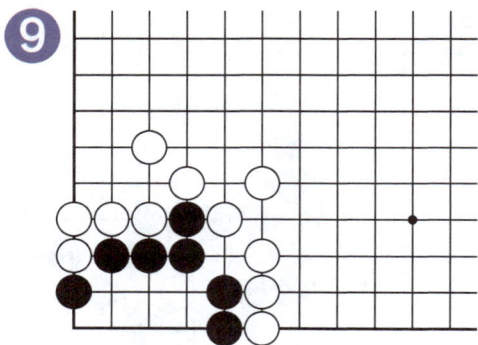

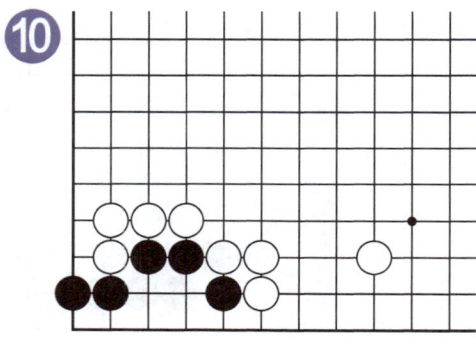

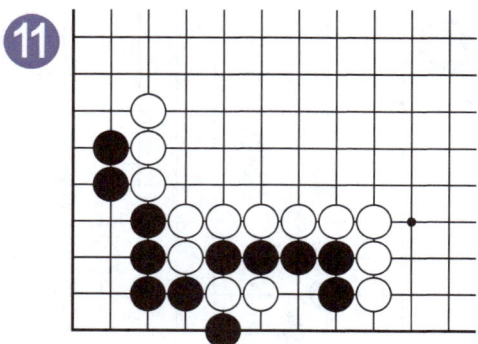

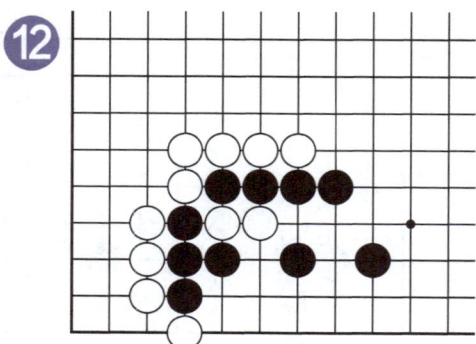

7

8

9

10

11

12

官子手筋——赚取目数（一）练习题

黑先，请写出在此局面下双方最佳的下法（至少3手）。

⑬

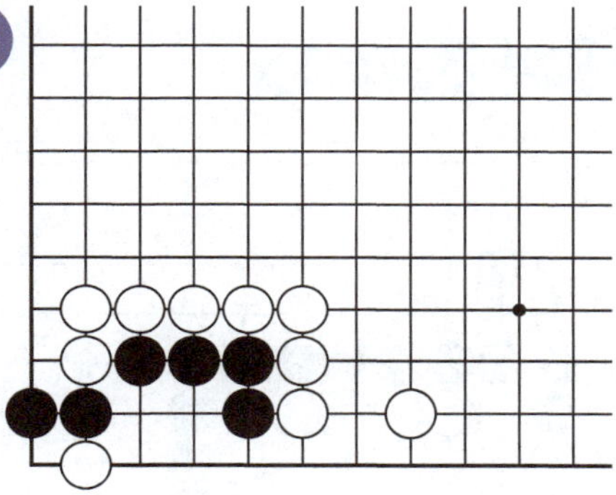

⑭

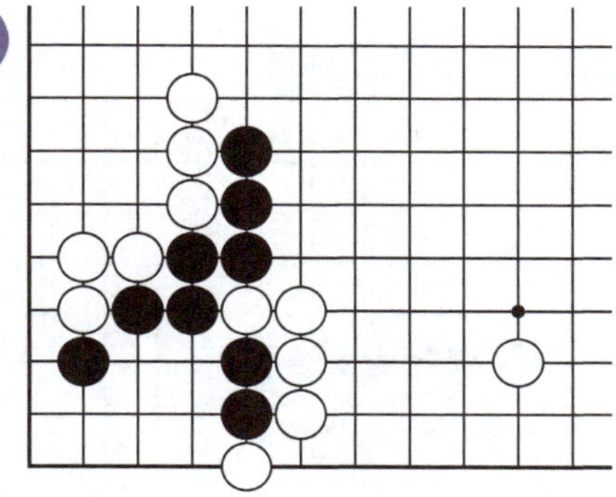

⑮

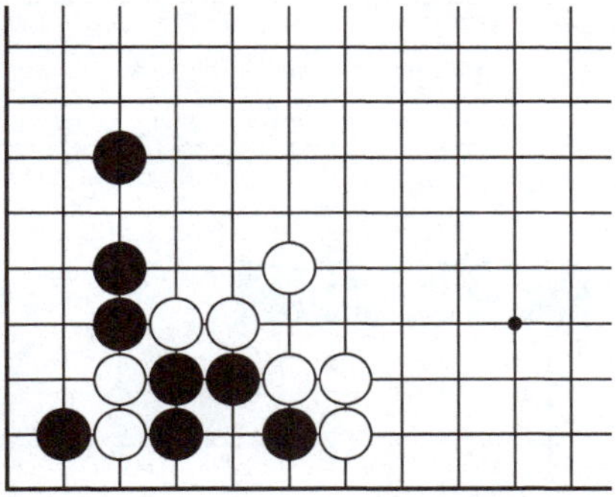

⑯

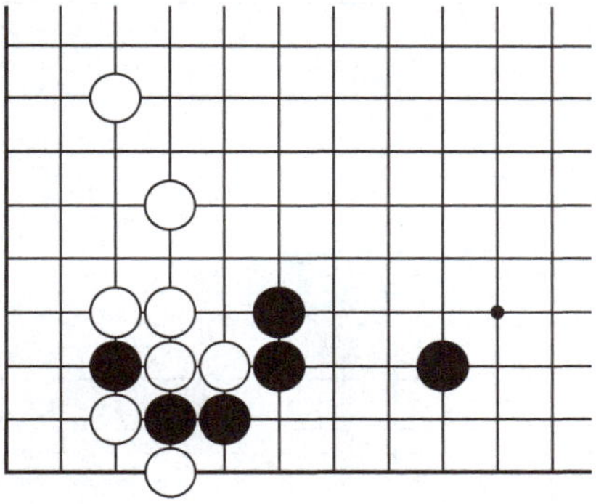

⑰

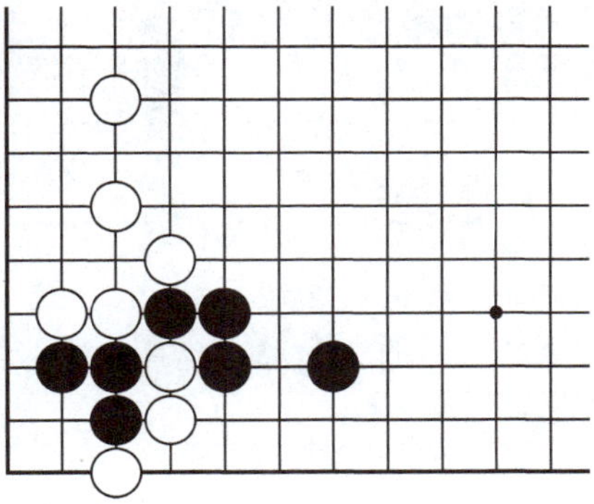

⑱

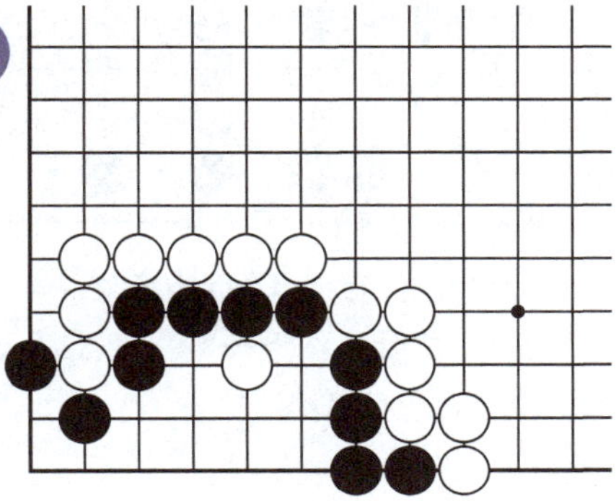

第22课 官子手筋——赚取目数（二）

本课讲解通过正确的次序来压缩对方赚取目数的手筋。希望通过本课的学习，大家能够熟练掌握这些常型的收官方式。

基本图1-1

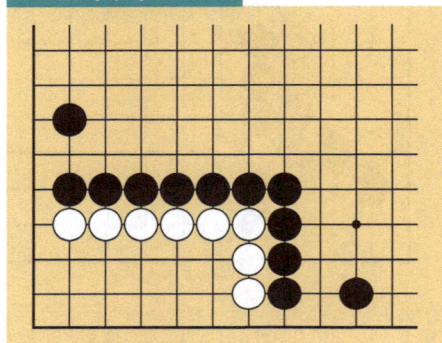

黑棋应如何收官

基本图1-2

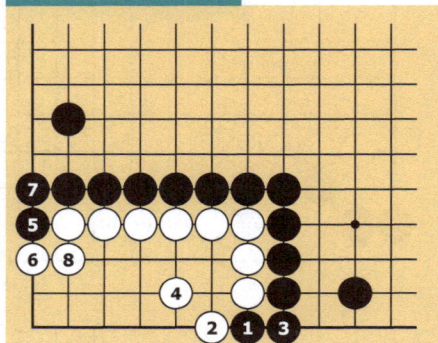

黑1、黑3扳粘是正确的方向，白4补断后，黑5、黑7再扳粘，是局部最佳的收官方法

基本图1-3

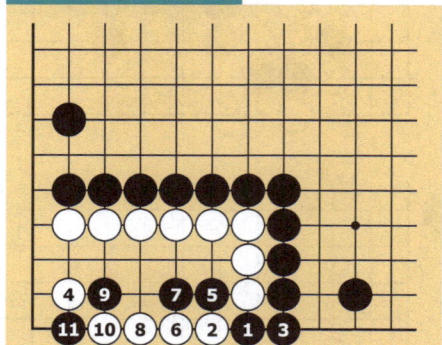

黑1、黑3扳粘时，白4跳一个看似好手，但被黑5断吃后，接下来黑9、黑11是组合的手筋，白棋被杀

基本图1-4

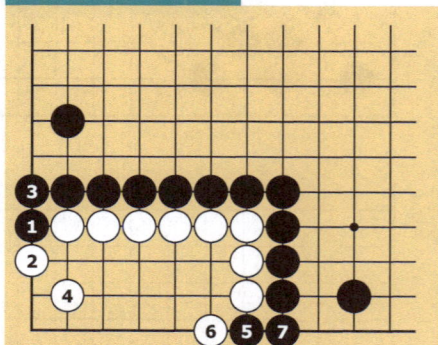

黑1若先扳粘左边不好，白4虎后，黑5、黑7再扳粘时，白棋就可以脱先了，黑棋失败

基本图2-1

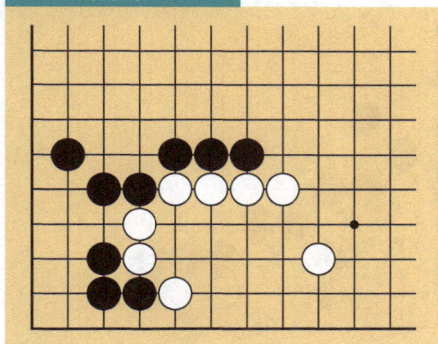

这是很常见的棋形，应如何收官

基本图2-2

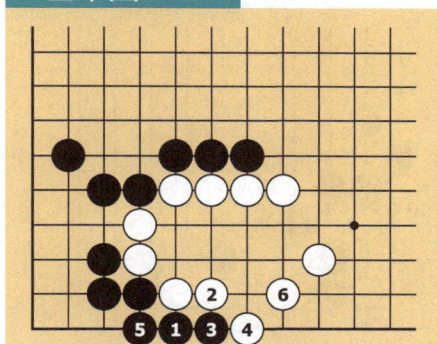

黑1、黑3先扳再爬是很容易想到的收官方法，但这个思路过于简单，黑棋可以有更好的选择

基本图2-3

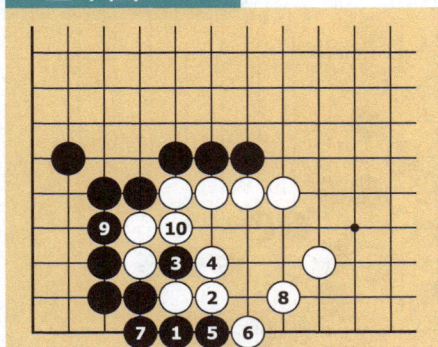

黑3先断是收官的好手，白4只好打吃，黑5再爬，至白10提掉，黑棋与基本图2-2比自身多了一目，同时减少了白棋一目，获利两目

基本图2-4

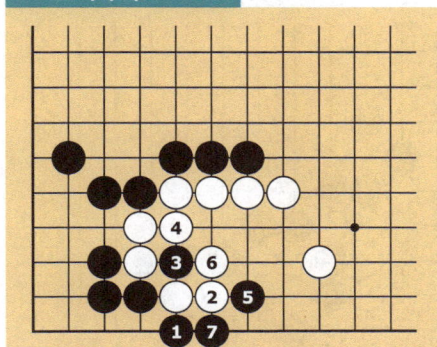

黑3断时，白4若是粘在这边，黑5顶又是好手，白棋实空损失惨重

基本图3-1

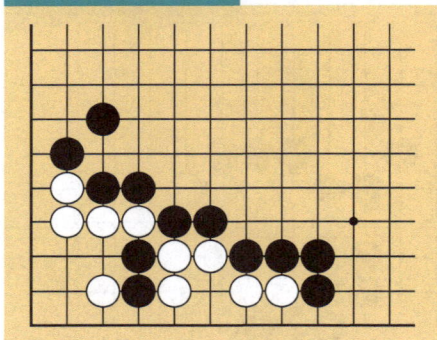

黑棋两颗子已经被白棋吃掉了，能不能利用这两子来赚取目数的便宜呢

基本图3-2

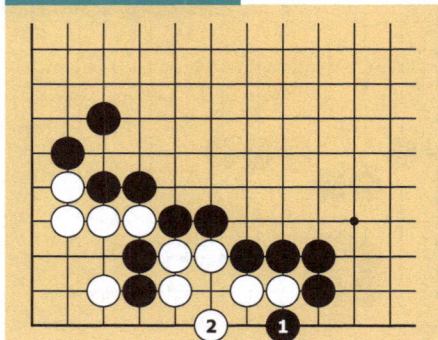

黑1扳不是好棋，白2做眼是防守的好手，白棋不但吃掉了黑棋两子，还最大限度地护住了边上的实空

基本图3-3

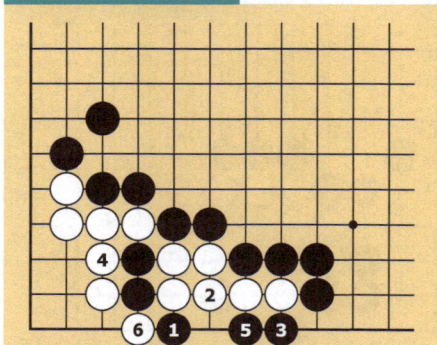

黑1打吃是随手棋，接下来黑3、黑5收气，白6提掉，我们会发现当初黑1打吃的那颗子无法连回，黑棋显然失败

基本图3-4

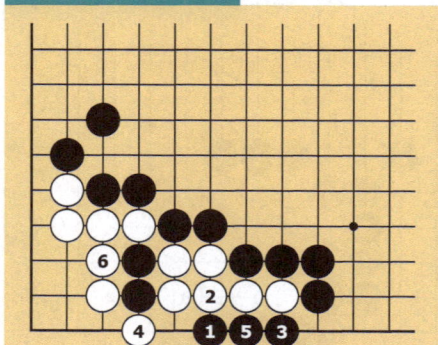

黑1点是精彩的手筋，白2只能粘上，接下来黑3、黑5再来收气，白棋6提掉后，黑棋成功将白棋最大限度地压缩了

官子手筋——赚取目数（二）练习题

黑先，请写出在此局面下双方最佳的下法（至少3手）。

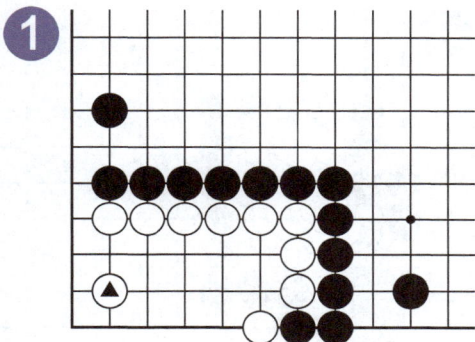

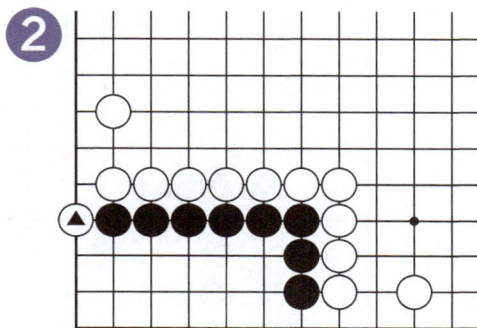

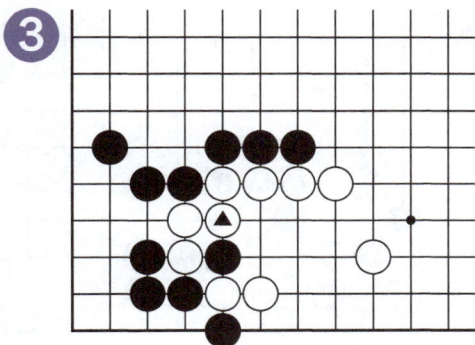

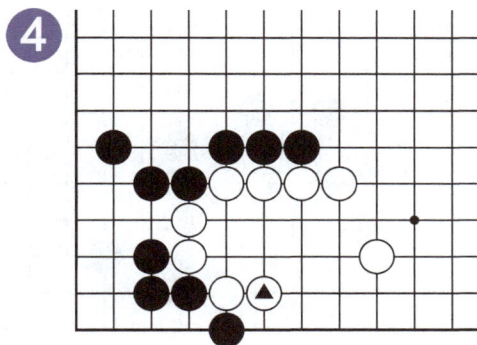

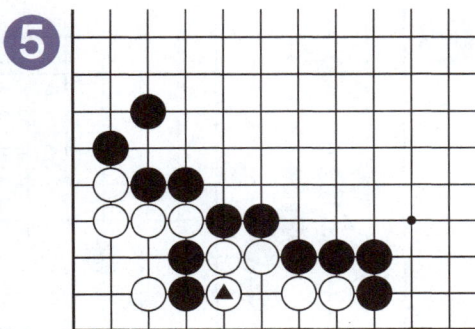

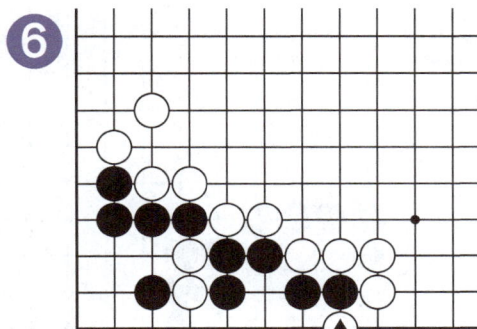

1

2

3

4

5

6

官子手筋——赚取目数（二）练习题

黑先，请写出在此局面下双方最佳的下法（至少3手）。

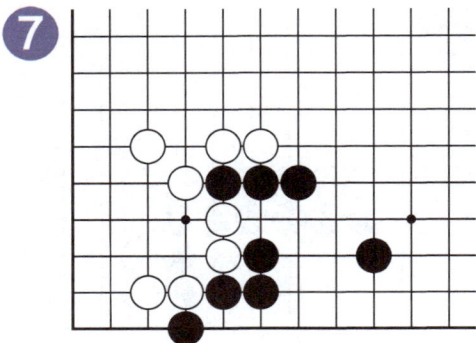

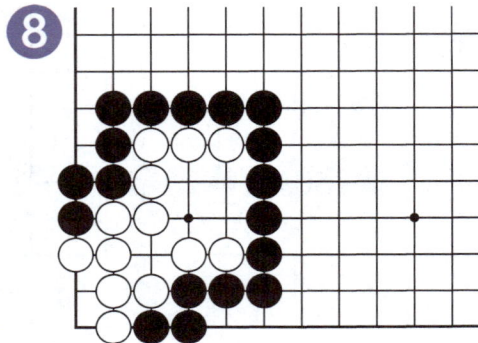

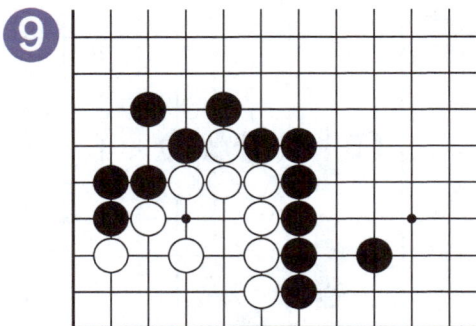

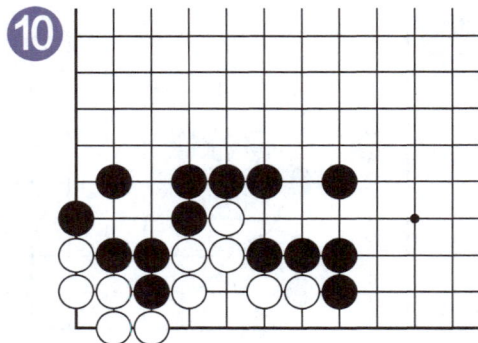

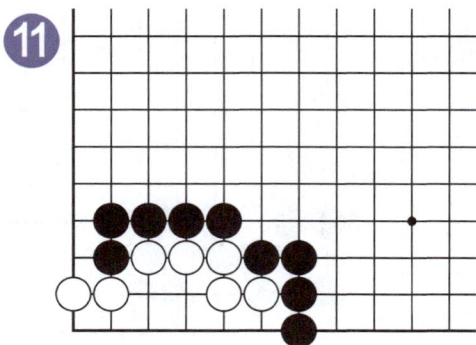

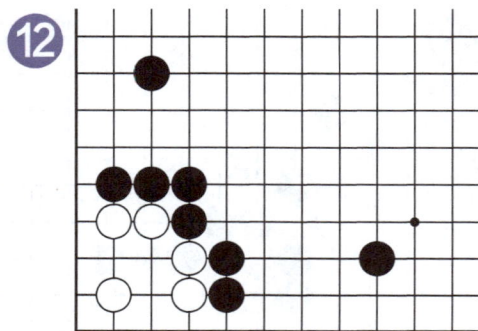

7

8

9

10

11

12

官子手筋——赚取目数（二）练习题

黑先，请写出在此局面下双方最佳的下法（至少3手）。

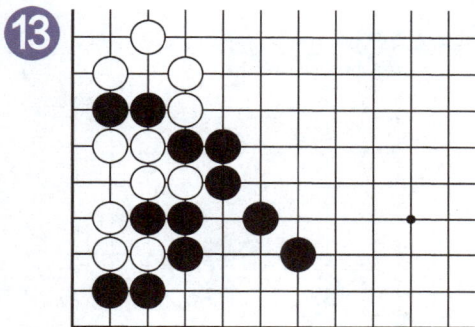

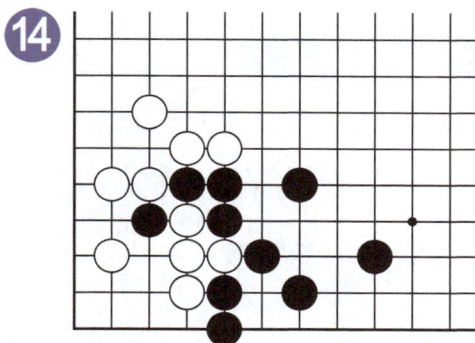

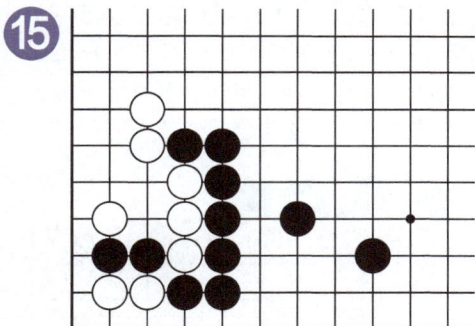

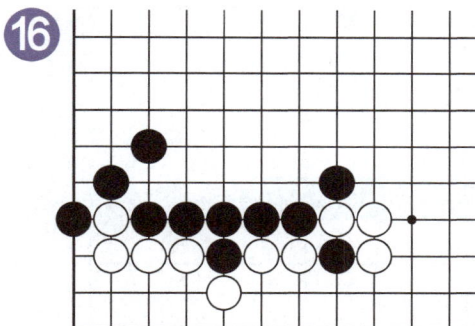

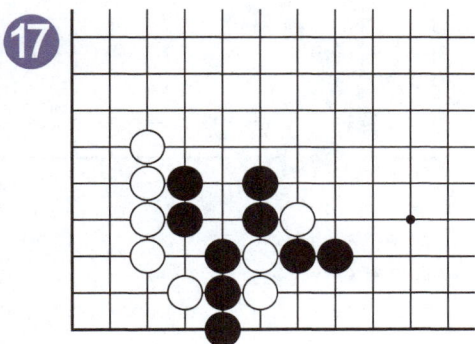

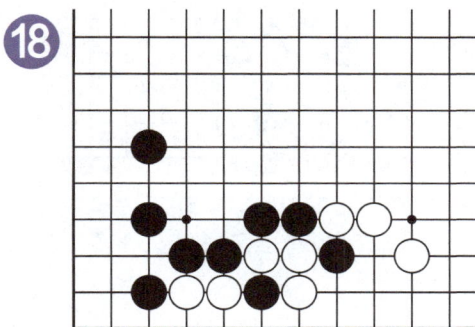

⑬

⑭

⑮

⑯

⑰

⑱

23 第23课 官子手筋——利用缺陷（一）

本课讲解对方棋形出现气紧的缺口时利用对方缺陷的手筋。希望通过本课的学习，大家能够熟练掌握这样的收官方式。

基本图1-1

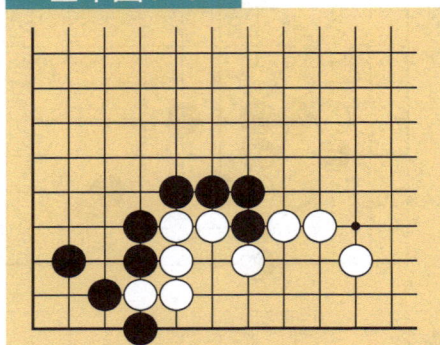

黑棋应如何收官

基本图1-2

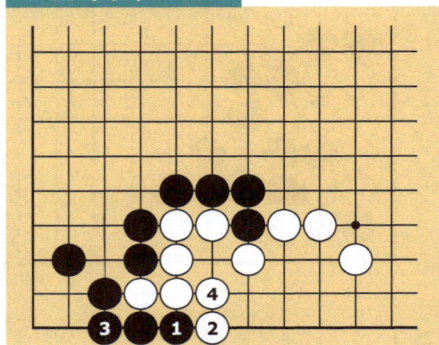

黑1爬是最容易想到的选择，白2、白4先打后粘是必然的下法，黑棋的着法过于简单，无法满意

基本图1-3

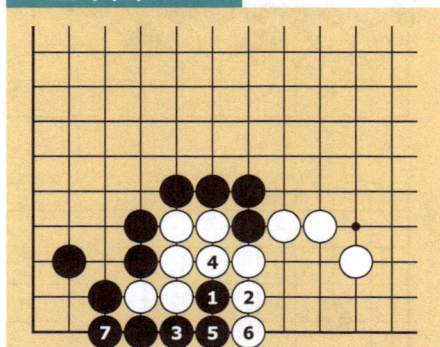

黑1靠的思路要优于基本图1-2，白2夹住只此一手，接下来至黑7粘上，此图黑棋依然不是最佳

基本图1-4

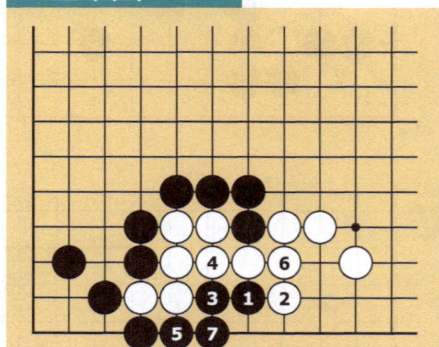

黑1夹是利用白棋棋形缺陷的好手，白2虎补断，黑3顶回，至黑7粘上，此图黑棋最大限度地压缩了白棋实地

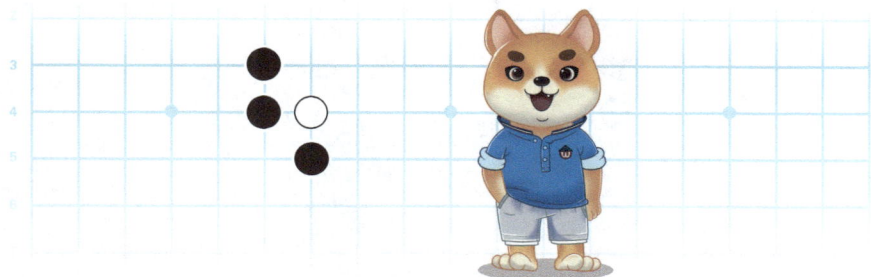

基本图2-1

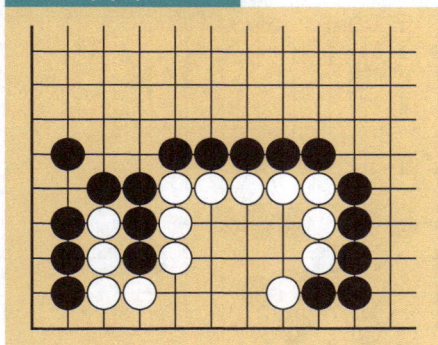

黑棋应如何收官？需要利用白棋气紧的缺陷

基本图2-2

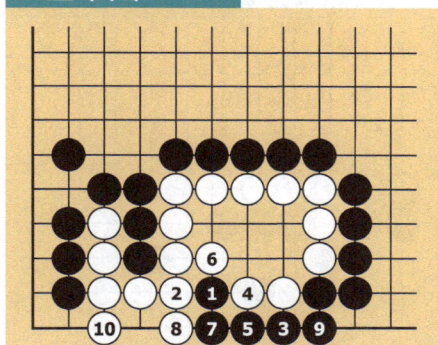

黑1、黑3先点再扳看似好棋，实际不然，白4简单顶住，至白10下立，黑棋的获利非常有限，同时白10还可以选择脱先

基本图2-3

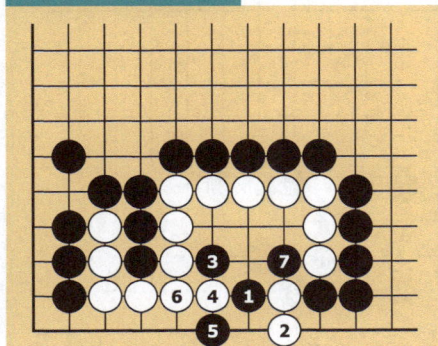

黑1夹才是利用白棋缺陷的好手，白2若下立，黑3小尖又是好手，至黑7，白棋崩溃

基本图2-4

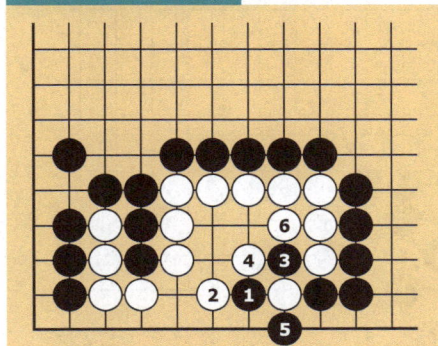

白2虎是唯一的应对方法，黑3先手断吃白棋一子，可以满意

基本图3-1

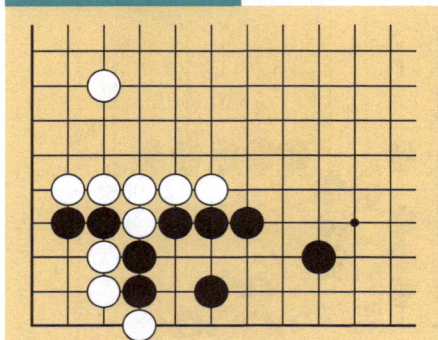

白棋角上有不好的味道，黑棋有什么出棋的方法呢

基本图3-2

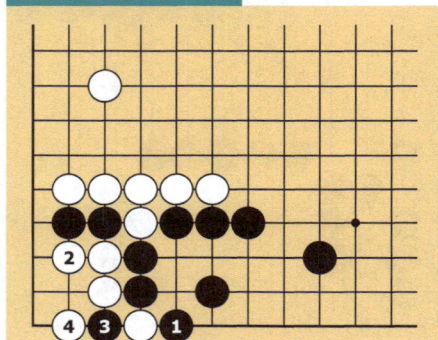

黑1直接打吃是很容易想到的一手，白2则打吃两子，黑3提，白4再挡住，这个变化黑棋获利有限，不能满意

基本图3-3

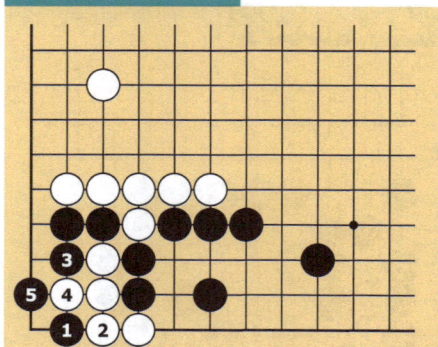

黑1点是利用白棋缺陷的好手，白2若是粘上，黑3再拐，局部形成一个白棋非常重的打劫，白棋不行

基本图3-4

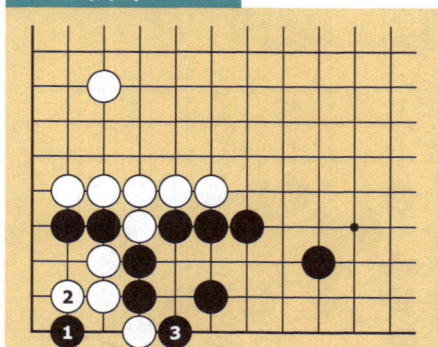

黑1点时，白2若是挡左边，黑3直接打吃即可，白棋一子已无法连接，黑棋在局部获得巨大的便宜

官子手筋——利用缺陷（一）练习题

黑先，请写出在此局面下双方最佳的下法（至少3手）。

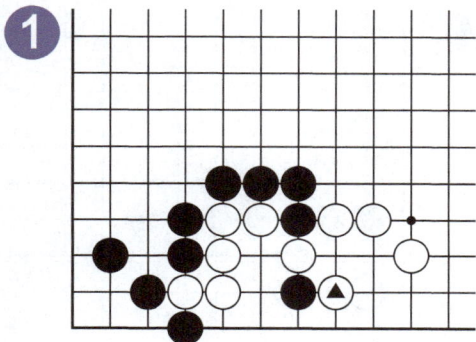

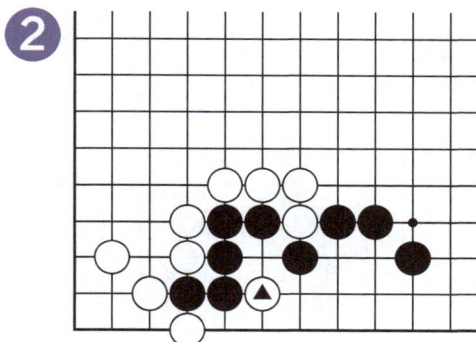

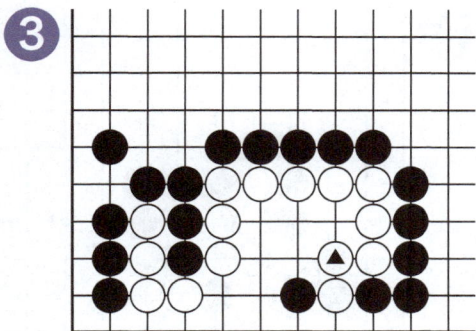

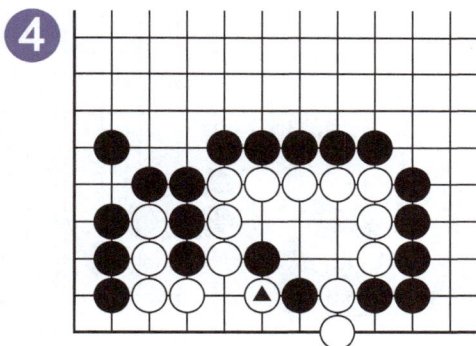

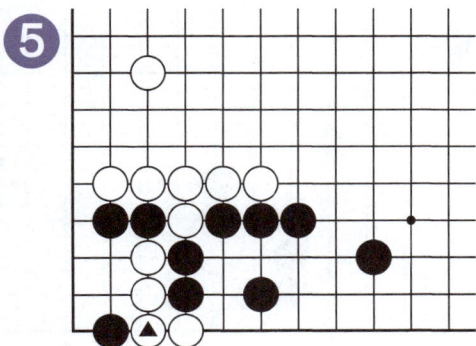

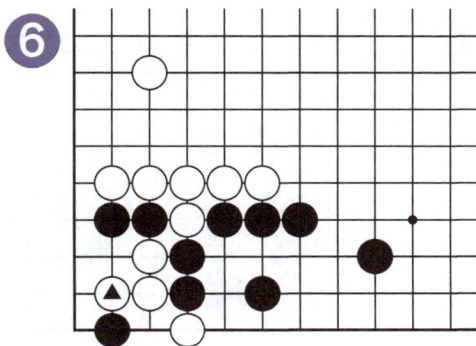

1

2

3

4

5

6

官子手筋——利用缺陷（一）练习题

黑先，请写出在此局面下双方最佳的下法（至少3手）。

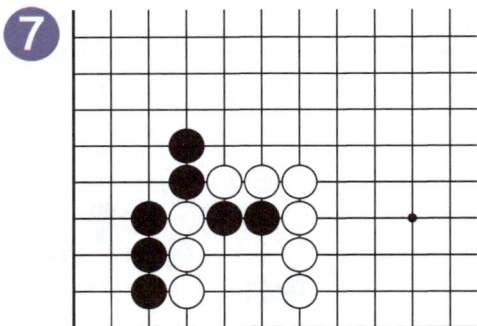

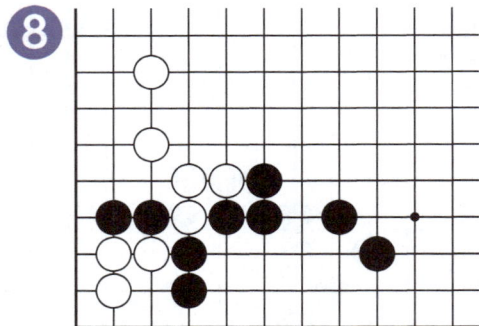

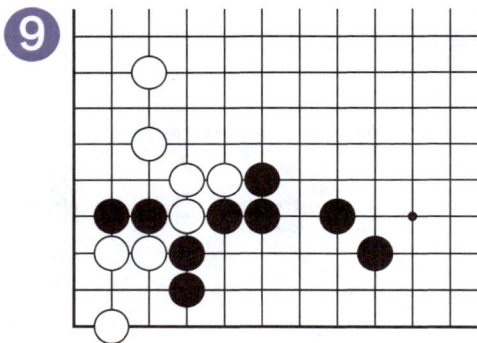

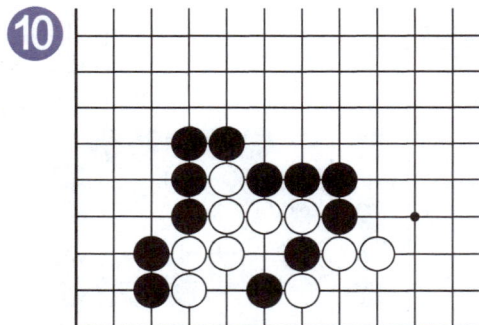

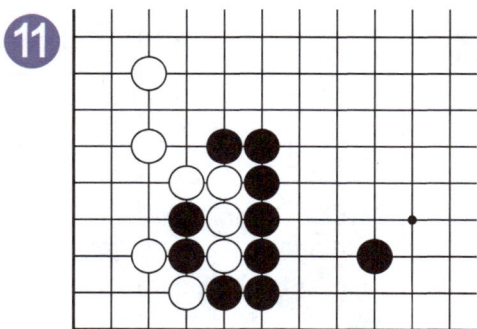

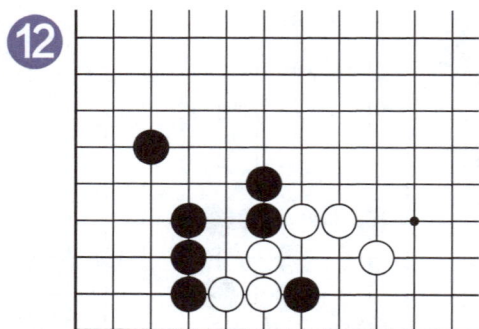

7

8

9

10

11

12

官子手筋——利用缺陷（一）练习题

黑先，请写出在此局面下双方最佳的下法（至少3手）。

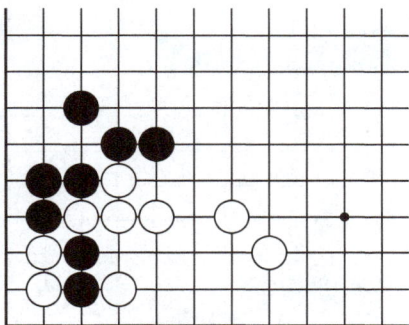

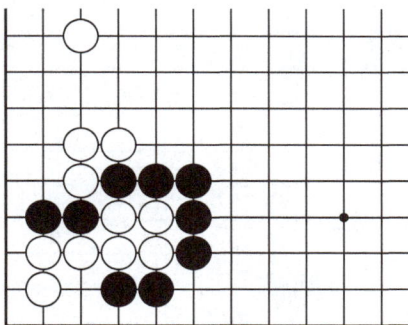

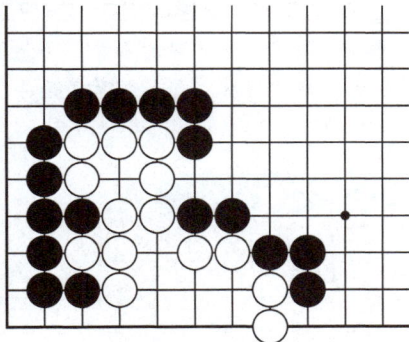

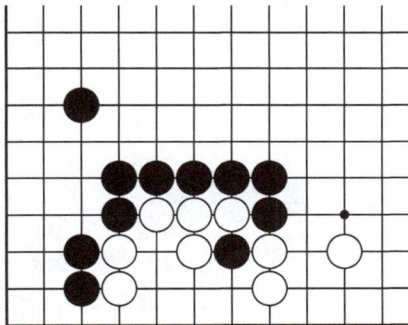

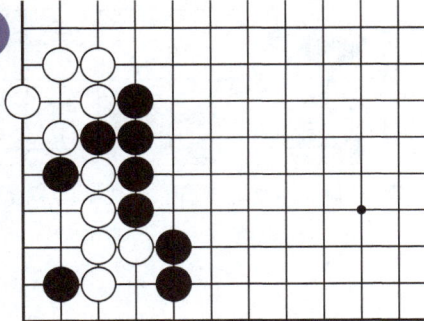

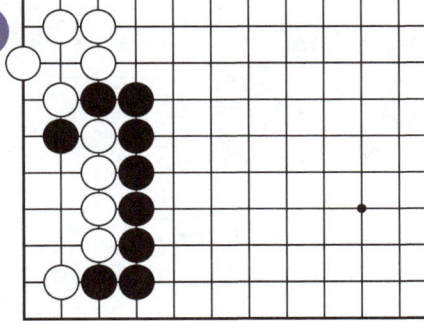

24 第24课 官子手筋——利用缺陷（二）

基本图1-1

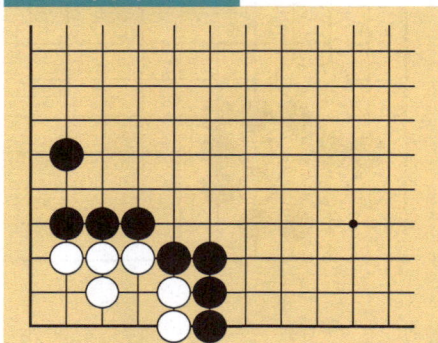

黑棋应如何收官

基本图1-2

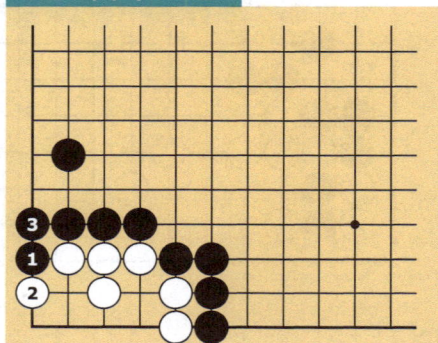

黑1、黑3扳粘是无谋的下法，不但没有破到白棋的目数，局部还落了后手，明显失败

基本图1-3

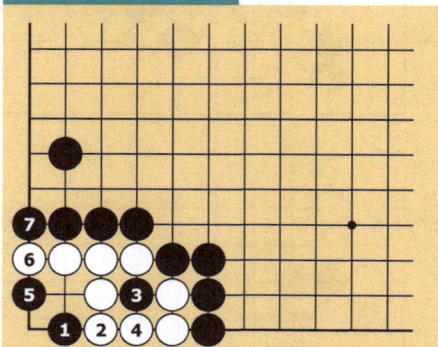

黑1点是局部的好手，白2挡是必然的下法，黑3、黑5先扑再尖，局部形成双活的棋形，黑棋成功

基本图1-4

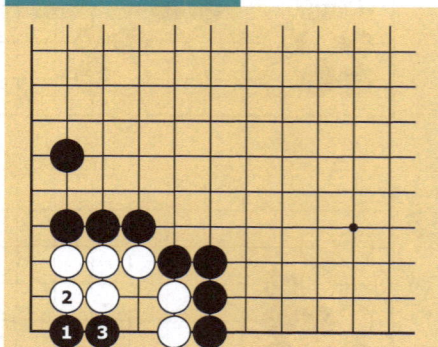

黑1点时，白2团不行，黑3简单一爬，局部白棋形成两边不入气的棋形，直接被杀

基本图2-1

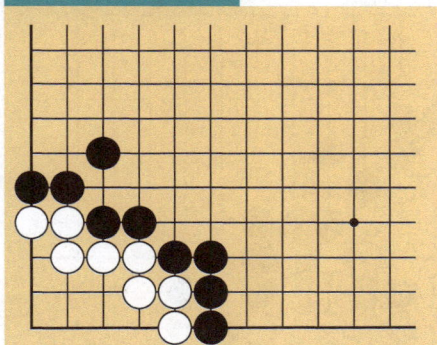

黑先，需要注意利用白棋气紧的缺陷

基本图2-2

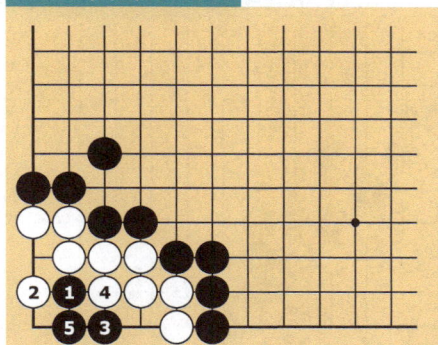

黑1靠是出棋的要点，白2扳后，黑3小尖是好棋，白4只有打吃，黑5粘上后，形成双活的棋形

基本图2-3

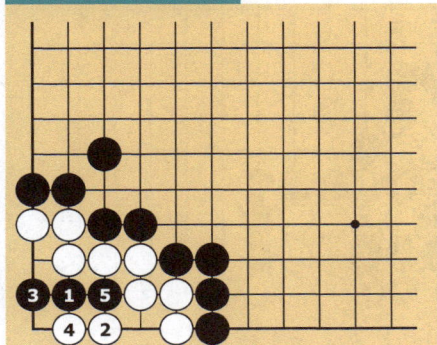

黑1靠时，白2若是从下方小尖，黑3立是好手，白4爬后，黑5再挤，局部依然是双活

基本图2-4

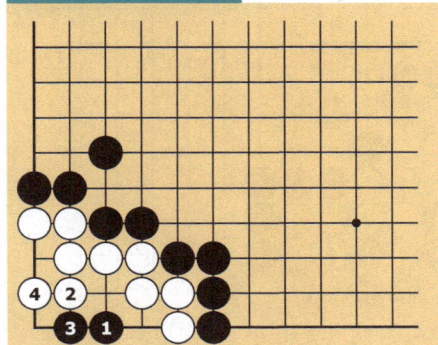

黑1点看似好棋，实则不然。白2弯是漂亮的应对，黑3爬，白4则做眼，黑棋未能出棋

基本图3-1

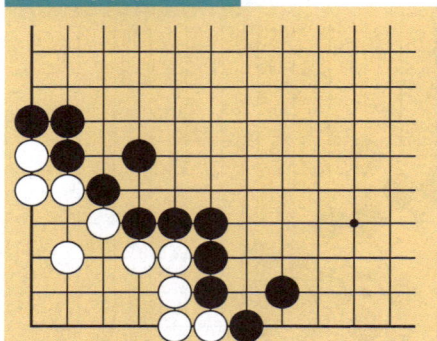

白棋角上有不好的味道，黑棋有什么出棋的方法呢

基本图3-2

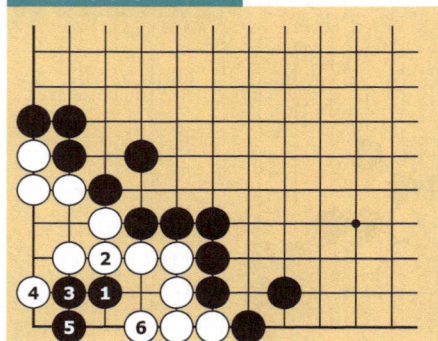

黑1先点是好手，但是接下来黑3爬不是好棋，白4扳后，黑棋无法出棋

基本图3-3

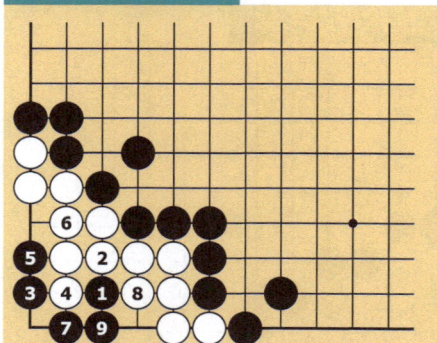

黑3一路跳点是好手，白4冲时，黑5爬是先手，白6只好粘上，黑7再连回，局部形成双活，黑棋成功

基本图3-4

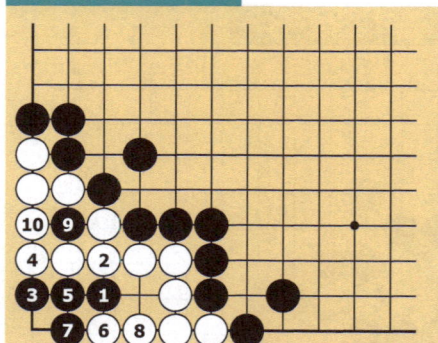

黑3跳点时，白4若是挡住，黑5则粘上，白6托是必要的一手，黑7打吃后再黑9扑，局部依然是双活的结果

官子手筋——利用缺陷（二）练习题

黑先，请写出在此局面下双方最佳的下法（至少3手）。

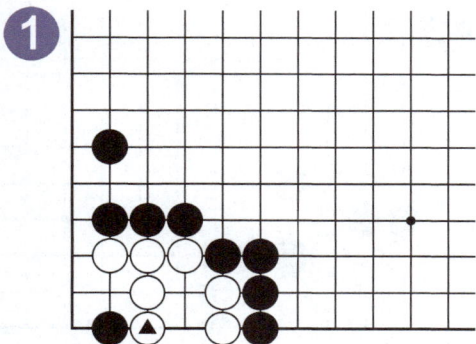

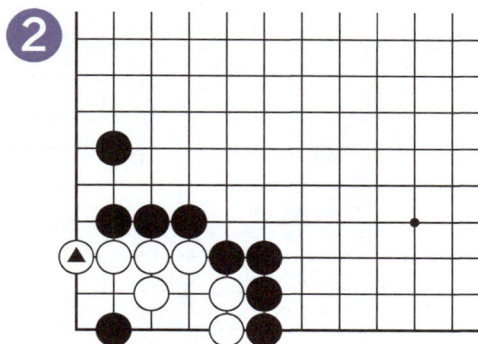

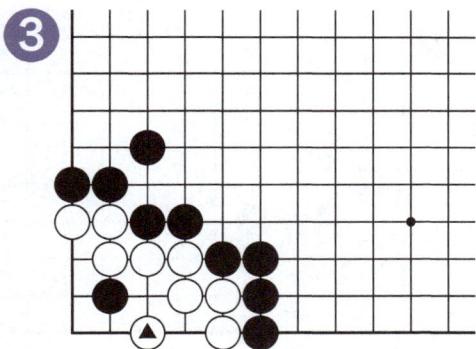

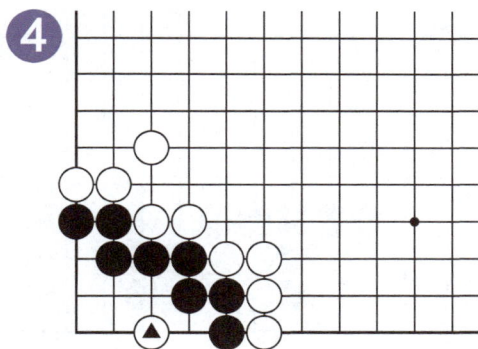

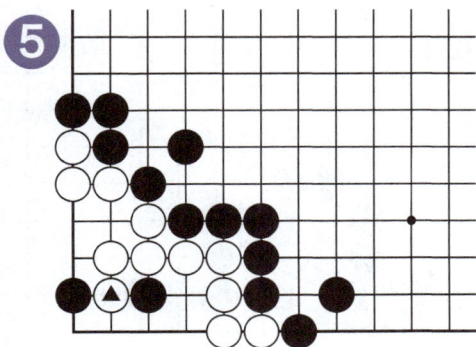

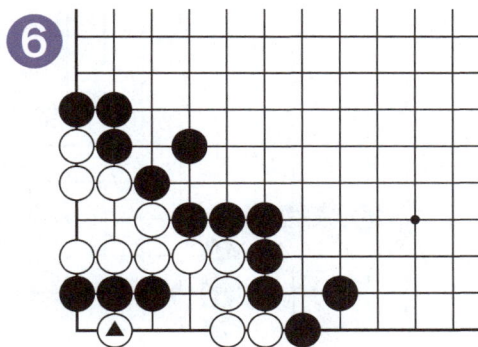

1

2

3

4

5

6

官子手筋——利用缺陷（二）练习题

黑先，请写出在此局面下双方最佳的下法（至少3手）。

7

8

9

10

11

12

官子手筋——利用缺陷（二）练习题

黑先，请写出在此局面下双方最佳的下法（至少3手）。

13

14

15

16

17

18

综合测试1

黑先，请写出在此局面下双方最佳的下法（至少5手）。

1

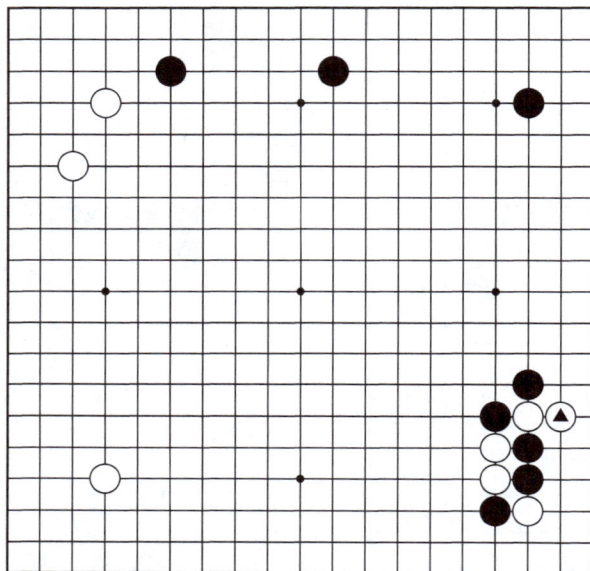

2

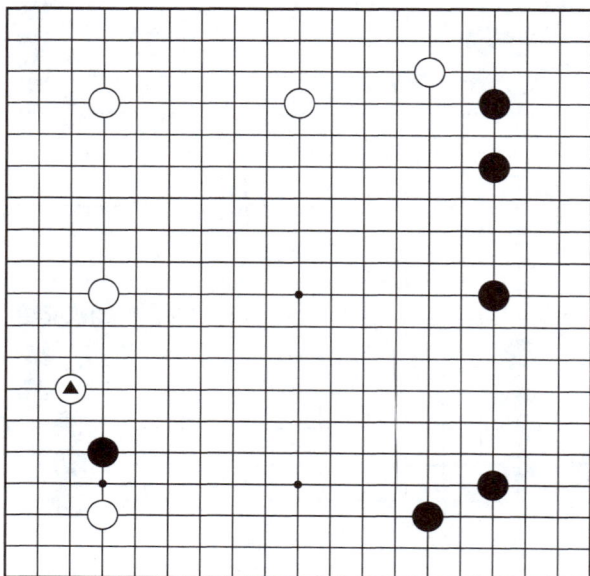

综合测试1

黑先，请写出在此局面下双方最佳的下法（至少3手）。

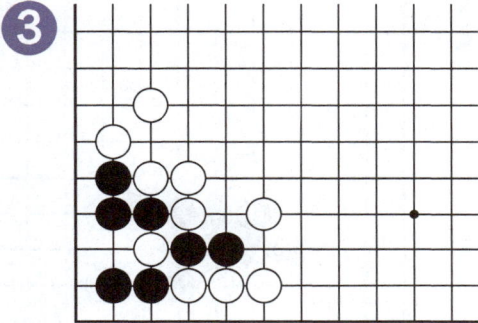

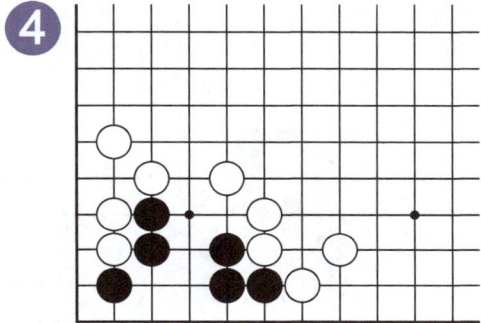

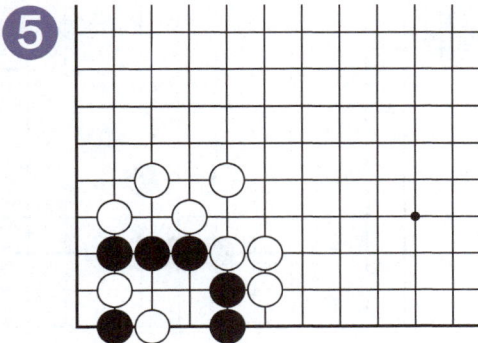

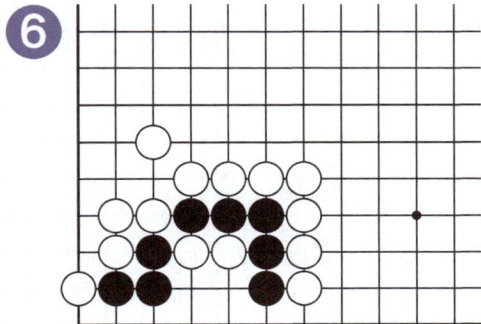

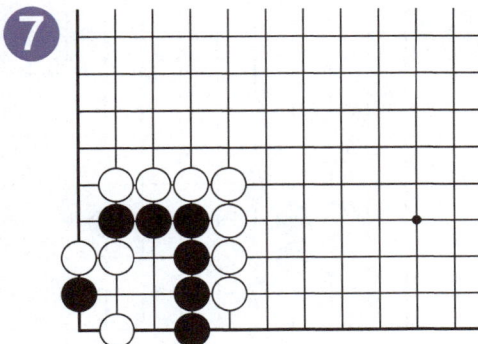

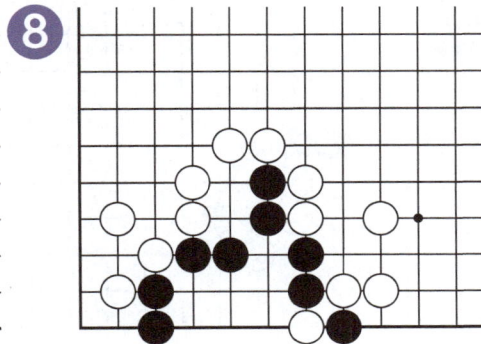

3

4

5

6

7

8

综合测试1

黑先，请写出在此局面下双方最佳的下法（至少3手）。

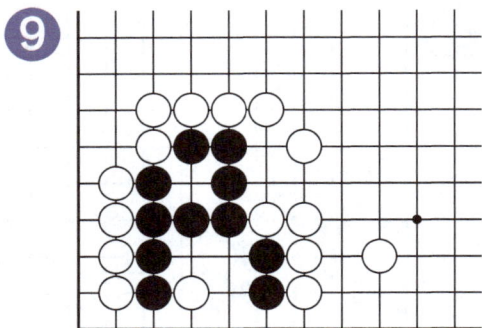

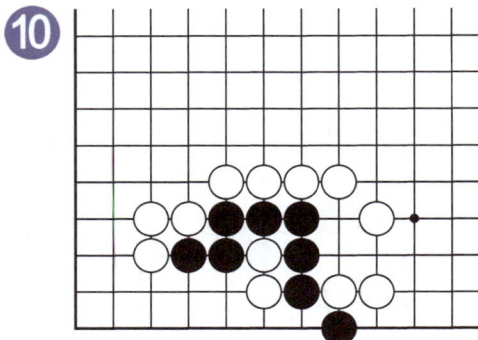

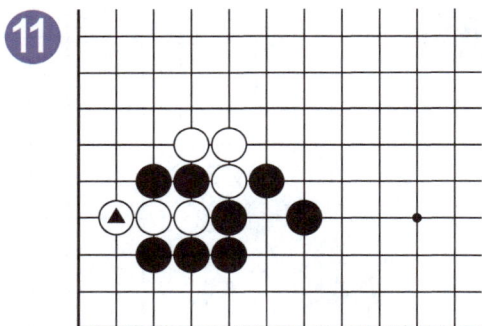

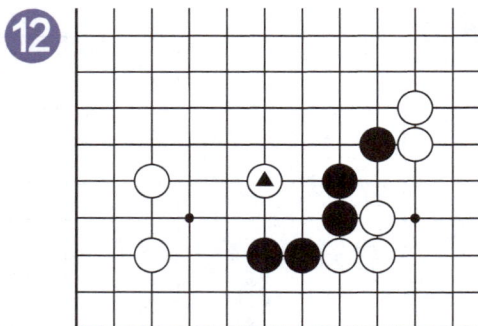

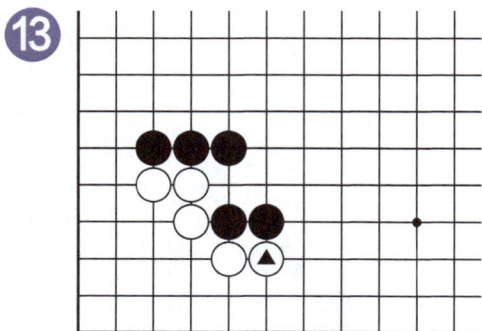

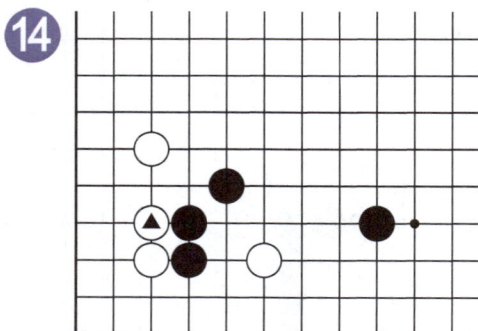

9

10

11

12

13

14

综合测试1

黑先，请写出在此局面下双方最佳的下法（至少3手）。

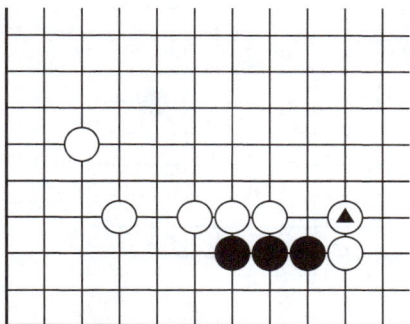

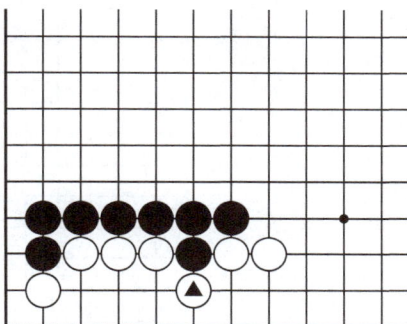

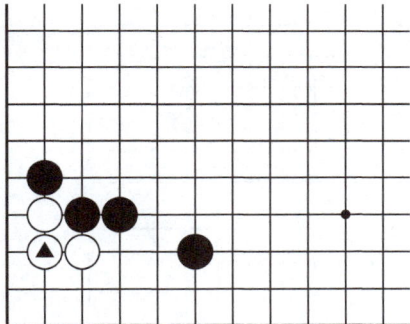

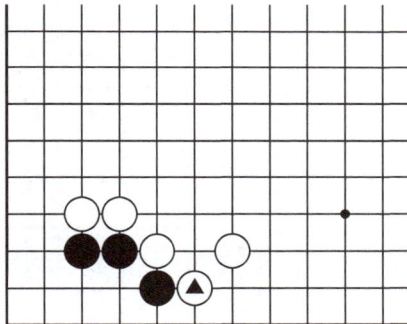

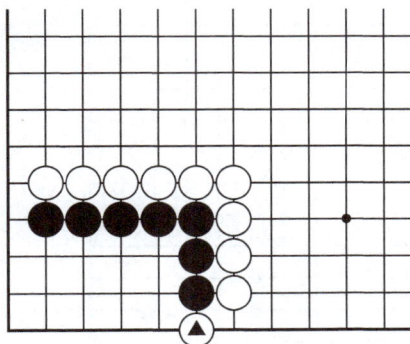

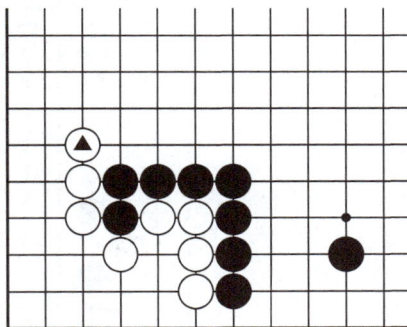

综合测试2

黑先，请写出在此局面下双方最佳的下法（至少5手）。

1

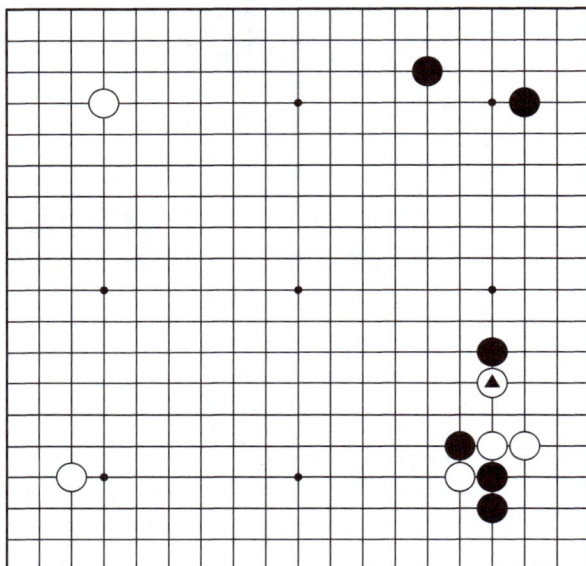

2

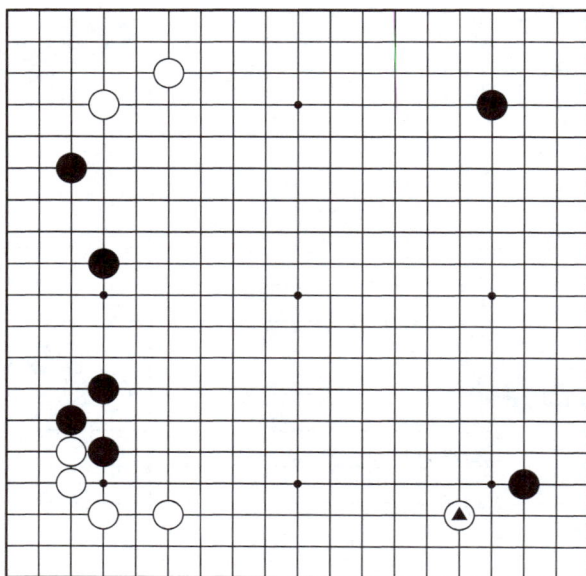

综合测试2

黑先，请写出在此局面下双方最佳的下法（至少3手）。

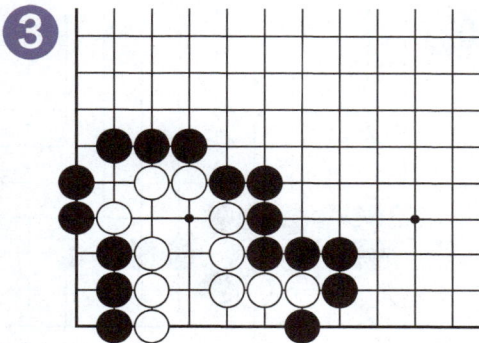

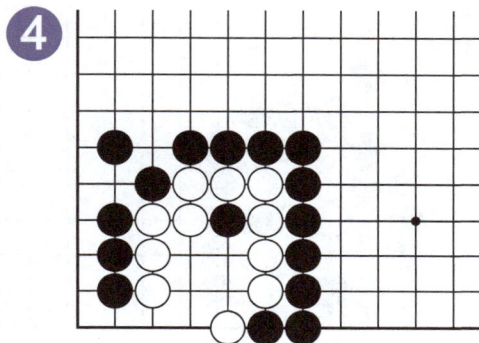

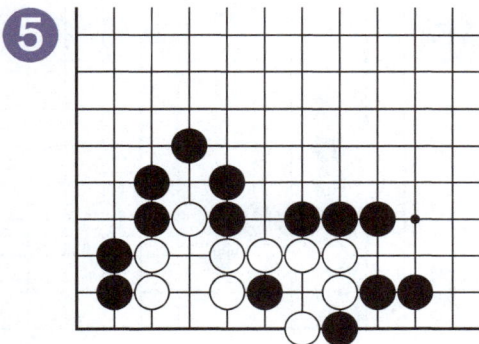

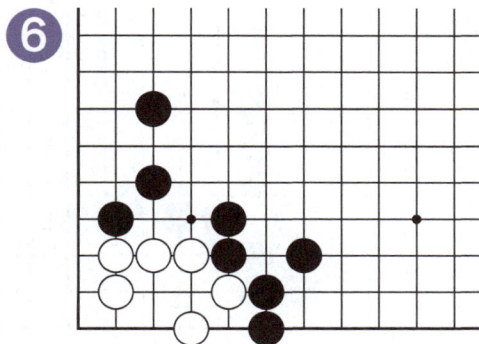

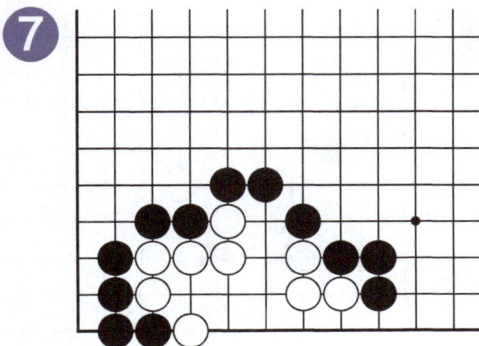

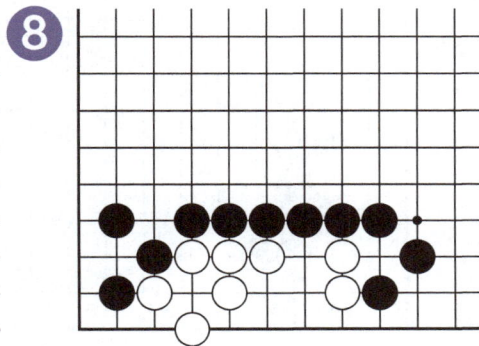

3

4

5

6

7

8

综合测试2

黑先，请写出在此局面下双方最佳的下法（至少3手）。

9

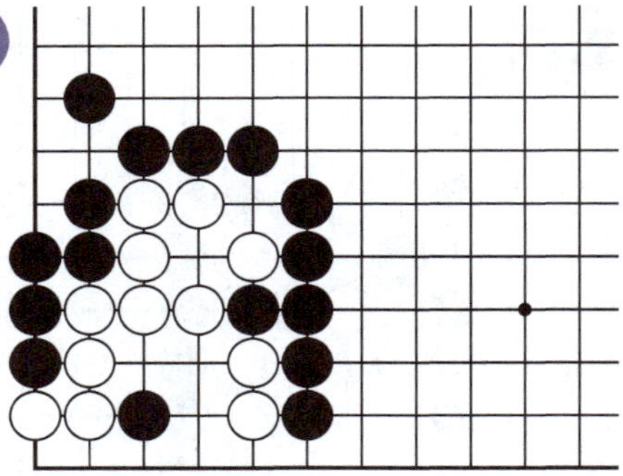

10

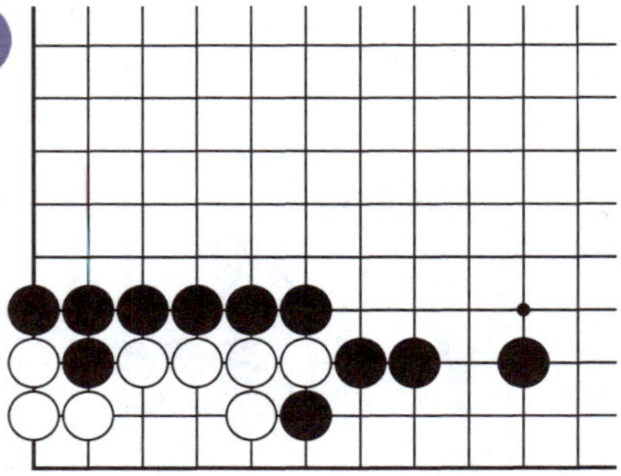

11

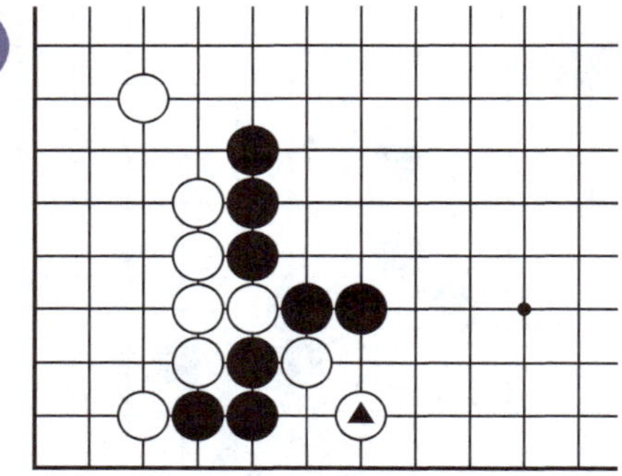

12

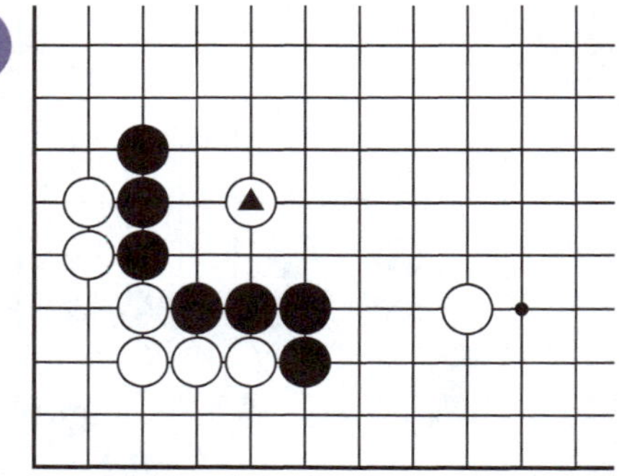

13

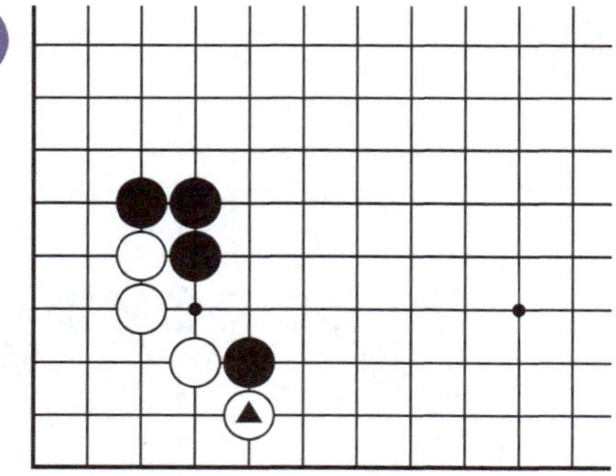

14

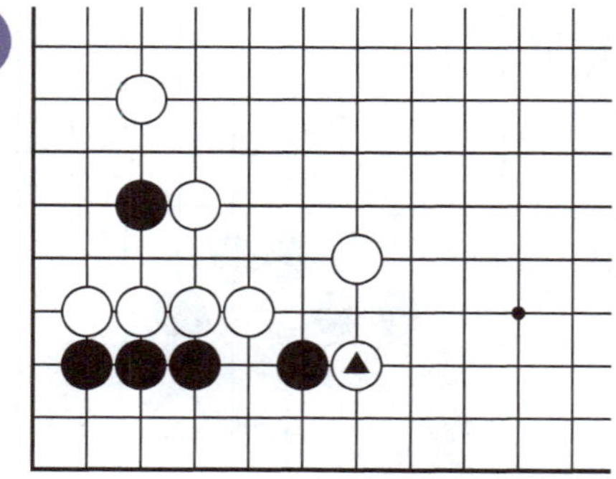

综合测试2

黑先，请写出在此局面下双方最佳的下法（至少3手）。

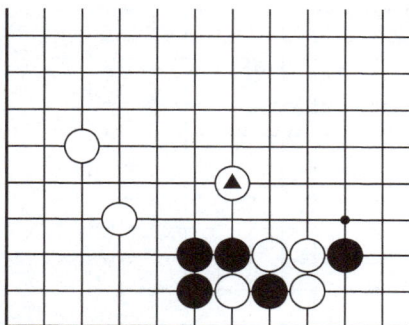

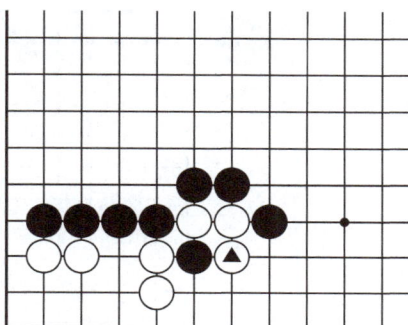

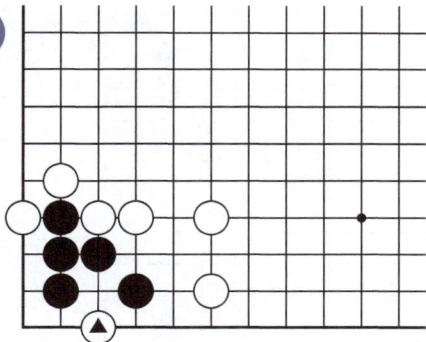

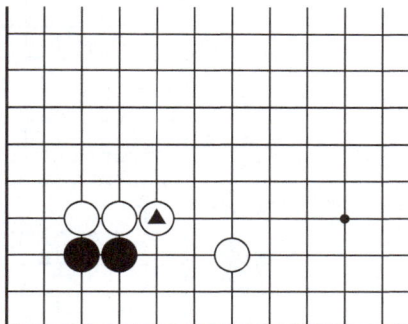

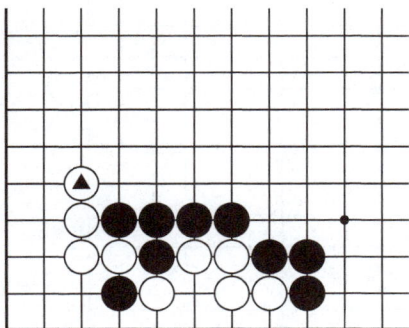

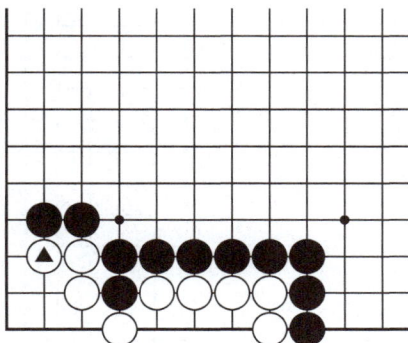

综合测试3

黑先，请写出在此局面下双方最佳的下法（至少5手）。

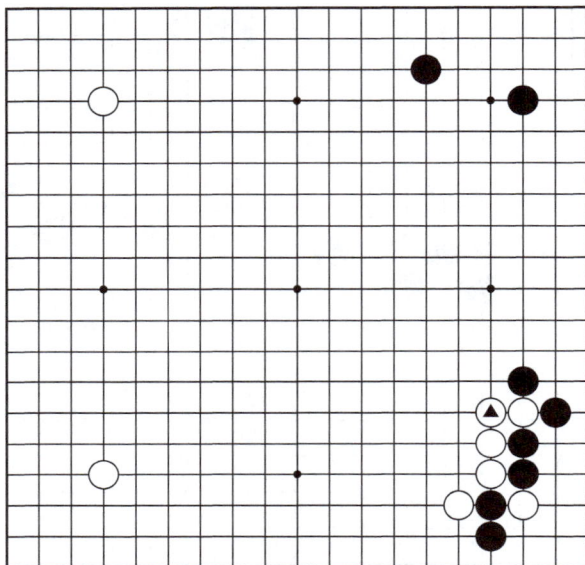

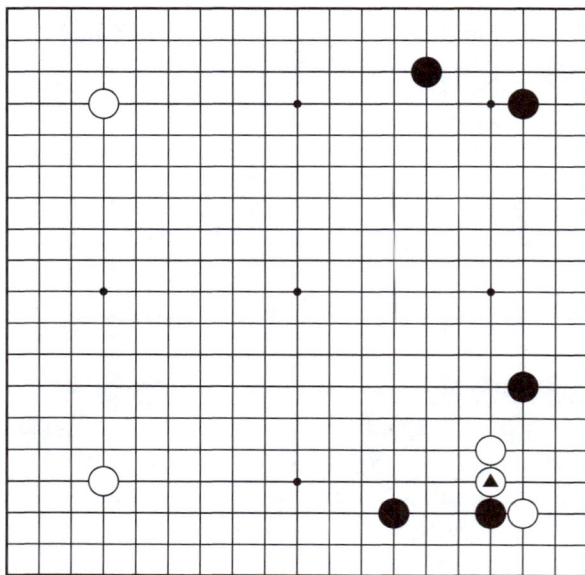

综合测试3

黑先，请写出在此局面下双方最佳的下法（至少3手）。

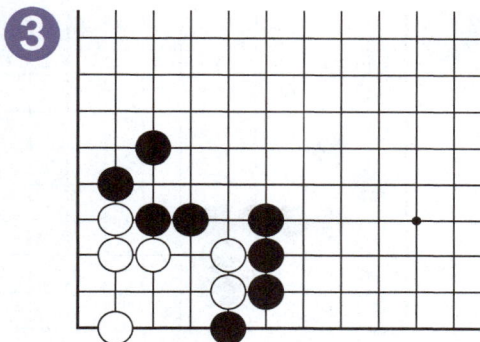

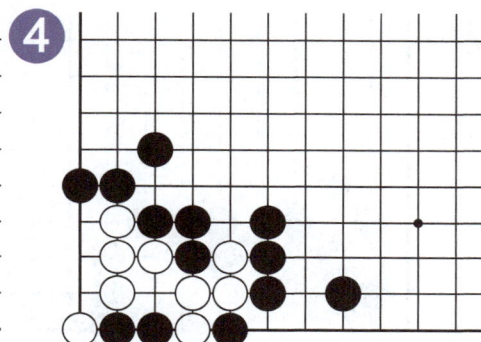

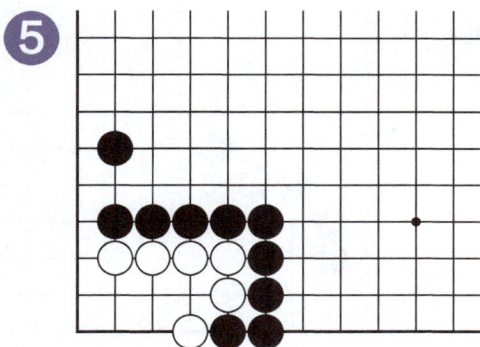

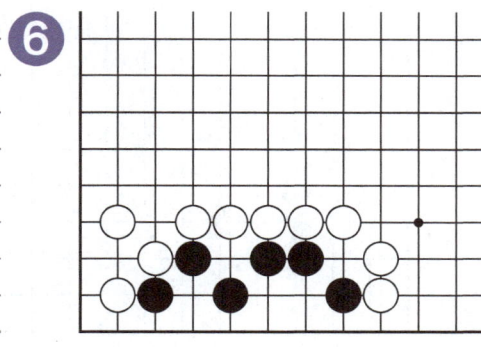

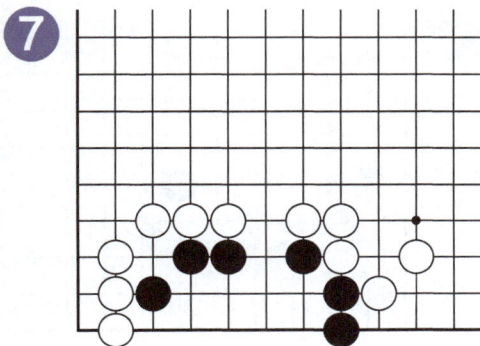

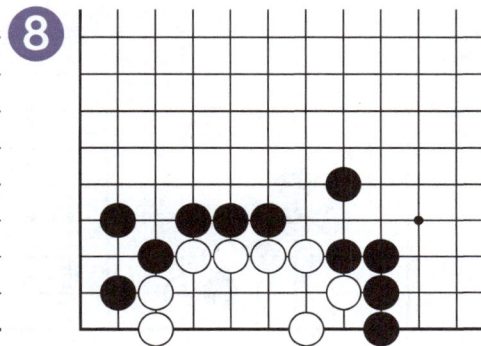

综合测试3

黑先，请写出在此局面下双方最佳的下法（至少3手）。

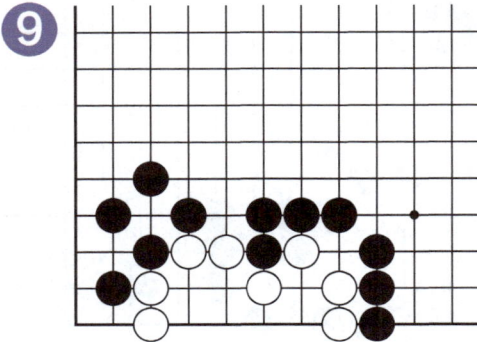

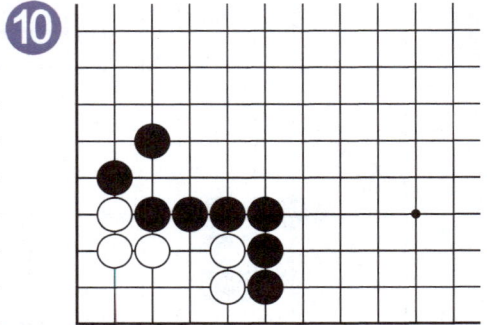

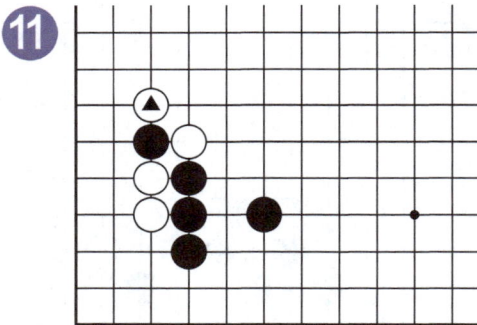

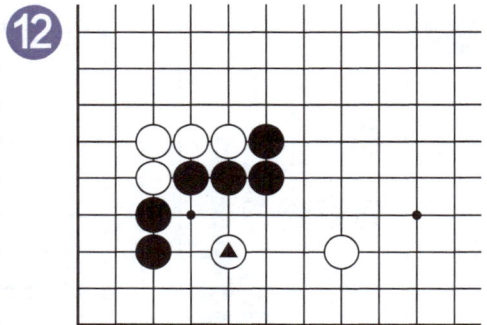

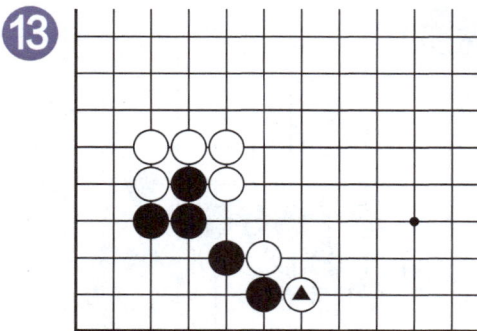

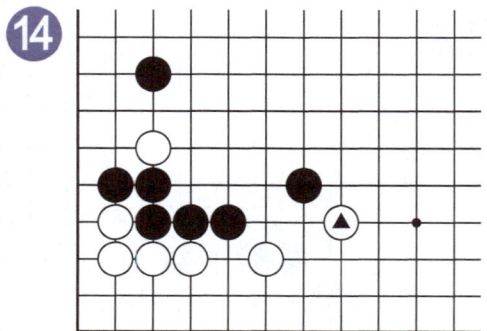

9

10

11

12

13

14

综合测试3

黑先，请写出在此局面下双方最佳的下法（至少3手）。

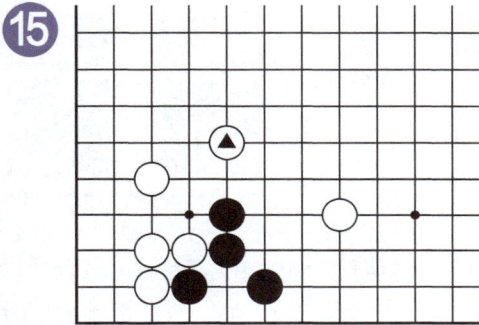

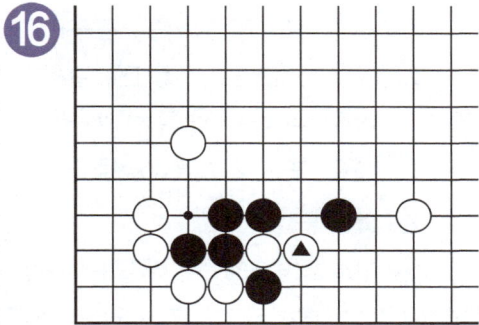

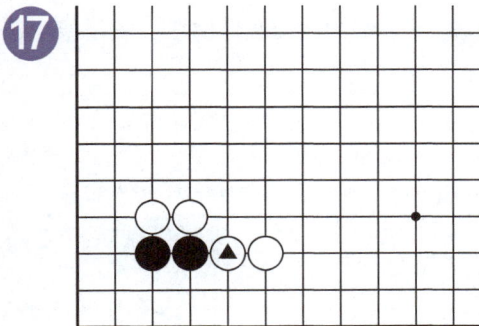

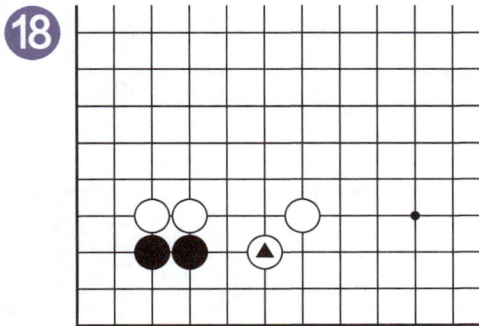

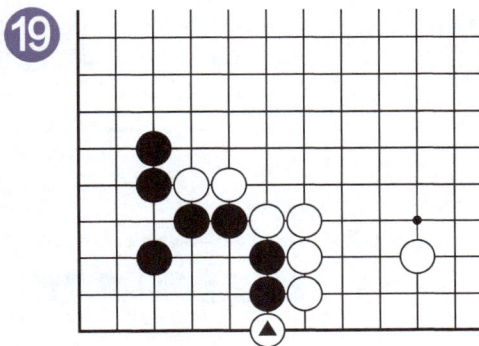

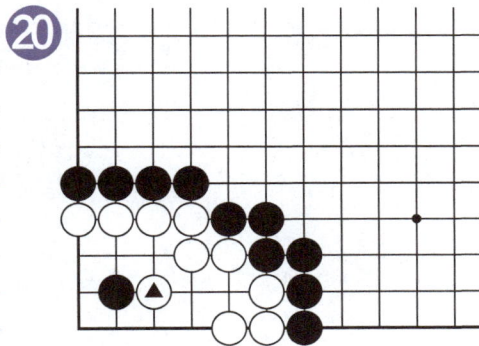

⑮

⑯

⑰

⑱

⑲

⑳

上册答案

请按以下步骤说明获取本书上册的答案。

步骤1 打开手机微信"扫一扫"。

步骤2 扫描右边"聂卫平围棋道场"或"动动吧"微信公众号的二维码，任选一个即可。

扫一扫

步骤3 关注该微信公众号。

步骤4

❶ 如果您关注的是"聂卫平围棋道场"，请点开"小先锋"菜单栏，选择"教材答案"，根据提示输入您想获取的答案编号，如"2-3 段上册"，即可查看相应答案（如图 1 所示）；

❷ 如果您关注的是"动动吧"，请点击图 2 中的"资源详情"，从目录中选择您想获取的答案（如图 3 所示）。

图1

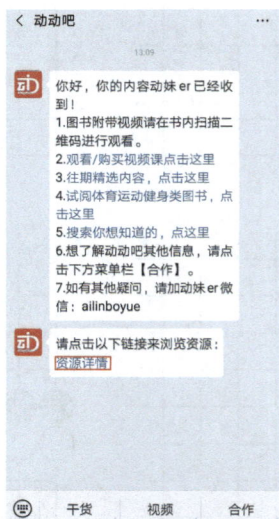

图2

图3